Jeffrey Verhey

Der »Geist von 1914« und die Erfindung der Volksgemeinschaft

Aus dem Englischen von Jürgen Bauer
und Edith Nerke

Hamburger Edition

Hamburger Edition HIS Verlagsges. mbH
Mittelweg 36
20148 Hamburg

© der deutschen Ausgabe 2000 by Hamburger Edition
Alle Rechte vorbehalten
Redaktion: Gerd Hankel
Umschlaggestaltung: Wilfried Gandras
Herstellung: Jan Enns
Satz: Stempel Garamond und Syntax
von Utesch GmbH, Hamburg
Druck und Bindung: Clausen & Bosse, Leck
Printed in Germany
ISBN 3–930908–58–1
1. Auflage März 2000

Die Deutsche Bibliothek – CIP-Einheitsaufnahme
Ein Titelsatz für diese Publikation ist bei Der Deutschen
Bibliothek erhältlich

Inhalt

Einleitung 9

Die öffentliche Meinung in Deutschland
im Juli 1914 28
    Zeitungen als Quelle zur Untersuchung der
    öffentlichen Meinung 31
    Massenpsychologie und die Analyse der
    Menschenansammlungen von 1914 45

Die Manifestation der Massen 53
    Massen in Berlin am 25. Juli 1914 54
    Menschenansammlungen in Deutschland
    (außerhalb Berlins) am 25. Juli 1914 64
    Begeisterte und neugierige Massen in
    Deutschland von Sonntag, 26. Juli bis Donnerstag,
    30. Juli 1914 71
    Panische Massen 86
    Massen gegen den Krieg 94

Die Reaktion der Öffentlichkeit auf den Kriegsausbruch 106
    Die Reaktion der Öffentlichkeit auf die Erklärung
    des »Zustands drohender Kriegsgefahr« am 31. Juli 106
    Die Reaktion der Öffentlichkeit auf die Mobil-
    machung am 1. August 116

Das »Augusterlebnis« 129
    Neugierige Massen 130
    Karnevaleske Massen 144
    Panische und depressive Massen 155
    Erscheinungsformen der Kriegsbegeisterung:
    Freiwillige, einrückende Soldaten und Siegesfeiern 167

Der »Geist von 1914« in den ersten Interpretationen
zur Bedeutung des Krieges 194
    Die »Große Zeit« oder das Melodram des
    »Augusterlebnisses« 197
    Die »Ideen« von 1914 211
    Die Entstehung des »Mythos« vom
    »Geist von 1914« 224

Die Organisation von Begeisterung:
Das offizielle Narrativ des »Geistes von 1914« 227
    Die Bedeutung des »Geistes von 1914«
    für die Zensur 236
    Die Neuorientierung 244
    Propaganda im Dienst der nationalen Einheit 249

Der »Geist von 1914« in der Rhetorik der
politischen Parteien 261
    Die Abstimmung im Reichstag am 4. August:
    Die Geburt des Burgfriedens 261
    Für eine zivile Gesellschaft: Die Versuche der
    Liberalen, den Stil der politischen Rhetorik
    zu verbessern 267
    Die »Politik des 4. August« und die Reform des
    preußischen Wahlrechts 275
    Das konservative Bild des »Geistes von 1914« 288
    Die Deutsche Vaterlandspartei 296

Die Entwicklung des Mythos vom »Geist von 1914«
in der deutschen Propaganda 307
    Die Vorstellung der Militärs vom »totalen Krieg« 308
    Der »Geist von 1914« in der deutschen Propaganda
    1916–1918 317
    Der »Geist von 1914« in der Revolution von 1918 329

Der »Geist von 1914« in der Zeit von 1919 bis 1945   335
    Erinnerung und Gedenken an das »Augusterlebnis«
    in den zwanziger Jahren   336
    Die Volksgemeinschaft   346
    Die Dolchstoßlegende   355
    Der »Geist von 1914« im Nationalsozialismus   362
    Das Ende des Mythos vom »Geist von 1914«   369

Der Mythos vom »Geist von 1914« in der
politischen Kultur Deutschlands, 1914–1945   374

Abkürzungsverzeichnis   385
Quellen und Literatur   386

Einleitung

Im August 1914 zog Deutschland in den Krieg. Der Krieg kam nicht unerwartet, es hatte schon eine ganze Weile gegärt. Doch dann war er plötzlich da und wirbelte die öffentliche Meinung in Deutschland durcheinander. Am Nachmittag des 28. Juni verteilten die Zeitungsverkäufer Extrablätter mit der Meldung von der Ermordung des österreichischen Thronfolgers. Ein paar Tage lang herrschte aufgeregtes Treiben auf den Straßen, und an den Zeitungsverkaufsstellen bildeten sich kleine Menschenansammlungen. Doch die Aufregung legte sich rasch wieder. Nach Ende der ersten Juliwoche war in der Presse praktisch nicht mehr von den Beziehungen zwischen Österreich und Serbien beziehungsweise überhaupt nicht mehr von Außenpolitik die Rede. Statt dessen brachten die Zeitungen unterhaltsame Artikel, die man bei dem guten Sommerwetter zu einem Glas Bier gerne las: über den Prozeß gegen Rosa Luxemburg wegen antimilitaristischer Äußerungen, über die Skandale in Frankreich oder über einen der zahlreichen Aufrufe der Rechten an die patriotischen Deutschen, gemeinsam die sozialdemokratische Gefahr zu bekämpfen.

Das änderte sich am 23. Juli. Da berichteten die Zeitungen von einem österreichischen Ultimatum an Serbien, das am Samstag, dem 25. Juli, um 18 Uhr ablief. Man mußte die Leser nicht daran erinnern, daß Deutschland mit Österreich verbündet war und somit in einen europäischen Flächenbrand verwickelt werden konnte. Am späten Nachmittag des 25. Juli versammelten sich in den großen deutschen Städten viele neugierige und erregte Menschen an den Orten, an denen vermutlich die Meldung von der serbischen Antwort verbreitet werden würde: auf den Plätzen und in den Cafés im Zentrum und vor den Zeitungsgebäuden. Als bekannt wurde, daß Serbien das Ultimatum zurückgewiesen hatte, bildeten sich in Berlin und einigen anderen

9

Großstädten »Züge« begeisterter Jugendlicher, die unter Absingen vaterländischer Lieder durch die Straßen marschierten.

In der Woche darauf fragten sich die Deutschen, ob es tatsächlich Krieg geben würde. Da Zeitungen damals das Nachrichtenmedium schlechthin waren, kamen die Neugierigen vor allem an den Orten zusammen, an denen die Extrablätter zuerst verteilt wurden. Im Verlauf der Woche wurde die Zahl der Neugierigen immer größer. Die Menschen warteten stundenlang, gespannt auf das, was kommen würde. Die Spannung war körperlich spürbar. Am 31. Juli kam endlich die Nachricht von der Verkündung des »Zustands drohender Kriegsgefahr«. Einen Tag später versammelten sich noch mehr Menschen auf den Plätzen und vor den Zeitungsgebäuden und warteten auf die Extrablätter, die – am Nachmittag – die Mobilmachung meldeten. Das bedeutete Krieg.

Die Meldungen waren von patriotischen Ausbrüchen begleitet, die viele Zeitgenossen und die meisten Historiker als Zeichen von Kriegsbegeisterung deuteten. In vielen Städten stimmten die neugierigen Massen vaterländische Lieder an, als sie von der Verkündung des »Zustands drohender Kriegsgefahr« und der Mobilmachung erfuhren. Am 1. August 1914 gerieten in Berlin Zehntausende, die sich vor dem Schloß versammelt hatten, nach Ansicht vieler Zeitgenossen in eine Art »religiöser« Ekstase, als sich der Kaiser von einem Fenster des Schlosses an sein Volk wandte und verkündete, er kenne keine Parteien mehr, er kenne nur noch Deutsche.

Der erste Kriegsmonat glich einer langen patriotischen Feier. In den ersten drei Augustwochen verabschiedeten die Deutschen ihre Soldaten mit einem Blumenmeer und so viel Schokolade, daß das Rote Kreuz die Bevölkerung um der Gesundheit der Soldaten willen zu etwas mehr Zurückhaltung aufrief.[1] Ende August feierten die Deutschen die ersten siegreichen Schlachten

---

1 Vgl. den Brief von Prof. Dr. Messerer vom 4. September 1914, StA München, Polizeidirektion, Nr. 4556.

mit so großer Begeisterung, als wäre der Krieg bereits gewonnen. Überall hing die Nationalflagge, selbst in den Höfen der Arbeiterviertel Berlins, wo es das noch nie gegeben hatte.

Bis heute bemühen sich die Historiker um passende Worte zur Beschreibung dieser Bilder. George Mosse spricht von einer »berauschenden« Stimmung bei Kriegsausbruch.[2] Modris Eksteins sieht in dem »Augusterlebnis« »Historie und Leben eins geworden«, und nach Ansicht von Eric J. Leed war «der August 1914 die letzte große nationale Verkörperung des Volkes als moralische Einheit«.[3] Auch die Bilder der Ereignisse entfalteten auf die Zeitgenossen eine starke Wirkung. Sowohl in den Zeitungen als auch in den Lichtspielhäusern erhielten die Bilder von der Begeisterung im August augenblicklich eine »historische« Aura, die in den folgenden Tagen und Wochen noch durch das religiöse Vokabular verstärkt wurde, das Journalisten, Politiker und Staatsbedienstete benutzten. Da wurde die Kriegsbegeisterung zur »heiligen« Begeisterung,[4] die als »heilige Flamme des Zornes« emporloderte,[5] sie war »hero-

---

2 George Mosse, Gefallen für das Vaterland: Nationales Heldentum und namenloses Sterben, Stuttgart 1993, S. 70.

3 Modris Eksteins, Tanz über Gräben. Die Geburt der Moderne und der Erste Weltkrieg, Reinbek bei Hamburg 1990, S. 105; Eric J. Leed, No Man's Land. Combat & Identity in World War I, Cambridge 1979, S. 30. Das jüngste Beispiel dieser Art ist: Peter Fritzsche, Germans into Nazis, Cambridge 1998.

4 Gottfried Traum, *Heilige Gegenwart*, in: Illustrierte Zeitung, Leipzig, 27. August 1914, Nr. 3713, S. 344. Ebenso der Autor eines unsignierten Artikels ohne Titel in der Badischen Nationalen Korrespondenz, 6. August 1914, LA Karlsruhe 69–35.

5 *Eine erhebende Kundgebung des geistigen Berlins*, in: Berliner Morgenpost, 4. August 1914, Nr. 211, S. 3. Bei einer Veranstaltung der Universität am 3. August 1914 erklärte der Rektor Max Planck in seiner Rede: »Großes steht bevor. Alles, was die Nation an physischen und sittlichen Kräften besitzt, ballt sich zusammen und lodert zur heiligen Flamme des Zornes empor, während das sonst Erstrebte zu Boden fällt.«

isch«[6] und eine »Offenbarung«[7], hatte eine »Wiedergeburt durch den Krieg«[8] bewirkt, die Deutschen »aus der Misere des Tages heraufgebracht auf eine Höhe, auf der wir noch nie innerlich gestanden haben«[9]. »Was Deutschland in diesen Tagen erlebte, das war wie ein großes Wunder der Selbsterneuerung, das war wie ein Abschütteln alles kleinlichen und fremden, das war ein naturgewaltiges Besinnen auf die eigene Art«, schrieb ein Journalist der *Täglichen Rundschau*.[10] Und Reichskanzler Bethmann Hollweg schloß die Sitzung des Reichstags am 4. August mit den Worten: »Was uns auch beschieden sein mag, der 4. August 1914 wird bis in alle Ewigkeit herein einer der größten Tage Deutschlands sein.«[11] Die *Tägliche Rundschau* schrieb am 9. August im Rückblick auf die vergangenen Tage: »Man wird von dieser ersten Augustwoche erzählen, solange das deutsche Volk existiert und die deutsche Sprache erklingt. Jeder, der das erleben konnte, wird von den Bildern und Stimmungen sein Leben lang begleitet.«

In der Folgezeit beschwor man den »Geist von 1914« als Erfahrung und als Ziel, als heilige Erinnerung und als hehre Utopie. Der »Geist von 1914«, schrieb der Berliner Historiker Friedrich Meinecke Ende 1914, müsse der »Siegespreis« sein.[12]

---

6 *Der Siegessonntag*, in: Tägliche Rundschau, 24. August 1914, Nr. 398 (Sonder-Ausgabe), S. 4.

7 *In der Reichshauptstadt*, in: Norddeutsche Allgemeine Zeitung, 6. August 1914, Nr. 182, S. 1.

8 Oskar Schmitz, *Die Wiedergeburt durch den Krieg*, in: Der Tag, 9. August 1914, Nr. 185., o. S.

9 Zit. n. Wilhelm Pressel, Die Kriegspredigt 1914–1918 in der evangelischen Kirche Deutschlands, Göttingen 1967, S. 14.

10 *Mobilisierung in Deutschland und in Frankreich*, in: Tägliche Rundschau, 2. August 1914, Nr. 358 (Morgen), S. 1.

11 Zit. n. Verhandlungen des Reichstags 1914–1916, Band 306, Stenographische Berichte, Berlin 1916, S. 11.

12 Friedrich Meinecke, *Um welche Güter kämpfen wir (August 1914)*, S. 50–51 sowie *Staatsgedanke und Nationalismus (Oktober 1914)*, S. 76,

Der Journalist Ferdinand Avenarius meinte im Oktober 1914, die zukünftigen Generationen würden ihre Gegenwart danach beurteilen, wieviel vom »Geist von 1914« noch geblieben sei.[13] Der Theologe Gottfried Traub erklärte am 1. August 1915, »jene Augusttage [sind] so groß, weil sie eine Quelle künftiger Kraft bleiben, die alle Zweifler zuschanden macht«,[14] und der junge Schriftsteller Walter Flex bekannte 1916: »Mein Glaube ist, daß der deutsche Geist im August 1914 und darüber hinaus eine Höhe erreicht hat, wie sie kein Volk vordem gesehen hat. Glücklich jeder, der auf diesem Gipfel gestanden und nicht wieder hinabzusteigen braucht. Die Nachgeborenen des eigenen und fremder Völker werden diese Flutmarke Gottes über sich sehen an den Ufern, an denen sie vorwärts schreiten.«[15]

Auch nach dem Krieg beschwor man die Erinnerung an 1914. Gustav Stresemann erklärte auf dem Parteitag der liberalen Deutschen Volkspartei im Jahr 1921: »Reiner stand nie ein Volk vor Gott und der Weltgeschichte da, als das deutsche Volk im Jahre 1914. [...] Zu dieser Einheit des nationalen Empfindens haben wir nicht mehr zurückgefunden. [...] Unser Ziel wird die

---

beide in: ders., Die deutsche Erhebung von 1914, Stuttgart und Berlin 1914. Ähnlich äußerte sich der Berliner Juraprofessor Wilhelm Kahl in *Dr. Kahls Rede in schwerer Zeit*, in: Deutsche Tageszeitung, 10. Oktober 1914, BAL, RLB Pressearchiv, Nr. 7565, S. 8.

13 Ferdinand Avenarius, *Die neue Zeit*, in: Der Kunstwart, Nr. 1 (Oktober 1914), S. 4.

14 Gottfried Traub, *Deutschlands Schwerttag*, in: Eiserne Blätter, 1. August 1915, BAK, NL Traub, Nr. 7, o.S. Es heißt dort: »Das waren Tage! Nicht hunderttausende standen auf – Deutschland war ein einziger Mann von Memel bis Friedrichshafen, von Aachen bis Kattowitz. Millionen Hände streckten sich aus zu jedem Dienst, wenn es nur dem Vaterland gilt. [...] Diese Erinnerung sei uns heiliges Erbe.«

15 Walter Flex, zit. n. Benno Schneider und Ulrich Haacke (Hg.), Das Buch vom Kriege 1914–1918. Urkunden, Berichte, Briefe, Erinnerungen, Ebenhausen 1933, S. 37.

Versöhnung aller Schichten des deutschen Volkes sein müssen. Daß die Masse national denkt, hat sie 1914 bewiesen.«[16] Die *Münchner Neuesten Nachrichten* forderten ein Jahr nach der Ruhrkrise und zum zehnten Jahrestag des Kriegsbeginns, man müsse auf den »Geist von 1914« zurückblicken, damit »der Glaube an die Zukunft unseres Volkes« erwache.[17] Gertrud Bäumer, eine liberale Politikerin, Frauenrechtlerin und Journalistin, schrieb in ihren 1933 veröffentlichten Memoiren: »Und was nun auch kommen mag, [...] die Erinnerung an diese Sonntagsstunde [des 1. August 1914, J.V.] wird bleiben und Wert behalten.«[18] Die Nationalsozialisten erklärten 1933, ihre »Revolution« entspringe dem »Geist von 1914«, und sahen in ihrem Aufstieg zur Macht die Wiedergeburt der Tage von 1914. Am 21. März 1933, dem »Tag von Potsdam«, als sich Hitler und Hindenburg die Hand reichten, interpretierte der Geistliche Dr. Dibelius, der den offiziellen Gottesdienst hielt, diesen symbolischen Handschlag als Erneuerung des »Geistes von 1914« und befand sich damit durchaus in Einklang mit einer allgemeinen Stimmung.[19]

Was bewirkte diese Verklärung? Sicher war das »Augusterlebnis« äußerst beeindruckend. Man mußte schon sehr abgestumpft sein, um im August 1914 nicht das zu empfinden, was Charles E. Montague einmal so beschrieb:

»Unweigerlich läßt der Abend vor einer großen Schlacht Flammen im Kopf auflodern. Herz und Verstand sind in Aufruhr und zugleich wie gelähmt, und auch der gemeine Mann kann, in dieser Stunde, das Leben

---

16 Zit. n. Nationalliberale Correspondenz, 1. Dezember 1921, BAL, 62 DAF 3, Nr. 697, S. 176.

17 *Den Kriegsopfern*, in: Münchner Neueste Nachrichten, 3. August 1924, Nr. 209, S. 5.

18 Gertrud Bäumer, Lebensweg durch eine Zeitwende, Tübingen 1933, S. 264 f.

19 Als Text für seine Predigt wählte Dibelius Römer 8, Vers 31: »Ist Gott für uns, wer kann wider uns sein.«

14

mit dem Blick des Künstlers sehen – als Abenteuer und Herausforderung, wunderschön und gnadenlos, flüchtig und fremd. Der große Wurf, die nahe Geburt einer neuen Zeit, der Griff des Schicksals nach dem zu lüftenden Schleier – diese Empfindung ist ein Rausch, der wie Strychnin den verebbenden Schlag des in Todessehnsucht verzückten Herzens beschleunigt.«[20]

Für einige Zeitgenossen jedoch war dieses Erlebnis nicht nur eine aufregende, sondern eine »liminale Erfahrung«, war es das, was Paul Tillich später als *Kairos* bezeichnete, nämlich »ein Hereinbrechen eines neuen sinngebenden Ereignisses [...], ein Wendepunkt in der Geschichte, in dem das Ewige das Zeitliche richtet und umwandelt«.[21] In dieser »inneren Wandlung«,[22] dieser Reinigung der Seele, dieser »Wiedergeburt durch den Krieg«,[23] die individuelle wie kollektive Identitäten umformte, empfanden die Deutschen die Ekstase, die mit der Überzeugung einhergeht, daß ewige Wahrheiten eins geworden sind mit der Realität. In den Worten des Philosophieprofessors und Literaturnobelpreisträgers Rudolf Eucken:

»[Es] vollzog sich hier eine Erhöhung, eine Umwandlung ethischer Art. Wir fühlten uns ganz und gar im Dienst einer hohen Aufgabe, die wir selbst uns nicht ausgesucht hatten, die von höherer Macht uns auferlegt war und uns daher mit der zwingenden Kraft einer unabweisbaren Pflicht ergriff. [...] Damit erlebten wir einen gewaltigen Aufschwung der Seele: das Leben des Ganzen wurde unmittelbar das eigene Leben jedes einzelnen, alles Starre geriet damit in Fluß, neue Lebensquellen brachen hervor; wir fühlten uns

---

20 Charles E. Montague, Disenchantment, Westport 1978 (Erstveröffentlichung 1922), S. 122.
21 Paul Tillich, The Protestant Era, Chicago 1949, S. 45, und *Kairos. Ideen zur Geisteslage der Gegenwart*, in: Paul Tillich (Hg.), Kairos. Zur Geisteslage und Geisteswendung, Darmstadt 1926, S. 1–21.
22 Karl Mayr, *Wilhelm II.*, in: Süddeutsche Monatshefte, September 1914, S. 790. Dort heißt es: »Seit dem 2. August bereitet sich im deutschen Volk eine innere Wandlung vor.«
23 Oskar Schmitz, Das wirkliche Deutschland. Die Wiedergeburt durch den Krieg, 5. Aufl., München 1915, S. 4 ff.

über uns selbst erhoben und brannten vor Begier, die Besinnung in Tat umzusetzen.«[24]

Durch die Begeisterung wurden die Deutschen religiöser und mutiger, männlicher und authentischer, sie setzte der »Oberflächlichkeit der Seele und des Geistes, [der] Genußsucht und Sinneslust« ein Ende.[25] Vor allem aber sah man im »Augusterlebnis« einen Katalysator für das, was später als »Volksgemeinschaft« bezeichnet wurde.[26]

Bei der Beschreibung dieser Erfahrung der Gemeinschaft und der Einheit fanden viele Zeitgenossen zu einer Sprache von höchster Ausdruckskraft und Inspiration. Der konservative Philologe Eduard Schwartz erklärte, »in eherner Wesenheit hat sich das Ganze des Volkes erhoben, als das Einzige, das jetzt Halt und Wert hat; über allem Einzelschicksal thront von allen als höchste Wirklichkeit gefühlt, das Erleben der Allgemeinheit.«[27] Der Theologe Ernst Troeltsch sprach von einer »herrlichen Einheit des Opfers, der Brüderlichkeit, des Glaubens und der Siegesgewißheit [...], die das gewaltige Erlebnis jenes unvergeßlichen August war und es noch bis heute ist«.[28] Der liberale Journalist Hellmut von Gerlach meinte gar: »Vorurteile sind gefallen, Irrmeinungen sind korrigiert worden, Menschen haben einander als Volksgenossen kennen und schätzen gelernt, zwischen denen zu-

24 Rudolf Eucken, *Der Sturm bricht los!*, in: Deutsche Kriegswochenschau, 29. Juli 1917, Nr. 34, S. 1.
25 Otto von Pfister, Neues deutsches Leben und Streben, 2. Aufl., Berlin 1915, S. 5.
26 So meinte 1915 der Soziologe Emil Lederer, während der Mobilmachung sei aus der deutschen Gesellschaft eine Gemeinschaft geworden. Vgl. ders., *Zur Soziologie des Weltkrieges*, in: Kapitalismus, Klassenstruktur und Probleme der Demokratie in Deutschland 1910–1940, Göttingen 1979, S. 120 f.
27 Eduard Schwartz, Der Krieg als nationales Erlebnis. Rede gehalten im Saal der Hauptwache von Straßburg am 24. Oktober 1914, Straßburg 1914, S. 2 f.
28 Ernst Troeltsch, Der Kulturkrieg, Berlin 1915, S. 25 f.

16

vor ein Himalaja aufgetürmt schien [...]. Die Zeiten haben sich geändert und die Menschen mit ihnen. Der große Zerstörer Krieg ist auch ein großer Erneuerer. Er stürzt um und er baut auf.«[29] Und die bereits erwähnte Gertrud Bäumer schließlich beschrieb den August 1914 mit den Worten: »Die Schranken unseres Ich durchbrachen, unser Blut flutete zu dem Blut der anderen, wir fühlten uns eines Leibes werden in mystischer Vereinigung.«[30]

Ist diese Schilderung des »Augusterlebnisses« eine präzise Wiedergabe der Empfindungen und Gefühle des deutschen Volkes im Jahr 1914? Interessanterweise haben sich die Historiker dieser Frage erst in jüngster Zeit zugewandt. Zwar gibt es umfangreiche Literatur zum Ausbruch des Ersten Weltkriegs, zur »Kriegsschuld«, zu den Taten, Absichten und Motiven der Staatsmänner, doch bis vor kurzem übernahmen die meisten Historiker einfach die zeitgenössische Darstellung von der kriegsbegeisterten öffentlichen Meinung im Deutschland des Jahres 1914, ohne sie systematisch zu überprüfen.[31]

Historiker, die sich mit der Geschichte einzelner deutscher Städte im Ersten Weltkrieg befaßten, gelangten hingegen zu dem Schluß, daß das Wort »Kriegsbegeisterung« die Stimmung der Bevölkerung im Juli und August 1914 nicht angemessen beschreibt. Klaus Schwarz kam in seiner 1971 erschienenen Geschichte Nürnbergs im Ersten Weltkrieg zu dem Schluß, daß

---

29 Hellmut von Gerlach, *Das Jahr des Umsturzes*, in: Die Welt am Montag, Nr. 52, 28. Dezember 1914, S. 1 f.

30 Gertrud Bäumer, *Frauenleben und Frauenarbeit*, in: Max Schwarte (Hg.), Der Weltkrieg in seiner Einwirkung auf das deutsche Volk, Leipzig 1918, S. 314.

31 Vgl. z. B. Wolfgang Jäger, Historische Forschung und politische Kultur in Deutschland. Die Debatte 1914–1980 über den Ausbruch des Ersten Weltkrieges, Göttingen 1984. Eine Diskussion zum »Geist von 1914« findet sich auch nicht in der populärwissenschaftlichen Literatur zum Ausbruch des Ersten Weltkriegs, vgl. hier z. B. Eugen Fischer, Die kritischen 39 Tage. Von Sarajewo bis zum Weltbrand, Berlin 1928 oder Emil Ludwig, Juli 14. Vorabend zweier Weltkriege, Hamburg 1961.

»dic Nürnberger Bevölkerung auf die sich abzeichnende Möglichkeit eines weltweiten Krieges sehr viel differenzierter reagierte, als dieses Klischeebild von der allgemeinen Kriegseuphorie vorgibt«.[32] Zu ähnlichen Schlußfolgerungen gelangten in den letzten Jahren noch andere Autoren: Volker Ullrich für Hamburg,[33] Friedhelm Boll für Braunschweig and Hannover,[34] Michael Stöcker für Darmstadt,[35] Wolfgang Kruse in seiner Arbeit zur deutschen Arbeiterklasse und zur SPD im Jahr 1914,[36] Benjamin Ziemann in seiner Studie zur Kriegserfahrung der bayerischen Landbevölkerung[37] und Christian Geinitz für die Stadt

---

32 Klaus Schwarz, Weltkrieg und Revolution in Nürnberg. Ein Beitrag zur Geschichte der deutschen Arbeiterbewegung, Stuttgart 1971, S.106.

33 Volker Ullrich, Die Hamburger Arbeiterbewegung vom Vorabend des Ersten Weltkrieges bis zur Revolution 1918/1919, Hamburg 1976, S.11; ders., Kriegsalltag. Hamburg im Ersten Weltkrieg, Köln 1982.

34 Friedhelm Boll, Massenbewegungen in Niedersachsen 1906–1920. Eine sozialgeschichtliche Untersuchung zu den verschiedenen Entwicklungstypen Braunschweig und Hannover, Bonn 1981, S.151.

35 Michael Stöcker, Augusterlebnis 1914 in Darmstadt. Legende und Wirklichkeit, Darmstadt 1994.

36 Wolfgang Kruse, Krieg und nationale Integration. Eine Neuinterpretation des sozialdemokratischen Burgfriedensschlusses 1914/15, Essen 1994.

37 Interessant ist hier vor allem die Darstellung der Stimmung in der Landbevölkerung. Vgl. Benjamin Ziemann, Front und Heimat. Ländliche Kriegserfahrungen im südlichen Bayern 1914–1923, Essen 1997, S.39–54. Andere Untersuchungen zu einzelnen Städten oder Regionen wie die von Karl-Dietrich Ay, Die Entstehung einer Revolution. Die Volksstimmung in Bayern während des Ersten Weltkrieges, Berlin 1968; Eberhard Lucas, Die Sozialdemokratie in Bremen während des ersten Weltkrieges, Bremen 1969; Gunter Bers (Hg.), Die Kölner Sozialdemokratie und der Kriegsausbruch, Hamburg 1974 und Detlef Josczak, Die Entwicklung der sozialistischen Arbeiterbewegung in Düsseldorf, Hamburg 1980, befassen sich nicht mit der Kriegsbegeisterung im Jahr 1914. Zu einer kurzen Darstellung der Stimmung der Arbeiterklasse im Ruhrgebiet vgl. Jürgen Reulecke, Der Erste Weltkrieg und die Arbeiter-

Freiburg.[38] Obwohl diese Arbeiten schon viel zur Änderung der traditionellen Sicht des »Augusterlebnisses« beigetragen haben, fehlt doch nach wie vor eine Gesamtdarstellung der öffentlichen Meinung in Deutschland im Juli und August 1914.[39]

Was empfanden und dachten die Deutschen in jenen heißen Tagen im Juli und August 1914? Wie verbreitet war die Kriegsbegeisterung? Wie unterschied sich die Reaktion der Deutschen auf den Kriegsausbruch je nach Region und Beruf und wie veränderte sie sich im Verlauf dieser Wochen? Welche Gefühle beschreibt das Wort »Kriegsbegeisterung«? Und welche Empfindungen waren in diesen aufregenden und verwirrenden Tagen sonst noch anzutreffen? Diesen Fragen wird im ersten Teil des Buchs nachgegangen.

Der zweite Teil konzentriert sich auf Entstehung, Genealogie und Rezeption des als »Geist von 1914« bezeichneten Narrativs. Der Chefredakteur des *Berliner Tageblatts*, Theodor Wolff, schrieb im Juli 1916:

»Heute vor zwei Jahren wurde Deutschland in Kriegszustand erklärt. [...]Wir wissen, eine wie vollendete Unwahrheit es ist, wenn der ›Temps‹

---

bewegung im rheinisch-westfälischen Industriegebiet, in: Arbeiterbewegung an Rhein und Ruhr. Beiträge zur Geschichte der Arbeiterbewegung in Rheinland-Westfalen, Wuppertal 1974, S.205–239, insbesondere S.210ff.

38 Christian Geinitz, Kriegsfurcht und Kampfbereitschaft. Das Augusterlebnis in Freiburg. Eine Studie zum Kriegsbeginn 1914, Essen 1998. Bei Erscheinen dieser Arbeit hatte ich mein Manuskript bereits fertiggestellt. Sie bestätigt im Hinblick auf die Kriegsbegeisterung in der südbadischen Universitätsstadt im wesentlichen meine Darstellung.

39 Thomas Raithels Arbeit Das »Wunder« der inneren Einheit. Studien zur deutschen und französischen Öffentlichkeit bei Beginn des Ersten Weltkrieges, Bonn 1996, die sich fast ausschließlich auf Zeitungen stützt, ist lediglich eine Sammlung von Eindrücken aus der deutschen Öffentlichkeit zu Beginn des Krieges. Eine vergleichbare Untersuchung für Frankreich bietet Jean-Jacques Becker, 1914. Comment les Français sont entrés dans la guerre, Paris 1977.

und ähnliche Blätter unablässig versichern, das deutsche Volk habe den Krieg wie ein frohes Ereignis begrüßt. Das Volk empfing ihn mit gepreßtem Herzen, empfand ihn in schlaflosen Nächten wie ein umklammerndes Riesengespenst, und die Entschlossenheit, mit der es dann hinaustrat, entsprang nicht der Freude, sondern dem tiefen Pflichtgefühl. Es waren doch nur wenige, die vom ›frisch fröhlichen Krieg‹ geredet hatten, es waren auch, in einer großen Volksmasse, nur wenige, die sofort nach dem österreichischen Ultimatum mit plötzlich hervorgeholten Fahnen durch die Straßen marschierten und vor den Fenstern der befreundeten Botschaften – auch der italienischen – und vor dem Reichskanzlerpalais sich heiser schrien.«[40]

Als General von Kessel, der Berliner Zensor und Oberbefehlshaber in den Marken [Berlin und Brandenburg, J. V.] das las, verbot er das weitere Erscheinen der Zeitung. Von Kessel schrieb Wolff, er sei empört, weil »die vielen Tausende, die vor zwei Jahren ihrer vaterländischen Begeisterung jubelnden Ausdruck verliehen, als ein bedeutungsloser Haufen heiserer Schreier hingestellt« würden.[41] Das *Berliner Tageblatt*, eine der angesehensten Zeitungen Deutschlands, hatte während des Krieges häufig Schwierigkeiten mit der Zensur, doch dies war die ernsteste Kri-

---

40 Berliner Tageblatt, 31. Juli 1916, Nr. 387, S. 1, nachgedruckt in: Theodor Wolff, Vollendete Tatsachen, Berlin 1918, S. 119.
41 Kessels Brief vom 1. August 1916 findet sich zusammen mit der darauf folgenden Korrespondenz in: BAL, Reichsamt des Innern, Nr. 12 276, S. 247 ff. und ebenda, Reichskanzlei, Nr. 1392, S. 24. In dem Brief heißt es weiter: »Die Schriftleitung des Berliner Tageblatts beweist durch ihr Verhalten, daß sie nicht gewillt ist, zur Erhebung des Geistes der Hingabe und Geschlossenheit in Deutschland, der die Voraussetzung für eine siegreiche Beendung des Krieges bildet, mitzuwirken. Ich verbiete deshalb das Erscheinen des Berliner Tageblattes bis auf weiteres.« Wolff verteidigte sich mit einem Brief an den General (BAL, Reichsamt des Innern, Nr. 12 276, Bl. 304), in dem er ein weiteres Mal darauf hinwies, daß Zeitungen wie die französische Le Temps die deutsche »Begeisterung« gegen die Deutschen benutzt hatten. (Außerdem verweigerte Wolff eine gedruckte Entschuldigung für seine »beleidigenden« Bemerkungen). Theodor Wolffs Überlegungen zu dieser Affäre finden sich in: Tagebücher 1914–1918, Bd. 2, Boppard am Rhein 1984, S. 406 ff.

Meinungkampf.

se. Nur aufgrund von Wolffs Versprechen, er werde, solange der Krieg dauere, keine Artikel mehr schreiben, gestattete von Kessel das Erscheinen des Blattes wieder, und das gegen Wolff verhängte Publikationsverbot wurde im November 1916 aufgehoben.

Warum war es für von Kessel so wichtig, daß eine bestimmte Erinnerung an das »Augusterlebnis« verbreitet wurde? Er war sicher nicht deshalb so ungehalten, weil Wolffs Darstellung historisch unkorrekt gewesen wäre. Vielmehr dürfte ihm – bewußt oder unbewußt – klar gewesen sein, daß man politische Macht nicht durch körperlichen Zwang aufrechterhält, sondern nur durch Konsensbildung. Und so bemühten sich von Kessel und andere Patrioten seines Schlags, ihre Vorstellung von der Geschichte des »Geistes von 1914« in einen sozialen Mythos zu verwandeln. Von Kessel hoffte, diesem Mythos die konservativen Normen und Werte einprägen und das Narrativ vom »Geist von 1914« zum Symbol der deutschen politischen Kultur erheben zu können, zum Symbol »der Werte, Erwartungen und ungeschriebenen Regeln, die die kollektiven Absichten und Handlungen formten und zum Ausdruck brachten«.[42]

---

42 Diese Definition von »politischer Kultur« verwendet Lynn Hunt in ihrem Buch Politics, Culture, and Class in the French Revolution, Berkeley 1984, S.10. Zu Aspekten meines Verständnisses vom mythischen Charakter des Narrativs vom »Geist von 1914« vgl. *Der Mythos des ›Geistes von 1914‹ in der Weimarer Republik*, in: Wolfgang Bialas und Bernhard Stenzel (Hg.), Die Weimarer Republik zwischen Metropole und Provinz. Intellektuellendiskurse zur politischen Kultur, Weimar 1996, S.85–96. Besonders prägend für meine Vorstellungen vom politischen Mythos waren: William McNeil, *The Care and Repair of Public Myth*, in: Mythistory and other Essays, Chicago 1986, S.23ff.; Walter Lippmann, Die öffentliche Meinung, München 1964; Leszek Kolakowski, Die Gegenwärtigkeit des Mythos, München 1973; Ernst Cassirer, Der Mythus des Staates. Philosophische Grundlagen politischen Verhaltens, Frankfurt am Main 1988 sowie Manfred Frank, Der Kom-

In der konservativen Darstellung des »Geistes von 1914« wird behauptet, alle Deutschen hätten dieses besondere, von den Zeitgenossen als Kriegsbegeisterung wahrgenommene Gefühl verspürt. Sie seien sich in diesem Augenblick der Begeisterung nicht nur ihrer gemeinsamen nationalen Identität, der von einer Gemeinschaft wie eine Religion geteilten Vorstellungen bewußt geworden, sondern hätten auch erkannt, daß die konservative Ideologie die beste Beschreibung dieser Identität lieferte. Die konservative Darstellung des »Geistes von 1914« war somit eine soziale Erinnerung, ein Narrativ eines vergangenen Ereignisses, das seinen Zweck ganz klar in der Gegenwart hatte.

Angesichts der Absichten derer, die den Mythos vom »Geist von 1914« schufen, überrascht es nicht, daß die Darstellung der öffentlichen Meinung in Deutschland im Juli und August 1914 immer weniger mit den tatsächlichen historischen Ereignissen gemeinsam hatte. Nach Northrop Frye ist ein Mythos praktisch in jedem Sinn, den das Wort annehmen kann, ein Narrativ, das zwei nicht zusammenpassende Reaktionen hervorruft, zum einen »das soll also passiert sein«, und zum anderen »das ist mit ziemlicher Sicherheit nicht passiert, zumindest nicht so«.[43]

Politische Mythen sind ein wesentlicher Bestandteil der modernen politischen Kultur. Sie bilden ein Gewebe von gemeinsamen Vorstellungen, mit deren Hilfe die Mitglieder einer komplexen Gesellschaft ein Zusammengehörigkeitsgefühl entwickeln und erhalten. Ein politischer Mythos als Symbol der Nation hilft

---

mende Gott. Vorlesungen über die Neue Mythologie, Frankfurt 1982. Mein Verständnis der kollektiven oder sozialen Erinnerung wurde vor allem beeinflußt von James Fentress und Chris Wickham, Social Memory, Oxford 1992.

43 Northrop Frye, *The Noise of Myth: Myth as a Universally Intelligible Language*, in: Myth and Metaphor. Selected Essays 1974–1988, Charlottesville 1990, S. 4.

einem komplexen sozialen System, sich selbst als Einheit und Gemeinschaft zu empfinden und darin etwas Natürliches, Selbstverständliches zu sehen. Mit anderen Worten: Ein politischer Mythos ist sowohl eine Erklärung der gesellschaftlichen Realität als auch ein konstituierendes Element dieser Realität, ein stabilisierender Faktor für die Gesellschaft.[44] Daß die konservativen Kräfte im Ersten Weltkrieg versuchten, das Narrativ vom »Geist von 1914« als treffendste Darstellung der kollektiven deutschen Identität zu benutzen, deutet nicht nur auf die dem Narrativ innewohnende Kraft hin, sondern auch auf eine latente Legitimationskrise des deutschen Konservatismus.[45] Die besondere Struktur dieser kollektiven Erinnerung stellte einen Bruch mit den kollektiven Erinnerungen dar, die Deutschland zuvor beherrscht hatten.

Vor 1914 hatte es in Deutschland nicht eine nationale politische Kultur gegeben, sondern mehrere nach Parteien getrennte politische Kulturen. Trotz aller Bemühungen der herrschenden Eliten in den Sozialisierungsinstitutionen wie den Schulen und beim Militär gab es keine unumstrittenen nationalen »Mythen«, die Sozialdemokraten bemühten sich nach Kräften, die konservativen Narrative als Ideologie zu entlarven, als Ausdruck von Klasseninteressen. Die ideologischen Gegensätze im wilhelminischen Deutschland waren stark ausgeprägt: Während das, was die Zeitgenossen als konservative Ideologie bezeichneten, sich selbst als »staatserhaltend« sah, war die Ideologie der Arbeiterklasse »revolutionär«. Die Rechte verfolgte eine »Sammlungspolitik«, versuchte die bürgerlichen Parteien gegen die revolutionäre Gefahr zu einen, die Linke bezichtigte die Rechte

---

44 Murray Edelman, Politik als Ritual: die symbolische Funktion staatlicher Institutionen und politischen Handelns, Frankfurt am Main 1976, S.159.
45 Vgl. dazu Andreas Dörner, Politischer Mythos und symbolische Politik, Opladen 1995.

fehlender Moral – ihre Zeitungen berichteten über all die abgeschmackten Skandale der wilhelminischen Gesellschaft – und prangerte mit harten Worten die Ungerechtigkeiten einer Klassengesellschaft an.[46] Die ideologische Unterteilung der Gesellschaft nach Klassenzugehörigkeit spiegelte sich darin wider, daß es von allen gesellschaftlichen Institutionen mindestens zwei Versionen gab, eine sozialdemokratische und eine bürgerliche. So gab es sozialdemokratische und bürgerliche Gesangvereine, Turn-, Schwimm- und Radsportvereine, Zeitungen, Theater und Bibliotheken.

In dem bereits zitierten Artikel versuchte Theodor Wolff, das konservative Narrativ vom »Geist von 1914« als Ideologie zu entlarven, indem er seine »Geschichte« in Frage stellte. Sozialdemokratische Autoren hatten dies zuvor auch getan. Mitten im Ersten Weltkrieg aber stand er damit völlig allein. Fast alle anderen Teilnehmer an dem während des Ersten Weltkriegs geführten politischen Diskurs pflichteten dem Narrativ bei, das »Augusterlebnis« habe aus der deutschen Gesellschaft eine Gemeinschaft gemacht. Genau wie von Kessel hofften fast alle, aus der Gleichsetzung des »Geistes von 1914« mit der eigenen Ideologie politisch Kapital schlagen zu können. Und so wurde der »Geist von 1914« zur Metapher für die jeweils eigene Ideologie. Am deutlichsten kommt dieses Bemühen um Gleichsetzung in einem Plakat der Deutschnationalen Volkspartei aus dem Wahlkampf 1919 zum Ausdruck: »Wählt DNVP. Wir sind der ›Geist von 1914‹«. Die Sozialdemokraten und die Liberaldemokraten vertraten dagegen die Ansicht, die Bereitschaft der Bürger zur Verteidigung des Vaterlandes im Jahr 1914 beweise, daß die Na-

---

46 Vernon L. Lidtke, The Alternative Culture. Socialist Labor in Imperial Germany, New York 1985. Zum Konzept der nach Parteien getrennten politischen Kulturen vgl. Detlef Lehnert und Klaus Megerle (Hg.), Politische Identität und Nationale Gedenktage. Zur politischen Kultur in der Weimarer Republik, Opladen 1989.

tion aus fähigen, reifen Bürgern bestehe. Eine Reform der Bismarckschen Verfassung würde den »Geist von 1914« bestätigen und den Staat stärken. Die radikal nationalistische Bewegung, die ihre institutionelle Basis im Alldeutschen Verband hatte, behauptete, im »Geist von 1914« seien alle Deutschen zu Alldeutschen geworden.

Hätte sich der Diskurs zum »Geist von 1914« auf Debatten über das Wesen der politischen Ideologie beschränkt, wäre dieses Symbol nie so mächtig geworden und hätte keine so breite Akzeptanz gefunden. Doch der Krieg war eine kollektive Erfahrung; die Deutschen mußten wissen, wofür sie kämpften, wofür sie ihr Leben opferten. Im Verlauf des Krieges gab es viele Aufrufe zur Wahrung der Einheit, häufig in Form eines Appells an den »Geist von 1914«. Die Einheit von 1914 werde bewahrt, so hieß es, wenn alle die gemeinsame Erinnerung an diese Erlebnisse teilten. Diese Erinnerung war zugleich eine Darstellung der Gruppe für sich selbst sowie das Mittel, mit dem diese Gruppe, durch die Sakralisierung der Darstellung, ihre Gemeinschaft stützte.

Das Narrativ vom »Geist von 1914« fand nicht nur deshalb so breite Akzeptanz, weil es dem Bedürfnis entsprach, die Ursprünge und die Natur der deutschen Volksgemeinschaft zu verstehen, sondern weil es auch Teil der Strategie wurde, die zum Sieg führen sollte. In der Kriegspropaganda war der Mythos vom »Geist von 1914« ein Mittel, um Begeisterung zu wecken. Die Erfolge der deutschen Armee gegen einen zahlenmäßig überlegenen Gegner wurden als Erfolge des stärkeren Glaubens über einen allzu rationalen Gegner, als Sieg des »Glaubens über den Unglauben« interpretiert.[47] Gustav Stresemann erklärte 1917: »Dieser Geist ist es gewesen, der die Minderzahl gegen die

---

47 Rudolf Borchardt, Der Krieg und die deutsche Selbsteinkehr. Rede öffentlich gehalten am 5. Dezember 1914 zu Heidelberg, Heidelberg 1915, S. 10f.

Mehrzahl zum Siege geführt hat.«[48] Die Deutschen hofften, vollständige Hingabe werde den Sieg bringen, denn die Armee, die – in Fichtes Worten –»heilige Begeisterung« besitzt, werde die Armeen niederringen, denen sie fehlt.[49]

Als sich die Moral der Bevölkerung verschlechterte und die Begeisterung schwand, beschwor die Propaganda immer wieder den »Geist von 1914«. 1917 erklärte der Propagandaoffizier Spickernagel, die Propaganda müsse den »Geist von 1914« zurückbringen:

»Wenn zu Beginn des Krieges das Heer und die Volksstimmung von der Heimat getragen und gestärkt wurde, so heißt darum heute die Forderung des Tages: »Frontgeist in die Heimat!« Dieser Geist von 1914, der heute noch in unserem Heere lebendig ist, diesen mannhaften Geist der freudigen und freiwilligen Selbsthingabe des einzelnen für die Gesamtheit, des gläubigen und unerschütterlichen Vertrauens zu Führung und eigener Kraft [...] wiederzuerwecken, das ist die vornehmste Aufgabe unserer Kriegsaufklärung.«[50]

---

48 Gustav Stresemann, Deutsche Gegenwart und Zukunft. Vortrag gehalten in Stuttgart am 18. November 1917, Stuttgart 1917, S. 3 f. Vgl. auch Gustav Buchholz, Glaube ist Kraft!, Stuttgart 1917; Houston Stewart Chamberlain, Ideal und Macht, 2. Aufl., München 1916; J. Kessler, Unser Glaube ist Sieg, Dresden 1915 sowie Gertrud Prellwitz, Durch welche Kräfte wird Deutschland siegen? Religiöse Vorträge, Jena 1914.

49 Fichtes Worte wurden sowohl vor dem Krieg als auch während des Krieges häufig zitiert. So verbreitete z. B. der »Reichsverband gegen die Sozialdemokratie« 1912 ein Flugblatt, in dem er der SPD vorwarf, sie gefährde mit ihrem Antimilitarismus Deutschlands Zukunft, denn dieser beeinträchtige die für einen Sieg in einem zukünftigen Krieg notwendige »heilige Begeisterung«. Das Flugblatt *Die Sozialdemokratie und der Krieg* findet sich in: HStA Nordrhein-Westfalen, Regierung Düsseldorf, Nr. 15959, S. 157. Zur Verwendung von Fichtes Worten während des Ersten Weltkriegs vgl. insbesondere die zahlreichen Veröffentlichungen der sogenannten *Fichte-Gesellschaft 1914.*

50 Stanford, Hoover Collection Archives, Moenkmoeller collection, Box 3, Liste Nr. 833–837, S. 6 der Broschüre.

Im propagandistischen Diskurs behandelte der Mythos also nicht nur ewige, transzendente, religiöse Fragen, erklärte nicht nur, wofür die Soldaten starben, sondern zielte auch auf die Aufwertung eines mythologischen Erkenntnisvorgangs gegenüber einem kritischen. Er basierte auf Glauben und stand damit im Gegensatz zu rationalem, kritischem Denken.

Während des Krieges existierten zwei unterschiedliche Formen des Mythos vom »Geist von 1914«, denen zwei unterschiedliche Funktionen entsprachen. Zum einen war da ein sozialer Mythos, das kollektive Narrativ eines vergangenen Ereignisses, die symbolhafte Darstellung der Nation; zum anderen das, was hier als transzendenter Mythos bezeichnet werden soll, nämlich die Überzeugung, daß man mit einem starken Glauben Schwierigkeiten überwinden könne, an denen jeder rationale Ansatz scheitert. Diese beiden Formen des Mythos hatten unterschiedliche Funktionen und befriedigten unterschiedliche intellektuelle und emotionale Bedürfnisse. Der soziale Mythos erfüllte den Wunsch nach einer symbolhaften Darstellung der Nation, für die man kämpfte und für die man sein Leben gab; der transzendente Mythos diente dem Bedürfnis, einen Ausweg aus dieser Krise zu finden.[51] Eine Studie zum Mythos vom »Geist von 1914« darf sich nicht auf die Darstellung der Genealogie des Mythos, der verschiedenen Formen des Narrativs, wie sie sich im Laufe der Jahre entwickelten, beschränken. Sie muß sich auch damit befassen, wie die verschiedenen Gruppen und Ideologien ihre spezifischen Versionen des Mythos schufen, und muß den Kontext untersuchen, in dem die Verbreitung des Mythos stattfand.

---

51 Vgl. Hans Blumenberg, Arbeit am Mythos, Frankfurt am Main 1996 sowie Sabine Behrenbeck, Der Kult um die toten Helden. Nationalsozialistische Mythen, Riten und Symbole, Vierow 1996.

Die öffentliche Meinung in Deutschland im Juli 1914

Wie läßt sich die öffentliche Meinung zu einem bestimmten Thema untersuchen, wenn sie in einer Epoche geäußert wurde, als es noch keine Meinungsumfragen gab? Das Hauptproblem besteht darin, Quellen ausfindig zu machen, mit deren Hilfe wir eine repräsentative Stichprobe auswählen können, die den beruflichen und regionalen Unterschieden sowie der Klassenzugehörigkeit, dem Alter und dem Geschlecht Rechnung trägt. Für ihre Arbeiten zur öffentlichen Meinung während des Ersten Weltkriegs in Frankreich standen Jean-Jacques Becker und Patrick James Flood eine Vielzahl unveröffentlichter amtlicher Berichte aus diesen Jahren zur Verfügung, die oft von Volksschullehrern verfaßt waren.[1] Leider war die deutsche Regierung nicht so interessiert wie die französische. Angesichts einer hinreichend patriotisch wirkenden Bevölkerung verzichtete die preußische Regierung im August 1914 sowohl auf die üblichen vierteljährlichen Berichte über die Ereignisse im Land und die Stimmung der Bevölkerung als auch auf die Berichte über die Lage der sozialdemokratischen und anarchistischen »Bewegung« und forderte ihre Beamten auf, sich auf andere, dringendere Angelegenheiten zu konzentrieren.[2] Die vorhandenen amtlichen Berichte setzen entweder zu spät ein – wie die des Berliner Polizeipräsidenten, deren erster vom 22. August 1914 stammt,[3]

---

1 Becker, 1914: Comment les Français sont entrés dans la guerre; Patrick James Flood, France 1914–1918: Public Opinion and the War Effort, New York 1990.

2 Die Berichte wurden »Zeitungsberichte« genannt. Die Erklärung des preußischen Innenministers vom 18. August 1914 findet sich in GhStAPK, Rep. 2II, Nr. 2811, Bd. 7.

3 Diese Berichte wurden bearbeitet und veröffentlicht von Ingo Materna und Hans-Joachim Schreckenbach (Hg.), Dokumente aus geheimen

oder sind wenig mehr als eine Zusammenfassung der Zeitungs-
lektüre eines Beamten – wie die von Geheimrat von Berger für
das preußische Innenministerium verfaßten Berichte über die
»öffentliche Meinung«[4], oder aber sie sind wegen zu großer Vor-
eingenommenheit nur von geringem Nutzen oder stellen gar nur
fest, daß es nichts Außergewöhnliches zu berichten gab.[5]

Gleichwohl sollte man doch annehmen, daß es theoretisch
möglich sein müsse, eine repräsentative Stichprobe privater
Briefe und Tagebücher zusammenzustellen. In Archiven und Bibliotheken finden sich viele Briefe und Tagebücher aus dem Jahr
1914, doch ihre Verfasser stammten meist aus der Mittel- und
Oberschicht oder waren Frontsoldaten. Was fehlt, sind Briefe

Archiven. Bd. 4: 1914–1918. Berichte des Berliner Polizeipräsidenten
zur Stimmung und Lage der Bevölkerung in Berlin 1914–1918, Weimar
1987. Ihre Grundlage, die im allgemeinen interessanteren, in dieser
Ausgabe nur auszugsweise zitierten Berichte der örtlichen politischen
Polizei, finden sich im BLHA, Rep. 30 Berlin C, Tit. 95, Sekt. 7, Nr.
15 805–15806.

4 Die von Berger verfaßten »Berichte über die Stimmung der Bevölkerung« finden sich im GhStAPK, Rep. 77, Tit. 949, Nr. 20. Sie sind voreingenommen, da der Innenminister sie zur Untermauerung seiner Forderung nach mehr Propaganda benutzte.

5 Das gilt für die von mir gefundenen offiziellen Berichte über die Stimmung in der Bevölkerung im August 1914, die von zwei sehr ehrgeizi-
gen Regierungspräsidenten, dem von Trier und dem von Düsseldorf,
verfaßt wurden. Das eigentliche Problem besteht darin, daß die Stimmung der Bevölkerung ein Kriterium für den Aufstieg in der preußischen Verwaltungshierarchie war, so daß die Stimmung im eigenen Ver-
waltungsbereich tendenziell immer eher rosig beschrieben wurde. Zu
Trier vgl. GhStAPK, Rep. 77, Tit. 332r, Nr. 68, zu Düsseldorf
GhStAPK, Rep. 77, Tit. 332r, Nr. 123; HStA Düsseldorf, Landratsamt
Düsseldorf, Nr. 201 und HStA Düsseldorf, Düsseldorf Regierung, Politische Akten, Nr. 14911. In Bayern beantworteten alle örtlichen Beamten die Anfrage der bayerischen Regierung nach Problemen im Verlauf der Mobilmachung mit »keine«, vgl. HStA München, Abt. IV –
Kriegsarchiv, Stellv. GK des I AK, Nr. 955.

und Tagebücher von Bauern und Arbeitern, von Menschen aus der unteren Mittelklasse sowie von denen, die zu Hause auf ihre Angehörigen warteten.⁶ Das in den Archiven gesammelte Material kann zwar zur gelegentlichen Einblicknahme dienen, nicht aber als Grundlage für eine breit angelegte Studie.

Wer sich mit der öffentlichen Meinung in Deutschland im Jahr 1914 befassen will, muß also, da zuverlässiges Archivmaterial fehlt, auf veröffentlichtes Material zurückgreifen. Doch auf welche Texte? Viele Historiker haben Zitate aus Autobiographien als Belege für eine verbreitete Kriegsbegeisterung verwendet, denn – wie Hanna Hafkebrink hervorhebt – in den meisten Erinnerungen an das Jahr 1914 ist von einem »ekstatischen Glücksgefühl« die Rede. Die Verfasser gehören jedoch zum Großteil der gebildeten Elite an,⁷ und die meisten Erinnerungen wurden erst Jahre nach den Ereignissen aufgezeichnet. Paul Fussell hat bei englischen Erinnerungen aus dem Ersten Weltkrieg gezeigt, daß sie mehr Hinweise darauf enthalten, wie die Verfasser ihre Erfahrungen strukturieren, als auf ihre authentischen Gefühle beziehungsweise die ihrer Mitmenschen.⁸ Was Deutschland anbetrifft, so ist noch weniger mit objektiven Erinnerungen zu rechnen als in Großbritannien, denn nachdem die kollektive Erinnerung vom »Geist von 1914« einmal entstanden war, wie gut konnte sich da ein einzelner noch ins Gedächtnis rufen, was er 1914 emp-

---

6 Bernd Ulrich hat in *Feldpostbriefe im Ersten Weltkrieg. Bedeutung und Zensur*, in: Peter Knoch (Hg.), Kriegsalltag, Stuttgart 1989, S. 40–83 und in Die Augenzeugen. Deutsche Feldpostbriefe in Kriegs- und Nachkriegszeit, 1914–1933, Essen 1997 die Vor- und Nachteile dieser Quelle untersucht.

7 Hanna Hafkebrink, Unknown Germany. An Inner Chronicle of the First World War based on Letters and Diaries, New Haven 1948, S. 30. Eine detaillierte Autobiographie aus der Arbeiterklasse ist Karl Retzlaw, Spartacus: Aufstieg und Niedergang. Erinnerungen eines Parteiarbeiters, Frankfurt am Main 1971.

8 Paul Fussell, The Great War and Modern Memory, Oxford 1975.

funden hatte? Und wenn es ihm gelang, wie hoch war dann die Wahrscheinlichkeit, daß seine Erinnerung der Wahrheit entsprach? Der nationalliberale Anwalt und Abgeordnete Eugen Schiffer, der sich im Juli und August 1914 in Berlin aufhielt, beschrieb in seinem privaten Tagebuch die Bevölkerung der Stadt als deprimiert. Vierzig Jahre später, nachdem er während der Weimarer Republik Finanzminister und Vizekanzler und nach dem Zweiten Weltkrieg Chef der deutschen Justizverwaltung in der sowjetischen Besatzungszone gewesen war, schrieb er in seinen – dann veröffentlichten – Memoiren, »Deutschland« sei zu Beginn des Krieges voller Begeisterung gewesen.[9]

Zeitungen als Quelle zur Untersuchung der öffentlichen Meinung

Bei zeitgenössischen Quellen ist die Gefahr ausgeschlossen, daß der Blick auf die Erlebnisse vom August 1914 durch das verbreitete Narrativ des »Geistes von 1914« verzerrt wird, zeitgenössische Quellen enthüllen die individuellen Erfahrungen, ehe die Erinnerung an die Ereignisse von 1914 Teil des sozialen Gedächtnisses wurde. Doch auch hier stellt sich wieder die Frage nach den heranzuziehenden Texten. Viele Historiker haben sich auf die zeitgenössischen schriftlichen Äußerungen der intellektuellen Elite Deutschlands mit dem Argument konzentriert, die öffentliche Meinung einer Nation werde von ihrer intellektuellen Elite zum Ausdruck gebracht, von der Gruppe also, die Mannheims berühmten Worten zufolge »der Gesellschaft eine Deutung der Welt besorgt.«[10] So gewannen sie den Eindruck

---

9 Schiffers Tagebuch befindet sich im BAK, NL Eugen Schiffer, Nr. 3. Seine Memoiren erschienen unter dem Titel Ein Leben für den Liberalismus, Berlin 1951, hier S.26ff.
10 Karl Mannheim, Ideologie und Utopie, Frankfurt am Main 1969, S.11.

einer weit verbreiteten deutschen Kriegsbegeisterung, denn wie Thomas Mann 1915 feststellte,

»[Die meisten deutschen Intellektuellen] sangen nun wie im Wettstreit den Krieg frohlockend, mit tief aufquellendem Jauchzen – als hätte ihnen und dem Volke, dessen Stimme sie sind, in aller Welt nichts Besseres, Schöneres, Glücklicheres widerfahren können, als daß eine verzweifelte Übermacht von Feindschaft sich endlich gegen dies Volk erhob; und auch dem Höchsten, berühmtesten unter ihnen kam Dank und Gruß an den Krieg nicht wahrer von Herzen als jenem braven, der in einem Tageblatt seinen Kraftgesang mit dem Ausruf begann: ›Ich fühle mich wie neu geboren‹.«[11]

Über Sprache und Kultur jedoch wurden im wilhelminischen Deutschland hitzige Debatten geführt. Zwischen 1890 und 1914 entwickelten sozialdemokratische »Intellektuelle« eine oppositionelle Kultur der Arbeiterklasse, eine – um einen Begriff von Oskar Negt und Alexander Kluge zu benutzen – »Gegenöffentlichkeit« mit eigenen Zeitungen, Zeitschriften, Theatern und Vereinen.[12] Und die Vorstellungen der akademischen Intellektuellen waren keineswegs die einzigen, an denen sich die Deutschen orientieren konnten. Auch darf man nicht vergessen, daß im Ersten Weltkrieg jede von der offiziellen Version des »Geistes von 1914« abweichende Darstellung der Erlebnisse vom August 1914 der Zensur anheimfiel. Theodor Wolff zum Beispiel, der als einziger Journalist während des Krieges versuchte, Kritik an der offiziellen Darstellung zu üben, wurde, wie wir gesehen haben, für seine Kühnheit bestraft.

Die Erkenntnis, daß der intellektuelle Diskurs nicht mit der öffentlichen Meinung gleichgesetzt werden kann, veranlaßte manche Historiker, vornehmlich die Erklärungen der Führer der

---

11 Thomas Mann, *Gedanken im Krieg*, in: Die Neue Rundschau, November 1914, S. 1473.

12 Oskar Negt und Alexander Kluge, Öffentlichkeit und Erfahrung, Frankfurt am Main 1977, S. 70 f. und 143. Allgemeiner siehe Lidtke, The Alternative Culture.

politischen Parteien zu einem bestimmten Thema zu analysieren. Die Folge davon war, daß dann die Billigung der Kriegskredite durch die Sozialdemokratische Partei am 4. August als Beweis für die Unterstützung des Krieges durch die Arbeiterklasse gesehen wurde.[13] Dabei wurde jedoch übersehen, daß in den Wahlergebnissen die Stimmung in der Bevölkerung zu einem spezifischen Thema nicht präzise zum Ausdruck kommt. Es ist keineswegs klar, daß jemand, der 1912 SPD wählte, mit dem Abstimmverhalten der sozialdemokratischen Reichstagsfraktion am 4. August 1914 einverstanden war. Im übrigen folgte auf die kurze Sitzung des Reichstags am 4. August eine Sitzungspause bis zum Dezember 1914.

Wir müssen uns daher auf die Zeitungen verlassen, denn sie liefern uns ein umfangreiches und repräsentatives Bild der veröffentlichten Meinung.[14] Das wilhelminische Deutschland hatte mit über 3600 Zeitungen eine reichhaltige Pressekultur. In den größeren Städten gab es mindestens zwei Blätter, in Berlin über 50. Die meisten Zeitungen erschienen täglich, von einigen der größeren, zum Beispiel in Berlin, gab es sogar drei Ausgaben am Tag. Im allgemeinen waren die Auflagen niedrig, einige Zeitungen in den größeren Städten erreichten jedoch Auflagen von etwa einer halben Million. Und es gab nicht nur sehr viele Zeitungen, sondern das Pressewesen war auch höchst vielfältig und klar nach politischer Ausrichtung getrennt. 1914 verfügten alle Parteien über offizielle oder halboffizielle Zeitungen, die das Sprachrohr der Partei waren beziehungsweise die Parteilinie zu allen relevanten Themen zum Ausdruck brachten. Die Sozialde-

---

13 Dies gilt besonders für sozialdemokratische Historiker. Vgl. Susanne Miller, Burgfrieden und Klassenkampf. Die deutsche Sozialdemokratie im Ersten Weltkrieg, Düsseldorf 1974.
14 Ein guter Überblick über die wilhelminische Presse findet sich in Klaus Wernecke, Der Wille zur Weltgeltung. Außenpolitik und Öffentlichkeit im Kaiserreich am Vorabend des Ersten Weltkrieges, Düsseldorf 1970, S. 11–25.

mokratische Partei hatte den *Vorwärts*, die Fortschrittliche Volkspartei die *Frankfurter Zeitung*, das *Berliner Tageblatt* und die *Vossische Zeitung*; die Nationalliberalen die *Kölnische Zeitung* und die *Magdeburgische Zeitung*, die Zentrumspartei die *Kölnische Volkszeitung*; die Deutschkonservativen hatten die *Neue Preußische Zeitung*, besser bekannt als *Kreuz-Zeitung*, der konservative Bund der Landwirte die *Deutsche Tageszeitung* und die radikalen Nationalisten der alldeutschen Rechten die *Tägliche Rundschau*, die *Deutsche Zeitung* und die *Rheinisch-Westfälische Zeitung*. Die *Norddeutsche Allgemeine Zeitung* gab die Ansichten der Regierung wieder, ebenso wie viele der kleineren Provinzzeitungen.[15]

Die auf diesem heiß umkämpften Markt erscheinenden Blätter können mit einer gewissen Berechtigung als Stimme der öffentlichen Meinung betrachtet werden. In den Worten eines Journalisten dieser Epoche: »Die Zeitung hat im allgemeinen eine feinnasige Witterung für die Gesinnung und Stimmung ihres Leserkreises. Leserkreis und Zeitung stellen sich aufeinander ein, und in dem Maße, in dem eine Zeitung sich mit einem großen Volksteil in Einklang zu bringen weiß, wächst ihre Macht und Bedeutung, wird ihr Wort zur Stimme des Volkes.«[16]

---

15 Von den ca. 3000 Zeitungen, die es während des Krieges in Deutschland gab (600 stellten wegen des Rückgangs der Anzeigenerlöse zu Beginn des Krieges das Erscheinen ein), waren 1450 politisch unabhängig, 400 waren mit der Zentrumspartei verbunden, 277 mit der Fortschrittlichen Volkspartei, 275 mit der Konservativen bzw. Freikonservativen Partei und 216 mit der Nationalliberalen Partei; 214 waren »national« und 79 standen der SPD nahe. Außerdem gab es 23 polnische und 4 dänische Zeitungen. Vgl. dazu Horst Heenemann, Die Auflagehöhen der deutschen Zeitungen. Ihre Entwicklungen und ihre Probleme, Berlin 1929, S. 100 sowie Walter Nicolai, Nachrichtendienst, Presse und Volksstimmung im Weltkrieg, Berlin 1920, S. 168.

16 Dr. Dammert, *Die Aufgabe der Presse*, in: Zeitungs-Verlag, Nr. 44, 29. Oktober 1915, S. 958.

Natürlich spiegelte die Presse die öffentliche Meinung nicht nur wider, sondern formte sie auch. Anhänger aller politischen Lager, die Leser der konservativen *Kreuz-Zeitung* ebenso wie des sozialdemokratischen *Vorwärts*, waren offen für das, was Zeitungen berichteten. Wer damals die öffentliche Meinung untersuchen wollte, wandte sich folglich zunächst der Presse zu. Staatliche Beamte lasen zu diesem Zweck die Leitartikel eines breiten Spektrums von Zeitungen.[17] Die Artikel, in denen von diesen Beamten in der letzten Juliwoche 1914 »Die Stimmung in Deutschland« beschrieben wurde, bestanden entweder aus Zitaten aus den Leitartikeln vieler verschiedener Zeitungen oder aus Beschreibungen der Massen auf den Straßen.[18] Die Untersuchung der Leitartikel einer Reihe von Zeitungen unterschiedlicher Ausrichtung ist deshalb eine Art Seismograph zur Registrierung der verschiedenen Strömungen in der öffentlichen Meinung, und die Beschreibung der Massen auf den Straßen liefert uns das notwendige Material zur Interpretation der Augustereignisse.

In seiner Darstellung der veröffentlichten Meinung im Juli und August 1914 gelangte Theo Goebel zu dem Schluß, daß die bürgerliche und konservative Presse im Juli 1914 im allgemeinen kriegerisch gestimmt war, während sich die sozialdemokratischen Zeitungen gegen den Krieg aussprachen und heftige Kritik an der Regierung übten.[19] Die bürgerlichen Zeitungen sahen zwar, daß das österreichisch-ungarische Ultimatum an Serbien

---

17 Siehe z. B. die Zeitungsausschnitte im StA Hamburg, Politische Polizei, Bd. 9 – Verbote der Friedensdemonstration der Sozialdemokratie.

18 Zum Beispiel: *Die Stimmung in Deutschland*, in: Rheinisch-Westfälische Zeitung, 25. Juli 1914 (Abend), Nr. 890, S. 1: »Die Stimmung in Deutschland gibt sich zunächst nur in den Zeitungen wieder, solange Volksversammlungen nicht gesprochen haben.«

19 Theo Goebel, Deutsche Pressestimmen in der Julikrise 1914, Stuttgart 1939. Ungeachtet des Erscheinungsjahres handelt es sich nicht um ein Werk nationalsozialistischer Geschichtsschreibung, sondern um eine

vom 23. Juli Krieg bedeutete, doch mit Ausnahme der radikal nationalistischen *Rheinisch-Westfälischen Zeitung* und der *Post* billigten sie die Vorgehensweise Österreich-Ungarns; die Einschätzungen der linksliberalen, der nationalliberalen und der konservativen Presse unterschieden sich insofern überraschend wenig voneinander. Alle hofften, daß der bevorstehende Krieg zwischen Österreich-Ungarn und Serbien regional begrenzt werden könnte.[20] Für den Fall, daß dies nicht gelingen und Rußland intervenieren sollte, erklärten bürgerliche Zeitungen allerdings ihre Bereitschaft zur Unterstützung Österreich-Ungarns. Im Grunde akzeptierten sie damit die Beteiligung Deutschlands an einem bevorstehenden Krieg, denn sie hielten ein Eingreifen Rußlands für wahrscheinlich.[21]

In der folgenden Woche begannen viele bürgerliche Zeitungen bereits die heroischen Wendungen zu benutzen, die in der ersten Augustwoche überall zu lesen waren. Ein Journalist der (liberalen) *Weser-Zeitung* schrieb am 26. Juli, daß Krieg zwar »ein tief erschütternder Gedanke«, ein mit einer Erniedrigung Österreich-Ungarns erkaufter Frieden gleichwohl auch nicht erhaltenswert sei:

»Wir können Österreich-Ungarn nicht untergehen lassen. Denn dann würden wir selbst eine Beute des vergrößerten russischen Kolosses mit seiner

---

informative Studie zu der in diesem Zeitraum in deutschen Zeitungen veröffentlichten Meinung. Ergänzt wurde es in neuerer Zeit durch Raithel, Das »Wunder« der inneren Einheit. Bonn 1996.

20 Auszüge aus einigen Reaktionen auf die österreichische Note finden sich in Eberhard Buchner (Hg.), Kriegsdokumente, Bd. 1, München 1914–1917, S.10ff. Vgl. auch Goebel, Deutsche Pressestimmen in der Julikrise 1914, S.73ff. Von den bürgerlichen Zeitungen äußerte nur die linksliberale Frankfurter Zeitung Zweifel an der österreichischen Außenpolitik, ohne sie jedoch offen zu kritisieren.

21 *Österreichs Note bei Freund und Feind. Einmischung Rußlands*, in: Magdeburgische Zeitung, 25. Juli 1914, Nr. 543 (Morgen) und *Wochenschau*, in: Koschimer Zeitung, 25. Juli 1914, Nr. 59, S.1.

Barbarei und seiner Knutenherrschaft werden. Wir müssen jetzt kämpfen, um uns die Freiheit und den Frieden zu erringen. Gewaltig wird der Ansturm von Osten und Westen sein, aber auch die Tüchtigkeit, der Mut, die Hingebung unseres Heeres wird hell hervorstrahlen. Das ganze Volk wird durchdrungen sein von der erhabenen Pflicht, des Vaterlandes, der Väter von Leipzig und Sedan würdig zu sein. Ein Pulsschlag wird alle Herzen durchdringen: ›Und setzet Ihr nicht das Leben ein, Nie wird Euch das Leben gewonnen sein.‹«[22]

Der Appell an den Heroismus unter Verwendung eines Schiller-Zitats sollte die Deutschen auf den Krieg vorbereiten. Die stereotype Beschreibung des Feindes verfolgte das gleiche Ziel. Die sozialdemokratische *Bremer Bürger-Zeitung* stellte fest: »Auf die Revolverschüsse von Sarajewo ist eine Epoche der wildesten Hetze auf alles, was serbisch, ja slawisch heißt, gefolgt. [...] Schon wird in allen bürgerlichen Blättern die panslawistische Gefahr in grellen Farben ausgemalt.«[23] Die *Kreuz-Zeitung* rechtfertigte den deutschen Beistand mit dem »Fehlen jeglicher Kultur auf dem Balkan«. Rußland wurde als »asiatisch« und »barbarisch« beschrieben und der bevorstehende Kampf als eine Auseinandersetzung zwischen »Deutschtum und Slawentum«.[24] Theo Goebel schrieb 1939, die im Juli 1914

---

22 *Krieg oder Nichtkrieg*, in: Weser-Zeitung, 26. Juli 1914, (zweite Morgen-Ausgabe, Nr. 24350), S. 1.

23 *Der Popanz des Panslawismus*, in: Bremer Bürger-Zeitung, 9. Juli 1914, Nr. 157, S. 1.

24 Die Kreuz-Zeitung wird zitiert in Goebel, Deutsche Pressestimmen in der Julikrise 1914, S. 33. Das Attribut »asiatisch« stammt aus den Berliner Neuesten Nachrichten, zitiert nach *Die Sozialdemokratie gegen den Krieg*, in: Kreuz-Zeitung, 26. Juli 1914, Nr. 345 (Morgen), S. 2; »Barbarisch« ist entnommen aus *Der Menschheit heilige Rechte*, in: Kölnische Volkszeitung, zitiert nach Goebel, Deutsche Pressestimmen in der Julikrise 1914, S. 194f.; vgl. auch *Europas Schicksalsstunde*, in: General-Anzeiger, 27. Juli 1914, S. 1 sowie *Vor der Entscheidung*, in: Alldeutsche Blätter, 1. August 1914, Nr. 31: »Wenn Rußland sich hinter Serbien stellt, dann ist die Stunde gekommen, wo Mitteleuropa

gegen den Pan-Slawismus benutzten Argumente und Schmähungen seien fast wortwörtlich dieselben wie die, die heute in deutschen Zeitungen gegen den Bolschewismus zu lesen wären.[25]

Trotz dieser kriegerischen Rhetorik hofften fast alle Zeitungen auf einen nur zwischen Serbien und Österreich-Ungarn begrenzten Krieg oder rechneten damit, daß im Falle einer Intervention Rußlands nicht auch Frankreich und England eingriffen. Nur die Alldeutschen forderten offen einen Präventivkrieg. Der Vorsitzende des alldeutschen Verbandes, Heinrich Claß, schrieb am 25. Juli in den *Alldeutschen Blättern*: »Wie immer die Ereignisse sich wenden, das muß in diesen Tagen unser Gesetz sein: mit der ganzen Kraft bis zum letzten Mann bei Österreich zu stehen – alles an alles zu setzen, im Bewußtsein, daß wir nicht unterliegen dürfen – was immer kommen mag, auszunützen im edelsten Sinn zur inneren Läuterung unseres Volkes, zu seiner Wiedergeburt.«[26]

Die SPD-Presse dagegen kritisierte das österreichisch-ungarische Ultimatum nachdrücklich. Der *Vorwärts* veröffentlichte am 25. Juli eine Erklärung, die den Krieg in den düstersten Farben malte und »arbeitslose Männer, verwitwete Frauen und verwaiste Kinder« vorhersagte. Österreich-Ungarn wurde von der SPD beschuldigt, direkt auf den Krieg hinzuarbeiten: »Das klassenbewußte Proletariat erhebt im Namen der Menschlichkeit und der Kultur flammenden Protest gegen dies verbrecherische Treiben der Kriegshetzer. [...] Kein Tropfen Blut eines deutschen Soldaten darf dem Machtkitzel der österreichischen

---

ein großes Feldlager wird; es hebt die lange erwartete, unvermeidliche Auseinandersetzung zwischen dem Deutschtum und Slawentum an.«

25 Goebel, Deutsche Pressestimmen in der Julikrise 1914, S. 213.
26 Zit. n. Lothar Werner, Der alldeutsche Verband 1890–1918, Berlin 1935, S. 198 f.

Gewalthaber, den imperialistischen Profitinteressen geopfert werden.«[27]

Die ganze folgende Woche über, bis zur Erklärung des »Zustands drohender Kriegsgefahr« und der Einführung der Zensur am 31. Juli, schilderten die SPD-Blätter weiter die Greuel des Krieges und vertraten die Ansicht, Deutschland solle nicht für Österreich kämpfen.[28] Diese Kritik seitens der SPD und ihrer Presse war nicht ungewöhnlich. Ungewöhnlich war, daß auch die *Post* und die *Rheinisch-Westfälische Zeitung*, die beide von der Schwerindustrie kontrolliert wurden, Verbindungen zum alldeutschen Verband hatten und vor 1914 häufig wegen ihrer chauvinistischen Haltung angegriffen worden waren, Kritik an Österreich übten. Beide Zeitungen warnten in den Tagen vom 25. bis 27. Juli Deutschland davor, zur Verteidigung Österreichs einen Weltkrieg zu beginnen. So schrieb zum Beispiel die *Post*:

»Handelt es sich um eine Note? Nein. Es ist ein Ultimatum. Und zwar eines der schärfsten Art. [...] Es enthält so ungefähr das Äußerste, was eine Regierung sagen kann und was sie nur dann sagt, wenn sie sich definitiv für den Krieg entschieden hat. [...] Wenn die österreichische Regierung tatsächlich alleine vorgegangen ist und keinen Kontakt mit Berlin aufgenommen hat, dann fällt die Verantwortung für diesen Schritt, der diesmal wahrlich nichts an Entschiedenheit zu wünschen übrig läßt, ganz allein auf sie zurück. Österreich-Ungarn schreitet im Alleingang voran? Gut. Mögen sie es tun. Wir können warten.«[29]

Die *Rheinisch-Westfälische Zeitung* schrieb: »Das österreichisch-ungarische Ultimatum ist nichts als ein Kriegsvorwand,

---

27 *Aufruf!*, in: Vorwärts, 25. Juli 1914, Nr. 200a (Extrablatt).
28 Z. B. *Der Aufakt zum Weltkrieg*, in: Vorwärts, 26. Juli 1914, Nr. 201, S. 1; *Massen, seid bereit!*, in: Leipziger Volkszeitung, 25. Juli 1914, Nr. 169, S. 1 und *Bluthunde, Massenmörder und Volksunterdrücker wollen den Weltkrieg heraufbeschwören*, in: Volksfreund (Braunschweig), 27. Juli 1914, Nr. 172, S. 1.
29 Zit. n. Jonathan Scott, Five Weeks. The Surge of Public Opinion on the Eve of the Great War, New York 1927, S. 119.

aber diesmal ein gefährlicher.[...] Heute bleibt nur eins übrig zu erklären: für Kriege der habsburgischen Eroberungspolitik sind wir nicht verpflichtet.«[30]

Am Abend des 29. Juli berichteten die Zeitungen, die russische Mobilmachung, welche die deutsche Mobilmachung und den Krieg nach sich ziehen werde, stehe unmittelbar bevor.[31] Als in den folgenden Tagen Extrablätter die russische Mobilmachung verkündeten, war das Publikum auf diese Nachricht gut vorbereitet. Am 31. Juli 1914 diskutierten die deutschen Zeitungen die Erklärung des »Zustands drohender Kriegsgefahr« und das am folgenden Tag ablaufende deutsche Ultimatum an Rußland. Die meisten bürgerlichen Blätter hofften noch auf Frieden, obwohl sie erkannten, daß der Krieg schon vor der Tür stand.[32]

Im allgemeinen kam in den bürgerlichen Zeitungen am 31. Juli gespannte Erwartung zum Ausdruck. In vielen Artikeln war von der Hoffnung die Rede, daß es keinen Krieg geben werde, und – häufig im gleichen Absatz – von der Überzeugung, daß es sich, wenn er doch käme, um einen gerechten Krieg handeln werde und um einen, auf den Deutschland gut vorbereitet sei. Die SPD-Führung dagegen rief am 31. Juli in einem Extrablatt für Sonntag, den 2. August, zu Massendemonstrationen »Für den Frieden, gegen die Kriegshetzer!«[33] auf. Ein entschlossen klingender

---

30 *Habsburgische Gewaltpolitik*, in: Rheinisch-Westfälische Zeitung, 24. Juli 1914 (Abend), S.1. Zu den Unstimmigkeiten im alldeutschen Verband im Jahr 1914 vgl. das Buch des Herausgebers der Rheinisch-Westfälischen Zeitung, Theodor Riesmann-Grone, Der Erdkrieg und die Alldeutschen, Mülheim 1919.

31 *Der Entscheidung entgegen, Direkt vor der Entscheidung* und *Bisher keine Mobilmachung* lauten z.B. die Titel der Leitartikel der Nummern 557–559 der Magdeburgischen Zeitung vom 30. und 31. Juli 1914.

32 Das zeigt sich z.B. in dem Artikel *Die Krisis ist noch nicht überstanden*, in: Kösliner Zeitung, 31. Juli 1914, Nr. 177, S.1.

33 *Das Ende der sozialdemokratischen Proteste*, in: Deutsche Zeitung, 3. August 1914, Nr. 385 (Morgen), S.3.

Slogan, so scheint es. Aufmerksamen Lesern der sozialdemokratischen Presse entging in der letzten Friedenswoche aber nicht, daß zwar die meisten SPD-Zeitungen entschieden gegen den Krieg Stellung bezogen, einige von ihnen ihre Leser aber auch an die traditionelle Abneigung der Partei gegen Rußland erinnerten und dabei sogar über Marx und Bebel hinausgingen, indem sie nicht nur von der Angst vor der russischen Autokratie, sondern auch von der Angst vor der russischen Bevölkerung sprachen.[34] Einige sozialdemokratische Journalisten und Politiker erklärten offen, wenn es Krieg gebe, würde sich die Arbeiterklasse an der Verteidigung des Vaterlandes beteiligen. So schrieb Friedrich Stampfer, der spätere Chefredakteur des *Vorwärts*, der bevorstehende Krieg werde über »Sein oder Nichtsein« Deutschlands entscheiden: »Wir wollen nicht, daß unsere Frauen und Kinder Opfer kosakischer Bestialitäten werden. [...] Niederlage wäre gleichbedeutend mit Zusammenbruch, Vernichtung und namenlosem Elend für uns alle. [...] Die ›vaterlandslosen Gesellen‹ werden ihre Pflicht erfüllen und sich darin von den Patrioten in keiner Weise übertreffen lassen.«[35]

Insgesamt gesehen ist in den Leitartikeln der Zeitungen, die die öffentliche Meinung widerspiegelten, nicht von verbreiteter Kriegsbegeisterung die Rede, zumindest nicht in dem Sinn, den der »Geist von 1914« suggeriert. Die meisten bürgerlichen Blätter hofften, man werde den Krieg regional begrenzen können, und bezeichneten ihn als notwendigen Verteidigungskrieg, als historisch und unvermeidlich. Nur einige dieser Blätter sahen in

---

34 Z. B.: *Hände weg!*, in: Kölnische Zeitung, 26. Juli 1914, Nr. 852, S. 1.

35 Friedrich Stampfer, *Sein oder Nichtsein*, zit. n. Miller, Burgfrieden und Klassenkampf, S. 54. Die SPD-Führung betrachtete den am 31. Juli für eine sozialdemokratische Zeitung geschriebenen Artikel als zu radikal und bat die Herausgeber der SPD-Blätter, ihn nicht zu verwenden. Am 1. August druckte ihn trotz des Widerstands der Parteiführung eine Reihe von Zeitungen.

ihm etwas Positives. Die sozialdemokratischen Zeitungen ihrerseits unterstützten zwar die diplomatischen Bemühungen Deutschlands, veröffentlichten aber weiter Artikel, in denen das Grauen des Krieges beschrieben wurde, bezeichneten ihn als etwas Schreckliches, das nicht in eine zivilisierte Welt paßte, und brachten die Hoffnung zum Ausdruck, daß er bald zu Ende sein werde.[36]

Die Leitartikel der deutschen Zeitungen sind auch Ausdruck der tiefgehenden politischen Spaltung der deutschen Gesellschaft. 1914 war eine Zeit großer und tiefempfundener Gefühle. Es war eine Zeit vieler Meinungen, die nicht immer öffentlich und nicht immer politisch waren. Diese Vielfalt der Meinungen, Gedanken und Empfindungen des deutschen Volkes mit dem politischen Vokabular eines Journalisten zu beschreiben, ist unmöglich, und daher liefert uns die Lektüre dieser Leitartikel genau besehen eher einen Einblick in das Vokabular der Journalisten als ein Seismogramm der öffentlichen Meinung.[37]

Trotzdem trugen die Zeitungen auf zweierlei Weise zum Entstehen des Mythos vom »Geist von 1914« bei. Der Wiener Schriftsteller und Journalist Karl Kraus warf ihnen in seiner 1914 verfaßten scharfen Kritik »In dieser großen Zeit« vor, sie seien mitverantwortlich für das Klima der Kriegsbegeisterung. Er behauptete nicht, daß sie sich selbst für den Krieg begeisterten, sondern daß sie mit ihrer Tendenz zur Vereinfachung, zur Erzeugung von Sensationen, mit ihren Phrasen und Klischees »durch jahrzehntelange Übung die Menschheit zu eben jener Armut an Phantasie gebracht [hatten], die ihr einen Ver-

---

36 Die Rheinische Zeitung schrieb z.B. am 4. August 1914 (Nr. 178, S.2) unter der Überschrift *Ernste Tage:* »Jetzt ist das Ungeheuerliche da […] der Weltkrieg ist ausgebrochen.«

37 Vgl. zu diesem Aspekt Lippmann, Die öffentliche Meinung, S.125 und ders., Liberty and the News, New York 1920.

nichtungskrieg gegen sich selbst ermöglicht.«[38] Die SPD-Zeitungen äußerten sich direkter und beschuldigten die bürgerlichen Journalisten der »Kriegshetzerei«. So schrieb zum Beispiel die Essener *Arbeiter-Zeitung*, daß »die Bourgeoisie, wenigstens nach der Sprache ihrer Zeitungen, kriegslüstern ist.«[39] Die *Leipziger Volkszeitung* erregte sich vor allem über den Anspruch der bürgerlichen Blätter, für das ganze deutsche Volk zu sprechen:

»Diese deutschen Preßkosaken gebärden sich, als ob die vierunddreiviertel Millionen sozialdemokratischen Wähler und alle die Hundertausende, die noch hinter der Friedenspolitik der internationalen Sozialdemokratie stehen, überhaupt nicht existieren. Von dem sogenannten freisinnigen Berliner Tageblatt angefangen, bis zu dem zweifelsfrei reaktionären Junkerblatt, der Kreuzzeitung, und dem christlichsten aller Blätter, der katholischen Germania, durchweht den deutschen bürgerlichen Blätterwald nach dem Ultimatum Österreichs ein Kriegsgeheul ›im Namen des deutschen Volkes‹ für Österreich und gegen Serbien. Jedes bürgerliche Blatt verspricht ›im Namen des deutschen Volkes‹ jeden Schritt des Wahnsinns der österreichischen Politik mitzumachen und jedes Blatt schwört, daß ›Deutschland‹ hinter Österreich stehe. In diesen unverschämten Anmaßungen liegt der gemeingefährliche Plan, das ganze deutsche Volk vor den chauvinistischen Karren spannen zu wollen.[40]

Insbesondere aber lieferten die Journalisten in Artikeln, die die Kriegsbegeisterung bereits im Titel trugen,[41] mit der Beschreibung der »kriegsbegeisterten« Massen in den größeren deut-

---

38 Karl Kraus, *In dieser großen Zeit* (gesprochen am 19. November 1914), in: ders., Weltgericht I, Frankfurt am Main 1988, S. 9–24. Das Zitat findet sich auf S. 16.

39 *Die Arbeiterklasse und der Weltkrieg*, in: Arbeiter-Zeitung, 31. Juli 1914, Nr. 176, S. 1.

40 *Gemeingefährliche Anmaßungen*, in: Leipziger Volkszeitung, 25. Juli 1914, Nr. 169, S. 1.

41 *Begeisterung in Berlin und Wien*, in: Kreuz-Zeitung, 26. Juli 1914, Nr. 345 (Morgen), S. 1; *Die Begeisterung in Berlin*, in: Deutsche Zeitung, 26. Juli 1914, Nr. 374 (Morgen), S. 2 und *Begeisterung in Deutschland*, in: Magdeburgische Zeitung, 1. August 1914, Nr. 564 (Abend), S. 1.

schen Städten am 25. und 26. Juli zum erstenmal die Darstellung der öffentlichen Meinung in Deutschland, die dann zum Mythos vom »Geist von 1914« werden sollte. Die *Tägliche Rundschau* über die Massen in Berlin:

»Ja, das war ein schönes Lied, das diese vierundzwanzig Stunden uns gesungen haben. Viele haben seine Gewalt und Schönheit wie eine Offenbarung empfunden, und die Erinnerung daran wird als ein lebendiger Wert weiterwirken, was auch danach kommen möge. Wir haben uns in diesen Stunden als ein einiges Volk empfunden. Trennungen, sonst übergroß gewähnt, waren und sind in diesen Stunden vor der Hoheit eines größeren Gedankens versunken. Sollte ein Bewußtsein dieser höheren Einheit nicht in vielen zurückbleiben, ob diese Tage der gespannten Erwartung nun in den Krieg münden oder in den Frieden?«[42]

Ein Journalist der *Kölnischen Zeitung* schrieb:

»Sie hallt heute aus der öffentlichen Meinung, aus den Kundgebungen der Straße wider, und läßt sich dahin zusammenfassen, daß das deutsche Volk, wenn es denn sein muß, unabänderlich sein muß, bereit und entschlossen ist, das Schwert zu ziehen, um unter dem alten Zeichen, dem Kreuze von Eisen, nochmals zu fechten, zu bluten, und vielleicht zu sterben für unser geliebtes deutsches Vaterland, für Kaiser und Reich.«[43]

Artikel wie diese waren nicht nur deswegen interessant, weil sie die Aussicht auf Krieg zu begrüßen schienen, sondern auch wegen der Art und Weise, in der ihre Verfasser in den Massen auf der Straße den Ausdruck der öffentlichen Meinung sahen. Das Verhalten der Massen war im wilhelminischen Deutschland nämlich ein sehr umstrittenes Thema. Vor 1914 äußerten sich die konservativen Blätter herablassend über die »Volksmengen«: sie hätten nichts mit der öffentlichen Meinung zu tun, sondern stünden vielmehr für die verkommenen, irrationalen, verantwortungslosen und destruktiven »Massen«. Sozialdemokratische Journalisten hingegen betrachteten diese Mengen eher als

---

42 Tägliche Rundschau, 27. Juli 1914, Nr. 346 (Sonder-Ausgabe), S. 1.
43 *Hände weg!*, in: Kölnische Zeitung, 26. Juli 1914, Nr. 852 (Sonder-Ausgabe), S. 1.

die wahre Stimme des Volkes. Jetzt aber behaupteten die konservativen und liberalen Journalisten, die begeisterten Massen brächten in ihrer Spontaneität unbewußt die Gefühle der gesamten Bevölkerung zum Ausdruck, während sich die sozialdemokratischen Blätter über den irrationalen »patriotischen Mob«, über die »Politik der Straße« beklagten.[44]

Gemeinsam ist all diesen Artikeln, daß in ihnen die Stereotype und Vorurteile der bürgerlichen Journalisten ebensoviel Raum einnehmen wie die Ereignisse selbst. Zwar müssen wir uns wegen des Mangels an Quellen auf diese überschwenglichen Darstellungen stützen, nicht akzeptieren müssen wir aber die subjektive Interpretation der Bedeutung dieser Massen durch ihre Verfasser. Vielmehr können wir anhand ihrer Schilderungen die symbolischen, rituellen Aussagen dieser Massenkundgebungen analysieren, wobei uns zu Hilfe kommt, daß – unabhängig von der politischen Couleur der Zeitung – die Einzelheiten sowohl in der aktuellen Berichterstattung als auch in Memoiren und Tagebüchern und in den wenigen verfügbaren Polizeiberichten praktisch identisch sind.

Massenpsychologie und die Analyse der Menschenansammlungen von 1914

Spontane Menschenansammlungen sind für die Untersuchung der öffentlichen Meinung besonders geeignet, da in ihnen die konstitutiven Elemente und die Dynamik des Verhaltens von Massen deutlich werden. Die Gefahr von Fehlschlüssen ist allerdings hoch. Wie der Historiker Robert Rutherdale bemerkte,

---

44 Beispiele für die sozialdemokratische Darstellungsweise finden sich zum Beispiel in den Artikeln *Die Politik der Straße*, in: Mainzer Volkszeitung, 27. Juli 1914, Nr. 171, S. 2 und *Momentbilder vom Dienstag*, in: Vorwärts, 30. Juli 1914, Nr. 205, 2. Beilage.

werden die Wissenschaftler, die sich mit dem Verhalten von Massen befassen, von einer Reihe von Interpretationsschemata eingeengt, die mehr über die ideologischen Auseinandersetzungen innerhalb der Sozialwissenschaften aussagen als über die Massen selbst.[45] Nicht jede Masse fällt in die Kategorie »kollektives Handeln«. Es besteht ein Unterschied zwischen einem Publikum und einer aktiven Volksmenge, das heißt zwischen einer Gruppe von Menschen, die einer Veranstaltung beiwohnen, selbst aber passiv bleiben, und einer Gruppe von Menschen, die ihr Verhalten gegenseitig beeinflussen und aktiv ein gemeinsames Ziel verfolgen. Nur bei einer aktiven Masse kann von kollektivem Handeln die Rede sein.

Zentrales Thema der wissenschaftlichen Diskussion zum kollektiven Handeln ist die Frage des Willens. Wird das Verhalten einer Masse von irrationalen, unbewußten und emotionalen Impulsen gesteuert oder ist es von bewußt wahrgenommenen gemeinsamen Zielen geleitet? Die meisten Zeitgenossen hielten damals Massen für irrational und deshalb emotional, gefährlich und mächtig.[46] Auch die Sozialdemokraten schlossen sich dieser Ansicht an. Sie argumentierten, das »organisierte« Proletariat sei etwas anderes als eine ungeordnete Masse, und betrachteten es

---

45 Robert Rutherdale, *Canada's August Festival: Communitas, Liminality, and Social Memory*, in: Canadian Historical Review 77 (Juni 1996), S. 221. Aus der umfangreichen Literatur zum Verhalten von Massen vgl. z. B. Bernd Jürgen Warneken, ›*Die friedliche Gewalt des Volkswillens.‹ Muster und Deutungsmuster von Demonstrationen im deutschen Kaiserreich*, in: ders. (Hg.), Massenmedium Straße. Zur Kulturgeschichte der Demonstration, Frankfurt am Main 1991, S. 97–119 sowie Thomas Lindenburger, Straßenpolitik. Zur Sozialgeschichte der öffentlichen Ordnung in Berlin 1900 bis 1914, Bonn 1995.
46 Die beste Zusammenfassung des Diskurses zur Massenpsychologie aus dieser Zeit ist Arthur Christensen, Politik und Massenmoral. Zum Verständnis psychologisch-historischer Grundfragen der modernen Politik, Leipzig und Berlin 1912.

als kulturelle Aufgabe der SPD, die Massen zu »organisieren«.[47] Der vorherrschenden Auffassung zur Massenpsychologie zufolge verlor das Individuum in der Masse seine Individualität und seine Identität und übernahm eine Gruppenidentität, wurde zur Massenpersönlichkeit.

In den vergangenen 50 Jahren haben Soziologen, Sozialpsychologen und Sozialhistoriker die Erkenntnisse ihrer Vorgänger revidiert und die sogenannte »Tranformationshypothese« zurückgewiesen.[48] Der Mensch entwickelt in einer Menge keine neue, andere Identität, keine Gruppenidentität, sondern bleibt ein Individuum mit derselben Identität wie zuvor. Er verliert in der Menge auch nicht den Verstand. Doch in seiner Form hat das Verhalten von Massen Symbolcharakter, und seine Inhalte sind nur im spezifischen historischen und kulturellen Rahmen verständlich. Historiker wie Eric Hobsbawm, George Rudé oder Charles Tilly haben gezeigt, daß bei Berücksichtigung dieses Rahmens die »Aufrührer« der Vergangenheit kein zügelloser Mob ohne rationale Ziele waren, der wahllos Gewaltakte beging, sondern Männer und Frauen, die sich zusammentaten, um ihre Rechte zu verteidigen; dem Handeln dieser »Aufrührer« lagen oft utilitaristische und demokratische Motive zugrunde.[49]

Das Verhalten der Massen im Juli und August 1914 unterscheidet sich natürlich erheblich von dem, das Hobsbawm,

---

47 Vgl. zu dieser Diskussion insbesondere Antonia Grunenberg (Hg.), Die Massenstreikdebatte. Beiträge von Parvus, Rosa Luxemburg, Karl Kautsky und Anton Pannekoek, Frankfurt am Main 1970.

48 Vgl. den Überblick bei Clark McPhail, The Myth of the Madding Crowd, New York 1991, S. 13 ff.

49 Eric J. Hobsbawm, Primitive Rebels: Studies in Archaic Forms of Social Movement in the 19th and 20th Centuries, New York 1963; George Rudé, Die Volksmassen in der Geschichte. Unruhen, Aufstände und Revolutionen in England und Frankreich 1730–1848, 2. Aufl., Frankfurt am Main 1979, enthält auf S. 10–11 eine nützliche Liste von Fragen zum Verhalten von Massen; Charles Tilly, From Mobilization to Revolution, Reading 1978.

Rudé, Thompson und Tilly untersucht haben. Hier ging es nicht um Protest gegen politische Maßnahmen, sondern um ihre Unterstützung. Doch die Massen von 1914 brachten mit Hilfe von Aktionen aus einem »Repertoire kollektiven Handels« im Sinne von Clark McPhail und Charles Tilly auch symbolischen Protest zum Ausdruck.[50] Dieses exakt definierte Repertoire war auf eine Reihe allgemein bekannter Regeln und Symbole begrenzt. Die patriotischen Kundgebungen vom August 1914, die von Demonstrationszügen mit Hurrageschrei, Liedern und Reden begleitet waren, stützten sich auf ein Repertoire, das man traditionell mit vaterländischen Veranstaltungen, Studentenumzügen oder Volksfesten verband.[51] Solche Rituale und ihr symbolischer Wortschatz wurden in den Schulen gelehrt. So stellte Eric Hobsbawm fest, daß

»das Jahrbuch eines Gymnasiums zwischen August 1895 und März 1896 nicht weniger als zehn Veranstaltungen enthielt, mit denen man des fünfundzwanzig Jahre zurückliegenden Krieges zwischen Preußen und Frankreich gedachte, darunter ausgedehnte Gedenkfeiern zu den verschiedenen Schlachten, Festveranstaltungen zum Geburtstag des Kaisers, die offizielle Übergabe eines Portraits eines kaiserlichen Prinzen, Vorträge und öffentliche Ansprachen über den Krieg von 1870–1871, über die Entwicklung des Reichsgedankens in seinem Verlauf, über die Dynastie der Hohenzollern und anderes mehr.«[52]

Rituale gehörten auch zum Alltagsleben, zu vielen Feiertagen und zu Jubiläen wie 1913 der fünfundzwanzigste Jahrestag der Thron-

---

50 McPhail, The Myth of the Madding Crowd, S. 131.
51 Rutherdale, *Canada's August Festival: Communitas, Liminality, and Social Memory*, S. 223. Meine Kenntnisse über Feste und Rituale basieren u. a. auf Mary Ryan, *The American Parade: Representations of the Nineteenth-Century Social Order*, in: Lynn Hunt (Hg.), The New Cultural History, Berkeley 1989 und Richard F. Hardin, *'Ritual' in Recent Criticism: The Elusive Sense of Community* in: Papers of the Modern Language Association, 98 (1983), S. 846–861.
52 Eric Hobsbawm, *Mass-Producing Traditions*, in: Eric Hobsbawm (Hg.), The Invention of Tradition, Cambridge 1986, S. 277.

besteigung Wilhelms II. oder der 100. Jahrestag des Sieges über Napoleon.[53] Die Feiern umfaßten stets die folgenden rituellen Elemente, die auch bei den spontanen Begeisterungskundgebungen im Jahr 1914 zutage traten: eine öffentliche Huldigung, wenn ein Mitglied der kaiserlichen Familie zugegen war, eine Parade und eine offizielle Ansprache. Der Ablauf dieser patriotischen Rituale folgte einer sorgfältigen Choreographie, die auch der patriotischen Geographie der jeweiligen Stadt Rechnung trug. So wurde zum Beispiel eine offizielle Ansprache zum Geburtstag des Kaisers meist vor einer Statue Kaiser Wilhelms I. gehalten.

Nationale rituelle Praktiken dieser Art standen aber nicht für eine nationale politische Kultur. Die SPD hatte ihre eigenen Rituale, um die Arbeiterklasse an die eigene politische Kultur zu binden. Die sozialdemokratische Arbeiterklasse feierte weder den Geburtstag des Kaisers noch den Jahrestag der Schlacht von Sedan (2. September), dafür aber den 18. März (im Gedenken an das Jahr 1848 und an die Pariser Kommune), den 1. Mai und den Todestag von Lassalle (31. August). Allgemein gesehen waren zwar organisierte patriotische Feiern alltägliche Ereignisse, spontane Huldigungen hingegen eher selten. Sie waren den »nationalistischen Parteien« vorbehalten, nachdem diese bei den Reichstagswahlen von 1907 gut abgeschnitten hatten.[54]

Um die Massenkundgebungen von 1914 zu verstehen, müssen wir sie vor dem Hintergrund der wilhelminischen Kultur sehen. Wie berechtigt war die Gleichsetzung der Stimmung dieser patriotischen Massen mit der ganz Deutschlands? Entsprach die soziale Zusammensetzung der kriegsbegeisterten Mengen der der Gesamtbevölkerung oder waren bestimmte Gruppen bezie-

---

53 Wolfram Siemann, *Krieg und Frieden in historischen Gedenkfeiern des Jahres 1913*, in: Dieter Düding/Peter Friedemann/Paul Münch (Hg.), Öffentliche Festkultur. Politische Feste in Deutschland von der Aufklärung bis zum Ersten Weltkrieg, Reinbek 1988, S. 311 ff.
54 Vgl. Thomas Lindenburger, Straßenpolitik, S. 362 ff.

hungsweise Klassen überrepräsentiert? Warum beteiligten sich bestimmte Gruppen innerhalb der Gemeinschaft bereitwilliger als andere? Warum waren manche zur Übernahme einer führenden Rolle bereit und andere zur Kooperation, während wieder andere Widerstand leisteten? Kurz gesagt, wenn die Vorstellung der Teilnehmer von der Bedeutung und dem Sinn ihrer Aktionen deutlich werden soll, müssen wir sowohl den sozio-ökonomischen Hintergrund der Massen analysieren als auch ihre Verhaltensmuster oder Rituale.

Es ist bekannt, daß eine Menschenmenge etwas Besonderes haben kann, etwas, das Literaturwissenschaftler und Kulturanthropologen mit den Kategorien des Karnevals und der *Liminalität* zu erfassen versuchen. Der Karneval ist dem Literaturwissenschaftler Michail Bakhtin zufolge »etwas anderes als ein Schauspiel, das sich die Menschen ansehen; sie leben in ihm, und jeder einzelne nimmt daran teil, da er nach seiner Grundidee das ganze Volk umfaßt. Solange er andauert, gibt es daneben kein anderes Leben.«[55] Der Karneval bezieht nicht nur alle ein, er stellt auch die Hierarchie auf den Kopf: »Man könnte im Karneval«, so Bakhtin, »eine vorübergehende Befreiung von der dominierenden Wahrheit und von der hergebrachten Ordnung sehen; er bedeutet die Aufhebung aller Ränge, Privilegien, Normen und Verbote.«[56]

Die Begeisterung der Massen war insofern karnevalesk, als es in der letzten Juliwoche vorkommen konnte, daß mitten in der Nacht ein gutgekleideter Bürger auf der Straße lautstark zu singen begann, die Leute also Dinge taten, die ansonsten verboten waren. Diese Art von Kühnheit war möglicherweise eine subtile Unterwanderung der traditionellen monarchistischen, bürokratischen politischen Kultur, der gesellschaftlichen Ordnung und ihrer Regeln. Um hier Aufschluß zu erlangen, werden wir das

---

55 Zit. n. Mikhail Bakhtin, Rabelais und seine Welt. Volkskultur als Gegenkultur, Frankfurt am Main 1995, S. 7.
56 Ebenda., S. 10.

Ausmaß prüfen müssen, in dem die Hierarchien und die bestehenden Regeln tatsächlich aufgelöst oder unterwandert wurden, und das Ergebnis dann daran messen, inwieweit sich die begeisterten Teilnehmer einfach nur vergnügten.

Konservative Mythenbildner beschrieben die »Augusterlebnisse« weniger als karnevalesk, sondern eher als Transformationserfahrungen, die den Charakter der Menschen und die Beziehungen zwischen ihnen veränderten. Der Anthropologe Victor Turner bezeichnete solche Transzendenzerfahrungen als *liminal*, als »außerhalb der Zeit« gelegene Momente, die »dem Zugriff der Vergangenheit entzogen sind, ohne daß die Zukunft bereits eine klare Form angenommen hat«, als Phasen der Neuschöpfung von Identitäten.[57] Robert Rutherdale definiert *Liminalität* in seiner Studie über die begeisterten Massen in Kanada im Jahr 1914 folgendermaßen:

»Einer verbreiteten Ansicht zufolge befreien Gemeinschaftserlebnisse bei Gedenkfeiern, kirchlichen Festen oder kollektiven Begeisterungskundgebungen die Teilnehmer von den Einschränkungen ihrer individuellen Identität und ermöglichen ihnen, eine umfassendere Gemeinschaft, einen breiteren Konsens zu feiern, wie es Tausende von Menschen im Moment der Kriegserklärung taten. Dabei verlassen sie vorübergehend den herkömmlichen Rahmen sozialer Interaktion und schaffen überschäumende Augenblicke der Auflösung aller Strukturen. Ansonsten kann man die Teilnehmer nach ihrem spezifischen Status und ihren Rollen unterscheiden, aber im Verlauf der Feiern, besonders in ihren intensivsten Augenblicken, werden diese individuellen Unterschiede vorübergehend durch ein Gefühl der Gemeinschaft und der Solidarität aufgehoben.«[58]

In Deutschland wurde immer wieder behauptet, die Begeisterung der Massen habe eine strukturelle Transformation der

---

57 Victor Turner, *Variations on a Theme of Liminality*, S. 49. In Turners Arbeit bezieht sich Liminalität oft auf einen Übergangsritus.

58 Rutherdale, *Canada's August Festival: Communitas, Liminality, and Social Memory*, S. 239. Eine interessante Analyse der deutschen Erfahrungen vom August 1914 als »liminale« Erfahrungen findet sich in Leed, No Man's Land, S. 12–18, 39–72.

Gesellschaft bewirkt, eine neue Gesellschaftsordnung geschaffen. In der Tat kann *Liminalität* massenpsychologisch so beschrieben werden, daß der einzelne seine Individualität der Masse, der kollektiven Seele unterordnet. Waren die Erfahrungen der Massen von 1914 *liminal*, führten sie zu einem Wandel der Identität? Handelte es sich um Beispiele dafür, daß Menschen »angesteckt« wurden, daß sie wie unter Hypnose dazu gebracht wurden, Dinge zu tun, die sie normalerweise nicht getan hätten? Welche Logik sahen die Teilnehmer hinter ihren Handlungen? Und wie typisch beziehungsweise verbreitet waren diese *liminalen* Erfahrungen?

Die Manifestation der Massen

Am Samstag, dem 25. Juli, versammelten sich am späten Nachmittag in Berlin Zehntausende von Menschen auf öffentlichen Plätzen, in Cafés und vor den Zeitungsredaktionen und warteten auf die Extrablätter mit der serbischen Antwort auf das österreichische Ultimatum, die bis 18.00 Uhr erfolgen mußte.[1] Solche Menschenansammlungen waren im wilhelminischen Deutschland üblich, wenn eine wichtige Nachricht erwartet wurde. Zuletzt hatte es in Berlin 1913 derartige Massen gegeben, aus Anlaß des fünfundzwanzigjährigen Regierungsjubiläums des Kaisers. Da hatte eine feierliche, entspannte Stimmung geherrscht. Jetzt aber waren die Menschen angespannt und besorgt. Der Chefredakteur des *Berliner Tageblatts* Theodor Wolff äußerte die Vermutung, daß sie nicht nur zusammenkamen, um die neuesten Nachrichten in Erfahrung zu bringen, sondern auch aus Angst, allein zu sein.[2] Wildfremde Menschen kamen miteinander ins Gespräch, fragten einander aufgeregt, ob man schon die letzten Meldungen gehört habe.[3]

---

1 *Die Stimmung auf den Straßen Berlins*, in: Vorwärts, 26. Juli 1914, Nr. 201: »Vor den Zeitungsplantagen hatten sich lange Züge von Neugierigen eingefunden, die wie aus Erz gegossen stehen blieben, ob noch Stunde um Stunde verrann.«

2 Theodor Wolff, Der Krieg des Pontius Pilatus, Zürich 1934, S. 328: »Offenbar strömten diese Menschen nur deshalb hier zusammen, weil sie zu aufgewühlt waren, um zu Hause bleiben zu können, und die Furcht, mit sich allein zu sein, sie auf die Straße trieb. Hier draußen war gemeinsames Schicksal, die Möglichkeit, in der allgemeinen Sorge dem eigenen Sorgengespenst und den ängstlich fragenden Blicken zu entrinnen.«

3 *Die Berliner Demonstration*, in: Volksblatt für Hessen und Waldeck, 27. Juli 1914, Nr. 172.

Massen in Berlin am 25. Juli 1914

Zwischen 7 und 8 Uhr abends erschienen die ersten Extrablätter. Sie wurden den Verteilern regelrecht aus den Händen gerissen:

»Auf einmal kommt Bewegung in die Menge. In ein paar Autos flitzt das ›Acht-Uhr-Abendblatt‹ heran. [...] Alles stürzt den bepackten Wagen entgegen. Und dann hält auf einmal jeder ein weißes Blatt in den Händen, andere schauen über die Schulter, die leeren Autos machen kehrt, neue kommen. Ein Kinomann auf einer schwankenden Leiter kurbelt wie wild, in den Autos und Droschken stehen die Leute, an den Drahtgittern der Bäume hängen sie und giepern nach Gewißheit. [...] Noch nie ist so viel auf der Straße gelesen worden wie heute, noch nie haben die Zeitungsverkäufer ein so gutes Geschäft gemacht. Jeder liest, die Blumenfrau vor Kranzler genau so wie die elegante Dame im Café selbst.«[4]

Die Extrablätter verkündeten, gestützt auf Berichte Wiener Zeitungen, Serbien werde die österreichischen Forderungen erfüllen. Doch die besorgten Massen harrten aus, wollten Gewißheit haben. Als gegen halb zehn Uhr abends weitere Extrablätter meldeten, Serbien habe das österreichische Ultimatum zurückgewiesen, ertönten vereinzelte Hurra-Rufe, die meisten Menschen aber gingen nach Hause.[5]

Die Verbliebenen inszenierten eine der spektakulärsten spontanen patriotischen Kundgebungen in der Geschichte Deutschlands. Gegen acht Uhr abends begannen 200 bis 2000 Menschen, die sich vor den Botschaften Österreichs und Italiens in der Moltkestraße versammelt hatten, patriotische Losungen wie »Hurra Österreich!«, »Hurra Italien!« und »Nieder mit Ser-

---

4 *Ein Stimmungsbild aus Berlin*, in: General-Anzeiger (Dortmund), 27. Juli 1914; ähnliche Beschreibungen finden sich auch in anderen Zeitungen.
5 *Stimmung*, in: Weser-Zeitung, 31. Juli 1914 (zweite Morgen-Ausgabe), S.1; *Die Wacht am Rhein*, in: Tägliche Rundschau, 26. Juli 1914, Nr. 345, S.3 und *Die Begeisterung in Berlin*, in: Deutsche Zeitung, 26. Juli 1914, Nr. 374, S.2.

bien!« zu brüllen sowie patriotische Lieder wie »Gott erhalte Franz den Kaiser«, »Heil Dir im Siegerkranz« und »Die Wacht am Rhein« zu singen.[6] Nach dem Eintreffen der Nachricht von der serbischen Antwort versammelten sich auch vor dem Reichskanzleramt nationalistisch gesinnte Massen.[7]

Die nationalistischen Lieder wurden vor allem in den besseren Cafés und Gaststätten im Stadtzentrum gesungen. Im Café Bauer an der Ecke Unter den Linden/Friedrichstraße, einem der bekanntesten Cafés der Stadt, kam es zur folgenden Szene: »Auf einem Tisch [...] steht ein Herr und predigt. Predigt Politik. Aufgeregt gestikuliert er mit den Armen. Keiner lacht. Keiner holt ihn vom Tisch herunter.«[8] Die Ereignisse in einem anderen Café, in dem eine Kapelle spielte – was 1914 in den meisten besseren Cafés in Deutschland der Fall war –, beschrieb ein Journalist mit den folgenden Worten:

»Endlich öffnen sich die Pforten. Für ein Dutzend Herausschreitende drängen sich zwei Dutzend hinein. Wieder spielt die Musik. Einen Marsch, ein Kriegslied. Wehe ihr, wenn sie das Programm nicht der Stimmung des Tages anpassen wollte! Gestern versuchte sie noch einmal, einen modischen Walzer einzuschieben. Kaum erklangen die ersten Takte, so antwortete das

---

6 Die österreichischen Bürger werden beschrieben in *Österreichfreundliche Kundgebungen in Berlin*, in: Berliner Tageblatt, 26. Juli 1914, Nr. 374, 1. Beiblatt; zu den Studenten vgl. *Begeisterung in Berlin und Wien*, in: Kreuz-Zeitung, 26. Juli 1914, Nr. 345, S. 1. Die Zahl 2000 stammt aus *Kundgebungen in Berlin*, in: Ingolstädter Zeitung, 28. Juli 1914, Nr. 172, S. 3. Im Bericht der XI. Polizei-Mannschaft vom 26. Juli 1914, BLHA, Rep. 30 Berlin C, Tit. 94, Nr. 11360, S. 13 hingegen ist nur von »ein paar hundert« die Rede.

7 *Stimmungsbilder. Die Stimmung in Berlin*, in: Magdeburgische Zeitung, 26. Juli 1914, Nr. 546, S. 1. Diesem Artikel zufolge glaubten die Massen entweder, der Reichskanzler sei bereits in Berlin (in dem Gebäude brannte Licht) oder er werde im Laufe des Abends zurückkehren.

8 *Ein Stimmungsbild aus Berlin*, in: General-Anzeiger (Dortmund), 27. Juli 1914.

Publikum mit pfeifendem Protest. Der Kapellmeister mußte abklopfen und ein Dutzend Stimmen intoniert a capella, was er spielen soll: ›Deutschland, Deutschland über alles.‹ Der Chor schwillt gewaltig an, jetzt fällt die Musik ein. Erhaben rauscht die Hymne empor. Das ganze Publikum hat sich von den Sitzen erhoben. Zwei, drei Gäste glauben, ihre Gleichgültigkeit gegenüber der allgemeinen Begeisterung durch Sitzenbleiben bekunden zu dürfen. Aber nur zwei, drei Sekunden lang. Ein Sturm der Entrüstung fegt sie empor. Sie müssen aufstehen. Und als dennoch einer weiter sitzen bleiben will, wird er ohne Säumen gepackt, ohne daß er Zeit gehabt hätte, die Zeche zu zahlen, ohne daß ihm Frist geblieben, nach Hut und Stock zu greifen, findet er sich an der frischen Luft wieder. Ein neuer Trupp dringt von draußen herein. Über ihren Häuptern schwebt eine Fahne, schwarzgelb. Das ist das Signal zur letzten, tobenden Steigerung des Enthusiasmus. Brausende Hochrufe, leuchtende Augen, ein Überschwang, von dem die Herzen überfließen. Und wieder Musik. Und wieder Chorgesang: Gott erhalte Franz den Kaiser.«[9]

Die spektakulärsten patriotischen Veranstaltungen an diesem Abend waren die »Züge«. Sobald sie von der Zurückweisung des österreichischen Ultimatums durch Serbien erfahren hatten, versammelten sich Gruppen von Studenten vor der Universität und begannen Unter den Linden auf und ab zu ziehen und dabei vaterländische Lieder zu singen und lautstarke patriotische Parolen zu rufen. Binnen kurzem schlossen sich ihnen viele Passanten an. »Keiner kennt den andern«, schrieb ein Journalist der *Täglichen Rundschau*, »aber alle beherrscht das eine ernste Gefühl: Krieg, Krieg. So zieht man durch die abendlichen Straßen, zieht wieder über den Potsdamer Platz, zieht in die Königgrätzer Straße, ein dumpfes Brausen begleitet das taktmäßige Schreiten.«[10]

Innerhalb einer Stunde formierten sich viele kleine Züge von 100 bis 150 Personen sowie einige große mit ein paar tausend

---

9 General-Anzeiger (Essen), zit. n. *Schwindelnachrichten im Generalanzeiger*, in: Arbeiter-Zeitung (Essen), 28. Juli 1914.
10 *Ein Stimmungsbild aus Berlin*, in: General-Anzeiger (Dortmund), 27. Juli 1914.

Teilnehmern und zogen aneinander vorbei durch die Straßen von Berlin-Mitte.[11] Der Verlauf der Züge war ähnlich, alle zogen an denselben Denkmälern vorbei, sangen dieselben Lieder und riefen die gleichen Parolen, alle lauschten den gleichen Reden unbekannter Redner. Dem größten von ihnen wollen wir auf seinem Weg durch Berlin folgen: Gegen 22.00 Uhr begannen ein paar tausend einander wildfremde Menschen, die sich am Brandenburger Tor versammelt hatten, in Reihen von zwanzig bis dreißig Personen Arm in Arm Unter den Linden entlangzuziehen, die wichtigste Straße im Zentrum Berlins, die Stadtschloß und Brandenburger Tor miteinander verband. An der Spitze des Zugs trugen Studenten die Fahnen Deutschlands, Preußens und Österreichs.[12] Die Marschierenden brüllten »patriotische« Parolen wie »Lang lebe der Kaiser!«, »Hurra Österreich!« und manchmal »Nieder mit der SPD!«. Außerdem sangen sie die üblichen militaristischen, vaterländischen Lieder.[13] Zuschauer in den teuren Cafés auf beiden Seiten der Straße riefen »Hurra« und winkten den Vorbeiziehenden mit dem Hut zu. Am leeren Stadtschloß (der Kaiser war auf seinem Schiff auf der Ostsee) angekommen, hielten die Züge an. Die Teilnehmer sangen weitere patriotische Lieder und hörten den verschiedenen Rednern zu. Dann zogen sie durch das Brandenburger Tor bis zur Bis-

---

11 *Stimmung*, in: Weser-Zeitung, 31. Juli 1914 (zweite Morgen-Ausgabe), S.1, schreibt: »Als kleine Masse von hundert, hundertfünfzig begeisterten Menschen.«

12 Meine Beschreibung basiert auf: *Österreichfreundliche Kundgebungen in Berlin*, in: Berliner Tageblatt, 26. Juli 1914, Nr. 374, 1. Beiblatt, zit. in Eberhard Büchner (Hg.), Kriegsdokumente, Bd. 1, S.15; *Die Wacht am Rhein*, in: Tägliche Rundschau, 26. Juli 1914, Nr. 345 (Morgen), S.3; *Begeisterung im Reich*, in: Frankfurter Zeitung, 26. Juli 1914, Nr. 205, S.1; *Stimmung*, in: Weser-Zeitung, 31. Juli 1914, Nr. 24355 (zweite Morgen-Ausgabe), S.1.

13 Die Parole »Nieder mit der SPD« wird erwähnt in *Die Stimmung auf den Straßen Berlins*, in: Vorwärts, 26. Juli 1914, Nr. 201.

marckstatue vor dem Reichstag zurück. Auf dem Weg dorthin, an der Spreebrücke, sagte ein Polizist zu den Marschierenden, sie sollten ihre Fahnen einrollen, da sich »in der vorgerückten Nachtstunde ein gewisser Radaupatriotismus herausgebreitet« habe, der Fahnen keinen Respekt erweise.[14] An der Bismarckstatue gab es weitere Reden und Lieder. Danach marschierten die mittlerweile zwischen 2000 und 10000 Teilnehmer das kurze Stück zur österreichischen Botschaft und schlossen sich dem Chor an, der hier seit acht Uhr abends vaterländische Lieder sang. Nun »kletterte einer der Teilnehmer auf die Schultern eines andern und hielt eine Ansprache: Österreich, Serbien, Dreibund usw...« Der österreichische Botschafter erschien und dankte den Menschen für ihre Unterstützung.[15] Die Menge zog zurück durch das Brandenburger Tor in die Wilhelmstraße, zum leeren Reichskanzleramt (der Kanzler befand sich auf seinem Landgut). Hier hielt ein Seminarlehrer namens Sikoski die einzige Rede, deren Inhalt aufgezeichnet wurde: »Wir stehen hier vor einem historischen Hause, in dem der Mann gewohnt hat, der des Deutschen Reichs und des Dreibunds Schmied war. Heute soll der Dreibund seine stärkste Belastungsprobe erfahren, und ich erwarte, daß Bethmann Hollweg sich Bismarcks würdig zeigt.«[16]

Dann ging der Zug wieder Unter den Linden entlang, und

---

14 Bericht der 1. Schutzmannschaft, 26. Juli 1914, BLHA, Rep. 30 Berlin C, Tit. 94, Nr. 11 360, S. 17.
15 Die Zahl 10000 stammt aus dem Bericht der XI. Polizeilichen Hauptmannschaft vom 26. Juli 1914, BLHA, Rep. 30 Berlin C, Tit. 94, Nr. 11 360, S. 13. Der Artikel *In der Reichshauptstadt*, in: Hamburger Montagsblatt, 27. Juli 1914, Nr. 32, spricht von »vielen tausend«. Dem Polizeibericht der 1. Schutzmannschaft vom 26. Juli 1914, BLHA, Rep. 30 Berlin C, Tit. 94, Nr. 11 360, S. 17 zufolge bestand der längste Zug an diesem Abend aus 2000 Menschen.
16 *Die Berliner Demonstration*, in: Volksblatt für Hessen und Waldeck, 27. Juli 1914, Nr. 172, Zitat aus dem Berliner Lokalanzeiger.

»jetzt schossen die Volksredner wie Pilze aus dem Boden«.[17] Gegen 23 Uhr zerfiel der mittlerweile deutlich ausgedünnte Zug nach einem erneuten Marsch durchs Brandenburger Tor, diesmal zum Gebäude des Generalstabs, in mehrere kleine Züge, deren letzter erst am nächsten Morgen um 3.45 Uhr beendet war.[18]

Am folgenden Tag entstand mit der konservativen Interpretation dieser »begeisterten« Massen der Mythos vom »Geist von 1914«. Ein Journalist der *Täglichen Rundschau* beschrieb die Kundgebungen als »so schön, so erhebend, daß die Erinnerung daran unverlöschlich sein muß«.[19] Die *Tägliche Rundschau* schrieb am Tag darauf: »Wir haben uns in diesen Stunden als ein einiges Volk empfunden. Trennungen, sonst übergroß gewähnt, waren und sind in diesen Stunden vor der Hoheit eines größeren Gedankens versunken.«[20] Und der Nationalist Oskar Schmitz äußerte sich ein paar Wochen später folgendermaßen:

»An jenem Samstagabend, als die Ablehnung der österreichischen Note durch Serbien bekanntgeworden war, und die Berliner vor die österreichische Botschaft zogen, das Lied »Ich hatt' einen Kameraden« auf den Lippen, an jenem Abend war ein in Klassenentfremdung, Parteizerklüftung, selbst im Streben nach Genuß zersplittertes Volk wieder zu einer plötzlichen Einheit zusammengeschweißt. Das Geschrei nach Rechten ist plötzlich verstummt, das Gefühl des eigenen Wertes ist im einzelnen wie in Klassen und Ständen lebendig geworden. Darin liegt unsere Wiedergeburt durch den Krieg.«[21]

---

17 Ebenda.
18 *Kundgebungen in Berlin*, in: Berliner Tageblatt, 27. Juli 1914, Nr. 375, S. 3 und der Bericht der 1. Schutzmannschaft vom 26. Juli 1914, BLHA, Rep. 30 Berlin C, Tit. 94, Nr. 11360, S. 17.
19 *Die erste Entscheidung*, in: Tägliche Rundschau, 26. Juli 1914, Nr. 345, S. 1.
20 *Eine Hoffnung für …*, in: Tägliche Rundschau, 27. Juli 1914, Nr. 346 (Sonder-Ausgabe), S. 1.
21 Oskar Schmitz, *Die Wiedergeburt durch den Krieg*, in: Der Tag, 9. August 1914, Nr. 185; ähnlich Hans Drüner, Im Schatten des Weltkrieges. Zehn Jahre Frankfurter Geschichte von 1914–1924, Frankfurt am Main

Die in Erscheinung getretenen Massen waren sicher etwas Ungewöhnliches. Man könnte – wie Robert Rutherdale für die patriotischen Ansammlungen von 1914 in Kanada – sagen, daß das Verhalten der Massen wie bei vielen Festen im wesentlichen darauf gerichtet gewesen sei, eine Kultur abzulehnen beziehungsweise sich zu ihr zu bekennen, der Gemeinschaft neue Energie zu verleihen und ihre Institutionen zu bestätigen.[22] Aber so ungewöhnlich die patriotischen Massen auch sein mochten, eine solche Interpretation wäre noch viel ungewöhnlicher. An diesem Abend war nicht »Deutschland« durch die Straßen gezogen. Lediglich eine kleine Minderheit der Berliner war an den Ereignissen beteiligt – nicht mehr als 30000, also weniger als 1 Prozent der Bevölkerung von Groß-Berlin. Wie der *Vorwärts* am nächsten Tag bemerkte, waren es weit weniger als die Hunderttausende, die 1910 für eine Wahlrechtsreform in Preußen demonstriert hatten.[23] Zudem bildeten die Teilnehmer an diesen Kund-

---

1934. Zu seinen Erfahrungen in Frankfurt am Abend des 1. August schreibt er (S.61): »Die Begriffe Volk, Vaterland und Staat schmolzen in eins zusammen. Das Gefühl der inneren Verbundenheit des Volksganzen hatte, weil es unerwartet in solcher Stärke hervorbrach, etwas Beglückendes, ja Berauschendes. Der einzelne ist nichts, das Volk alles!«

22 Rutherdale, *Canada's August Festival: Communitas, Liminality, and Social Memory*, S.235.

23 Zu der Zahl 30000 gelangt man, wenn man die großzügigsten Schätzungen zu den Teilnehmerzahlen der verschiedenen Züge in Polizei- und Zeitungsberichten addiert. Viele Schätzungen lagen erheblich niedriger. In dem Artikel *Patriotischer Mob*, in: Vorwärts, 26. Juli 1914, Nr. 201, S.2, z.B. wird nach dem Vergleich der patriotischen Massen mit denen von 1910 festgestellt, daß erstere nur aus 2000 bis 3000 Menschen bestanden, »ein verschwindendes Häuflein«. Zu den Wahlrechtsdemonstrationen von 1910 vgl. Dieter Groh, Negative Integration und revolutionärer Attentismus. Die deutsche Sozialdemokratie am Vorabend des Ersten Weltkrieges, Frankfurt am Main 1973, S.135ff., wo diese (S.135) als »größte politische Massenaktion in der Geschichte der deutschen Sozialdemokratie vor dem Ersten Weltkrieg« bezeichnet werden.

gebungen keinen repräsentativen Querschnitt der Bevölkerung. Der Großteil von ihnen gehörte zur gebildeten Jugend, waren Studenten oder Angestellte.[24] Die jungen Männer wurden von ebenso gut gekleideten jungen Frauen begleitet, die Arm in Arm mit ihnen marschierten und, nach allem, was man hörte, ebenso laut sangen wie sie. Die älteren Teilnehmer gehörten, in den Worten eines Berliner Polizeibeamten, »durchweg zu den besten und besseren Gesellschaftsklassen«.[25]

Hatten die liberalen und konservativen Zeitungen zumindest die Absichten der Marschierenden richtig interpretiert? Kam in ihrem »Patriotismus« wirklich Kriegsbegeisterung zum Aus-

---

24 Vgl. u. a. *Patriotischer Mob*, in: Vorwärts, 26. Juli 1914, Nr. 201, S. 2; *Die Berliner Demonstration*, in: Volksblatt für Hessen-Waldeck, 27. Juli 1914, Nr. 172 (»die Teilnehmer waren jedenfalls fast durchweg jugendliche Personen, zum Teil Studenten«); *Kundgebungen in Berlin*, in: Berliner Tageblatt, 27. Juli 1914, Nr. 375, S. 3 (»singende Trupps halbwüchsiger Burschen«) und in einem Artikel aus der Calwerschen Korrespondenz, der zuerst in der Berliner Volkszeitung erschien und in *Die wahnwitzige Kriegsbegeisterung*, in: Hamburger Echo, 30. Juli 1914, Nr. 175 nachgedruckt wurde, hieß es: »Die Kundgebungen, die sich vom 25. auf den 26. Juli in manchen deutschen Großstädten, vor allem aber in Berlin bemerkbar machten, dürfen nicht als ein Ausdruck der Stimmung des Volkes angesehen werden. Denn weder die Arbeiter noch die Bauern werden von dieser Stimmung berührt. Auch die Kreise der Industrie und des Handels stehen diesen Straßendemonstrationen ablehnend gegenüber. Die jungen Menschen, die ihrer Begeisterung für den Krieg so ungezügelten Ausdruck verliehen, haben noch kein Verantwortlichkeitsgefühl und noch keine Verantwortung, sonst würden sie in ihrer Überschwänglichkeit sich mäßigen. Man mag die jetzige Situation für unvermeidlich halten, man mag das Schlimmste befürchten und ihm kalten Blutes entgegengehen – zu Jubelausbrüchen ist kein Grund vorhanden, und die Scharen, die mit dem Mund jetzt so übertapfer sind, die sind es nicht, die im Ernstfalle das Vaterland schützen.«

25 Vgl. den Bericht der XI. polizeilichen Hauptmannschaft, 26. Juli 1914, BLHA, Rep. 30 Berlin C, Tit. 94, Nr. 11360, S. 13.

druck, wie zum Beispiel die *Tägliche Rundschau* meinte: »[die Massen jubelten,] als wäre der Krieg bereits da.«?[26] Die Teilnehmer an den Paraden bedienten sich des patriotischen Vokabulars, das sie in der Schule (vor allem im Geschichtsunterricht, wo sie von der »Begeisterung« von 1813 und 1870 gehört hatten), in Jugendorganisationen und Burschenschaften kennengelernt hatten. Wie ein Journalist anmerkte, verstanden zwar nur die wenigsten die Redner, aber sie brauchten sie auch gar nicht zu verstehen. Jeder wußte, was sie sagten.[27] Wegen des patriotischen Inhalts der Reden wies Arnold Wahnschaffe, einer der wichtigsten Berater des Reichskanzlers Bethmann Hollweg, die Polizei an, auf die Durchsetzung des Verbots nicht genehmigter öffentlicher Demonstrationen zu verzichten.[28]

Sozialdemokratische Journalisten behaupteten, die Teilnehmer an den Zügen hätten nur ihren Spaß haben, sich amüsieren wollen. »Und wieder hat Berlin eine Demonstration gehabt«, schrieb der *Vorwärts* in seinem Bericht über den – wie er ihn

---

26 *Die erste Entscheidung*, in: Tägliche Rundschau, 26. Juli 1914, Nr. 345, S. 1. Vgl. auch *Lokales. Krieg und Kriegsgeschrei*, in: Bremer Tageblatt, 26. Juli 1914, wo der Abend des 25. Juli und die Stimmung in den Bierlokalen beschrieben und angemerkt wird, daß es in Deutschland keine »ängstliche Verzagtheit« gab. Weiter heißt es: »Am deutschen Wesen soll die Welt genesen. […] Noch lebt unter uns die altgermanische Waffen- und Kampfesfreude, und gerade um das Germanentum wird es ja gehen!«

27 *Stimmung*, in: Weser-Zeitung, 31. Juli 1914 (zweite Morgen-Ausgabe), S. 1.

28 Vgl. den Bericht der I. Hauptmannschaft vom 27. Juli 1914 über die Ereignisse am Abend des 25. Juli, in: BLHA, Rep. 30 Berlin C, Tit. 94, Nr. 11360, S. 280. Als 1910 in Berlin Hunderttausende für eine Wahlrechtsreform demonstrierten, hatte Polizeipräsident Jagow hingegen folgende Warnung veröffentlichen lassen: »Es wird das ›Recht auf die Straße‹ verkündet. Die Straße dient lediglich dem Verkehr. Bei Widerstand gegen die Staatsgewalt erfolgt Waffengebrauch. Ich warne Neugierige.« Zit. n. Groh, Negative Integration, S. 141.

nannte – »patriotischen Mob«. Er fährt fort: »[E]s waren keine ärmlichen Arbeiter, die ihre Not und ihre Qual, die Entrüstung über die blutige Verhöhnung ihrer Rechte und Interessen auf die Straße getrieben hatte; es waren Jünglinge, nach der neuesten, allerneuesten Mode gekleidet, deutschnationale Studenten und Handlungsgehilfen, Jungdeutschlandbündler und Lebejünglinge, die ihre Abenteuerlust, ihr Vergnügen an Provokation, ihr chauvinistischer und ihr Bierrausch auf die Straße trieb.«[29] Ein anderer sozialdemokratischer Journalist beschrieb den weiteren Verlauf des Abends vom 25. Juli mit den folgenden Worten: »Je heiserer die Kehlen werden, umso stärker die Begeisterung. Man brüllt nur noch mit dem Hute in der Hand, und wenn sich ein Passant in den Zug verliert, ohne die Kopfbedeckung abzunehmen, wird er angeschrien und mit Prügeln bedroht.«[30] Doch nicht nur sozialdemokratische Journalisten kommentierten die Ereignisse auf diese Weise. Die liberale *Weser-Zeitung* schrieb über Berlin am 25. Juli: »Die arbeitsame, immer unter der Knute des Verdienens keuchende Stadt ist ganz in die Besinnungslosigkeit einer Ekstase hineingerast. [...] Die Reaktion auf eine Spannung von schweren achtundvierzig Stunden ist jubelnde Ausgelassenheit ohne ein Begreifen der Tragweite.«[31]

Es gab aber auch kritische, zurückhaltende Kommentare. Ein Polizeibeamter berichtete von den Zügen Unter den Linden: »Allerhand minderwertiges Publikum beteiligte sich an den Aufzügen und brüllte in fast unanständiger Weise«,[32] und eine

---

29 *Patriotischer Mob*, in: Vorwärts, 26. Juli 1914, Nr. 201, S. 2. Und weiter heißt es in dem Artikel: »Es waren [...] Schreier, *die mit dem Volke nichts, gar nichts gemein hatten.*« (kursiv im Original)

30 *Die Berliner Demonstration*, in: Volksblatt für Hessen und Waldeck, 27. Juli 1914, Nr. 172.

31 *Stimmung* [am Abend des 25. Juli 1914, J. V.], in: Weser-Zeitung, 31. Juli 1914, Nr. 24355 (zweite Morgen-Ausgabe), S. 1.

32 Vgl. den Bericht der 1. Schutzmannschaft, 26. Juli 1914, BLHA, Rep. 30 Berlin C, Tit. 94, Nr. 11360, S. 17.

Reihe von Journalisten verglich die Stimmung mit der im Karneval oder bei einem Schützenfest.[33]

Auch wenn es sicher zutrifft, daß sich nur ein geringer Prozentsatz der deutschen Bevölkerung an diesen Kundgebungen beteiligte, entsprachen doch die Äußerungen dieser Massen dem, was die Verhaltensforscher Ralph H. Turner und Lewis Killian als *expressive mode* beschreiben. »Expressive« Massen bringen nach Turner und Killian durch kollektives Demonstrieren von Solidarität ihre Macht zum Ausdruck. Sich in großer Zahl zu versammeln, gemeinsam zu marschieren, Lieder zu singen und Parolen zu brüllen, all das können »expressive Handlungen sein, die ein gemeinsames Gefühl der Macht erzeugen«.[34] Das war das eigentliche, ursprüngliche und sicher auch motivierende Ziel.

Menschenansammlungen in Deutschland (außerhalb Berlins) am 25. Juli 1914

Eine der verbreitetsten und zugleich fragwürdigsten Ansichten, die die konservativen Journalisten im Zusammenhang mit der Entwicklung ihrer Version vom »Geist von 1914« vertraten,

---

33 So z.B. in dem Artikel: *Karnevals-Kriegsrausch*, in: Rheinische Zeitung (Köln), 28. Juli 1914, Nr. 172, S.3, wo festgestellt wird, »grüne Burschen« seien sofort zur Stelle, »wenns heißt, ein wenig Radau und Mummenschanz auf der Straße zu treiben, und wenn die sonst so wachsamen Augen des Gesetzes sich gern und willig abwenden!«; Das Wort »Schützenfest« benutzt Kurt Tucholsky in *Der Geist von 1914*, in: Die Weltbühne, Nr. 38 (7. August 1924), S.205, wo er die Schilderung eines Freundes von seiner Rückkehr aus Frankreich nach Deutschland wiedergibt: »Ich glaubte, ich sei auf ein Schützenfest geraten. Glockenläuten, Girlanden, Freibier, Juhu und Hurra – ein großer Rummelplatz war meine Heimat, und von dem Krieg, in den sie da ging, hatte sie nicht die leiseste Vorstellung. Krieg ist, wenn die Andern sterben.«

34 Vgl. Ralph H. Turner und Lewis Killian, Collective Behavior, Englewood Cliffs (N.J.), 1957, S.296.

war die Behauptung, die begeisterten Massen in Berlin gäben die öffentliche Meinung in Deutschland wieder. Fragwürdig deshalb, weil Berlin in den Herzen der Deutschen nicht den gleichen zentralen Platz einnahm wie zum Beispiel Paris bei den Franzosen und weil keineswegs die meisten Deutschen in Großstädten lebten. 1910 wohnten nur zwei von zehn Deutschen in Städten mit mehr als 100 000 Einwohnern, 66 Prozent der Bevölkerung hingegen in Kleinstädten mit unter 20 000 Bewohnern oder auf dem Land.[35] Gab es dort vergleichbare Massenansammlungen?

Am Nachmittag des 25. Juli versammelten sich in den meisten größeren deutschen Städten auf öffentlichen Plätzen, in den Cafés und vor den Zeitungsredaktionen neugierige Massen, die auf die Extrablätter mit der Nachricht von der serbischen Antwort warteten. Abgesehen von Berlin zählten diese Menschenansammlungen aber nur selten mehr als tausend Personen. Und es gab auch nicht überall solche neugierigen Massen. In vielen großen deutschen Städten wie Königsberg, Danzig oder Saarbrücken und in vielen Arbeiterstädten im Ruhrgebiet fehlten sie völlig. In den meisten mittleren Städten[36] sowie in den Kleinstädten und auf dem Land gab es allenfalls sehr kleine Menschenansammlungen.[37]

---

35 1914 gab es zwar 48 Städte mit über 100000 Einwohnern, doch viele von ihnen waren Vororte größerer Städte. So war zum Beispiel Charlottenburg ein Vorort von Berlin. 1914 lebten 20 % der Deutschen in Großstädten (über 100000 Einwohner), 14 % in Städten mit 20000 bis 100000 und 14 % in Städten mit 5000 bis 20000 Einwohnern, 11 % in Kleinstädten (2.000 bis 5000 Einwohner) und 39 % auf dem Land. Vgl. Statistisches Jahrbuch für das Deutsche Reich 1915, Berlin 1915, S. 2 ff.
36 In Hildesheim war es z. B. bis zum 27. Juli 1914 völlig ruhig. Vgl. Adolf Vogeler, Kriegschronik der Stadt Hildesheim, Hildesheim 1929, S. 9–10.
37 In Minden kam es laut Wilhelm Franz, Kriegs-Chronik 1914–1916 Stadt Minden, Minden in Westfalen 1916, S. 5 ff., am Samstag und Sonntag zu den größten Menschenansammlungen, die die Stadt jemals erlebt hatte. Besonders schwierig war es, Informationen zur öffentlichen Mei-

Wenn es in den Provinzblättern um die öffentliche Meinung in der letzten Juliwoche ging, dann war stets die öffentliche Meinung in Berlin beziehungsweise in den Großstädten gemeint und nie die in der eigenen Region. Erst am 31. Juli und 1. August begannen sie, auch über die öffentliche Meinung vor Ort zu berichten. Die meisten Kriegschroniken von Kleinstädten und Dörfern beginnen mit einer Beschreibung der örtlichen Ansammlungen von Neugierigen am 31. Juli, wobei häufig in einem Vorwort angemerkt wird, daß in der Woche davor »Angst« herrschte.[38] Aus diesem Grund bezieht sich die folgende Beschreibung auf die Massenansammlungen in den Großstädten.

Die Stimmung der neugierigen Massen scheint überall angespannt gewesen zu sein.[39] In den Cafés in Frankfurt wurde zum Beispiel »jeder Neuankommende [...] nach dem Allerneuesten befragt und wenn er etwa ein frisches Extrablatt in Händen hielt, von Neugierigen umdrängt.[...] Die Kapellen in den Kaf-

---

nung in den Kleinstädten und auf dem Land zu erhalten. Hier stütze ich mich auf lokale Zeitungen (vor allem aus Bayern, dem Ruhrgebiet und dem Berliner Umland), auf Kriegschroniken und die von der Monatsschrift für Pastoraltheologie im Oktober und November 1914 gesammelten Berichte über die Stimmungslage der Bevölkerung. Dank schulde ich auch den Verfassern der in der Einführung genannten lokalen Untersuchungen.

38 Z. B. in der Gemeinde-Kriegs-Chronik der Stadt Reinerz 1914–1919, Reinerz 1928, S. 8 (Reinerz war eine Kleinstadt bei Breslau, die 1914 etwa 3200 Einwohner zählte) oder bei Hans Bumann, Kriegstagebuch der Stadt Alzey, Alzey 1927.

39 Vgl. z. B. die Beschreibung in *Die Stimmung in Frankfurt*, in: Frankfurter Zeitung, 26. Juli 1914 (drittes Morgenblatt), Nr. 205, S. 1: »Es ist in der Tat lange her, daß Geschehnisse in der politischen Welt die Gemüter derart bewegt und erregt haben, wie diese.[...] Das Grauen vor der Kriegsfurie ist in den langen Friedensjahren eben besonders stark geworden, und diesmal, so nahm man an, lag die Möglichkeit vor, daß auch Deutschland in den Brand verwickelt werden könnte.« Ähnlich Drüner, Im Schatten des Weltkrieges. S. 56.

feehäusern und Restaurants spielten patriotische Weisen, und das Publikum sang mit.«[40] Überall meldeten die ersten Extrablätter, Serbien habe akzeptiert, und überall atmete man erleichtert auf.[41] Als Extrablätter gegen 21.00 Uhr die Zurückweisung des Ultimatums durch Serbien meldeten, gab es vereinzelten Jubel, doch die meisten Menschen gingen schweigend nach Hause.[42]

In vielen der besseren Cafés in den großen deutschen Städten herrschte allerdings ein ähnlicher patriotischer Überschwang wie in Berlin, zum Beispiel in einem Café in Hamburg:

»Überall herrscht patriotische Begeisterung. Die Musikkapellen spielen patriotische Weisen, Soldaten- und Kriegslieder. Mit stürmischem Händeklatschen werden sie begrüßt, aus allen Kehlen stimmt man mit ein. Da plötzlich ertönt die österreichische Nationalhymne, alles erhebt sich von den Plätzen und singt begeistert mit, man schwenkt die österreichische Fahne, klettert auf Tische und Stühle, winkt mit Tüchern und Hüten, und brausende Hurrarufe ziehen durch den Raum. Das gleiche Schauspiel wiederholt sich bei der deutschen Nationalhymne.«[43]

---

40 *Die Stimmung in Frankfurt*, in: Frankfurter Zeitung, 26. Juli 1914, Nr. 205 (drittes Morgenblatt), S. 1 und 2.

41 Für Hamburg beschrieben in *Die Aufnahme der Kriegserklärung* in Hamburg, in: Hamburger Fremdenblatt, 28. Juli 1914, S. 5; zuerst glaubte man, Serbien habe das Ultimatum akzeptiert: »Überall, wo Menschen zusammensaßen oder standen, eine Entspannung.« Ähnlich für Bremen in *Krieg oder Nichtkrieg, das ist die Frage*, in: Weser-Zeitung, 26. Juli 1914, Nr. 24530 (zweite Morgen-Ausgabe), S. 1 und *Der Eindruck in Bremen*, in: Weser-Zeitung, 26. Juli 1914 (zweite Morgen-Ausgabe); für Frankfurt in *Die Stimmung in Frankfurt*, in: Frankfurter Zeitung, 26. Juli 1914, Nr. 205 (drittes Morgenblatt), S. 1 und für München in *Kriegssorgen*, in: Münchner Neueste Nachrichten, 26. Juli 1914, Nr. 379 (Morgenblatt), S. 5

42 Vgl. die Beschreibungen in den eben genannten Zeitungen sowie in Ullrich, Kriegsalltag, S. 10.

43 *Die Aufnahme der Kriegserklärung in Hamburg*, in: Hamburger Fremdenblatt, 28. Juli 1914, S. 5.

Spontane »Züge« gab es an diesem Abend auch in Karlsruhe,[44] Düsseldorf,[45] Frankfurt,[46] Leipzig,[47] Nürnberg,[48] Oberhausen,[49] Königsberg,[50] München, Magdeburg,[51] Hamburg, Stuttgart und

44 Vgl. die Chronik der Haupt- und Residenzstadt Karlsruhe für das Jahr 1914, Karlsruhe 1916, S. 93.

45 Verschiedenen Artikeln in der Volkszeitung (Düsseldorf) zufolge beteiligten sich an den Kundgebungen etwa 200–300 Personen.

46 Nach Drüner, Im Schatten des Weltkrieges, S. 56, bestand die Kundgebung hier nur aus einer kleinen Gruppe junger Österreicher. Sie muß sehr klein gewesen sein, da sie in den meisten Zeitungsberichten über die Stimmung in der Bevölkerung nicht erwähnt wird.

47 In Leipzig marschierten etwa 400–500 Studenten zum Völkerschlachtdenkmal, zum Augustusplatz und zum österreichischen Konsulat. Vgl. *Der patriotische Krampf*, in: Leipziger Volkszeitung, 27. Juli 1914, Nr. 170, 2. Beilage.

48 Dem Artikel *Kundgebungen in Nürnberg*, in: Fürther Zeitung, 26. Juli 1914, S. 2 zufolge versammelten sich um elf Uhr nachts 1000 Menschen vor dem österreichischen Konsulat. Abschließend heißt es dort: »In Nürnberg herrscht aufrichtige Sympathie für Österreich und wahre Kriegsstimmung.«

49 Vgl. den Stimmungsbericht zur Mobilmachung des Bürgermeisters von Oberhausen, 20. August 1914, HStA Düsseldorf, Regierung Düsseldorf, Politische Akten, Nr. 14911, S. 272: »Beim Bekanntwerden der Ablehnung des Ultimatums Österreich-Ungarns durch Serbien am 25. Juli 1914 macht sich auch hier insofern ein besonders lebhaftes Interesse der Bevölkerung an den politischen Ereignissen bemerkbar, als allabendlich große Ansammlungen aus allen Bevölkerungskreisen auf dem Altmarkt vor den beiden Zeitungsredaktionen stattfanden, wobei es aber abgesehen von dem Singen vaterländischer Lieder ruhig herging.«

50 Vgl. *Vom Kriege*, in: Wingolfsblätter, Nr. 22 (16. August 1914), S. 320: »Am Samstag, den 25. Juli gab es eine Demonstration vor dem österreichischen Konsulat in Königsberg, vor allem von Studenten, und auch einen Zug – 'vielhundertköpfig, besonders jüngere Jahrgänge'.«

51 *In Magdeburg*, in: Magdeburgische Zeitung, 27. Juli 1914, Nr. 547 (Morgen), S. 3. Der Artikel beschreibt die Nacht von Samstag auf Sonntag mit den Worten, es »herrschte in der Sonntagnacht bis in die frühen Morgenstunden hinein« vor allem in den Cafés ein Leben und Treiben. Viele Lieder. »Um die dritte Morgenstunde ein Zug.«

in vielen Universitätsstädten wie Freiburg oder Jena.[52] Diese Kundgebungen waren überall kleiner als in Berlin; nirgends fanden sich mehr als ein paar hundert Menschen zusammen, um gemeinsam ihren patriotischen Gefühlen Ausdruck zu verleihen. Und es kam auch nicht in allen größeren Städten zu solchen Zügen. So gut wie keine patriotischen Demonstrationen scheint es an diesem Abend zum Beispiel in den Straßen der badischen Städte, in Bremen, Braunschweig, Kiel, Hannover, Darmstadt, Duisburg, Solingen, Mainz und Köln gegeben zu haben.[53]

Die Kundgebungen der Begeisterung, soweit sie stattfanden, unterschieden sich nur durch ihre Größe von denen in Berlin. Alles andere war ähnlich, als folge die Kriegsbegeisterung in ganz Deutschland einem ungeschriebenen Drehbuch. Überall bestanden die Züge aus gebildeteren jungen Leuten (insbesondere Studenten) und einigen wohlhabenden Bürgern.[54] Überall zogen die Demonstranten zu denselben Symbolen: zu patrioti-

---

52 Friedrich Meinecke, Autobiographische Schriften, Stuttgart 1969, S. 222, wo er beschreibt, daß eine Gruppe von Studenten am Samstag, dem 25. Juli, spät abends am Kriegerdenkmal die Wacht am Rhein sang.

53 Der preußische Botschafter in Karlsruhe berichtete dem Reichskanzler am 27. Juli 1914, daß in Baden keine Kundgebungen stattgefunden hätten; nachgedruckt in Karl Kautsky (Hg.), Die deutschen Dokumente zum Kriegsausbruch, Bd. 2, Charlottenburg 1919, S. 25. Der Artikel *Der Eindruck in Bremen*, in: Weser-Zeitung, 26. Juli 1914 (zweite Morgen-Ausgabe) spricht nur im Zusammenhang mit den Cafés von Kriegsbegeisterung. Ähnliches gilt für Augsburg in *Die Stimmung in der Stadt*, in: Augsburger Neueste Nachrichten, 27. Juli 1914, S. 5; für Mainz in *Sympathiekundgebung für Österreich in Mainz*, in: Aus großer Zeit. Eine Chronik von Tag zu Tag seit Ausbruch des Krieges 1914, zusammengestellt aus dem Mainzer Tageblatt, Mainz 1914, S. 4.

54 Der Artikel *Kriegshetze der Leipziger Neuesten Nachrichten*, in: Leipziger Volkszeitung, 26. Juli 1914 (Extra), S. 2, beschreibt die Kundgebungen vom Samstagabend als Züge »fast ausschließlich jugendlicher Demonstranten, deutsch-nationaler Handlungsgehilfen und Studenten«.

schen Denkmälern, vor allem zu denen von Bismarck, zu Regierungsgebäuden, zu den Konsulaten Österreichs und Italiens, zum Rathaus oder zum örtlichen stellvertretenden Generalkommando. Überall lauschten die Patrioten den gleichen anonymen Reden, und überall stimmten sie dieselben Lieder an.

In Hamburg wandte sich im *Alsterpavillon*, einem der besten Cafés der Stadt, spät am Abend »plötzlich ein Herr an das Publikum mit der Aufforderung, vor dem österreichisch-ungarischen Konsulat eine Demonstration zu veranstalten«. Daraufhin marschierte ein kleiner Zug von etwa hundert Menschen – der einzige in Hamburg an diesem Abend – patriotische Lieder singend von dem Café zum Konsulat. An der Spitze des Zugs trug jemand die österreichische Fahne. Vor dem Konsulat hielt ein Demonstrant eine kurze Rede. Als niemand erschien – der Konsul war in Ferien – marschierte die Gruppe zum Haus des Vizekonsuls, der der Menge für ihre Unterstützung dankte.[55] In Stuttgart hielt nur das entschlossene Eingreifen der Polizei eine Gruppe Kriegsbegeisterter von einer Protestkundgebung vor der russischen Botschaft ab.[56] In München marschierten zweimal an diesem Abend – um zehn und um elf Uhr – ein paar hundert Menschen zum österreichischen Konsulat. Beide Male trat der Konsul auf, und dann hielt jemand aus dem Publikum eine Ansprache und gab »seiner Freude Ausdruck, daß Österreich sich Genugtuung verschafft«.[57]

Wie in Berlin nahm die Kriegsbegeisterung karnevaleske Züge an, bisweilen gar wirkte die Menge wie ein Mob. Im Café Fahrig in München wurden einige serbische Gäste, die die von den Anwesenden wie überall angestimmten patriotischen Lieder mit

---

55 Beschrieben in *Die Aufnahme der Kriegserklärung in Hamburg*, in: Hamburger Fremdenblatt, 28. Juli 1914, S. 5.

56 *Kundgebungen in Berlin und im Reiche*, in: Norddeutsche Allgemeine Zeitung, 28. Juli 1914, Nr. 174, S. 2.

57 *Kriegssorgen*, in: Münchner Neueste Nachrichten, 26. Juli 1914, Nr. 379 (Morgen), S. 5.

Pfiffen quittierten, von den deutschen Gästen verprügelt und aus dem Lokal geworfen. Gegen elf Uhr abends bat der Sohn des Besitzers die Kapelle, aus Rücksicht auf einige serbische Gäste im ersten Stock keine patriotischen Lieder mehr zu spielen. Ein Gast, der diese unbedachte Äußerung mitbekam, sprang aufs Podium und teilte den anderen Gästen mit, was er gehört hatte. Die zerschlugen daraufhin die Tische, Stühle und Fenster des Cafés. Die Polizei brachte schließlich die Menge dazu, das Lokal zu verlassen, doch um drei Uhr morgens kam eine andere Gruppe zurück und warf mit Steinen die noch unbeschädigt gebliebenen Fenster ein.[58]

Begeisterte und neugierige Massen in Deutschland von Sonntag, 26. Juli bis Donnerstag, 30. Juli 1914

Am Sonntag, dem 26. Juli, kam es in den meisten deutschen Großstädten zu Ansammlungen »begeisterter« Massen.[59] Sozialdemokratischen Journalisten zufolge waren diese Neugierigen »meist in sehr ernster, vielfach in sehr bedrückter Stim-

---

58 Eine kurze Beschreibung findet sich in Eksteins, Tanz über Gräben, S. 96 f., die beste Schilderung in *Tumulte in Café Fahrig*, in: Münchner Zeitung, 27. Juli 1914, Nr. 172, S. 5. Am 29. Juli 1914 druckten die Münchener Neuesten Nachrichten eine Anzeige des Besitzers des Cafés, in der er sich für den Vorfall entschuldigte und öffentlich seinen Patriotismus beteuerte. Ähnliche Szenen spielten sich in Mannheim und in Bochum ab: *Mannheim*, in: Frankenthaler Tageblatt, 27. Juli 1914, S. 3; Aus *Bochum und Umgebung*, in: Westfälische Volkszeitung, 27. Juli 1914, Nr. 170.

59 Für Berlin beschrieben in *Die ›patriotischen‹ Demonstrationen in Berlin*, in: Leipziger Volkszeitung, 29. Juli 1914; die Situation in Bremen wird im Bericht des II. Polizeidistrikts vom 26./27. Juli 1914, StA Bremen, Kr. A.1.b.N.1 beschrieben: »In der Nacht um 11.15 Uhr hatten sich vor der Expedition des Bremer Tageblatts in der Schlüterstr. ca 800 Personen angesammelt, welche die dort ausgehängten Depe-

mung«.[60] Das mag bei einigen gestimmt haben. Doch die meisten Leute, die an diesem Nachmittag das Stadtzentrum aufsuchten, »waren gekommen, um zu sehen, was eigentlich los sei, wie das zertrümmerte Café Fahrig aussehe und ob die Schutzmannschaft zu tun habe«.[61] Eigentlich waren sie eher das Publikum bei einem öffentlichen Schauspiel als eine neugierige Masse, und ihr Dasein trug, wie die *Norddeutsche Allgemeine Zeitung* meinte, zur Entstehung einer »beinahe festlichen Stimmung«[62] bei.

Die Hauptattraktion waren die Extrablätter der Zeitungen. In den Redaktionen wurde hart daran gearbeitet, die Aufmerksamkeit der Öffentlichkeit auf sich zu ziehen, auch wenn es oft nichts Neues zu berichten gab. Das *Hamburger Echo* (SPD) beschwerte sich über die

»Gemeingefährlichkeit der nur Geschäftsinteressen dienenden bürgerlichen Presse. [...] Bloß um des schnöden Gelderwerbs willen wird das Publikum von dieser Presse tagtäglich zum Narren gehalten, wird die Öffentlichkeit in gewissenloser Weise belogen und betrogen. [...] In all den ›Extrablättern‹ und Sonderausgaben, die diese Presse seit Sonnabend alle paar Stunden veranstaltet, hat nie etwas Neues von wirklicher Bedeutung

---

schen über den zwischen Österreich und Serbien ausgebrochenen Krieg lasen und auf den Eingang von neuen Telegrammen warteten.« Da die Menge eine Gefährdung für die Straßenbahn darstellte, wurde die Ansammlung durch vier Polizisten aufgelöst.

60 *Pfui über die Kriegshetzer!*, in: Arbeiter-Zeitung (Essen), 27. Juli 1914; ähnlich in *Kriegsstimmung in Berlin?*, in: Volksfreund (Braunschweig), 27. Juli 1914, Nr. 172, S. 2.

61 Kurt Heinig, *Im Gebiete des politischen Wettersturzes*, in: Bergische Arbeiterzeitung (Solingen), 31. Juli 1914; der Artikel schließt: »Vielleicht die wesentlichste Ursache zu den ›Ansammlungen‹, ›Demonstrationen‹, ›Volksverbrüderungen‹ usw. waren daneben die Studenten und das Caféhaus! Das Volk selbst war jedenfalls, soweit ich es gesehen habe, sehr ruhig, und eher bedrückt als begeistert.« Besonders große Menschenansammlungen bildeten sich vor dem Café Fahrig.

62 *Kundgebungen in Berlin und im Reiche*, in: Norddeutsche Allgemeine Zeitung, 28. Juli 1914, Nr. 174, S. 2.

gestanden. Es werden unbedeutende Meldungen aufgebauscht, wenn's paßt, auch grob gefälscht, um damit das Publikum dauernd in Aufregung zu halten.«[63]

Der Hannoveraner *Volkswille* (SPD) schrieb:

»Wer am Sonnabend und Sonntag die innere Stadt und die größeren Wirtschaftslokale aufgesucht hat, der konnte bereits eine Art Kriegstaumel wahrnehmen, hervorgerufen durch die schnell aufeinanderfolgenden Extrablätter der bürgerlichen Zeitungen. [...] Und dabei wird – wenn auch nicht öffentlich, so doch versteckt – Stimmung für einen Krieg gemacht. Durch die sich überstürzenden Meldungen – die alle nichtamtlichen Charakter tragen – werden die Leidenschaften aufgepeitscht und der klare Verstand und die reine Vernunft übertäubt.«[64]

In Berlin begleitete eine dreimal so große Menge wie gewöhnlich (»viele Tausende«) die Wachablösung Unter den Linden und sang nach deren Ende, begleitet von einer Militärkapelle, patriotische Lieder.[65] Als in München die Militärkapelle nach der Wachablösung in Verkennung der allgemeinen Stimmung Walzer und Volksweisen zu spielen versuchte, geriet das Publikum in Zorn und begann das militaristische Lied »Ich hatt' einen Kameraden« zu singen. Eine Weile ertönten zwei Melodien gleichzeitig. Schließlich jedoch setzte sich die Masse durch, der Dirigent gab sich geschlagen und ließ die Kapelle patriotische Lieder spielen.[66]

Überall, wo am Samstag solche Kundgebungen von Begeisterten stattfanden, bot sich am Sonntag das gleiche Bild. Und in vielen großen Städten, wo es am Samstag keine derartigen Ver-

---

63 *Die Presse und der Krieg*, in: Hamburger Echo, 30. Juli 1914, Nr. 175.

64 *Sie toben sich noch aus!*, in: Volkswille (Hannover), 29. Juli 1914, S. 3.

65 Frankfurter Zeitung, zit. n. *Zeitungsschau*, in: Norddeutsche Allgemeine Zeitung, 1. August 1914, Nr. 178, Beiblatt; nach einem Polizeibericht gab es hier »viele Tausende« Zuschauer. Vgl. die »Meldung über den Verlauf des 26. Juli der I. Hauptmannschaft«, 27. Juli 1914, BLHA, Rep. 30 Berlin C, Tit. 94, Nr. 11360, S. 28.

66 *Münchener Kriegsstimmung*, in: Hamburger Fremdenblatt, 2. August 1914, S. 2.

anstaltungen gegeben hatte, wie in Bremen,[67] Kassel,[68] Köln,[69] Mannheim,[70] Straßburg[71] und Hannover,[72] fanden sich nun, wie durch die Zeitungsberichte über die Kundgebungen in Berlin inspiriert, auch patriotische Bürger zusammen. In Berlin waren die Begeisterungskundgebungen am Sonntag im allgemeinen kleiner als am Samstag zuvor, im übrigen Deutschland hingegen war es meist umgekehrt. In Leipzig beispielsweise versammelten sich am Sonntag ein paar tausend Menschen, während es am Samstag nur 500 gewesen waren.[73]

Spontane »patriotische« Demonstrationen dieser Art waren in Deutschland unüblich. Die liberale Presse zeigte sich hoch erfreut über diese Manifestationen einer politisierten »nationalen« Meinung. Doch anders als aufgrund der Darstellung der öffentlichen Meinung in Deutschland in der letzten Woche vor dem Krieg durch die konservative und liberale Presse anzunehmen, waren kriegsbegeisterte Massen nach wie vor keineswegs eine für ganz Deutschland typische Erscheinung. Die »Begeisterung«

---

67 *Aus Bremen*, in: Weser-Zeitung, 27. Juli 1914, Nr. 24151 (Mittag), Beilage.

68 *Kundgebungen*, in: Volksblatt (Kassel), 27. Juli 1914, Nr. 172.

69 *Die Polizei demonstriert für den Krieg!*, in: Rheinische Zeitung, 29. Juli 1914, Nr. 173, S. 3.

70 Die Artikel *Mannheim*, in: Frankenthaler Tageblatt, 27. Juli 1914, S. 3 und *Kundgebungen zu der Krise*, in: Münchner Neueste Nachrichten, 28. Juli 1914 (Vorabend), Nr. 381 beschreiben einen kleinen Zug am Sonntag abend zu den Konsulaten Österreich-Ungarns und Italiens, zum Haus Bassermanns und zum Bismarckdenkmal.

71 *Kundgebungen in Elsaß-Lothringen*, in: Rheinisch-Westfälische Zeitung, 28. Juli 1914, Nr. 899 (Morgen), S. 2, wo es heißt, daß etwa 100 Personen, zum Großteil Offiziere, mit dem Absingen von patriotischen Liedern in der Innenstadt für den Krieg »demonstrierten«.

72 Der Verfasser von *Lokales*, in: Volkswille (Hannover), 27. Juli 1914, Nr. 173, S. 3 spricht von »Caféhausgästen und deutschnationalen Handlungsgehilfen«, die an den Zügen teilnahmen.

73 *Der patriotische Krampf*, in: Leipziger Volkszeitung, 27. Juli 1914, Nr. 170, 2. Beilage.

konzentrierte sich auf die Großstädte. Auf dem Land und in den Kleinstädten gab es, von Universitätsstädten abgesehen, nur wenige Kundgebungen.[74] Außerdem beschränkte sich die Begeisterung auf eine bestimmte Bevölkerungsschicht. Wie bereits erwähnt, beteiligten sich vor allem gebildete Jugendliche und einige wohlhabende Bürger an den Zügen.[75] Männer und Frauen marschierten Hand in Hand. Die *Leipziger Volkszeitung* beschrieb einen Zug am Sonntagabend in Leipzig folgendermaßen:

»Ein Trupp Menschen, in dessen vorderster Reihe ein junger, etwa 19 oder 20 Jahre alter Mann eine schwarz-weiß-rote Fahne schwenkte, kam johlend und singend im geschlossenen Zuge vom Peterssteinweg her. Es waren fast ausschließlich ganz junge Leute, manche waren kaum 14 bis 15 Jahre, auch Mädchen in diesem Alter waren dabei. Die Mädchen, unter denen auch ältere Jahrgänge nicht fehlten, hatten rechts und links eines der jungen Herrchen am Arm und schrien aus Leibeskräften mit: Deutsche Frauen usw.! Der Trupp zählte auf dem Königsplatz etwa 300 solcher Persönchen. Die Herrschaften übten sich in Deutschland, Deutschland über alles singen, in der Wacht am Rhein und in Hochrufen. […] Die Jüngsten waren die lautesten Schreier.«[76]

---

74 In *Aus Erlangen und Umgebung*, in: Fränkische Nachrichten, 27. Juli 1914, S. 3, wird berichtet, daß am Abend des 26. Juli Studenten durch Erlangen zogen. Der Verfasser des Berichts *Jena*, in: Frankenthaler Tageblatt 27. Juli 1914, S. 3, schreibt, daß sich die Studenten in Jena am 26. Juli zu Zügen formierten und sich über ausländische Kommilitonen lustig machten. Der Autor von *Unser Abschied vom Tübinger Jubelsemester*, in Otto Schröder (Hg.), Deutschlands Akademiker im Weltkrieg 1914. Ein Ruhmeskranz den deutschen Akademikern und den Hochschulen Deutschlands, Bd. 2, Magdeburg, 1916, S. 77, beschreibt einen Zug am Sonntag abend in Tübingen, an dem sich zunächst etwa 50, später 200–300 »Studenten« beteiligten. Der Artikel *Schleswig-Holstein*, in: Hamburger Echo, 29. Juli 1914, Nr. 174, berichtet von den Zügen der Studenten in Kiel am Dienstag, dem 28. Juli.

75 Vgl. z. B. *Kriegsstimmung in Berlin?*, in: Volksfreund (Braunschweig), 27. Juli 1914, Nr. 172, S. 2.

76 *Der patriotische Krampf*, in: Leipziger Volkszeitung, 27. Juli 1914, Nr. 170, 2. Beilage.

Die *Rheinische Zeitung* sah in den »begeisterten Massen« in Köln »Studenten, die bei ihrem Frühschoppen saßen, und junge Burschen, die in ›Jungdeutschland‹-Stimmung einherzogen«.[77] In Kassel,[78] in Frankfurt,[79] in Essen,[80] in allen Städten waren junge Leute vorherrschend.[81] Nirgendwo gab es Anzeichen für eine Beteiligung der Arbeiterklasse an den sonntäglichen Begeisterungskundgebungen, worauf die sozialdemokratischen Zeitungen wiederholt hinwiesen.[82]

---

77 *Patriotische Kundgebungen*, in: Rheinische Zeitung, 28. Juli 1914, Nr. 172, S. 7.

78 *Kundgebungen*, in: Volksblatt (Kassel), 27. Juli 1914: »Das Gros dieser stimmbegabten Menge hat, wie sich jeder an der vorherrschenden Überzahl bartloser Gesichter überzeugen konnte, nie eine Flinte auf dem Buckel gehabt, und dürfte auch dann kein Pulver riechen, wenn es […] zu einem europäischen Völkermord […] kommen sollte.«

79 *Protest gegen den Krieg!*, in: Volksstimme (Frankfurt), 29. Juli 1914, Nr. 174, 1. Beilage.

80 *In höchster Spannung*, in: Arbeiter-Zeitung (Essen), 31. Juli 1914.

81 Der Artikel *Gegen den Kriegstaumel*, in: Volksstimme (Wiesbaden), 27. Juli 1914, Nr. 172, S. 2 zur Zusammensetzung der Massen (in ganz Deutschland) am Samstag abend: »Da handelt es sich, wie selbst die bürgerliche Presse zugibt, um allezeit lärmbereite Studenten und junge Kaufleute, die mit den übrigen Elementen der Straße schnell eine ›Kundgebung‹ zusammenbringen und vor den Staatsgebäuden in billige Hoch- und Kriegsrufe ausbrechen. […] Es sind die Angehörigen des ewig schwankenden kleinen Mittelstandes, dieselben, mit denen der unsichere Liberalismus seine Wahlen schlägt, die das Gros dieser gedankenlosen Schreier bilden: die denkende Arbeiterschaft und die Intelligenz aus dem Bürgertum beteiligt sich nicht an dem Spektakel.«

82 *Die ›patriotischen‹ Demonstrationen in Berlin*, in: Leipziger Volkszeitung, 29. Juli 1914: »Es war kein einziger Arbeiter darunter.« Vgl. u. a. auch *Erbärmliche Hetze*, in: Volkswille (Hannover), 29. Juli 1914, Nr. 174, S. 1: »Volkskundgebungen waren das nicht, das ›Volk‹, die breiten Schichten des werktätigen Volkes, hatten daran keinen Anteil. Es waren Kundgebungen jener Elemente, die die Nachtcafés füllen, denen die Erkenntnis abgeht für das, was ein Krieg für ein Volk bedeutet.«

Die meisten Züge waren, genau wie die vom Samstag, »spontan«, und wie am Samstag schien die »Begeisterung« in ganz Deutschland erneut einem ungeschriebenen Drehbuch zu folgen. Wieder marschierten die Menschen zu »nationalen« Stätten wie Denkmälern und Regierungsgebäuden oder zu den Botschaften und Konsulaten Österreichs und Italiens. Überall sangen sie die gleichen patriotischen Lieder und lauschten den gleichen patriotischen Reden, die in einigen Fällen von Vertretern der Regierung gehalten wurden. Reichskanzler Bethmann Hollweg zum Beispiel hielt an diesem Abend in Berlin eine Rede, und in München zwangen die Massen den österreichischen Konsul, fünfmal zu ihnen zu sprechen.[83]

Die »begeisterten Züge« am Sonntag waren aber nicht nur in dem Sinn »inszeniert«, als ihre Teilnehmer von einem reichhaltigen Vorrat ritualisierter Erfahrungen zehrten, am Sonntag gab es in den Worten Theodor Wolffs »ersichtlich Stellen oder Personen, die den Heerbann aufboten, Fahnen herbeischafften, die Parolen verteilten, eine Volksbewegung inszenieren wollten, um die Köpfe zu berauschen, die deutsche Regierung zum großen Ziel hinzutreiben«.[84] Die Führer von Jugendgruppen spielten dabei eine wichtige Rolle. In Berlin ließen an diesem Morgen die Führer der Wandervögel, der Heimateroberer und des Jungdeutschlandbundes ihre Truppen patriotische Lieder singend aus den Vororten ins Zentrum marschieren.[85] Am Nachmittag versammelten sich Mitglieder des Jungdeutschlandbundes vor der Bismarckstatue, um patriotische Lieder zu sin-

---

83 *Die Stimmung in München*, in: Münchner Neueste Nachrichten, 28. Juli 1914, Nr. 381 (Vorabend), S. 3.
84 Wolff, Der Krieg des Pontius Pilatus, S. 329–330.
85 *Eine Hoffnung für...*, in: Tägliche Rundschau, 27. Juli 1914 (Sonder-Ausgabe), S. 1. Wandervögel und Heimateroberer waren private Jugendgruppen, die sich gegen die offizielle militaristische Jugendkultur wandten. Der Jungdeutschlandbund dagegen war eine staatliche Jugendorganisation.

gen.[86] Um 15.45, 17.00 und 18.45 marschierten Züge mit 200–
400 Jungdeutschen vom Bismarckdenkmal durchs Brandenburger Tor und Unter den Linden entlang zum Schloß.[87] Die
Kreuz-Zeitung schrieb:

»Eine vieltausendköpfige Menschenmenge wogt auf dem Königsplatz. Am
Denkmal des eisernen Kanzlers erschallen brausende Hochrufe, die Wacht
am Rhein steigt irgendwo auf, Tausende stimmen ein. Da hört man leise,
aber markiert in scharfem Takte Trommeln, schnell bildet sich eine Gasse,
alles strömt zusammen – da kommen sie: voran zwei Reihen Jungens, in
grauer Tracht und grauem Hut mit Trommeln und Pfeifen, spielen den
Preußenmarsch, dahinter in bunten Reihen, in unabsehbarem Zuge: *Jungdeutschland!* In Schritt und Tritt, mit heller Begeisterung in den Augen,
diszipliniert wie eine Armee: die männliche Jugend voran, aber Graubärte,
Frauen und Mädchen in großer Zahl ziehen mit, alle singen die Vaterlandslieder aus voller Kehle; kaum ist die ›Wacht am Rhein‹ verklungen, da ertönt
das alte Arndtsche Freiheitslied: ›Der Gott, der Eisen wachsen ließ, der
wollte keine Knechte...‹ Das ist das Herrliche an diesen begeisterten Vater-
landskundgaben: daß in tiefernster Stunde Deutschlands Jugend aufsteht
und aus vollstem Herzen ihren Führern sagt, daß sie sich ihrer Kraft und
Pflichten gegen das Vaterland bewußt ist.«[88]

Am Abend veranstalteten der Jungdeutschlandbund und die
Wandervögel weitere Züge,[89] jedoch nicht allein in Berlin. In
München zogen Jungdeutschlandbündler und Wandervögel »in
voller Uniform, mit wehender Fahne, patriotische Lieder singend« umher,[90] und in Dortmund wurden die patriotischen De-

---

86 Vgl. den Bericht der I. polizeilichen Hauptmannschaft, 27. Juli 1914,
    BLHA, Rep. 30 Berlin C, Tit. 94, Nr. 11360, S. 28.
87 *Die Sonntagsstimmung in Berlin*, in: Kölnische Zeitung, 27. Juli 1914
    (Morgen).
88 *Das Aufflammen des nationalen Hochgefühls in Berlin*, in: Kreuz-Zei-
    tung, 27. Juli 1914, Nr. 346 (Morgen), S. 2.
89 Beschrieben in »Meldung über den Verlauf des 26. Juli der I. Hauptmann-
    schaft«, 27. Juli 1914, BLHA, Rep. 30 Berlin C, Tit. 94, Nr. 11360, S. 29.
90 Kurt Heinig, *Im Gebiete des politischen Wettersturzes*, in: Bergische
    Arbeiterzeitung (Solingen), 31. Juli 1914.

monstrationen an diesem Abend von den *Wandervögeln* angeführt.[91]

Unter den Anführern der Begeisterungskundgebungen vom Sonntag waren auch Studenten, vor allem Mitglieder von Burschenschaften: In einem der Berliner Züge am späten Sonntagabend »konnte man sogar einen ganzen Zug Studenten ›in Wichs‹, mit blanken Schlägern sehen. Sie hatten, auf Anweisung ihrer Chargierten, sich eingekleidet und ihre Banner hervorgeholt.«[92] Ein Burschenschaftler hat einen besonders farbenprächtigen Bericht seines Engagements an diesem Abend verfaßt:

»Durch die Straßen zogen Hunderte von Studenten. Wildes, beinahe kriegslustiges Gebaren vereinigte in diesem Augenblick alle; Couleurstudenten und Schwarze, die noch vor einigen Wochen sich der Studentenvertretung wegen stark befehdet hatten, zogen Arm in Arm dahin. Ich eilte auf den Balkon unserer Kneipe. Ein Gedanke durchblitzte mich. ›Wie wäre es, wenn ich dem Zug unsere Fahne vorantrüge? Soll ich? Leibbursch, was meinst du?‹ ›Aber natürlich!‹ ›Ich werde die Nachbarn auch auffordern.‹ ›Schön, aber beeile dich!‹ Es dauerte nicht lange, da waren vier Korporationen unter ihren wehenden Fahnen versammelt. Allgemein richtete man die Bitte an uns, den Zug zu eröffnen. Also: Fahnen voran. – Halt! Hier ist ein Kaiserbildnis. Und hier eins vom alten Fritz. Beide vor! Die Fahnen müssen sie umgeben. – Fertig? – Ja, scholl es hundertstimmig. Abmarsch! Und so zogen wir durch die Straße des heiteren Vergnügens und der harten Arbeit, durch die Friedrichstraße. Die Leute rechts und links am Wege entblößten die Köpfe und begrüßten den einmütigen Zug mit einmütigen und weithin schallen Hurrarufen. Dann schlossen sie sich zu Hunderten an. – Alle Stände und Altersstufen sind vertreten. Es ist ein imposanter Zug, der immer mehr anschwillt. Die Elektrischen halten, die Autobusse verlangsamen ihr Tempo. Alles respektiert die Begeisterung der deutschen

---

91 In *Kriegsstimmung in Dortmund*, in: General-Anzeiger (Dortmund), 27. Juli 1914, wird berichtet, daß sich am Sonntag abend gegen neun Uhr etwa 40 Wandervögel vor dem österreichischen Konsulat versammelt und patriotische Lieder gesungen hätten. Später seien ein paar hundert Menschen dazugekommen.
92 Wolff, Der Krieg des Pontius Pilatus, S. 329.

Herzen, die den Dahinziehenden allen gemeinsam ist. Wir nähern uns den Linden.«[93]

Die Presse, die die Erregung mit immer neuen Extrablättern am Sieden hielt, war die andere treibende Kraft in puncto »Kriegsbegeisterung«. Unmittelbarer aufwiegelnd wirkten aber noch Filmproduzenten. Am Sonntag nachmittag entstand der erste der Filme, die die »Begeisterung« dokumentieren sollten. Bereits drei Tage darauf, am Mittwoch, dem 29. Juli, wurden die Filme unter dem Titel »Kriegsbegeisterung in Berlin« in Lichtspielhäusern in ganz Deutschland gezeigt.[94] Ein Kommentator meinte zu dieser Art von Dokumentation:

»Was der Menge Rausch und Glanz schien, war für stille, sachkundige Beobachter peinliche Wirklichkeit. Nur eine kleine Episode: Ein Auto kam fauchend angerattert. Im Auto gestikulierende Menschen, welche die öster-

---

93 A. Conrad, *Ein Stimmungsbild*, in: Schröder (Hg.), Deutschlands Akademiker im Weltkrieg 1914, S.59, entnommen aus A. Conrad, Akademische Turnzeitung, 1914, S.211f.

94 Vgl. die Reklame für das Marmorhaus (Kurfürstendamm) *Kriegs-Begeisterung in Wien, Berlin, München u. Kiel. Ankunft des Deutschen Kaisers in Kiel*, in: Berliner-Zeitung am Mittag, 29. Juli 1914, Nr. 175, letzte Seite sowie die Anzeige des Deutschen Eclair-Kinos (Friedrichstraße) *Kriegsbegeisterung in Wien. Bilder aus München und Berlin*, in: Berliner-Zeitung am Mittag, 30. Juli 1914, Nr. 176, letzte Seite. In *Der Abend unter den Linden*, in: Berliner Lokalanzeiger, 1. August 1914, Nr. 385 (Morgen), S.2 werden diese Filme mit den folgenden Worten beschrieben: »[K]eine übermütige Kriegsfreude beherrschte diese Massen; schwerer Ernst war auf allen Mienen«. Es ist von ganzen Familien die Rede, die einen Blick auf den Kaiser erhaschen wollten, sowie davon, daß es in den Arbeitervierteln ruhig war. Außerdem wird angemerkt, daß die größeren Kinos am 31. Juli »Bilder von vaterländischer Begeisterung« zu zeigen begannen und daß das Publikum »diese Bilder mit rauschendem Beifall« aufnahm. Weiter hieß es zu den Lichtspieltheatern: »Die Musik spielte überall patriotische Lieder, und als zum Schluß der Bilderserie das Porträt des Kaisers kam, durchbrauste das Haus ein Jubelsturm.« Dann wird die feierliche Stimmung in den Restaurants geschildert. Leider ist es mir nicht gelungen, von einem dieser Filme eine Kopie ausfindig zu machen.

reichischen und deutschen Fahnen schwangen. Im Fond stand ein sehr gut angezogener, wohlbeleibter Herr, der in sonderbarem Deutsch fanatische Reden hielt. Langsam fuhr das Auto die Linden entlang. Stürmisch bejubelt von Tausenden, die neben ihm herliefen und den feurigen Reden wie Trunkene lauschten, die der wohlbeleibte Herr mit emsigem Fleiß in die aufgeregte Menge schleuderte. All die Tausende sahen nicht, daß hinter der Menge ein zweites Auto fuhr, in dem ganz diskret und unmerklich diese prachtvoll patriotische Szene gefilmt und gekurbelt wurde, und daß zwischen den Arrangeuren im ersten Auto und den Operateuren des zweiten Wagens innige geschäftliche Beziehungen bestanden. Man sah und fühlte es nicht und glaubte an den großen Moment.«[95]

Nicht nur, daß diese Begeisterung kaum als Ausdruck der »öffentlichen Meinung in Deutschland« gewertet werden kann, sie war zudem von vielen rabaukenhaften Ausfällen begleitet. Der *Vorwärts* beklagte das

»gemeingefährliche Treiben der gebildeten Sprößlinge. Die konnten ruhige, anständige Bürger beschimpfen, blutig schlagen, zwingen, Hochrufe mitzumachen und patriotische Lieder zu singen, zwingen, den Hut abzunehmen. Daß [sic!] Leute verprügelt und aus den Restaurants geworfen wurden, weil sie sich ruhig und gesittet betrugen. Und die Raufbolde, die die Gepflogenheiten des Abschaums der Menschheit gut studiert hatten und nachmachten, stammen doch aus einer ›guten Kinderstube‹.«[96]

In Duisburg wurde ein bedauernswerter Mensch, der beim Erklingen der Nationalhymne nicht aufgestanden war, gewaltsam eine Treppe hinabgeworfen, so daß er sich mehrere Rippen brach.[97] In Kiel verprügelten Studenten alle, die nicht aufstanden, als die Nationalhymne ertönte.[98] In Hamburg wäre ein gewisser H. Schulz, der unglücklicherweise in der Nähe des österreichischen Konsulats wohnte, beinahe von einem patriotischen

---

95 *Berliner Brief*, in: Rhein und Ruhr Zeitung, 2. August 1914, Nr. 390, S. 4.
96 *Momentbilder vom Dienstag*, in: Vorwärts, 30. Juli 1914, Nr. 205, 2. Beilage.
97 Vgl. *Aus dem Stadtkreise Duisburg*, in: Rhein und Ruhr Zeitung, 28. Juli 1914, Nr. 380.
98 Vgl. *Schleswig-Holstein*, in: Hamburger Echo, 29. Juli 1914, Nr. 174.

Mob zusammengeschlagen worden, als er eines Abends mit den Worten, er brauche seinen Schlaf, Wasser auf die tagtäglich wiederkehrenden johlenden Menschen hinunterkippte.[99]

Während die sozialdemokratischen Journalisten das Rowdytum kritisierten, feierte die bürgerliche Presse die patriotische Begeisterung mit den bekannten Worten und Formulierungen.[100] Im weiteren Verlauf der Woche schlossen sich jedoch einige bürgerliche Journalisten der Meinung ihrer sozialdemokratischen Kollegen an. So schrieb Theodor Wolff im *Berliner Tageblatt*:

»Vor allen Dingen und vor aller politischen Diskussion scheint es notwendig, daß man die Jünglinge und die Männer, die in den letzten beiden Nächten so begeistert durch die Berliner Straßen lärmten, zum Schlafengehen bewegt. Eine Verquickung der Auswärtigen Politik mit Straßenradau ist nicht wünschenswert... Die Manifestanten, die ihren Stammtisch und ihre Studentenkneipe verlassen hatten und zum Teil die Damenbedienung mitbrachten, haben sich nun hinreichend ausgetobt.«[101]

Und ein Journalist des Dortmunder *General-Anzeigers* meinte:

»Es war ein Skandal, mit welcher Rücksichtslosigkeit in den letzten Nächten in den Straßen herumgeschrien und skandaliert wurde. Das waren keine patriotischen Kundgebungen mehr, sondern es war die reine Lust an Radau. […] Ein Eimer kaltes Wasser wäre das beste, das solche Alkohol-Patrioten zur Besinnung bringen könnte.«[102]

Selbst die Regierung begann, sich dieser Sichtweise anzuschließen. Am 28. Juli rief sie in der *Norddeutschen Allgemeinen Zeitung* die Bevölkerung zu »ruhigem, gemessenem Benehmen« in den nächsten Tagen auf. Der Polizeipräsident von München ließ am 27. Juli verkünden, die Züge seien einzustellen, weil sie »allmählich eine Form angenommen haben, die man nicht mehr nationaler Begei-

---

99 Vgl. *Wie lange noch?*, in: Hamburger Echo, 29. Juli 1914, Nr. 174.
100 Vgl. z. B. den Artikel *Ernste Tage*, in: Frankfurter Zeitung, 31. Juli 1914, Nr. 210 (drittes Morgenblatt), S. 3.
101 *Die Bemühungen zur Lokalisierung des Krieges*, in: Berliner Tageblatt, 27. Juli 1914, Nr. 375, S. 1.
102 *Polizeiliche Maßregeln gegen nächtliche Skandalmacher*, in: Dortmunder General-Anzeiger, 1. August 1914.

sterung allein zugute rechnen kann«.[103] Einer ähnlichen Sprache bedienten sich die Polizeichefs von Hamburg am 30. Juli,[104] von Wiesbaden am 30. Juli[105] und von Dortmund am 1. August.[106] Am Montag, dem 27. Juli, gingen die Deutschen wieder zur Arbeit. Die patriotischen Auftritte gingen am Abend in den Cafés weiter, den »Vergnügungslokalen der ›besseren Kreise‹«.[107] Durch die Straßen von Berlin,[108] Leipzig,[109] Hamburg,[110] Hannover,[111] Dortmund,[112] Kassel,[113] Essen[114] und anderer

---

103 Zit. n. *Münchener Tagesneuigkeiten*, in: Münchner Neueste Nachrichten, 28. Juli 1914, Nr. 382, S. 1.

104 Vgl. *In ernster Stunde*, in: Hamburger Echo, 31. Juli 1914.

105 Die Erklärung der Polizei wird zitiert in *Die Polizei und die ›Kriegsfreunde‹*, in: Frankfurter Volksstimme, 31. Juli 1914, Nr. 176.

106 *Polizeiliche Maßregeln gegen nächtliche Skandalmacher*, in: Dortmunder General-Anzeiger, 1. August 1914; dort heißt es: »Die Polizeiverwaltung macht darauf aufmerksam, daß von jetzt ab alle Ansammlungen auf den Straßen und Plätzen tagsüber und nachts verboten sind.«

107 *Ruhe vor dem Sturm?*, in: Hamburger Echo, 28. Juli 1914, Nr. 173, S. 1.

108 Zu Beschreibungen der Cafés in Berlin während der letzten Juliwoche vgl. *Demonstrationen ›für‹ den Krieg*, in: Volksstimme für Lüdenscheid, 31. Juli 1914, Nr. 176, S. 2 oder *Die Stimmung Unter den Linden*, in: Vorwärts, 1. August 1914, Nr. 207, 2. Beilage.

109 In Leipzig gab es dem Artikel *Der Spektakel geht weiter*, in: Leipziger Volkszeitung, 28. Juli 1914, Nr. 171, 2. Beilage zufolge am Montag weitere Züge von 500–600 und von 300–400 Menschen.

110 *Kundgebungen in Hamburg*, in: Hamburger Fremdenblatt, 31. Juli 1914, StA Hamburg, Politische Polizei, 2, Bd. 58.

111 *Erbärmliche Hetze*, in: Volkswille (Hannover), 29. Juli 1914, Nr. 174, S. 1.

112 Den Berichten im Dortmunder Tageblatt und in der Dortmunder Zeitung zufolge gab es in dieser Woche an jedem Abend vor dem österreichischen Konsulat zunächst kleine, später immer größere Demonstrationen.

113 *Wie Demonstrationen entstehen*, in: Volksblatt (Kassel), 29. Juli 1914, Nr. 174, Beilage.

114 *In höchster Spannung*, in: Arbeiter-Zeitung (Essen), 31. Juli 1914 zu den Ereignissen am 27. Juli.

Städte bewegten sich erneut Züge. Doch an keinem von ihnen beteiligten sich mehr als ein paar hundert Personen. Das Leben kehrte zu einer gewissen Normalität zurück. Ein Beobachter über seinen Eindruck von dem Berlin der letzten Juliwoche:

»Im Westen Berlins ist tagsüber von der allgemeinen Erregung wenig zu spüren. Das Antlitz der Straßen hat sich kaum geändert. Alles geht wie sonst seiner Arbeit nach, auch dem Bummel. Auf dem Kurfürstendamm und in der Tauentzienstraße flanieren die Nichtstuer. Nur die Ausrufer der Extrablätter verändern ganz plötzlich das Leben und den Schlendrian. Sie werden bestürmt; dickgekeilte Menschenhaufen umgeben sie; man reißt ihnen die Blätter aus der Hand. [...] Dieselben Menschenansammlungen findet man vor den Redaktionen der großen Zeitungen.«[115]

Im Laufe der Woche, als sich die Menschen immer mehr Sorgen über ihre Zukunft zu machen begannen, nahm die Zahl der Teilnehmer an den Begeisterungskundgebungen weiter ab, während die Zahl der Neugierigen immer größer wurde.[116] Am Dienstag abend meldeten die Zeitungen, daß Österreich Serbien den Krieg erklärt hatte. Die *Darmstädter Zeitung* kommentierte die Aufnahme der Nachricht in Darmstadt mit den Worten: »Wir werden wortkarg, ernster. Das ist Krieg.«[117] Als die Zeitungen am Donnerstag morgen berichteten, daß die russische Armee mobilgemacht hatte, kamen riesige Menschenmengen zu den Plätzen, an denen Extrablätter verteilt wurden, um auf die Mel-

---

115 Fedor von Zobelitz, Chronik der Gesellschaft unter dem letzten Kaiserreich. Zweiter Band: 1902–1914, Hamburg 1922, S. 355 f.
116 Vgl. *Der gestrige Tag*, in: Augsburger Neueste Nachrichten, 30. Juli 1914, Nr. 175, S. 5: »Abends waren die Restaurationslokale wieder stark besetzt, man wartete aber dort vergeblich auf die Ausgabe von Extrablättern.«
117 *Darmstadt. Die Kriegserklärung*, in: Darmstädter Zeitung, 29. Juli 1914, Nr. 175, S. 4.

dung von der deutschen Mobilmachung zu warten.[118] Auch in den kleineren Städten versammelten sich die Menschen auf dem Marktplatz oder vor dem Postamt, wo die Telegramme angeschlagen wurden. Und auf dem Land begaben sich viele Bauern in die nächste Stadt, um die neuesten Nachrichten zu erfahren.[119] Gegen 15.00 Uhr meldete ein lange erwartetes Extrablatt des *Berliner Lokalanzeigers*, der Befehl für die deutsche Mobilmachung sei erteilt worden. Obwohl es sich um eine Fehlmeldung handelte, verbreitete sich die Nachricht doch in ganz Deutschland, ehe sie zurückgenommen wurde.[120]

In den nächsten Tagen verschwanden angesichts der nun real drohenden Kriegsgefahr praktisch sämtliche Spuren von »Kriegsbegeisterung«.[121] Die jungen Leute, die am Donnerstag abend in Berlin versuchten, Züge zu bilden, fanden nur wenige,

---

118 Zur Lage in Hamburg am Donnerstag, dem 30. Juli 1914 vgl. die Beschreibung in *Die verwandelten Umzüge*, in: Hamburger Echo, 31. Juli 1914: »Ungeheure Menschenmassen bewegten sich am Donnerstag abend über den Jungfernstieg und die angrenzenden Straßen. Man erwartete nähere Nachrichten über die am Tage in Umlauf gesetzten Kriegsgerüchte.«

119 Z. B. nach Passau, vgl. *Stimmungsbilder aus der Provinz*, in: Passauer Zeitung, 28. Juli 1914, Nr. 172.

120 Ein Nachdruck des Artikels aus dem Berliner Lokalanzeiger findet sich in Philipp Scheidemann, Memoiren eines Sozialdemokraten, Dresden 1928, Bd. 1, S. 244 ff. Zur Aufregung in Berlin nach der Veröffentlichung des Extrablatts vgl. den Artikel *Mobilmachungsgerüchte*, in: Volksfreund. Sozialdemokratisches Organ für das Herzogtum Braunschweig, 31. Juli 1914, Nr. 176, S. 1, dessen Verfasser zur Stimmung nach Erscheinen des Extrablatts anmerkt: »[E]ine ungeheure Erregung bemächtigte sich der Berliner Bevölkerung auf dieses Extrablatt hin, dessen Inhalt sofort in alle Stadtteile telephoniert und zum Gegenstand erregter Gespräche wurde.«

121 *Kriegsnachrichten – 'Patrioten'demonstration – Leipziger Bürger*, in: Leipziger Volkszeitung, 31. Juli 1914, Nr. 174, 2. Beilage: »[V]on einer Kriegsbegeisterung gab's keine Spur mehr.«

die bereit waren, mitzumarschieren.[122] Auch anderswo legte sich am Mittwoch und Donnerstag die Begeisterung, die am Anfang der Woche geherrscht hatte. Jetzt war die Stimmung der neugierigen Massen angespannt. Zur Atmosphäre in Frankfurt an diesem Donnerstag abend schrieb ein Journalist der *Frankfurter Zeitung*: »Gewaltige Aufregung hatte sich der ganzen Stadt bemächtigt. Alles war wie umgewandelt. [...] Über allem dem lag ein großer Ernst, eine Ruhe, die fast unheimlich wirkte.«[123]

Panische Massen

Die neugierigen Menschenansammlungen waren ein Zeichen für die wachsende Angst in der Bevölkerung. Am deutlichsten wurde diese Angst in der von den Zeitgenossen als »panische Massen« bezeichneten Erscheinung. In Berlin standen am Montag, dem 27. Juli, bereits um 5.00 Uhr morgens ein paar tausend Menschen vor der Sparkasse an, um nach der Öffnung um 9.00 Uhr ihr Erspartes abzuheben. Zwar hatte es auch schon in den Jahren 1908, 1911 und 1912 solche Panikreaktionen gegeben, doch jetzt erfaßten sie zum erstenmal alle großen deutschen Städte und auch die Privatbanken. Die Menschen hatten Angst, die Regierung würde ihnen zur Finanzierung des bevorstehenden Krieges ihr Geld wegnehmen.[124]

---

122 Beschrieben in *Unter den Linden*, in: Augsburger Neueste Nachrichten, 31. Juli 1914, Nr. 176, S. 4.

123 *Ernste Tage*, in: Frankfurter Zeitung, 31. Juli 1914, Nr. 210 (Abend), S. 3.

124 Zu entsprechenden Befürchtungen vor 1914 vgl. *Der Krieg und die Sparkasse*, in: Sparkasse, Nr. 779 (15. August 1914), S. 311. Diesem Bericht zufolge gab es 1870/71 keinen Run auf die Banken; *Der Ansturm auf die Dortmunder Sparkasse*, in: General-Anzeiger (Dortmund), 27. Juli 1914, S. 3 ist von einem Ansturm auf die Banken in den Jahren 1908, 1911 und 1912 die Rede; der Artikel *Ein Run auf die*

Genau wie die Begeisterung war auch die Panik eine größtenteils auf die Städte beschränkte Erscheinung; auf dem Land blieb sie weitgehend aus, und wenn es doch dazu kam, dann erst später, am 31. Juli und 1. August.[125] In den meisten Städten waren die angsterfüllt-panischen Menschenansammlungen ebenso groß wie die kriegsbegeisterten Massen. So warteten zum Beispiel in Köln und Dortmund am Montag in aller Frühe mehrere hundert Menschen darauf, daß sie ihr Geld abheben konnten. In dieser Situation begrenzten die meisten Stadtverwaltungen die Abhebungen auf den gesetzlichen Höchstbetrag. Aufgrund dieser Maßnahme lagen die von den Sparkassen ausgezahlten Gesamtbeträge, auch wenn die Angestellten den ganzen Tag über beschäftigt waren, bei keinem Institut über 5 Prozent der Gesamteinlagen.[126]

Sparkassen, in: Münchner Zeitung, 28. Juli 1914, Nr. 173, S.2 erklärt diese Vorfälle zu einem rein norddeutschen Phänomen; vgl. auch Fritz Fischer, Krieg der Illusionen. Die deutsche Politik von 1911–1914, Düsseldorf 1969, S.136. Die dort erwähnte Panik von 1911 fand in der zweiten Septemberwoche statt.

125 Es scheint einen direkten Zusammenhang zwischen dem Ausmaß der Panik und der Größe der Stadt gegeben zu haben – je größer die Stadt, desto größer auch die Panik. Der Artikel *Sparkassenwesen*, in: Sparkassen (1914), S.334 ff., merkt an, daß es an vielen Orten, z.B. in Limburg, überhaupt nicht zu einem Ansturm auf die Banken kam. In Coburg und Wittenberg habe er erst am 31. Juli 1914 begonnen, im Landkreis Graudenz erst am 1. August.

126 Zur Lage in Köln vgl. *Sturm auf die Sparkasse*, in: Rheinische Zeitung, 27. Juli 1914, Nr. 171, S.4; zu Dortmund vgl. *Der Ansturm auf die Dortmunder Sparkasse*, in: General-Anzeiger (Dortmund), 27. Juli 1914, S.3, wo von mehreren hundert Wartenden am Montag morgen die Rede ist. Die meisten Zeitungsberichte enthalten allerdings keine konkreten Angaben zum Umfang der wartenden Mengen. Der Verfasser des Artikels *Der Sturm auf die Sparkassen*, in: Berliner Börsen-Courier, 30. Juli 1914, Nr. 351, berichtete, daß die Sparkasse in Groß-Berlin am Dienstag nur die gesetzlich vorgeschriebenen Höchstbeträge (z.B. 150 Reichsmark in Berlin, 100 RM in Teltow und

Die Menschen in diesen »panischen Massen« stammten aus einer anderen Bevölkerungsgruppe als die in den »begeisterten« Menschenansammlungen. Einem Journalisten der *Frankfurter Zeitung* zufolge waren die Abhebenden ausnahmslos Kleinsparer, vor allem Frauen, »die nur wenig über hundert Mark auf der Sparkasse eingezahlt haben. Sparer mit größeren Einlagen. [...] haben ihre Gelder in keinem Falle zurückverlangt.«[127] Es gab aber auch Ausnahmen: In Berlin zum Beispiel versammelten sich auch in den Mittelschichtvierteln Charlottenburg und Schöneberg besorgte Sparer, vor der Sparkasse im vornehmen Wilmersdorf gab es allerdings keine lange Schlange.[128]

Am Dienstag morgen (28. Juli) bemühten sich staatliche Stellen, Geschäftsleute und sogar SPD-Journalisten, die Bevölkerung davon zu überzeugen, daß ihr Geld sicher sei. Der Bürgermeister von Köln zum Beispiel ließ in den Zeitungen und auf Plakaten in der ganzen Stadt verkünden: »In den ernsten Zeiten, in denen wir leben, ist Ruhe und Besonnenheit unser aller erste Pflicht. [...] Ich bitte die Bürgerschaft, unbeglaubigten Nachrichten, die jetzt wie Pilze aus dem Boden schießen, keinen Glauben zu schenken und auch in Handel und Verkehr Ruhe und Besonnenheit zu wahren.«[129] Die Appelle zeigten keine allzu große Wirkung, und so waren auch am Mittwoch morgen

---

50 RM in Niederbarnim) auszahlte. Dem Verfasser von *Kriegsgefahr und Lebensmittelmarkt*, in: Münchner Neueste Nachrichten, 1. August 1914, Nr. 389, S. 3 zufolge beschränkte die Stadt München am 31. Juli Abhebungen auf maximal 500 RM.

127 *Die Sparkassen*, in: Frankfurter Zeitung, 30. Juli 1914, Nr. 209 (zweites Morgenblatt), S. 1.

128 *Ein ›Run‹ auf die Berliner Sparkassen*, in: Duisburger General-Anzeiger, 28. Juli 1914, Nr. 203. Am heftigsten war der Ansturm auf die Sparkasse am Mühlendamm, in der Linksstraße und im Wedding.

129 Zit. n. *Eine Mahnung zur Besonnenheit*, in: Kölnische Zeitung, 31. Juli 1914 (Abend), S. 1.

wieder angsterfüllte Massen zu beobachten.[130] Der preußische Innenminister ließ noch am gleichen Tag mittels Anschlägen in ganz Preußen die Unantastbarkeit der Sparkasse verkünden, doch auch das half nichts. Der Ansturm setzte sich in die erste Kriegswoche hinein fort; seinen Höhepunkt erreichte er am 31. Juli und 1. August. Erst als die Kriegserklärung erfolgt war, ebbte die Panik ab. Am 4. August war es in den meisten Städten wieder ruhig.[131]

Das Hamstern von Lebensmitteln begann fast überall erst etwas später als der Ansturm auf die Banken.[132] Am Donnerstag, dem 30. Juli, ging es dann richtig los. In München versuchten einige Ladenbesitzer, durch eine vorübergehende Schließung ihrer Geschäfte eine allgemeine Panik zu verhindern; in Berlin mußte in vielen Läden die Polizei gerufen werden, um für Ordnung zu sorgen. Der Ansturm verführte viele Ladenbesitzer dazu, die Preise zu erhöhen. So verdoppelte sich in München der Kartoffelpreis, während in Berlin der Preis für ein Pfund

---

130 Dem Artikel *Die Sparer*, in: Frankfurter Zeitung, 30. Juli 1914, Nr. 209 (erstes Morgenblatt), S. 1 zufolge hatten die Massen nur noch etwa ein Drittel des Umfangs vom Tag zuvor. Anders *Krieg oder Frieden*, in: Niederbarnimer Kreisblatt, 30. Juli 1914, wo es hieß: »Der Ansturm an die städtische Sparkassen in Berlin hat trotz der Mahnung nicht nachgelassen, sondern war Dienstag eher noch stärker.«

131 Auf der Grundlage von Statistiken wird in *Der Ansturm auf die Sparkassen beim Kriegsausbruch*, in: Sparkassen (1914), S. 354 ff. festgestellt, daß die meisten Sparkassen am 3. August 1914 mehr Einzahlungen als Abhebungen verzeichneten, und daß der Geschäftsverlauf im August normal gewesen sei. Laut Ernst Kaeber, Berlin im Weltkriege. Fünf Jahre städtische Kriegsarbeit, Berlin 1921, S. 358, verlor die Berliner Sparkasse hingegen – als einzige große Sparkasse in Deutschland – bis 8. August weiter Geld. (Insgesamt büßte sie im August 5,1 Mio. Reichsmark oder 1,3 Prozent ihrer gesamten Einlagen ein.)

132 In Arbeiterbezirken an der Ruhr jedoch schon am Montag, dem 27. Juli. Für Bochum vgl. *Aus Bochum und Umgebung*, in: Westfälische Volkszeitung, 27. Juli 1914, Nr. 170, S. 5.

les dichten,

Mehl von 25 auf 40 Pfennig stieg und der für Salz von 12 auf 40 Pfennig das Pfund.[133] Die meisten Kunden nahmen die Preiserhöhungen widerstandslos hin, gelegentlich kam es allerdings zu »Akten der Volksjustiz«. Das *Hamburger Echo* meldete zum Beispiel, an einem Nachmittag habe auf einem Hamburger Markt eine Gruppe wütender Frauen einen Händler, der überteuerte Kartoffeln verkaufte, mit den Würsten attackiert, die sie eben an einem anderen Stand erworben hatten.[134] Wie bei dem Ansturm auf die Sparkassen handelte es sich den meisten Berichten zufolge auch jetzt »namentlich [um] Frauen aus den unteren Schichten, die sich für die drohende Teuerung rüsten wollten«.[135] Gleichwohl richtete der *Duisburger General-Anzeiger* an die »besserbemittelten Klassen« den Appell, »daß sie den Minderbemittelten nicht durch eine ins Unsinnige gesteigerte Nachfrage nach Lebensmitteln das tägliche Brot verteuern«.[136] Auch die Regierung und die Zeitungen mahnten die Verbraucher, keine Hamsterkäufe zu tätigen. Doch ungeachtet all dieser Appelle dauerte der Run auf die Geschäfte mehrere Tage an.

Am Freitag, dem 31. Juli, kam zu diesen beiden panischen

---

133 Vgl. *Kriegsgefahr und Lebensmittelmarkt*, in: Münchner Neueste Nachrichten, 1. August 1914, Nr. 389, S. 3; für Berlin vgl. *Die Lebensmittelpreise*, in: Norddeutsche Allgemeine Zeitung, 2. August, 179 (zweite Morgen-Ausgabe), S. 1.

134 Vgl. *Nieder mit dem Lebensmittelwucher!*, in: Hamburger Echo, 4. August 1914, Nr. 179.

135 *Der 31. Juli*, in: Weser-Zeitung, 2. August 1914, Nr. 24357 (zweite Morgen-Ausgabe), S. 1; vgl. für Essen *Ruhe und Besonnenheit*, in: Arbeiter-Zeitung (Essen), 1. August 1914; für Gelsenkirchen vgl. *Lokale Nachrichten*, in: Gelsenkirchener Allgemeine Zeitung, 1. August 1914, Nr. 178. Es gibt kaum Hinweise auf die soziale Zusammensetzung dieser Massen; fast in keinem Bericht ist davon die Rede, welcher Bevölkerungsschicht die Einkaufenden angehörten; viele sprechen allerdings von »kleinen Leuten«.

136 *Die erste Stunde*, in: Duisburger General-Anzeiger, 1. August 1914, Nr. 207, S. 1.

Massen noch eine dritte hinzu: in einem Ansturm nicht nur auf die Sparkassen, sondern auch auf die Postämter und die Privatbanken versuchten die Leute, ihr Papiergeld gegen Gold- oder Silbermünzen einzutauschen. Und wieder kam es zu langen Schlangen, vor allem vor der Reichsbank in Berlin. Als Folge davon verweigerten die Reichsbank und die Post am Freitag, dem 31. Juli, ab 13.00 Uhr den Umtausch von Papiergeld in Münzen und begannen statt dessen sogar, frisch gedruckte Fünf- und Zehn-Mark-Scheine auszugeben, um der durch das Horten verursachten Münzknappheit zu begegnen.[137] Da sich jedoch viele Geschäfte in Berlin weigerten, Papiergeld anzunehmen, verschlimmerte sich die Knappheit beim Münzgeld weiter.[138]

Im größten Teil Deutschlands gab es allerdings weder begeisterte noch panische Massen. Für die Einstellung der schweigenden Mehrheit gibt es kaum Belege. Die wenigen, die uns zur Verfügung stehen, deuten auf eine ernste Stimmung hin. In den Worten des Pfarrers einer »unkirchlichen Arbeitergemeinde« bei Frankfurt: »In der letzten Juliwoche war im Dorfe alles voll Sorge, niedergeschlagen, totenstill. [...] Bei der Mobilmachung, als das letzte Fädchen Hoffnung auf Frieden zerschnitten war, wurde es noch stiller, und Verzweiflung setzte ein. Keine Begei-

---

137 Vgl. Ignaz Jastrow, Im Kriegszustand. Die Umformung des öffentlichen Lebens in den ersten Kriegswochen, Berlin 1914, S.29. Die Verweigerung des Umtauschs von Papiergeld in Münzen durch die Regierung war gesetzwidrig, wurde aber am 4. August nachträglich durch ein Gesetz genehmigt. Bis zum 4.August waren auch die Ladenbesitzer nicht verpflichtet, Papiergeld anzunehmen.

138 Fedor von Zobeltiz schreibt in seiner Chronik der Gesellschaft unter dem letzten Kaiserreich, S.356: »Noch unglaublicher ist das Faktum, daß in einem Restaurant wie dem ›Rheingold‹ in der Potsdamer Straße die Kellner den Hundertmarkschein nur gegen Verlust von zwanzig Mark annehmen wollten, und sich weigerten, kleinere Scheine in Zahlung zu nehmen.«

sterung, keine patriotischen Lieder.«[139] Die (national-liberale) *Bochumer Zeitung* schrieb zur Stimmung in Bochum: »ein dumpfer Unterton, [...] eine beklommene Stimmung, Gewitterschwüle liegt auf den Seelen der Menschen.«[140] Den 30. Juli in Bochum beschrieb dieselbe Zeitung mit den Worten: »Als die Leute erfuhren, daß das Militär die wichtigen Bahnhöfe und Brücken überwachte, kam es zu einer gewissen Panik. [...] Am Nachmittag und am Abend erwartete man jeden Augenblick die Nachricht von der deutschen Mobilmachung. Und so war es ganz natürlich, daß die Straßen voller Menschen waren.«[141]

Die bäuerliche Bevölkerung auf dem Land merkte davon – zumindest bis kurz vor dem 1. August, als das Militär die Brücken zu überwachen begann – meist gar nichts. Und wenn sie etwas erfuhr, dann hatte sie Angst vor dem, was die Zukunft bringen würde. Den Bauern konnte die Aussicht, just zum Beginn der Ernte die männlichen Arbeitskräfte zu verlieren, kaum angenehm sein. So wird die Stimmung in Immenstadt wie folgt beschrieben: »Eine tiefe Unruhe wie vor einem schweren Ereignis bemächtigte sich unserer gesamten Bevölkerung; von Stunde zu Stunde wuchs die Spannung und jeder harrte mit wahrer Ungeduld der kommenden Dinge.«[142] Die *Passauer Zeitung* schrieb am 28. Juli: »Die Stimmung ist kurz gesagt die: wir wollen den Krieg nicht und danken Gott, wenn die Gewitterwolken vorüberziehen, ohne Schaden anzurichten.«[143] In den kleinen Städ-

---

139 *Unsere Kirchengemeinden während der Kriegszeit. III. Das hessische Land und Frankfurt a.M. 3. Aus einer unkirchlichen Arbeitergemeinde bei Frankfurt a.M.*, in: Monatsschrift für Pastoraltheologie, 1. Kriegsheft (Oktober 1914), S. 22.
140 *Aus Stadt und Land*, in: Bochumer Zeitung, 27. Juli 1914, Nr. 173, S. 3.
141 *Aus Stadt und Land – Schicksalsstunden*, in: Bochumer Zeitung, 31. Juli 1914, Nr. 177, S. 3.
142 Vgl. Kriegs-Chronik 1914/1918 der Stadt Immenstadt, Immenstadt 1939, S. 13.

ten im Harz war Eugen Schiffer zufolge die Stimmung »fürchterlich ernst«.[144] Ein Pfarrer in einer Kleinstadt im Schwarzwald schrieb: »Schon die ganze letzte Juli-Woche lag die Angst auf uns, der lang gefürchtete Krieg möchte ausbrechen.«[145] Besonders in den Grenzgebieten herrschte Angst. In Saarbrücken schrieben Journalisten von einer weitverbreiteten »Angst vor Krieg«.[146] In Danzig und Königsberg gab es wenig Begeisterung und viele große, nervöse und neugierige Menschenansammlungen.[147]

---

143 *Ernste Stunde*, in: Passauer Zeitung, 28. Juli 1914, S. 1. Gleichzeitig stellt der Verfasser fest, Deutschland werde kämpfen, wenn es kämpfen müsse.

144 Eugen Schiffer hielt sich mit seinen Söhnen in Bad Harzburg auf. Sein Tagebucheintrag vom 31. Juli 1914 findet sich im BAK, NL Schiffer, Nr. 3, S. 21: »Das Gewitter steht über uns. Jeder Tag kann die Entladung bringen. Ich gehe noch einmal mit meinen beiden Jungen in die Berge. Wir wandern durch das Okertal. Als wir zurückkommen, erfahren wir, daß der Kriegsausbruch unvermeidlich ist. Die Stimmung der Bevölkerung ist furchtbar ernst. Nur einige Kurgäste gefallen sich in teils theatralischen, teils snobistischen Ausbrüchen eines demonstrativen Patriotismus.«

145 Vgl. *Unsere Kirchengemeinden während der Kriegszeit. VII. Nachtrag aus allerlei Gemeinden. 3. Gemeinde im Odenwald mit einem Filial, 2382 Seelen*, in: Monatsschrift für Pastoraltheologie, 2. Kriegsheft (November 1914), S. 64.

146 *Kriegsfurcht in der Südwestecke Deutschlands. Ein Stimmungsbild aus Saarbrücken*, in: General-Anzeiger (Dortmund), 31. Juli 1914, Nr. 208, 2. Blatt.

147 Vgl. *Die Stimmung in Danzig*, in: Danziger Neueste Nachrichten, 1. August 1914, Nr. 478, in GhStAPK XIV/180/19358 (346Z), S. 15. Die wenigen Menschenansammlungen auf den Straßen Danzigs wirkten ängstlich, und die Leute »nervös«. K. F. Langenbach, *Königsberg im Zeichen des Krieges*, in: Berliner Lokal-Anzeiger, 3. August 1914, Nr. 389 (Abend): »Am Freitag nachmittag ging es wie ein Lauffeuer durch die Stadt: Kriegszustand«, und als Folge davon: »Die großen Plätze.[...] waren mit Menschenmassen dicht gefüllt. Ernst, Spannung, Hoffnung lag auf allen Gesichtern.«

Massen gegen den Krieg

Am Samstag, dem 25. Juli, rief die SPD-Führung mit einer in Berlin als Extrablatt des *Vorwärts* verbreiteten Erklärung für Dienstag, den 28. Juli, in ganz Deutschland zu Anti-Kriegs-Demonstrationen auf.[148] Die rechten Zeitungen bezeichneten die Aktivitäten der Sozialdemokraten als »hochverräterisch«[149] und forderten die Regierung auf, die Demonstrationen zu verbieten. Die lehnte das jedoch ab. Einige Sozialdemokraten hatten sogar den Eindruck, daß die Regierung die Demonstrationen für nützlich hielt, zumindest schien sie dahingehende Andeutungen zu machen, zum Beispiel bei dem Treffen mit den führenden SPD-

---

148 *Aufruf*, in: Vorwärts, 25. Juli 1914, Nr. 200a (Extrablatt). Dem Artikel *Dämmerts schon?*, in: Leipziger Volkszeitung, 27. Juli 1914, S. 2 zufolge wurde der Aufruf als Extrablatt mit einer Auflage von 200 000 Exemplaren verbreitet. Ausführliche Besprechungen der SPD-Demonstrationen finden sich u. a. in Groh, Negative Integration, S. 637 ff. und Miller, Burgfrieden, S. 35 ff.

149 Vgl. z. B. *Die Sozialdemokratie gegen den Krieg*, in: Kreuz-Zeitung, 26. Juli 1914, Nr. 345 (Morgen), S. 2: »Natürlich weiß der sozialdemokratische Parteivorstand so gut wie jedermann sonst, daß wir durch unser Bündnis mit Österreich unter bestimmten Voraussetzungen zur Teilnahme am Kriege verpflichtet sind. Wenn er trotzdem Massenversammlungen gegen den Krieg veranstaltet, so versucht er damit auf die Regierung einen Druck auszuüben, der sie an der Einhaltung unserer internationalen Verpflichtungen verhindern soll. Er kann sich keiner Täuschung darüber hingeben, daß dieser Versuch wirkungslos bleiben muß, und daß solche Versammlungen mithin nur den Erfolg haben können, die Stimmung der Bevölkerung gegen den Krieg zu erregen und damit die Bedingungen für einen glücklichen Ausgang desselben zu beeinträchtigen. Das Vorgehen des sozialdemokratischen Parteivorstandes ist somit schlechthin hochverräterisch, ganz abgesehen davon, daß es nicht eine Spur von Verständnis für die Bedürfnisse unserer internationalen Politik zeigt.«

Politikern Hugo Haase und Otto Braun am 26. Juli[150] und in einem Artikel der halboffiziellen *Kölnischen Zeitung,* wo es hieß:»Wenn unsere Sozialdemokraten in den nächsten Tagen Kundgebungen gegen den Krieg veranstalten, so werden sie darin bis zu einem gewissen Grade die Zustimmung des deutschen Bürgertums finden.«[151] Schließlich verbot aber die Regierung dennoch die Straßendemonstrationen. Am Dienstag erklärte der Berliner Polizeipräsident Jagow:»In Hinsicht auf die besondere Sachlage ist gegen die patriotischen Umzüge Unter den Linden, in der Wilhelmsstraße usw. während der letzten drei Tagen nichts veranlaßt worden, obwohl mancherlei Verkehrsstörung damit verbunden war. Von heute abend aber werden in Berücksichtigung der Bedürfnisse des Verkehrs Umzüge nicht mehr zugelassen werden.«[152] In anderen Städten versuchte die örtliche

---

150 Der rechte Sozialdemokrat Eduard David vermerkte am 3. August 1914 in seinem Tagebuch zur Haltung der Regierung:»unsere Friedenskundgebungen waren ihr willkommen«, vgl. Eduard David, Das Kriegstagebuch des Reichstagsabgeordneten Eduard David 1914 bis 1918, Düsseldorf 1966, S.7; vgl. auch die Diskussion in Miller, Burgfrieden und Klassenkampf, S.40ff. und Groh, Negative Integration, S.628ff. Diese Informationen wurden auf dem SPD-Parteitag im Jahr 1916 bekannt. Möglicherweise hoffte die Regierung, die Demonstrationen der SPD würden ihr dabei helfen, in England und Frankreich den Eindruck hervorzurufen, Deutschland wolle keinen Krieg.

151 *Hände weg!,* in: Kölnische Zeitung, 26. Juli 1914, Nr. 852 (Sonder-Ausgabe), S.1.

152 Zit. n. *Patriotische Kundgebungen,* in: Tägliche Rundschau, 29. Juli 1914, Nr. 350 (Morgen), S.2. Die Zeitung kommentierte:»Wie bekannt, werden vom Berliner Polizeipräsidium die öffentlichen Umzüge, die während der letzten Tage Unter den Linden und in anderen Straßen stattgefunden haben, nicht mehr zugelassen. Die Notwendigkeit und Zweckmäßigkeit dieser Maßregel hat sich gestern Abend erwiesen, wo die beabsichtigten sozialdemokratischen Straßendemonstrationen durch rechtzeitige Absperrungsmaßregeln im wesentlichen verhindert wurden. Es ist selbstverständlich, daß sich das durch Verkehrsrücksichten veranlaßte polizeiliche Verbot auch auf die patrioti-

Meinungskampf. →

Polizei häufig schon im Vorfeld zu verhindern, daß die Sozialdemokraten mit Flugblättern für die Protestveranstaltungen war-
ben.[153]

Die größten Demonstrationen am Dienstag abend in Groß-
Berlin waren die 32 von der SPD veranstalteten Anti-Kriegs-
Kundgebungen (13 davon in Berlin selbst). Überall, vor allem in
den Arbeitervierteln im Norden und Osten der Stadt, waren die
Säle überfüllt, und die Menge ergoß sich oft hinaus auf die
Straße. Trotz des Verbots beteiligten sich über 100 000 Menschen
an diesen Demonstrationen, erheblich mehr als an den »patriotischen Zügen der Begeisterung« während der vorausgegange-
nen drei Tage.[154] Bei jeder der Veranstaltungen machte ein Par-
teifunktionär in einer kurzen Rede Österreich für die außenpolitischen Schwierigkeiten verantwortlich, erklärte, Österreich
wolle den Krieg und Deutschland solle sich heraushalten. Außerdem attackierten die Redner die bürgerliche Presse, der sie
vorwarfen, mit ihrer Unterstützung Österreichs und der Be-

---

schen Umzüge der letzten Tage erstrecken mußte, so erfreulich diese
Äußerungen von Vaterlandsliebe an sich auch sind.«

153 In Köln druckte die SPD z.B. am Sonntag, dem 26. Juli, über 100 000
Flugblätter, mit denen sie zu Demonstrationen aufrief. Die örtliche
Polizei beschlagnahmte (wie auch andernorts) die Flugblätter und
nahm die Verteiler fest; erst gegen Abend wurden auf Anweisung aus
Berlin die Personen und die Materialien wieder freigegeben. Vgl. *Die
Sozialdemokratie auf dem Posten!*, in: Rheinische Zeitung (Köln), 28.
Juli 1914, Nr. 172, S. 3.

154 Die Regierung zählte nur 30 000 Teilnehmer. Vgl. das Telegramm des
Polizeipräsidenten an den Innenminister vom 29. Juli 1914, GhStAPK,
Rep. 77, Tit. 162, Nr. 154, S. 11 sowie *Bericht betr. sozialdemokratische
Protestversammlungen*, Berlin, 29. Juli, BLHA, Rep. 30 Berlin C, Tit.
95, Sekt. 6, Nr. 15 805, S. 176. Die Zahl 30 000 findet sich deshalb in
allen späteren historischen Werken. Wolfgang Kruse zeigt in Krieg
und nationale Integration (S. 30ff.), daß die Polizei nur in der Stadt
Berlin selbst gezählt hat, nicht in Groß-Berlin; es wurden also nur 13
von 32 Demonstrationen berücksichtigt.

hauptung, die Teilnehmer an den patriotischen, »begeisterten«
Zügen stünden für Deutschland, eine kriegsfreundliche Atmosphäre zu schaffen. Die Arbeiterklasse, so versicherten die Redner, wolle den Frieden. Abschließend forderten sie die deutsche
Regierung auf, alles zu tun, um den Krieg zu verhindern. Nach
den Reden wurde die Diskussion eröffnet, doch bei kaum einer
Veranstaltung ergriff jemand das Wort. Dann verabschiedete
man einstimmig eine lange Resolution, die von vielen Zeitgenossen als zu zahm empfunden wurde, ehe die Redner schließlich
die Anwesenden aufforderten, ins Stadtzentrum zu ziehen.[155]
Bei diesen Veranstaltungen herrschte eine sehr ruhige Stimmung. Dies sollte sich jedoch bald ändern.

Gegen neun Uhr abends bildeten sich zwischen 10 und 30
Züge – meist von etwa 1000 bis 3000, in einigen Fällen aber auch
bis zu 10000 Personen (und damit vom gleichen Umfang wie der
längste Zug am Samstag abend) – und zogen aus den Arbeiter-
vororten ins Zentrum.[156] Diese sozialdemokratischen Züge marschierten zu genau den »nationalen« Stätten, an denen die
kriegsbegeisterten Massen ihre Kundgebungen veranstaltet hatten, und auf dem Weg dahin sangen die Teilnehmer anstatt patriotischen Liedguts Arbeiterlieder wie die »Arbeitermarseillaise« und riefen anstatt vaterländischer Parolen »Nieder mit dem
Krieg!« und »Lang lebe die Sozialdemokratie!«.

Die in voller Stärke eingesetzte Polizei versuchte mit Hilfe
von Straßensperren zu verhindern, daß die Demonstranten in
die Innenstadt gelangten. Vor diesen Straßensperren ritten Polizisten zu Pferde mitten in die Menge, um den Zug aufzulösen,
bisweilen zogen sie sogar ihre Säbel und machten in mindestens

---

155 Zum vollen Wortlaut der Resolution vgl. *Der Kriegsprotest des Prole-
tariats*, in: Vorwärts, 29. Juli 1914, Nr. 204, S. 1.
156 Rheinisch-Westfälische Zeitung, 29. Juli 1914 (Mittag); dort heißt es,
daß über 10000 Menschen in diesem Zug durch die Kochstraße marschierten.

zwei Fällen auch Gebrauch davon.[157] Viele Sozialdemokraten umgingen jedoch die Polizeisperren, und gegen 10 Uhr am Abend marschierten etwa 1000–2000 von ihnen mitten Unter den Linden auf und ab, während auf beiden Trottoirs das Bürgertum patriotische Lieder sang.[158]

Eine spannungsgeladene Situation, die die *Frankfurter Zeitung* so beschrieb:

»[Es gab] riesige Ansammlungen, die alles übertrafen, was vor einigen Tagen und auch am Sonntag noch vorging. [...] Vor den Cafés und Restaurants gab es große Anhäufungen der Massen. Die ›Wacht am Rhein‹ und ›Heil dir im Siegerkranz‹ erschollen aus Tausenden von Kehlen, aber auch die Arbeitermarseillaise klang von geschlossenen Trupps her machtvoll durch die Nacht. In die Hochs auf den Kaiser und seinen österreichischen Verbündeten mischten sich die Hochrufe auf die internationale Sozialdemokratie und die Rufe »Nieder mit dem Krieg!« Es war ein Durcheinander von erhitzten Rufen, von Kundgebungen für und wider, die zu einem brausenden Lärm anschwollen und wie die allgemeine

---

157 Laut *Die Polizeiattacke an der Kochstraße*, in: Vorwärts, 30. Juli 1914, Nr. 205, 2. Beilage, gab es Attacken der berittenen Polizei in der Kochstraße, im Bereich Schützenstraße-Friedrichstraße und in einigen Fällen auf Züge, die Unter den Linden entlanggezogen waren. Der Verfasser erklärte:»Ich selbst sah, wie einem Manne eine zirka drei Zentimeter tiefe Wunde in den Unterarm geschlagen wurde, und wie die Wunde aussah, wird die Hand wohl verloren sein.« In dem Artikel *Sozialdemokratische Protestversammlungen*, in: Kreuz-Zeitung, 29. Juli 1914, Nr. 550 (Morgen), S. 2 wird ein Zug beschrieben, der an der Arminhalle begann und an der Lindenstraße von der Polizei angehalten wurde. Als sich derselbe Zug an der Charlottenstraße neu formieren wollte, zogen die Polizisten blank. Daraufhin habe sich der Zug aufgelöst.

158 Die Zahl 1000 stammt aus *Sozialdemokratische Demonstrationen in Berlin*, in: Münchner Neueste Nachrichten, 29. Juli 1914, Nr. 384 (Morgen), S. 4. In *Demonstrationen gegen den Krieg in Berlin*, in: Deutsche Zeitung, 29. Juli 1914, Nr. 379 (Morgen), S. 3 ist dagegen von 2000 die Rede.

Erregung sich immer mehr steigerten. Die Polizei war um die zehnte Stunde gegen diesen Massenandrang von Menschen vollkommen machtlos.«[159]

In den meisten Berichten hieß es, die Sozialdemokraten seien in der Mehrzahl gewesen, allerdings nur knapp, und nur für kurze Zeit.[160] Das allgemeine Gerangel dauerte nur eine Stunde. Dann, zwischen halb elf und elf Uhr, räumte berittene Polizei die Straße. Das mußte sie dreimal tun an diesem Abend, aber um Mitternacht herrschte dann Ruhe.[161] Der *Vorwärts* berichtete, die Polizeiaktionen seien mit »stürmischem Beifallklatschen« von den »dicht besetzten Galerien des Café Bauer und Café Kranzler« begrüßt worden, und weiter: »Es ist doch ein herrliches Bild bürgerlichen Mameluckenmutes, wenn beim Täßchen Mokka von den gesicherten Galerielogen herab dem Klassenhaß gegen die arbeitende Bevölkerung Luft gemacht wird.«[162]

Aber nicht nur im Zentrum Berlins löste die Polizei sozialdemokratische Anti-Kriegs-Demonstrationen gewaltsam auf, sondern auch außerhalb; so ging sie zum Beispiel um Viertel nach elf gegen eine große Menschenansammlung vor dem Gebäude

---

159 *Sozialdemokratische Kundgebungen*, in: Frankfurter Zeitung, Nr. 208 (drittes Morgenblatt), S. 2.

160 In *Sozialdemokratische Demonstrationen in Berlin*, in: Münchner Neueste Nachrichten, 29. Juli 1914, Nr. 384 (Morgen), S. 4 heißt es, die SPD-Demonstration sei größer gewesen, dem Bericht der II. Polizei-Brigade, Berlin, 29. Juli 1914, BLHA, Rep. 30 Berlin C, Tit. 95, Sekt. 6, Nr. 15 805, S. 72 zufolge waren dagegen die »Patrioten in der Mehrheit«.

161 *Sozialdemokratische Demonstrationen in Berlin*, in: Münchner Neueste Nachrichten, 29. Juli 1914, Nr. 384 (Morgen), S. 4. In dem Artikel heißt es zu den wiederholten Polizeieinsätzen: »dabei gab es vielfach Unfälle«.

162 *Berliner Nachrichten. Momentbilder vom Dienstagabend*, in: Vorwärts, 31. Juli 1914, Nr. 206, 2. Beilage.

des *Vorwärts* vor.[163] 28 Personen, die »Nieder mit dem Krieg!«, »Nieder mit den Kriegshetzern!« oder »Es lebe die Sozialdemokratie!« gerufen hatten, wurden wegen »Störung der öffentlichen Ordnung« verhaftet.[164] Im Gegensatz dazu unternahm die Polizei nichts gegen eine kleine Gruppe von »Studenten und jungen Kaufleuten« oder gegen den Jungdeutschlandbund, der eine »Gegendemonstration« veranstaltete.[165]

Auch in anderen Städten kam es am Dienstag und Mittwoch zu ähnlichen Protestkundgebungen. Fast überall waren die dafür angemieteten Säle zu klein, und die Leute standen bis auf die Straße hinaus, bisweilen sogar im Regen. Alles in allem nahmen über 750000 Menschen in ganz Deutschland an diesen Veranstaltungen teil.[166] Genauso wie in Berlin hielt bei diesen Demonstrationen ein Vertreter der Partei eine etwa einstündige Rede, in der er Österreich die Schuld an der gegenwärtigen Kriegsgefahr zuwies, die »Kriegspartei« in Deutschland kritisierte und behauptete, die Arbeiterklasse sei grundsätzlich gegen jeden Krieg

---

163 Und auch hier setzten sie ihre Säbel ein. Vgl. den Bericht des Kommandos der Schutzmannschaft, 29. Juli 1914, BLHA, Rep. 30 Berlin C, Tit. 95, Sekt. 6, Nr. 15805, S. 69.

164 *Momentbilder vom Dienstagabend*, in: Vorwärts, 31. Juli 1914, Nr. 206, 2. Beilage. Die Zahl 28 stammt aus dem Polizeibericht des Kommandos der Schutzmannschaft, 29. Juli 1914, BLHA, Rep. 30 Berlin C, Tit. 95, Sekt. 6, Nr. 15805, S. 69, wo festgestellt wird, daß der Ruf »Nieder mit dem Krieg!« als »grober Unfug« und Grund für die Festnahme gesehen wurde.

165 *Momentbilder vom Dienstag*, in: Vorwärts, 30. Juli 1914, Nr. 205, 2. Beilage.

166 Vgl. Kruse, Krieg und nationale Integration, S. 30 ff. Kruse gelangt zu einer wesentlich höheren Zahl als die Deutsche Akademie der Wissenschaften zu Berlin (Hg.), Deutschland im Ersten Weltkrieg, Bd. I. Vorbereitung, Entfesselung und Verlauf des Krieges bis Ende 1914, Berlin 1968, S. 210 (auf der Grundlage der Berichte im Vorwärts und in der Leipziger Volkszeitung) und als Miller, Burgfrieden und Klassenkampf, S. 40. In diesen beiden Quellen ist von 500000 Teilnehmern an den SPD-Protesten die Rede.

und ganz besonders gegen diesen.[167] Allein die Zahl der Teilnehmer zeige den Herrschenden, so ein Journalist der *Leipziger
Volkszeitung*, »daß dieser Kriegstaumel nicht die Meinung des
deutschen Volkes ist«.[168]
   Trotz der großen Teilnehmerzahl verliefen die Versammlungen im allgemeinen recht ruhig.[169] Nur selten griffen die Redner
die deutsche Regierung an oder gaben ihr die Schuld.[170] Nie sprachen sie davon, was im Falle eines Krieges getan werden konnte
oder sollte (ein Massenstreik zum Beispiel oder wie die Parla-

---

167 Vgl. z.B. die in *Die braunschweigische Arbeiterschaft zur Kriegsgefahr*, in: Volksfreund (Braunschweig), 29. Juli 1914, Nr. 174, S.1 zitier-
   te Rede von Otto May in Braunschweig, der in seinen Ausführungen
   sagte, »daß mit wenigen Ausnahmen die gesamte bürgerliche Presse
   die unverschämteste Kriegshetzerei betreibt und immer wieder einen
   Vorwand für neue Rüstungen und Steuern findet. […] In unerhörter
   Weise werden von der bürgerlichen Presse die kriegerischen Leidenschaften aufgepeitscht, die albernen Ausschreitungen eines gutgeklei-
   deten Janhagels werden als patriotische Heldentaten gefeiert und dabei
   der Eindruck im Ausland erweckt, als sei das deutsche Volk in seiner
   Gesamtheit unrettbar dem Kriegsdelirium verfallen. Das ist aber ganz
   gewiß nicht der Fall. Die große Mehrheit des Volkes will von dieser
   unsinnigen Kriegshetzerei nicht wissen.«
168 *An die Bevölkerung Leipzigs!*, in: Leipziger Volkszeitung, 27. Juli
   1914, Nr. 170, S.1. Vgl. auch Drüner, Im Schatten des Weltkrieges,
   S.57: »Ganz einhellig war die Volksstimmung doch nicht; hier wie
   anderwärts vertrat die Leitung der Sozialdemokratie eine abweichende
   Auffassung.«
169 Für Bremen beschrieben im Bericht der Kriminal-Abteilung (IV) betr.
   der Verlauf der Soz. Versammlung in Café Flora-Gröpelingen am
   28. 7. 14, StA Bremen–4/14/1-XII.A.3.a.4.
170 Eine Ausnahme war die Rede von Nierendorf in Bremen (Café Flora),
   der sagte: »Österreich hat Serbien herausgefordert. Rußland muß Serbien helfen. Deutschland hätte den Streit schlichten können, wollte das
   aber nicht.« Zit. n. dem Bericht der Kriminal-Abteilung (IV) betr. der
   Verlauf der Soz. Versammlung in Café Flora-Gröpelingen am 28. 7. 14,
   StA Bremen, 4/14/1-XII.A.3.a.4.

mentsfraktion abstimmen sollte). So erklärten einige Redner wie Ludwig Frank in Mannheim oder Kurt Eisner in München, wenn der Krieg komme, werde die Arbeiterklasse ihr Vaterland verteidigen, und andere erklärten, im Falle eines Krieges bleibe der Arbeiterklasse kaum etwas anderes übrig als den Befehlen zu gehorchen.[171] Im Anschluß an die Reden verabschiedeten die Anwesenden eine am Ort verfaßte, schriftliche Resolution ebendieses Tenors.[172] Dann gingen die Arbeiter ruhig nach Hause. Nur in Leipzig, Solingen, Stuttgart, Düsseldorf und Kassel organisierten die örtlichen Parteiführer wie in Berlin Anti-Kriegs-Demonstrationen, und in einigen anderen Städten versammelten sich SPD-Mitglieder gegen den Willen der örtlichen Parteiführung zu spontanen Demonstrationen.[173] In mehreren Fällen wurden auch Teilnehmer von SPD-Kundgebungen, die sich bereits friedlich auflösten, noch von der Polizei attackiert.[174]

---

171 Ludwig Franks Rede ist nachgedruckt in Hedwig Wachenheim (Hg.), Ludwig Frank. Ein Vorbild der deutschen Arbeiterjugend. Aufsätze, Reden und Briefe, Berlin (undatiert), S. 587. Zu Kurt Eisner vgl. Franz Schade, Kurt Eisner und die bayerische Sozialdemokratie, Hannover 1961, S. 33 ff.

172 Die in Chemnitz verabschiedete Resolution ist typisch: »Wir brandmarken den Überfall Österreichs auf Serbien als ein scheußliches Verbrechen an Europa und der Menschheit. Mit ein wenig Verstand und Gerechtigkeit hätte er vermieden werden können.« Zit. n. *Wir wollen keinen Krieg!*, in: Bergische Arbeiterstimme (Solingen), 29. Juli 1914, Nr. 174, S. 2.

173 Zu den Protesten in Leipzig vgl. Die *Leipziger Arbeiterschaft und der Krieg*, in: Leipziger Volkszeitung, 30. Juli 1914, Nr. 173, 3. Beilage; zu Solingen vgl. *Kundgebungen*, in: Solinger Tageblatt, 30. Juli 1914; zu Dresden und Kassel vgl. *Der Protest im Reiche gegen den Krieg*, in: Hamburger Echo, 30. Juli 1914, Nr. 175, Beilage; zu Düsseldorf *Der Protest des Volkes gegen den Krieg*, in: Volkszeitung (Düsseldorf), 30. Juli 1914, Nr. 176, S. 1.

174 Vgl. für Bremen *Die proletarische Friedensdemonstration*, in: Bremer Bürger-Zeitung, 29. Juli 1914, Nr. 174, 1. Beilage; für Köln *Die Polizei*

Wo es Straßendemonstrationen gab, waren sie ebenso wie in Berlin von Provokationen und Gewalttätigkeiten begleitet. In Stuttgart wollten etwa 6000 Menschen zunächst zu den Zeitungsgebäuden marschieren. Als sie von der Polizei daran gehindert wurden, zogen sie zum Platz vor dem Schloß und zur österreichischen Botschaft, den beiden Stätten der »nationalen« Begeisterung. Die folgende Konfrontation mit der Polizei verlief so gewalttätig, daß das Militär herbeigerufen werden mußte.[175] In Düsseldorf marschierten ein paar tausend Sozialdemokraten zum Rathaus, wo sie die »Internationale« sangen, bis die berittene Polizei sie mit ihren Säbeln auseinandertrieb.[176] Doch während die Polizei gegen die sozialdemokratischen Demonstranten gewaltsam vorging, sah sie auch bei diesen Demonstrationen über Personen, die patriotische Lieder sangen, stets geflissentlich hinweg.

Die Anti-Kriegs-Demonstrationen der SPD versetzten die rechten Journalisten in Wut und provozierten die Konservativen zu polemischen Äußerungen, die das reale Ausmaß und den gewaltsamen Charakter der Klassenunterschiede im wilhelminischen Deutschland recht deutlich machen. Die *Kreuz-Zeitung* bezeichnete die führenden SPD-Politiker als »Hochverräter« und die Teilnehmer an den Friedensdemonstrationen als »entartet« und stellte fest, es sei nur »natürlich, daß die staatstreue, vaterländisch gesinnte Bevölkerung« in Opposition zur SPD stehe. Die Zeitung forderte sogar die Verhängung des Kriegs- oder Belagerungszustands, damit zum Beispiel durch

---

demonstriert für den Krieg!, in: Rheinische Zeitung, 29. Juli 1914, Nr. 173, S. 3 und für Elberfeld-Barmen *Wir wollen keinen Krieg!*, in: Bergische Arbeiterstimme (Solingen), 29. Juli 1914, Nr. 174, S. 2.

175 *Stuttgart*, in: Kölnische Zeitung, 29. Juli 1914, Nr. 862 (Mittag); die Zahl 6000 stammt aus *Kundgebungen im Reiche*, in: Berliner Tageblatt, 30. Juli 1914, Nr. 350.

176 *Der Protest des Volkes gegen den Krieg*, in: Volkszeitung (Düsseldorf), 30. Juli 1914, Nr. 176, S. 1.

die Einsetzung von Kriegsgerichten außerordentliche Maßnahmen ergriffen werden könnten.[177] Die *Tägliche Rundschau* bezeichnete die Demonstranten als »Mob« und die Protestzüge als »Radau«. Weiter kommentierte sie: »Die sozialdemokratischen Kundgebungen, die künstlich gemacht sind, nicht dem Impuls entsprungen, wie am Sonnabend und Sonntag der helle Jubel der Begeisterten, sind ein Schlag ins Wasser gewesen.«[178] Die *Hamburger Nachrichten* und die *Deutsche Tageszeitung* warfen der SPD sogar vor, sie habe den einheitlichen Willen des deutschen Volkes gefälscht, das »in Treue fest zu seinen Bündnisverträgen steht«.[179]

Doch ungeachtet ihres lebhaften Verlaufs und der allergischen Reaktion der konservativen Presse machten die SPD-Demonstrationen keinen allzu großen Eindruck. Graf Lerchenfeld, der bayerische Botschafter in Preußen, sprach für die meisten konservativen Beobachter, wenn er berichtete, die Sozialdemokraten hätten »pflichtmäßig« demonstriert.[180] Die meisten bürger-

---

177 *Die Geister scheiden sich*, in: Kreuz-Zeitung, 31. Juli 1914, Nr. 355, (Abend), S. 2

178 *Die sozialdemokratischen Kundgebungen*, in: Tägliche Rundschau, 29. Juli 1914, Nr. 350 (Morgen), erste Beilage.

179 Aus Hamburger Nachrichten, zit. n. *Zeitungsschau*, in: Tägliche Rundschau, 30. Juli 1914, Nr. 352 (Morgen) 1. Beilage: »Was ist der eigentliche Zweck dieser Versammlungen und was wird ihre Wirkung sein? Ganz abgesehen davon, daß der einheitliche Wille des deutschen Volkes, das in Treue fest zu seinen Bündnisverträgen steht, durch solche Veranstaltungen gefälscht wird [...] bedeuten diese Versammlungen eine Schwächung Deutschlands, für die das Ausland nur zu sehr Verständnis und freudige Zustimmung haben kann.«

180 Der mit 31. Juli 1914 datierte Bericht wird in Dieter und Ruth Glazer (Hg.), Berliner Leben 1914–1918. Eine historische Reportage aus Erinnerungen und Berichten, Berlin 1983, S. 35 zitiert: »Auch in den Kreisen der Bevölkerung ist die Stimmung eine ruhige und zuversichtliche. Die Sozialdemokraten haben für den Frieden pflichtmäßig demonstriert, halten sich jetzt aber ganz still.«

lichen Zeitungen bemängelten den fehlenden »Schwung« der Demonstrationen.[181] Zum einen waren die Demonstrationen, trotz ihres Umfangs, nicht so groß wie die von 1910 für eine Wahlrechtsreform in Preußen. Zum anderen ließ die Tatsache, daß es außer in Berlin, Stuttgart, Düsseldorf und bei ein paar weiteren vereinzelten Vorfällen nicht zu Straßenkämpfen gekommen war, darauf schließen, daß trotz der breiten Unterstützung für die Idee des Friedens in der Bevölkerung im Fall einer Kriegserklärung kaum mit gewalttätigem Widerstand zu rechnen war, daß vielmehr die Sozialdemokratische Partei, wenn es zum Krieg kam, die Regierung unterstützen werde, wenn auch ohne »Begeisterung«.

---

181 Vgl. z.B. *Die sozialdemokratischen Kundgebungen*, in: Rheinisch-Westfälische Zeitung, 29. Juli 1914; *Berliner Brief*, in: Rhein und Ruhr Zeitung, 2. August 1914, Nr. 390, S. 4: »Die politischen Demonstrationen der Kriegsgegner verpufften. […] Ein Menschenstrom, nach zehntausenden zu bemessen, zog streckend über die Friedrichstraße und sang dumpf und abgerissen das Kampflied der arbeitenden Masse. Es war kein Schwung, keine Größe in dem Sang.«

Die Reaktion der Öffentlichkeit auf den Kriegsausbruch

Am Freitag, dem 31. Juli, meldeten die Morgenblätter die russische Generalmobilmachung und das am Mittag des gleichen Tages ablaufende deutsche Ultimatum an Rußland. Damit wurde das Gespenst einer Verwicklung Deutschlands in einen europäischen Krieg am Horizont sichtbar. Die Mobilmachung erfolgte dann einen Tag später, am 1. August 1914.

Die Reaktion der Öffentlichkeit auf die Erklärung des »Zustands drohender Kriegsgefahr« am 31. Juli

An diesem Tag gingen viele Leute nicht zur Arbeit. In den großen Städten versammelten sich zahlreiche Menschen auf öffentlichen Plätzen und vor den Zeitungsredaktionen,[1] in den kleineren Städten vor dem Rathaus oder dem Postamt, wo die wichtigen Telegramme angeschlagen wurden. Auf dem Land fuhren viele Bauern in den nächsten größeren Ort, um die neuesten Nachrichten zu erfahren.[2]

Wie schon an den Tagen zuvor bestanden die Menschenansammlungen aus Männern wie Frauen und aus Angehörigen aller

---

1 Für Berlin vgl. *In der Reichshauptstadt*, in: Norddeutsche Allgemeine Zeitung, 6. August 1914, Nr. 182, S. 1. Dort ist von Hunderttausenden die Rede, die an diesem Nachmittag vor den Redaktionsgebäuden warteten und die Straße Unter den Linden auf und ab gingen. Eine kurze Erörterung der Ereignisse findet sich auch in: Günther Mai, Das Ende des Kaiserreichs. Politik und Kriegführung im Ersten Weltkrieg, München 1987, S. 11. Diesem Autor zufolge hatten sich um 15 Uhr etwa 50 000 Menschen vor dem Schloß versammelt.

2 *Stimmungsbilder aus der Provinz*, in: Passauer Zeitung, 28. Juli 1914, Nr. 172.

Stände und Altersklassen. Allen Berichten zufolge war die Stimmung angespannt und besorgt. In Berlin fiel in der Menge »fast kein lautes Wort. [...] Man sprach leise von Nachbar zu Nachbar über die Entscheidung.«[3] In Hamburg waren, so der SPD-Funktionär Wilhelm Heberlein, »die meisten Menschen [...] niedergeschlagen, als wenn sie am folgenden Tag geköpft werden sollten«.[4] Auch in Essen war, wie die örtliche sozialdemokratische Zeitung schrieb, »die Stimmung der Bevölkerung [...] andauernd ernst. Man hörte gestern fast nichts mehr von dem lauten Trubel der vorhergehenden Tage.«[5] Mit dem Ablauf des Ultimatums am Mittag wuchs die Spannung weiter. Ein Journalist der *Deutschen Zeitung* verstieg sich gar zu der Formulierung: »Bleiern liegt der Druck der Stunde über heimlich zitternder Erregung.«[6] In den Großstädten wurde die Spannung durch einen ununterbrochenen Strom immer neuer Extrablätter aufrechterhalten. Erwachsene Männer und Frauen kämpften dort buchstäblich darum, die neuesten Nachrichten zu bekommen.[7]

Die Leute reagierten unterschiedlich auf die Anspannung. Viele suchten nach Gesellschaft und knüpften mit wildfremden Menschen Gespräche an. Wo eine Militärkapelle spielte, wie zum Beispiel auf dem Marktplatz der bayerischen Stadt Lands-

---

3 *Vor der Entscheidung. Die Stimmung unter den Linden*, in: Berliner Abendpost, 2. August 1914, S. 3.

4 Wilhelm Heberleins Tagebucheintrag vom 1. August 1914, zit. n. Ullrich, Kriegsalltag, S. 13.

5 *Ruhe und Besonnenheit*, in: Arbeiter-Zeitung (Essen), 1. August 1914.

6 *Ein schicksalsschwerer Tag*, in: Deutsche Zeitung, 1. August 1914, Nr. 385 (Morgen), S. 3

7 *Die Stimmung Unter den Linden*, in: Vorwärts, 1. August 1914, Nr. 207, 2. Beilage: »Schon wird ein Extrablatt verteilt. Oder vielmehr, es soll unter die Masse gebracht werden. Jeder drängt nach vorn, um ein Blatt zu erhaschen. Junge Mädchen in weißen Kleidern dazwischen. Rücksichtslos und brutal arbeitet jeder mit den Ellenbogen, um dann den Fetzen eines Blattes aus dem Gewirr herauszubringen.«

hut, sangen viele mit.[8] Und auch wo keine Kapelle spielte, vertrieben sich die neugierigen Massen die Zeit mit gemeinsamem Singen. So wurde zum Beispiel aus Gelsenkirchen berichtet: »Bis in die spätesten Nachtstunden hinein warteten die Leute auf endgültige Nachricht über den Stand der Dinge. Während vorerst eine bedrückte Stimmung vorherrschte, löste sich allmählich die Spannung und machte sich Luft durch Absingen patriotischer Lieder.«[9]

Sobald ein Mitglied der kaiserlichen Familie erschien, brachten ihm die neugierigen Massen begeisterte Ovationen dar. Als das Kaiserpaar gegen 15 Uhr in einem offenen Automobil in die Stadt zurückkehrte, wurde es auf dem Weg durch das Brandenburger Tor und Unter den Linden von verzückten Menschenmassen umdrängt. »Die hochrufende Menge«, so Theodor Wolff, »erhitzte sich zu stürmischer Begeisterung, sie überflutete, als wollte sie ihrem Kaiser durch körperliche Nähe zeigen, wie sie sich mit ihm verbunden fühle, den Fahrdamm, Hüte und Taschentücher wurden geschwenkt. Es war ein warmer, strahlender Tag. In diese sonnige Luft mischte sich der schweißige Atem des Fiebers, drang schon ein Geruch von Blut.«[10]

Nachdem der Kaiser das Schloß betreten hatte, drängten die Massen zum nahe gelegenen Lustgarten. Einige Jugendliche erkletterten Laternenpfähle und schmückten sie mit Fahnen, auch mit der italienischen. In den Residenzstädten Stuttgart, München und Karlsruhe kam es zu ähnlichen Ereignissen.[11]

---

8 Der österreich-serbische Krieg, in: Passauer Zeitung, 31. Juli 1914, S. 3.
9 Aus dem Landkreis Gelsenkirchen. Wattenscheid, in: Gelsenkirchener Allgemeine Zeitung, 1. August 1914, Nr. 178.
10 Wolff, Der Krieg des Pontius Pilatus, S. 357.
11 In dem Bericht Kundgebungen im Reiche, in: Tägliche Rundschau, 1. August 1914, Nr. 357 (Abend), S. 2 heißt es, die Rückkehr des Großherzogs von Baden aus Badenweiler um 9 Uhr am Morgen des 31. Juli 1914 sei von »jubelnden Kundgebungen unter Absingung von ›Deutschland, Deutschland über alles‹« begleitet worden; der Verfasser des Artikels

Im Laufe des Tages stieg die Spannung. Einem Journalisten der *Kölnischen Zeitung* zufolge begannen die Menschen jetzt, irgendeine Entscheidung herbeizusehnen: »Kein Mensch und kein Volk erträgt diese seelische Spannung längere Zeit, ohne die Geduld zu verlieren.«[12] Gegen 16 Uhr war schließlich das Warten vorbei. Einer alten preußischen Tradition gemäß trat ein von 28 Soldaten begleiteter Offizier aus dem Schloß. Nach einem kurzen Marsch über die Brücke hielten die Männer vor dem Zeughaus, dem Unter den Linden gelegenen preußischen Militärmuseum, an, nahmen im Quadrat Aufstellung und ließen ihre Trommeln in alle vier Himmelsrichtungen ertönen. Das Publikum begleitete die Verlesung der Proklamation des »Zustands drohender Kriegsgefahr« durch Oberleutnant von Viebahn mit jubelndem Applaus.[13]

Innerhalb weniger Minuten trugen Extrablätter die Nachricht bis in die Vorstädte, und die Regierung ließ die Proklamation in der ganzen Stadt anschlagen. Nach der telegraphischen Verbreitung der Meldung in ganz Deutschland kam es innerhalb von ein, zwei Stunden in den meisten deutschen Großstädten zu

---

Stuttgart im Kriegszustand, in: Schwäbisches Tageblatt, 1. August 1914, Nr. 176 beschreibt die Rückkehr des Königs von Württemberg um 21.30 Uhr am gleichen Tag: »Um halb zehn Uhr kehrte der König aus Friedrichshafen zurück. Ein Teil des Publikums jubelte ihm zu. Ein großer Teil blieb auch jetzt ruhig wie zuvor. Wir sahen keine Begeisterung für den Krieg.« Der König von Bayern hielt sich bereits im Wittelsbacher-Palais auf, zu dem die Massen drängten.

12 *In ernster Zeit*, in: Kölnische Zeitung, 31. Juli 1914 (erste Morgen-Ausgabe), S. 1.

13 *Die Proklamierung des Kriegszustandes*, in: Berliner Lokal-Anzeiger, 1. August 1914, Nr. 385 (Morgen), S. 2 nennt den Namen des Mannes, der die Proklamation verlas, und spricht von Hurrarufen des Publikums; in dem Artikel *Der Kriegszustand in Berlin und der Mark Brandenburg*, in: *Norddeutsche Allgemeine Zeitung*, 2. August 1914, Nr. 179, S. 1 heißt es: »Die Bekanntmachung wurde vom Publikum mit Hurrarufen und Hochrufen auf das Alexanderregiment aufgenommen.«

ähnlichen Veranstaltungen, die in der Regel ebenfalls vom Jubel des Publikums begleitet waren. In den kleineren Städten riefen Kirchenglocken und Sirenen, oft erst relativ spät, die Bevölkerung zum Marktplatz.[14] Als sie die Nachricht gehört hatten, gingen dort die Menschen still nach Hause.

In den größeren Städten gab es an diesem Freitag abend wiederum viele Beispiele für das, was die Zeitgenossen »Kriegsbegeisterung« nannten. Erneut zogen in Berlin die Demonstranten mit vaterländischen Liedern zu den üblichen patriotischen Stätten wie zum Beispiel zum Bismarckdenkmal, zum Kriegsministerium, zum Schloß und zu den Botschaften Österreichs und Italiens. In den besseren Cafés spielten die Kapellen patriotische Lieder, und das Publikum sang mit rauher Stimme lauthals mit. Im Zentrum der Begeisterung stand in Berlin der Kaiser.

Nach der Erklärung des »Zustands drohender Kriegsgefahr« versammelte sich eine große Menschenmenge – zwischen 10000 und 40000 Personen – am Schloß und wartete darauf, daß sich der Kaiser zeigte. Allen Berichten zufolge handelte es sich um eine bunt gemischte Ansammlung von Bürgern, von Männern und Frauen, Jungen und Alten. Viele hatten zu diesem historischen Augenblick ihre ganze Familie mitgebracht. Um 18.30 Uhr erschien schließlich der Kaiser und hielt eine kurze Rede, in der er seine Hoffnung auf Frieden zum Ausdruck brachte, aber auch seine Bereitschaft, Deutschlands Ehre zu verteidigen. Dann hörte er zu, wie die Menge »Heil dir im Siegerkranz« sang, ehe er sich wieder ins Schloß zurückzog.[15] Nach der Rede des Kaisers, so ein Journalist des *Berliner Lokalanzeigers*, »drücken sich

---

14 In Hamborn z.B. wurde einer Meldung in *Lokale Nachrichten*, in: Hamborner General-Anzeiger, 2. August 1914, S.6 zufolge der »Zustand drohender Kriegsgefahr« um 23 Uhr verkündet.

15 *Eine Ansprache Kaiser Wilhelms*, in: Norddeutsche Allgemeine Zeitung, 2. August 1914, Nr. 179, S.1. Der Kaiser sagte: »Eine schwere Stunde ist heute über Deutschland hereingebrochen. Neider überall zwingen uns das Schwert in die Hand. Ich hoffe, daß, wenn es nicht in

wildfremde Menschen stumm die Hand und es ist eine heilige Stimmung in der Menge, eine Stimmung, des großen Augenblicks würdig.«[16] Kurz darauf verließ der Kaiser das Schloß; wieder fuhr er in einem offenen Automobil und wieder wurde er von einer begeisterten Menge bejubelt. Die vor dem Schloß versammelten Menschen, die bis nach 1 Uhr nachts ausharrten, lasen einander laut die mit Extrablättern rasch verbreitete Rede des Kaisers vor, sangen patriotische Lieder und hofften, den Kaiser noch einmal zu Gesicht zu bekommen. Doch der zeigte sich nicht mehr, nur seine Frau trat noch einmal vor die Menge.

Ähnliche Menschenansammlungen gab es vor vielen Regierungsgebäuden. Um 23.45 Uhr erschien der Reichskanzler am Fenster seines Amtszimmers und wandte sich mit einer Ansprache an die etwa 3000 Wartenden, in der er – unter lebhaftem Beifall seiner Zuhörer – der begeisterten Menge für ihre Unterstützung dankte und die begeisterten Massen als Beweis dafür bezeichnete, daß alle Deutschen zum Kampf bereit seien, unabhängig von ihrem Glauben und ihrer Gesinnung.[17]

---

letzter Stunde Meinen Bemühungen gelingt, die Gegner zum Einsehen zu bringen und den Frieden zu erhalten, wir das Schwert mit Gottes Hilfe so führen werden, daß wir es mit Ehren wieder in die Scheide stecken können. Enorme Opfer an Gut und Blut würde ein Krieg vom deutschen Volke erfordern, den Gegnern aber würden wir zeigen, was es heißt, Deutschland anzugreifen. Und nun empfehle Ich Euch Gott. Jetzt geht in die Kirche, kniet nieder vor Gott und bittet ihn um Hilfe für unser braves Heer!« Dem Bericht *Die Kaiserrede*, in: Deutsche Zeitung, 1. August 1914, Nr. 385 (Morgen), S. 3 zufolge schloß der Kaiser mit den Worten: »Geht in die Kirchen und betet, betet für das Heil der Waffen!«

16 *Vor dem Kaiserschloß und dem Kronprinzenpalais*, in: Berliner Lokal-Anzeiger, 1. August 1914, Nr. 385 (Morgen), S. 1 und 2.

17 In dem Artikel *Eine Ansprache des Kanzlers*, in: Tägliche Rundschau, 2. August 1914, Nr. 358 (Morgen), S. 2, wird die Rede vollständig wiedergegeben: »In Ihrem Liede haben Sie unserem Kaiser zugejubelt – ja, für unsern Kaiser stehen wir alle ein, wer und welcher Gesinnung und

Veranstaltungen dieser Art fanden in vielen großen deutschen Städten statt. In Bamberg nahm die Bevölkerung »die Kundmachung mit patriotischen Demonstrationen auf, Hochrufe auf König und Kaiser erschollen, vaterländische Lieder wurden begeistert angestimmt.«[18] In Magdeburg entwickelte sich aus spontanen Hochrufen eine »imposante Kundgebung«.[19] In München zogen ein paar tausend Menschen zu den »nationalen« Stätten, vor allem zum Wittelsbacher-Palais, und brachten den König dazu, eine Rede zu halten.[20] Sogar in der Arbeiterstadt Bochum, wo es bislang noch zu keinerlei Äußerungen von »Begeisterung« gekommen war, fanden sich einige Patrioten zu einem kleinen Zug zum Kriegerdenkmal am Wilhelmsplatz zusammen.[21]

Die rechte Presse interpretierte diese beiden Ereignisse kühn

welchen Glaubens wir auch sein mögen. Für ihn lassen wir Gut und Blut. Der Kaiser ist genötigt gewesen, die Söhne des Volkes zu den Waffen zu rufen. Wenn uns jetzt der Krieg beschieden sein soll, so weiß ich, daß alle jungen deutschen Männer bereit sind, ihr Blut zu verspritzen für den Ruhm und die Größe Deutschlands, aber wir können nur siegen in dem festen Vertrauen auf den Gott, der die Heerscharen lenkt und der uns bisher noch immer den Sieg gegeben hat. Und sollte Gott in letzter Stunde uns diesen Krieg ersparen, so wollen wir ihm dafür danken. Wenn es aber anders wird, dann mit Gott für König und Vaterland.«

18 *Im Kriegszustand*, in: Bamberger Neueste Nachrichten, 1. August 1914, Nr. 177, S. 2.

19 *Kundgebungen im Reiche*, in: Tägliche Rundschau, 1. August 1914, Nr. 357 (Abend), S. 2.

20 *Kriegszustand*, in: Münchner Zeitung, 1. August 1914, S. 5. Dem Artikel *Kundgebungen im Reiche*, in: Tägliche Rundschau, 1. August 1914, Nr. 357 (Abend), S. 2 zufolge sagte der König, »wir stünden vor einer schweren Stunde. Er sei fest überzeugt, daß sich das Volk wie es bisher immer der Fall war, auch diesmal treu um seinen Herrscher scharen werde. Sollte es aber wirklich ernst werden, so flehe er den reichsten Segen auf die Waffen seiner Armee.«

21 Vgl. Paul Kuppers, Die Kriegsarbeit der Stadt Bochum 1914–1918, Bochum 1926, S. 25.

als Beweis für die Kampfbereitschaft und die Einheit des deutschen Volkes. Die *Tägliche Rundschau* schrieb über den 31. Juli: »Eine ungeheure Erregung durchzittert alle: sie haben eine entscheidende Stunde miterlebt, eine entscheidende und erlösende. Denn alle wissen es nun: Der Kaiser ist eins mit seinem Volke!«[22] Die *Leipziger Abendzeitung und Handelsblatt* meinte in einem Bericht über den Einzug des Kaisers: »Das deutsche Volk [...] wie in den Julitagen vor 44 Jahren steht es einig und fest an seinem Platz. Zeigt es die Entschlossenheit, die nötig ist, will es seine Stellung in der Welt behaupten. [...] Wie einig und bewußt des Ernstes einer solchen Probe, zeigte der Empfang, den der Kaiser am 31. Juli bei seinem Einzug in die Reichshauptstadt erlebte [...] der Eindruck der Zusammengehörigkeit von Kaiser und Volk [war] nie überzeugender.«[23] Die *Deutsche Zeitung* kommentierte: »Die Linden sind ein einziger unablässig flutender Strom [...] Ein Volk von Brüdern!«[24] Auch die Regierung begrüßte die »Begeisterung«. In der Erklärung des Kriegszustands hieß es: »Die Vaterlandsliebe [...] und die patriotische Begeisterung, die sich in diesen ernsten Tagen gezeigt, geben die sichere Gewähr, daß niemand in den schweren Zeiten, denen wir entgegengehen, es an vaterländischer Gesinnung wird fehlen lassen.«[25]

Die bürgerlichen Zeitungen konstatierten, die Massen hätten ein Gefühl der Brüderlichkeit entwickelt. Die Stimmung in Duisburg am 31. Juli 1914, nach der Verbreitung der Erklärung des Kriegszustands durch Sonderausgaben, wurde mit den fol-

---

22 *Eine Kaiserrede*, in: Tägliche Rundschau, 1. August 1914, Nr. 356 (Morgen), S. 1.

23 *Der Empfang des Kaisers*, in: Leipziger Abendzeitung und Handelsblatt, 1. August 1914, Nr. 176, S. 1.

24 *Die Kriegsbegeisterung in Berlin*, in: Deutsche Zeitung, 1. August 1914, Nr. 386 (Abend), S. 3.

25 Zit. n. *Erklärung des Kriegszustandes*, in: Tägliche Rundschau, 1. August 1914, Nr. 356 (Morgen), S. 3.

genden Worten beschrieben: »[E]in Leben und Treiben setzte auf den Straßen ein, wie wir es nie erlebt haben. Der oft etwas lauten Begeisterung der letzten Tage folgte eine ernste aber gehobene Stimmung. Leute, die sich nie im Leben gekannt und gesehen, unterhielten sich wie alte Bekannte, wie Brüder. Der vaterländische Gedanke einte alles, brachte den Menschen zum Menschen näher.«[26]

Die sozialdemokratischen Journalisten waren da ganz anderer Ansicht. Sie wiesen darauf hin, daß es verschiedene Arten von Massen gab. Die größten seien die neugierigen Massen, deren soziale Zusammensetzung der der Gesellschaft als Ganzes ähnelte; sie zeigten keine Begeisterung. Die begeisterten Massen seien viel kleiner, und ihre Zusammensetzung spiegelte keineswegs die der Gesamtbevölkerung wider; zum Beispiel fänden sich unter ihnen keine Arbeiter. Vor allem aber vertraten die sozialdemokratischen Journalisten die Ansicht, die Erklärung des Kriegszustands habe keineswegs zu Begeisterungsausbrüchen geführt. Vielmehr habe es auf die meisten Deutschen deprimierend gewirkt, diese Nachricht zu lesen beziehungsweise zu hören. Zu Berlin heißt es beispielsweise:

»Was vorauszusehen war, ist eingetreten; der Hurraspiritus ist verflogen und das dumpfe Ahnen eines herannahenden, unabsehbaren, namenlosen Unheils lastet auf der großen Menge derer, die da der neuesten Ereignisse harren. Die Sechzehnjährigen sind fast gänzlich verschwunden und das

---

26 *Die erste Stunde*, in: Duisburger General-Anzeiger, 1. August 1914, Nr. 207, S. 1; für Berlin vgl.: Erwin Alexander-Katz, *Weltgeschichte auf der Straße*, in: B.Z. am Mittag, 20. August 1914, Nr. 196, S. 5 sowie *Die Berliner Demonstration*, in: Volksblatt für Hessen und Waldeck, 27. Juli 1914, Nr. 172; für Bremen vgl. *Der 31. Juli*, in: Weser-Zeitung, 2. August 1914, Nr. 24357, (zweite Morgen-Ausgabe), S. 1 und für Passau vgl. *Lokales. Episoden*, in: Passauer Zeitung, 6. August 1914, Nr. 180, S. 5. Dort heißt es: »Es geht ein großes Gemeinsamkeitsgefühl durch die Massen. Kein Unterschied der Stände und Parteien. In diesem Augenblick fühlen alle nur, daß sie Deutsche sind.«

Straßenleben wird beherrscht von Erwachsenen. Ein riesiger Menschenstrom bevölkert die Linden und den Schloßplatz, doch die Grundstimmung ist ernst und gedrückt. [...] Ein paar junge Leute versuchen, eine Ovation zu entfalten, die aber kläglich verpufft. An einer Ecke las, ehe die Extrablätter erschienen, ein Herr aus dem Stenogramm die Rede des Kaisers vor. Zwei schüchterne Bravos erklangen, dann ging man stumm auseinander. Wie Zentnerschwere drückt es auf die Gemüter. Und wir sind erst am Anfang der Begebnisse.«[27]

In Braunschweig ging beim Eintreffen der Nachricht über den Kriegszustand »eine Bewegung durch die hiesige Bevölkerung, die deutlich den Schrecken und das Entsetzen über die Folgen verriet«.[28] In Leipzig,[29] Stuttgart[30] und Essen[31] herrschte eine ganz ähnliche Stimmung. Im ganzen Ruhrgebiet sprachen die Zeitungen von einer trüben Stimmung.[32] Theodor Wolffs Frau stellte bei einer Fahrt durch Essen am 31. Juli fest: »In Essen war die Arbeiterbevölkerung wie betäubt gewesen, und es war dort nichts von der Sensationsstimmung zu verspüren, die sich in

---

27 *Die Stimmung Unter den Linden*, in: Vorwärts, 1. August 1914, Nr. 207, 2. Beilage; dem Artikel *Der Abend unter den Linden*, in: Berliner Lokalanzeiger, 1. August 1914, Nr. 385 (Morgen), S. 2 zufolge war es in den Arbeitervierteln ruhig: »[K]eine übermütige Kriegsfreude beherrschte diese Massen; schwerer Ernst war auf allen Mienen.«

28 *Die Kriegsgefahr und die Braunschweiger Bevölkerung*, in: Braunschweiger Volksfreund, 1. August 1914, Nr. 177, S. 3.

29 Vgl. *Vor dem Kriege*, in: Leipziger Volkszeitung, 1. August 1914, Nr. 175, 2. Beilage.

30 Vgl. *Stuttgart im Kriegszustand*, in: Schwäbisches Tageblatt, 1. August 1914, Nr. 176, S. 2.

31 Vgl. *In höchster Spannung*, in: Arbeiter-Zeitung (Essen), 31. Juli 1914 (über die Stimmung am 30. Juli 1914); ähnlich für Bochum, vgl. *Lokales*, in: Volksblatt (Bochum), 1. August 1914, Nr. 177, S. 3: »Die Stimmung der Bevölkerung war nach der Kenntnisnahme der Verhängung des Kriegszustandes sehr ernst und würdevoll.«

32 *Trübe Stimmung*, in: General-Anzeiger für Dortmund, 31. Juli 1914; für Bochum vgl. *Aus Stadt und Land*, in: Bochumer Zeitung, 1. August 1914, S. 3.

Berlin an den vorderen Rand der Szene drängt.«[33] In München rannten die Menschen hinaus auf die Straße, zu den Anschlagtafeln, und viele Kaufleute erhöhten umgehend die Preise.[34] In Berlin erkannten der *Weser-Zeitung* zufolge die Menschen, die die Anschläge lasen: »Das ist der Krieg, diese kleinen Papierfetzen sind der Krieg. Flüchtige Explosionen des Jubels zucken auf. Aber sie verlieren sich unter dem Ernst der Erwartung. Die zwölfte Stunde hat begonnen.«[35]

Die Reaktion der Öffentlichkeit auf die Mobilmachung am 1. August

Der »Zustand drohender Kriegsgefahr« war noch nicht der Krieg. Am Abend des 31. Juli gingen die Deutschen in dem Bewußtsein zu Bett, irgendwann am nächsten Tag zu erfahren, ob sie nun in den Krieg ziehen würden oder nicht. Bereits um 9 Uhr am Samstagmorgen, dem 1. August, fanden sich an den gewohnten Orten wieder zahllose Neugierige ein und warteten nervös auf Neuigkeiten. Die Menschenmengen waren gewaltig, der *Berliner Lokal-Anzeiger* schätzte, daß vor dem Schloß in Berlin »Hunderttausende« standen – wahrscheinlich die größte spontane Menschenansammlung, die Deutschland je erlebt hatte.[36] Erneut war die Atmosphäre angespannt. Das *Hamburger Echo* schrieb zur Stimmung in Hamburg an diesem Abend: »Wie ein widerwärtiger Rausch ist die Lärmstimmung verflogen, die während der ersten Tage dieser Woche von einem Häuflein Unzurechnungsfähiger

---

33 Vgl. Wolf, Der Krieg des Pontius Pilatus, S. 360.
34 *Münchner Tagesneuigkeiten*, in: Münchner Neueste Nachrichten, 31. Juli 1914, Nr. 388, S. 1.
35 Zit. n. *Der 31. Juli*, in: Weser-Zeitung, 2. August 1914, Nr. 24357 (zweite Morgen-Ausgabe), S. 1.
36 *Das Unsichtbare*, in: Berliner Lokal-Anzeiger, 1. August 1914, Nr. 386 (Abend), S. 1.

angezettelt, weitere Volkskreise anzustecken drohte. [...] Selten, daß man jetzt noch ein frivoles Lachen auf der Straße hört.«[37]

Der *Berliner Abendpost* zufolge fiel in Berlin in der wartenden Menschenmenge fast kein lautes Wort. Die Leute sprachen nur leise miteinander und warteten mit wachsender Ungeduld auf die Entscheidung.[38] Zur Stimmung Unter den Linden, wo »die Leute [...] ziemlich wohlhabend gekleidet« waren, schrieb die *Königsberger Allgemeine Zeitung*: »Über allem lag jenes nicht zu bezeichnende Etwas, das nicht anders auszudrücken ist als mit dem Worte: Schicksalsgefühl.«[39]

Während die Stunden bis zum Ablauf des Ultimatums verstrichen und ein Extrablatt ums andere erschien, wuchs die Spannung weiter. Um sie besser ertragen zu können, stimmten die Leute wieder Lieder an und applaudierten Mitgliedern der kaiserlichen Familie oder der Regierung.[40] Gegen 17.30 Uhr kam schließlich in Berlin ein Offizier des Generalstabs in einem Auto aus dem Schloß gefahren, der den Menschen winkend ein Wort zurief. Es eilte von Mund zu Mund: Mobilmachung. Die Menge drängte jubelnd näher zum Schloß, und jetzt loderte die Flamme der Begeisterung mächtig auf. Das preußische Lied erklang, das Kaiserlied, »Deutschland über Alles«.[41] Um 18 Uhr verbreiteten

---

37 *Stunden der Sorge*, in: Hamburger Echo, 2. August 1914.

38 Vgl. *Vor der Entscheidung. Die Stimmung unter den Linden*, in: Berliner Abendpost, 2. August 1914, S. 3.

39 A. K., *Berliner Plauderbrief*, in: Königsberger Allgemeine Zeitung, 2. August 1914, Nr. 357. Der Verfasser schreibt, daß er am 1. August Unter den Linden war: »Es duldet einen ja nicht zu Haus [...] Es war kein Lärm, keine Hurrastimmung [...] zu merken. Keine Kundgebungen, alle warteten.«

40 *Eine Ausfahrt des Kaisers*, in: Berliner Lokal-Anzeiger, 1. August 1914, Nr. 386 (Abend), S. 1.

41 *Der Mobilmachungsbefehl in Berlin*, in: Deutsche Zeitung, 2. August 1914, Nr. 387 (Morgen), S. 2; sowie *Vor dem Königlichen Schlosse*, in: Norddeutsche Allgemeine Zeitung, 2. August 1914, Nr. 179, S. 1.

Extrablätter die Nachricht in der ganzen Stadt, etwas später durcheilte die Meldung ganz Deutschland. In den kleineren Städten und auf dem Land verkündete das Läuten der Glocken, daß jetzt Krieg war.

Nach der Bekanntgabe der Mobilmachung kam auf den Straßen im Zentrum Berlins überschwengliche Begeisterung zum Ausdruck. Jugendliche veranstalteten »Begeisterungs«-Umzüge. In den überfüllten Cafés wurden Reden gehalten, denen Männer und Frauen aufmerksam zuhörten. Immer wieder wurden patriotische Lieder angestimmt.[42] Im Mittelpunkt des Interesses stand wiederum der Kaiser. Etwa 40000–50000 Menschen – Männer, Frauen und Kinder, meist aus der Mittel- und Oberschicht – kamen zum Schloß, denn wie der *Berliner Lokal-Anzeiger* feststellte: »Man muß den historischen Augenblick erlebt haben.«[43] Als schließlich das Kaiserpaar erschien, wurde es still, und der Kaiser sprach die folgenden Worte, die rasch Berühmtheit erlangen sollten:

»Aus tiefem Herzen danke ich Euch für den Ausdruck Eurer Liebe, Eurer Treue. In dem jetzt bevorstehenden Kampfe kenne ich in meinem Volke keine Parteien mehr. Es gibt unter uns nur noch Deutsche (brausender Jubel), und welche von den Parteien auch im Laufe des Meinungskampfes sich gegen mich gewendet haben sollte, ich verzeihe ihnen allen. Es handelt sich jetzt nur darum, daß wir alle wie Brüder zusammenstehen, und dann wird dem deutschen Schwert Gott zum Siege verhelfen.«[44]

Zu solchen Ausbrüchen von »Kriegsbegeisterung« kam es in ganz Deutschland. In Stuttgart marschierte eine 10000köpfige Menge zum Schloß und sang patriotische Lieder. In München

---

42 *Unter den Linden*, in: Berliner Lokal-Anzeiger, 2. August 1914, Nr. 387.

43 *In der Umgebung des Schlosses*, in: Berliner Lokal-Anzeiger, 2. August 1914, Nr. 387 (Morgen), S.2.

44 *Eine Ansprache des Kaisers*, in: Vorwärts, 2. August 1914, Nr. 208. Der Artikel wurde im Vorwärts, im Gegensatz zu anderen Zeitungen, im hinteren Teil des Blattes abgedruckt.

versammelten sich etwa 20000 Menschen – unter ihnen auch Adolf Hitler – vor dem Wittelsbacher-Palais und brachten mit ihren Ovationen den König dazu, eine Rede zu halten.[45] In Frankfurt am Main zogen singende Menschen durch die Straßen, ein kleiner Zug marschierte zum stellvertretenden Generalkommando und weiter zum Bismarckdenkmal.[46] Selbst in einigen Arbeiterstädten im Ruhrgebiet war eine gewisse Begeisterung zu beobachten. Zu Oberhausen hieß es, die Meldung von der Mobilmachung »löste die drückende Spannung zu gewaltiger Begeisterung und mächtigem Ausdruck der Liebe zu Kaiser und Reich; überall erschallten Vaterlandslieder.«[47]

Die bürgerlichen Journalisten sahen in diesen Beispielen der Kriegsbegeisterung den Beweis dafür, daß »Deutschland im Begeisterungssturm geeinigt« sei.[48] Um einige Beispiele zu nennen: Die *Kieler Zeitung* schrieb: »Das Volk steht auf. In einer Einigkeit ohnegleichen, und in einer Entschlossenheit, die wenig sagt, aber alles will.«[49] Die *Berliner Zeitung am Mittag* stellte in ihrer Be-

---

45 *München am 1. Mobilmachungstag*, in: Münchner Neueste Nachrichten, 3. August 1914, Nr. 398 (Morgen), S. 3.

46 Vgl. Drüner, Im Schatten des Weltkrieges, S. 60: »Da geht es wie ein Aufatmen durch die Menschenmassen, wie eine Erleichterung in dem Gefühl, von der Pein der Ungewißheit erlöst zu sein, zugleich aber auch wie ein Erschauern vor der unheimlichen Macht des Weltgeschehens, das mit unerbittlicher Gewalt alle in seinen Bann zog.«

47 *Stimmungsbericht zur Mobilmachung* des Bürgermeisters von Oberhausen vom 20. August 1914, HStA Düsseldorf, Regierung Düsseldorf, Politische Akten, Nr. 14911, S. 272.

48 *Deutschland im Begeisterungssturm geeinigt*, in: Weser-Zeitung, 7. August 1914, Nr. 24362 (zweite Morgen-Ausgabe), S. 1. Zur Kriegsursache heißt es dort: »So haben sich jetzt drei Großmächte zusammengetan, um Deutschlands unwandelbar auf den Frieden gerichtete Entwicklung zu erdrücken. Das empfindet das ganze deutsche Volk in allen Ständen und Stämmen des Lebensalters.«

49 *Das Volk steht auf*, in: Kieler Zeitung, 3. August 1914, Nr. 358 (Abend), S. 3.

schreibung der vaterländischen Demonstrationen in Stuttgart am 1. August 1914 fest: »Die Stimmung in der ganzen Bevölkerung ist begeistert.«[50] Die *Magdeburgische Zeitung* sah »große Begeisterung in allen Bevölkerungsschichten«.[51] Die *Darmstädter Zeitung* schrieb: »Mit einem Schlage verstummte jeder innere Zwist, alles Hadern der Parteien, alle die vielen, oft so kleinlichen Zänkerein des Alltags. Ein einiges Volk in Waffen, so zieht Deutschland jetzt ins Feld.«[52] Ein Journalist der *Deutschen Zeitung* meinte zur Aufnahme der Meldung von der Mobilmachung durch die Öffentlichkeit: »Wie glutete die Freude über den erlösenden Entschluß heute durch die Straßen der Reichshauptstadt. Jetzt wurde aus der Begeisterung der Jünglinge die Freude der Männer. [...] Gleichgültigste Bekannte reichten und drückten sich die Hände. Die innere Verwandtschaft alles dessen, was deutsch ist, brach durch alle Hüllen und Häute der Standes-, Meinungs- und Parteiverschiedenheiten hindurch. Kaiser und Volk und Regierung und Staatsbürger – alle waren eins.«[53] Den Gedanken der Einheit hob auch die *Tägliche Rundschau* hervor. Sie stellte befriedigt fest, die Begeisterung habe nicht nur die Klassen geeinigt, sondern alles Trennende in Deutschland beseitigt: Bayern und Preußen, Katholiken, Protestanten und Juden, sie alle seien nun eins.[54]

In den folgenden Wochen und Monaten entwickelten konservative Journalisten, Akademiker und Schriftsteller einen Mythos des »Geistes von 1914«, der das beschrieb, was diese Mas-

---

50 B.Z. am Mittag, 2. August 1914, zit. n. Büchner (Hg.), Kriegsdokumente, Bd. 1, S. 71.

51 *Begeisterung in Deutschland*, in: Magdeburgische Zeitung, 1. August 1914, Nr. 564 (Abend), S. 1.

52 *Politische Wochenschau*, in: Darmstädter Zeitung, 8. August 1914. Davor hatte sich die Darmstädter Zeitung nie für den Krieg ausgesprochen.

53 *Mobilmachung*, in: Deutsche Zeitung, 2. August 1914, Nr. 387.

54 Zum Beispiel in *Kundgebungen im Reiche*, in: Tägliche Rundschau, 1. August 1914, Nr. 257, S. 2 (Abend).

senerfahrungen bewirkt hatten. Am 6. August zum Beispiel schrieb die *Norddeutsche Allgemeine Zeitung* rückblickend auf die vergangene Woche:

»Was sich vom 30. Juli bis heute in Berlin abspielte, ist eine Offenbarung des starken nationalen Empfindens, das in unserm Volke lebt. Oft angezweifelt, da eine gefährliche Fremdtümelei unser Wesen bedrohte, drang nun stürmisch hervor, was als Glutfunken in den Herzen von Tausenden gehegt und gepflegt wurde. [...] Welche Wucht, welche Kraft in ihnen lebt, welche grandiose Schönheit sie besitzen, wenn tausendköpfige Chöre sie in elementarer Bewegtheit unter freiem Himmel singen, das zeigt sich wieder in diesen Tagen. Ein Nationalgefühl kam darin zum Ausdrucke, dessen Kraft Zuversicht gibt, von dem man hoffen darf, daß es Berge versetzen kann. Wer die Massen in den Straßen Berlins gesehen hat, wer fortgerissen mit ihnen marschierte, der wird Eindrücke bekommen haben, die sich ihm bis an das Lebensende nicht verwischen werden. [...] Welch ein großer Tag war das! Die Erregung stieg zu einer nicht beschreibbaren Höhe an. Die Unruhe des stürmischen Nachmittags griff auf den Abend und wiederum auf die Nachtstunden über; denn es gab kein Nachlassen für den gemeinsamen Schlag der Herzen, in denen nur das eine Empfinden wachgeworden war, ein Volk von Brüdern zu sein! [...] Man war brüderlich; der Arbeiter, der in der Bluse barhäuptig die Fahne trug, der Akademiker, der neben ihm schritt, Kaufleute, Wandervogelscharen, Studenten mit dem Verbindungsband auf der Brust, Soldaten, die, zum Teil schon in der grauen Felduniform, sich singend in die Reihen der Marschierenden eingegliedert hatten. Oft ging man Arm in Arm, in Reihen zu 30 und 40 Menschen.«[55]

Viele Journalisten, Akademiker und Schriftsteller erklärten diese Einigkeit in ihren Beschreibungen des eigenen Massenerlebnisses als Erfahrung einer »Seele der Masse«:

»Als der Mobilmachungsbefehl angeschlagen wurde, begann die Herrschaft der Masse. Zu der Riesenmasse des deutschen Heeres gehört jeder gleichmäßig, der Gebildete wie der Ungebildete. [...] Wir freuten uns über die Massen. Wir fühlten wie die Massen, bangten wie die Massen, hofften

---

55 *In der Reichshauptstadt*, in: Norddeutsche Allgemeine Zeitung, 6. August 1914, Nr. 182, S. 1. Die Behauptung, auch Arbeiter seien brüderlich mitmarschiert, wird durch keinen anderen Bericht von den Begeisterungskundgebungen am 1. August 1914 bestätigt.

wie die Massen. Der eine große Gedanke an das Vaterland beherrschte uns genau so wie die Massen. [...] Wir wollen nur Deutsche sein. Nur Glieder des großen, geliebten, herrlichen Volkes – der Masse.«[56]

Der konservative Berliner Historiker Otto von Gierke schrieb: »Fast ausgelöscht schien zeitweilig das Einzel-Ich. Das erhabene Ich der vaterländischen Gemeinschaft hatte Alleinbesitz vom Bewußtsein ihrer Glieder ergriffen. Ich hatte den Volksgeist erschaut.«[57] Und Hermann Bahr sprach davon, daß der »Enthusiasmus von Gruppen, von Verbänden, die den Einzelnen ohnedies schon seinem engen Ich entreißen, und nun gar eines ganzen gewaltigen Volkes [...] überwältigend [ist].«[58]

Sicher erfuhren viele Menschen die Macht der Massen und ließen sich von ihnen mitreißen. Doch daß dieser Krieg ein Transformationserlebnis war, das alle Deutschen zu einem »Volk von Brüdern« machte, stimmt ganz einfach nicht. Die sozialdemokratischen und linksliberalen Zeitungen konnten sich unter der Zensur nicht offen äußern. Sie konnten nicht deutlich machen, daß nach wie vor die meisten Teilnehmer an den »Begeisterungs«-Kundgebungen junge Menschen waren, vor allem Studenten, Burschenschaftler und Mitglieder von Jugendorganisationen.[59] Nirgendwo gab es Hinweise auf Kriegsbegeisterung in der Arbeiterklasse, darauf, daß neben den Akademikern und Soldaten Arbeiter im offenen Hemd marschierten. Alle Fotos der begeisterten Massen vom 2. August 1914 zeigen gut gekleidete Männer und Frauen, viele davon mit Strohhüten, aber niemand mit einem Hut, wie ihn die Arbeiter trugen; auch sieht man keine Arbeiter im offenen Hemd. Nur in der Erinnerung an dieses Ereignis, die im vorliegenden Fall bereits eine Woche

---

56 So Prof. Martin Schian im Oktober 1914 in *Krieg und Persönlichkeit*, in: Akademische Rundschau, Nr. 1/4 (Oktober 1914/Januar 1915), S. 59–60.

57 Otto von Gierke, *Volksgeist*, in: Der Tag, 30. August 1914, Nr. 203, S. 1.

58 Hermann Bahr, Kriegssegen, München 1915, S. 21.

59 *Die Kaiserrede*, in: Deutsche Zeitung, 1. August 1914, Nr. 385 (Morgen), S. 3.

nach dem Ereignis erzeugt wurde, stößt man auf Beschreibungen der Brüderlichkeit. Die Geschichtsklitterungen gingen, wie Michael Stöcker darlegt, so weit, daß in den Darmstädter Zeitungen die Bildunterschriften häufig kaum mehr zu den Bildern passen, die sie beschreiben sollen.[60]

Die Kriegsbegeisterung blieb nach wie vor eine städtische Erscheinung. Eine Beobachterin erklärte das damit, daß auf dem Land sowohl die nationalen Stätten fehlten als auch »das Aufregende und Ansteckende gemeinsamer Begeisterungszüge«.[61] In der kleinen Stadt Minden gab es »keine Begeisterungsstürme, kein aufflammendes Strohfeuer überlauten Jubels, [sondern nur den] Ausdruck der ernsten und selbstbewußten Entschlossenheit«.[62] Im norddeutschen Plön »standen spät am Abend die Bürger [...] zu Gruppen auf dem Markte, vor dem Landratsamte und dem Postgebäude und unterhielten sich sehr lebhaft über die Tagesnachrichten. Da traf um 9 Uhr das Kriegs- und Mobilmachungstelegramm ein. Dumpf hallten alsbald die Kriegsglocken vom Kirchturme herab. Glühende, aber auch mit Tränen gefüllte Augen sah man im Lichte der Straßenlaterne.«[63]

Die Stimmung im süddeutschen Städtchen Ebingen wird mit den folgenden Worten beschrieben: »›Jetzt ist der Krieg da, der Weltkrieg!‹ ruft man sich erschrocken auf der Straße, im Kaufladen, in der Wirtschaft zu. Reges Leben herrscht allenthalben [...]. Man ahnt die Bedeutung des Wortes. Grauen erfüllt die Seelen. Und doch atmet man wieder erleichtert auf, daß endlich

60 Michael Stöcker, Augusterlebnis 1914 in Darmstadt, S. 153 ff.; vgl. z. B. das Foto mit dem Titel *Die Kundgebungen für Österreich in Berlin und München*, in: Berliner Illustrierte Zeitung, 2. August 1914, Nr. 31, S. 586.
61 Vgl. Agnes Harder, *Die ersten Kriegstage in Ostpreußen*, in: Unterhaltungsbeilage der Täglichen Rundschau, 13. August 1914, Nr. 188 (Tagebucheintrag vom 2. August 1914).
62 Vgl. Franz, Kriegs-Chronik 1914–1916 Stadt Minden, S. 6.
63 Zit. n. J. Helm, Plön. Geschichte der Stadt von der Gründung bis zur Gegenwart, Plön am See 1931, S. 81.

einmal der Schleier von unserer Widersacher Ränkespiel genommen ist. Der erste Grimm richtet sich gegen Rußland.«[64] Im elsässischen Wanzenau herrscht nach der Erklärung des Kriegszustandes »eine niedergeschlagene Stimmung. Überall stehen Menschen in Gruppen beieinander und sprechen vom Krieg. Dazwischen mitunter weinende Frauen. Gleichzeitig marschieren ein paar 15- bis 17jährige, mehr schreiend als singend, die Straße entlang. Welch ein Kontrast.«[65]

In den ländlichen Regionen eilten die Menschen, als die Kirchenglocken ertönten, zum nächstgelegenen Marktplatz, wo der Pfarrer oder der Bürgermeister die Nachricht bekanntgab. In Fürth griff allseits »eine gedrückte Stimmung Platz«, die ihren Höhepunkt erreichte, als bekannt wurde, daß sogar der Landsturm bereits teilweise aufgerufen wurde. »Bange blickt man in die nächste Zukunft. [...] Viel Tränen sind schon geflossen, herzzerreißende Szenen spielen sich ab, wenn die Lieben einrücken.«[66]

---

64 Gottlob Freiherr Hummel, Kriegs-Chronik der Stadtgemeinde Ebingen, Stuttgart 1919, S. 56.

65 A. Postina, Wanzenauer Kriegschronik, Straßburg 1930, S. 7. Die Reaktion der Elsässer Bevölkerung auf die Verkündung des Kriegszustands wäre sicher einer näheren Betrachtung wert. Leider konnte ich dazu nicht genügend Material ausfindig machen und mußte mich auf die im nächsten Kapitel dargestellte Untersuchung der Materialien zum »Augusterlebnis« beschränken.

66 *Lokales. Bange Stunden*, in: Fürther Zeitung, 3. August 1914, S. 3. Der Pfarrer einer kleinen Stadt im Odenwald zeichnete seine Eindrücke von der Stimmung der Bevölkerung nach dem Läuten der Kirchenglocken auf. Als er aus der Kirche kam, rannten überall »die Leute vom Feld ins Dorf, alles kam aus den Häusern auf die Straße. Aber kein lauter Ton war zu hören; ein dumpfer, schwerer Druck lag auf allen, als ob ein furchtbares Schicksal schwer seine Hand auf den Ort gelegt hätte.« Vgl. Pastor D., *Unsere Kirchengemeinden während der Kriegszeit. VII. Nachtrag aus allerlei Gemeinden. 3. Gemeinde im Odenwald mit einem Filial, 2382 Seelen*, in: Monatsschrift für Pastoraltheologie, 2. Kriegsheft (November 1914), S. 64.

In den größeren und großen Städten scheint ebenfalls nicht Begeisterung die vorherrschende Stimmung gewesen zu sein, sondern Trauer und Angst. In Solingen spiegelte sich nach dem Läuten der Kirchenglocken »stille Ergriffenheit […] auf allen Mienen. Bald aber machte sich die Spannung Luft. […] Mutig und entschlossen sahen die Männer drein, es weinten die Frauen und mit ängstlich bangen Gesichtern schauten die Kinder drein. Jemand brüllte hurra, andere stimmten ein, und ein unbekannter Bankangestellter hielt eine Rede.«[67] Der nationalliberale Rechtsanwalt Eugen Schiffer beschreibt in seinem Tagebuch einen Spaziergang durch Berlin an diesem Abend mit den folgenden Worten: »Ich gehe mit den Jungen ins Innere der Stadt. Unter den Linden wogen Menschenmassen. Aber sie bieten keinen sehr erfreulichen Anblick. Meist sind es junge Burschen mit ihren Mädchen, die johlend und grölend den Mittelweg entlangziehen. Sobald man aber in die Seitenstraßen kommt, merkt man wieder den dumpfen Ernst, der über dem Volke wacht.«[68] Und im Rückblick heißt es bei einem anderen Autor: »Es ist einfach nicht wahr, daß die Proklamation des Kriegsbeginns in der Berliner Bevölkerung einen Rausch der Begeisterung erzeugt hätte. Wer damals, am Abend des 1. August, die belebtesten Straßen Berlins passierte, um die Stimmung ernsthaft zu studieren, zwängte sich […] durch eine schweigende, ernste, geradezu verdutzt erscheinende Menschenmenge.«[69]

In Duisburg machte die Stadt »trotz des lebhaften Straßenver-

---

67 *Das Volk steht auf, der Sturm bricht los*, in: Solinger Tageblatt, zit. n. Johannes Motz (Hg.), Solingen im 1. Weltkrieg, Solingen 1984, S.19.

68 BAK, NL Schiffer, Nr. 3, S. 21. Vgl. auch Der große Tag der Entscheidung, in: Augsburger Neueste Nachrichten, 3. August 1914, S. 4, wo es heißt: »[…] nicht in wildem Lärm, nicht in bramarbasierenden Rufen. Nein, in einer ernsten Gesellschaft, in entschlossener Kraft« nahmen die Menschen in Berlin den Mobilmachungsbefehl hin.

69 S. Jobs, *Vor zehn Jahren*, in: Die Welt am Montag, Nr. 31 (4. August 1924), S.2.

kehrs schon heute abend nach 10 Uhr einen ziemlich düsteren Eindruck. Die Vaterlandslieder, die sonst bis nach Mitternacht begeistert aus den öffentlichen Gutshäusern und Cafés erklangen, waren gestern schon früh verstummt.«[70] Zur Stimmung in Nürnberg schrieb die *Nürnberger Stadtzeitung*: »Der fieberhafte Lärm, der in den Tagen vor der Mobilisation die Straßen durchhallte, verstummt allmählich. Die meisten Menschen gehen ernst und bedrückt aneinander vorüber. [...] Ja, es gibt viele Tränen – trotz aller Vaterlandsliebe, aller Opferbereitschaft.«[71] In Hamborn sah man nach dem Läuten der Kirchenglocken und dem Heulen der Sirenen »traurige Frauengesichter, ernste bei Männern, die Kinder verständnislos um sich blickend, das ist der allgemeine Eindruck. Die verheirateten Leute eilen nach Hause, die jungen stehen auf den Straßen. [...] Trotz der Menschenmenge herrscht, nachdem die Hurrarufe verklungen sind, mit denen die Bekanntmachung begrüßt wurde, überall fast Stille.«[72]

---

70 *Die erste Stunde*, in: Duisburger General-Anzeiger, 1. August 1914, Nr. 207, S. 1.

71 *Die Großstadt – und der Krieg*, in: Nürnberger Stadtzeitung, 4. August 1914, Nr. 180, S. 2.

72 *Lokale Nachrichten. Aufgeregte Stunden*, in: Hamborner General-Anzeiger, 2. August 1914, S. 6. Als Beispiel dafür, wie unterschiedlich zwei Beobachter die öffentliche Meinung interpretieren können, vgl. den Bericht des Bürgermeisters von Hamborn *Verlauf der Mobilmachung*, 15. August 1914, HStA Düsseldorf, Regierung Düsseldorf, Politische Akten, Nr. 14911, S. 262. Der Bürgermeister schreibt, zunächst habe »große Spannung« geherrscht. Zur Stimmung gegen Ende der Woche stellt er fest: »Auf den Straßen, in den Wirtschaften, besonders aber an den Zeitungsverlagsstellen versammelten sich bis in die späten Abendstunden erregte Menschenmengen, die begierig jede neue Nachricht über die weitere Entwickelung (sic!) der Dinge erwarteten. Ein Teil der Presse wetteiferte leider darin, durch Sensationsnachrichten die Erregung der Massen immer mehr zu schüren. Als am 31. Juli der Kriegszu-

Ähnliche Berichte gibt es für Bremen,[73] München,[74] Frankfurt am Main,[75] Regensburg,[76] Augsburg,[77] Karlsruhe[78] und für die meisten großen deutschen Städte.

———

stand erklärt und am 1. August die Mobilmachung verkündet wurde, da kam es wie eine Erlösung über die Massen. Ein Sturm patriotischer Begeisterung durchbrauste die Stadt, wie er hier noch nicht erlebt worden ist. Große Menschenmengen durchzogen unter Absingen patriotischer Lieder die Straßen; an den Verkehrspunkten und in den Lokalen kam es zu begeisterten Kundgebungen, an denen sich alt und jung beteiligte.«

73 Enrique Dominguez Rodino, *Die Mobilisierung ist der Krieg*, geschrieben für die spanische Zeitung La Vanguardia, StA Bremen, 4, 14/1-Kr.A.2.A. (Ich danke Herrn Donat für diesen Hinweis): »Seit dem Augenblick, in dem besagte Bekanntmachung veröffentlicht wurde, änderte sich das Schauspiel, wie durch Zauber, ganz plötzlich. Eine halbe Stunde nach der Bekanntmachung blieben die Straßen einsam und verlassen.«

74 *München am 1. Mobilmachungstag*, in: Münchner Neueste Nachrichten, 3. August 1914, Nr. 398 (Morgen), S. 3: »Die eherne Feierlichkeit des historischen Augenblicks ergriff die Münchner Bevölkerung. Kein lärmender, dröhnender Ausdruck prahlsüchtiger Kraftmeierei, sondern ein Begreifen der furchtbaren Tragweite der Stunde, und darum überall ein tiefer, tiefer Ernst.«

75 *Unsere Kirchengemeinden während der Kriegszeit. III. Das hessische Land und Frankfurt a.M. 2. Aus Frankfurt a.M.*, in: Monatsschrift für Pastoraltheologie, 1. Kriegsheft (Oktober 1914), S. 18.

76 *Die Stimmung in Regensburg*, in: Regensburger Neueste Nachrichten, 3. August 1914, Nr. 210, S. 7: »Die Nachricht von der Kriegserklärung wirkte hier sehr tiefgehend. Allenthalben sah man die Leute mit ernstesten Gesichtern die Extrablätter studieren, die stets in dichten Haufen umstanden waren.«

77 In dem Artikel *Nach der Mobilmachung*, in: Augsburger Neueste Nachrichten, 2. August 1914, (Sonderausgabe), S. 4 heißt es, die Menschenmassen, die gemeinsam auf die Meldung von der Mobilmachung warteten, hätten die Nachricht »mit Ernst und Ruhe, mit stiller, würdiger Begeisterung« aufgenommen und seien schweigend auseinandergegangen.

78 Der Verfasser des Artikels *Die Provokation*, in: Badischer Beobachter, 1. August 1914, Nr. 209, bejubelt die Tatsache, daß Deutschland an der

Nicht nur, daß die Begeisterung Deutschland nicht einigte, die verbreitete Erregung konnte zu einem großen Teil auch kaum als Begeisterung bezeichnet werden. Nach Ansicht vieler Beobachter kam in den ekstatischen Gefühlsäußerungen lediglich Erleichterung zum Ausdruck. So schrieb Theodor Wolff: »Was man Begeisterung der Massen nennt, ist in solchen Fällen gewöhnlich nur die Entladung einer ungeheueren inneren Erregung.«[79] Und in der *Frankfurter Zeitung* hieß es: »[D]ie Spannung war kaum mehr auszuhalten, war für normale Nerven unerträglich geworden. Und so atmet man jetzt, wo die Entscheidung gefallen ist, erleichtert auf.«[80]

Seite Österreichs kämpfe und einen Krieg für das Germanentum führe. Weiter heißt es (auf S. 2 unter *Lokales*), die meisten Menschen seien ernst gewesen. Viele weinende Frauen seien zu sehen gewesen, und auch Männer hätten geweint.

79 Theodor Wolff, *Der 1. August 1914*, in: *Berliner Tageblatt*, 1. August 1919, Nr. 352 (Morgen), S. 1. Theodor Wolff erklärte, die Alldeutschen seien im Juli und August 1914 begeistert gewesen. Doch das deutsche Volk? Nein, das sei lediglich von »Pflichttreue« erfüllt gewesen: »Von den daheim bleibenden Profiteuren abgesehen, begrüßten wohl nur ahnungslose Jünglinge, abenteuerlustige Verächter eines geordneten Lebenswandels und Angehörige einer Gesellschaftsschicht, die im Drauflosschlagen ein sportliches Vergnügen oder ein Lebensideal sah, den Krieg als ein Glück. Die ernsthaften Menschen gingen opferbereit, aber mit schweren sorgenvollen Herzen.«

80 Zit. n. Hafkebrink, Unknown Germany, S. 31 f.

Das »Augusterlebnis«

Wäre es nicht zum Krieg gekommen, hätten sich die Menschen möglicherweise anders an die Begeisterung der letzten Juliwoche erinnert. Vielleicht wie der Provinzjournalist, der meinte, man »braucht das alles ja nicht zu überschätzen«.[1] Schließlich war es ein Samstagabend in Berlin. Doch es kam zum Krieg, und die Erinnerungen an den Juli wurden von den Erinnerungen an das überlagert, was die Zeitgenossen als das »Augusterlebnis« bezeichneten. Es war eine außergewöhnliche Zeit. Klaus Mann beschreibt das »Augusterlebnis« in seinen Erinnerungen als Ausdruck einer besonderen Atmosphäre, als Collage starker Empfindungen und Gefühle:

»Wenn ich versuche, die Atmosphäre von 1914 wiedereinzufangen, so sehe ich flatternde Fahnen, graue Helme mit possierlichen Blumensträußchen geschmückt, strickende Frauen, grelle Plakate und wieder Fahnen – ein Meer, ein Katarakt in Schwarz-Weiß-Rot. Die Luft ist erfüllt von der allgemeinen Prahlerei und den lärmenden Refrains der vaterländischen Lieder. ›Deutschland, Deutschland über alles‹ und ›Es braust ein Ruf wie Donnerhall…‹ Das Brausen hört gar nicht mehr auf. Jeden zweiten Tag wird ein neuer Sieg gefeiert. Das garstige kleine Belgien ist im Handumdrehen erledigt. Von der Ostfront kommen gleichfalls Bulletins. Frankreich, natürlich, ist im Zusammenbrechen. Der Endsieg scheint gesichert: Die Burschen werden Weihnachten zu Hause feiern können.«[2]

Es ist unmöglich, diese Atmosphäre in all ihrer Fülle nachzuempfinden. Im folgenden soll zunächst das »Augusterlebnis« mit Hilfe einer Topologie der Massenerlebnisse strukturiert werden; auf dieser Grundlage erfolgt sodann eine Untersuchung der verschiedenen Gefühlsstränge, wobei auch berück-

---

1 *Die Stimmung in Berlin*, in: Ohligser Zeitung, 27. Juli 1914, Nr. 173, S. 2.
2 Klaus Mann, Der Wendepunkt. Ein Lebensbericht, Hamburg 1981, S. 50.

sichtig wird, daß ein und dieselbe Person eine ganze Reihe dieser – oft widersprüchlichen – Gefühle empfunden haben mag.

Neugierige Massen

Am Sonntag, dem 2. August 1914, dem ersten Tag der Mobilmachung, riegelte die Berliner Polizei die Straßen und Plätze um das Schloß herum ab. Außerdem wurde in der ganzen Stadt ein Plakat aufgehängt, das die Leute aufforderte, Abstand zum Monarchen zu halten, denn »bei den Ausfahrten Ihrer Majestäten hat sich in den Tagen vaterländischer Begeisterung der Mißstand herausgebildet, daß die Bürger bei der Darbringung ihrer Huldigung nicht, wie sonst, auf den Bürgersteigen bleiben, sondern an die Kaiserlichen Wagen herandrängen«.[3] Der Kaiser selbst dankte zwar in einem Brief an den Bürgermeister von Berlin den Bewohnern der Hauptstadt für ihre Unterstützung und erklärte, die patriotischen Kundgebungen hätten ihm gezeigt, daß er »auf die treue Gesinnung der Berliner Bürgerschaft aller Schichten, wie auf die Einigkeit des gesamten deutschen Vaterlandes auch in ernsterer Zeit rechnen könne«, bat jedoch um eine Beendigung der Kundgebungen überschäumender Begeisterung nahe beim Schloß, denn er brauche seinen Schlaf.[4]

Die Regierung hätte sich keine Sorgen machen müssen. Auch wenn das Zentrum von Berlin an jenem Sonntag voller Menschen war, da Zehntausende die neuesten Extrablätter lesen, einen Blick auf den Kaiser werfen oder die Wachablösung sehen

---

3 Zit. n. *Niederbarnimer Kreisblatt*, 8. August 1914.
4 Der Brief des Kaisers vom 2. August 1914 ist abgedruckt in: *Der Dank des Kaisers*, in: Tägliche Rundschau, 3. August 1914, Nr. 359 (Morgen), S. 4.

wollten (die Wachsoldaten trugen zum ersten Mal feldgraue Uniformen), berichteten die bürgerlichen Journalisten – im Gegensatz zum Samstag, als sie »Freudenausbrüche« geschildert hatten – von einer »musterhaften Ordnung« am Sonntag.[5] Wohl waren in den besseren Gaststätten und Cafés nach wie vor vaterländische Lieder zu hören, und unbekannte Redner, die – meist an patriotischen Stätten – ihre politischen Ansichten verkündeten, fanden ein paar hundert interessierte Zuhörer; auch versammelten sich vor der japanischen Botschaft Hunderte von Begeisterten, die nach der Zeitungsmeldung, Japan werde Deutschland unterstützen, die wenigen Japaner auf den Straßen Berlins in die Arme schlossen, doch anders als am Tag zuvor beteiligten sich nur wenige aus der neugierigen Masse an den »Begeisterungs«-Umzügen der Jugendlichen und Studenten.[6]

Die vorherrschende Stimmung war nicht Begeisterung, sondern gespannte Erwartung. Vor allem am Nachmittag und am Abend kam es weiter zu Ansammlungen von Neugierigen vor den Redaktionsgebäuden, wo die neuesten Nachrichten erwartet wurden. Genau wie im Juli bestanden die Massen aus Leuten, die sich die Zeit dafür nehmen konnten: aus Jugendlichen und Angehörigen der Mittel- und Oberschicht. Die neugierigen Massen waren ruhig, überall herrschte »ein tiefer, tiefer Ernst«.[7] In der Beschreibung einer dieser Menschenansammlungen Unter den Linden am 8. August 1914 fragte die *Tägliche Rundschau*: »Schweigend wallt die Menge auf und nieder; ist sie teil-

5 Meine Beschreibung dieser neugierigen Massen stützt sich unter anderem auf den Artikel *Eröffnung des europäischen Krieges*, in: Niederbarnimer Kreisblatt, 4. August 1914.

6 *Der Geist der Berliner Volksmassen*, in: Kreuz-Zeitung, 3. August 1914, Nr. 360, S.3; Hellmut von Gerlach, Die große Zeit der Lüge, Berlin 1926, S.73.

7 *München am 1. Mobilmachungstag*, in: Münchner Neueste Nachrichten, 3. August 1914, Nr. 398 (Morgen), S.3.

Seid nett zueinander,

nahmslos geworden? Nein, Ihre Ruhe ist verhaltene Nervosität. Neue Nachrichten kommen. Die gellenden Rufe der Zeitungsverkäufer unterbrechen die Stille. Die Blätter werden ihnen entrissen. Fiebernd liest man sie.«[8]

Die Cafés waren weiterhin brechend voll; die Menschen besuchten sie, um »etwa noch einlaufende Depeschen zu hören«.[9] »Niemand litt es daheim in den vier Wänden«, schrieb ein Zeitgenosse über den 2. August in Minden, »und wenn den einen der begreifliche Wunsch, Neues vom großen Welttheater zu hören, hinaustrieb, den andern Schaulust, den dritten vielleicht gar eine gewisse Aengstlichkeit, bald waren sie doch alle eins mit den Tausenden, die schon draußen straßenauf- und -ab wogten.«[10]

Obschon diese neugierigen Massen wenig »Begeisterung« an den Tag legten, herrschte in ihnen das Gefühl, ein gemeinsames Schicksal zu teilen, eine »Gemeinschaft« zu bilden. Journalisten stellten fest, daß völlig Fremde miteinander sprachen, einander nach den letzten Neuigkeiten fragten. Ein protestantischer Geistlicher in einer katholischen Gemeinde im Schwarzwald stellte im August 1914 fest: »Ich fand, daß jetzt auch Katholiken, die mich bisher nur mit dem Familiennamen angeredet hatten, zu mir ›Herr Pfarrer‹ sagten und freundlicher und zutraulicher gegen mich waren als sonst.«[11] Doch außerhalb dieser neugierigen Massen blieb die unbehinderte Interaktion über die Klassengrenzen hinweg die Ausnahme.

Die Menschen in diesen neugierigen Massen waren an den neuesten Nachrichten interessiert; die Zeitungen wurden regel-

---

8 *Der zweite Kriegssonntag. Unter den Linden*, in: Tägliche Rundschau, 10. August 1914, Nr. 372 (Sonder-Ausgabe), S. 4.

9 BAL, Tagebuch von Pastor Falck, S. 13.

10 Franz, Kriegs-Chronik 1914–1916 Stadt Minden, S. 7.

11 *Unsere Kirchengemeinde während der Kriegszeit. II. Von der Westgrenze. 2. Aus dem badischen Schwarzwald (Waldkirch)*, in: Monatsschrift für Pastoraltheologie, 1. Kriegsheft (Oktober 1914), S. 6.

recht »verschlungen«.[12] Um die steigende Nachfrage zu befriedigen, erhöhten die Verleger mit täglich mehreren Extrablättern das Angebot. Da es noch nicht viel zu melden gab – größere Schlachten fanden erst Wochen später statt –, stilisierten die Journalisten jedes Scharmützel zur Entscheidungsschlacht hoch. Am 2. August berichteten bereits um 7 Uhr morgens Extrablätter in Berlin von einem großen Gefecht an der russischen Grenze. Solche Meldungen lösten allerdings keinen Begeisterungstaumel aus, sondern wurden schweigend zur Kenntnis genommen. Der *Vorwärts* schrieb dazu: »Jetzt ist er da! Das ist der Krieg. Aber kein Hurraruf ertönt. Die Masse ist zu ernst, viel zu ernst. Sie spürt die Wucht des Ereignises, fühlt, daß er jetzt wirklich vor der Türe steht, der Grausame, der Blutige, der Schreckbringende, der Krieg. Kein Hurraruf, aber auch kein Erschrecken.«[13]

Da sich das Nachrichtenangebot noch als ungenügend erwies, begannen die Zeitungen, nach Sensationen zu suchen. Als sie am 3. August einen offiziellen Bericht veröffentlichten, in dem behauptet wurde, Deutschland werde von russischen Spionen überflutet, setzte ein regelrechtes Spionagefieber ein.[14] In allen Zeitungen war nun von Spionen die Rede, die Sprengstoffanschläge auf Brücken planten oder das Trinkwasser der deutschen Großstädte mit Keimen und Gift verunreinigten, von vergiftetem Obst, von russischen Spionen, die sich als Krankenschwestern oder Offiziere tarnten, von feindlichen Spionageflugzeugen im deutschen Luftraum und von Spionen, die auf frischer Tat

---

12 So beschrieben im Tagebuch eines Ortsgeistlichen: W. Franzmathes, Tagebuch vom Weltkrieg. Erster Teil (1. August – 1. Oktober 1914), Worms 1914, S.12 und 25.

13 *Mobilmachungs-Sonntag*, in: Vorwärts, 4. August 1914, Nr. 210, Beilage.

14 Ein Nachdruck dieses zuerst am 2. August in der *Kölnischen Zeitung* veröffentlichten und am 3. August von den übrigen deutschen Zeitungen übernommenen Berichts findet sich in: Buchner (Hg.), Kriegsdokumente, Bd. 1, S.83.

Geschichten.

ertappt und nach Schnellverfahren hingerichtet wurden.[15] Fast alle diese Geschichten waren erfunden und viele davon auch überhaupt nicht plausibel. Doch sie wurden bereitwillig geglaubt, zumal die Zeitungen nur selten Richtigstellungen veröffentlichten. Die Münchner Stadtverwaltung sah sich schließlich gezwungen, in der ganzen Stadt von der Polizei verkünden zu lassen, daß das Trinkwasser nicht vergiftet sei. In Frankfurt am Main aber feuerte die Bürgerwehr, die die Mainbrücken bewachte, eines Abends eine ganze Weile auf Wolken, die sie für französische Flugzeuge hielt.[16]

Einige Tage später wurden die Spionagegeschichten von Greuelmeldungen abgelöst. Am 5. August 1914 meldeten die Zeitungen, daß in Belgien eine aufgebrachte Menge von Bürgern dort lebende Deutsche ermordet habe (in einem Bericht, der weite Verbreitung fand, war von sechs getöteten Deutschen die Rede). Am 8. August berichteten die Zeitungen über Greuel, die belgische Partisanen begangen hätten. In den folgenden Wochen erschienen immer wieder solche, oft reichlich makabre Artikel. Da wurde zum Beispiel von Zivilisten berichtet, die »den Verwundeten die Köpfe abschnitten und sie auf Stöcke spießten«, von einem württembergischen Kavalleristen, den man »mit abgeschnittenen Händen fand«, oder von einem belgischen Sol-

---

15 Hellmut von Gerlach, Die große Zeit der Lüge, Berlin 1926, S.17, berichtet, in Köln habe das Rote Kreuz die Soldaten vor dem Verzehr vergifteter Früchte gewarnt; der Artikel *Der Französische Überfall. Sie vergiften die Brunnen*, in: Tägliche Rundschau, 3. August 1914, Nr. 360 (Abend) warnte vor Brunnen, die mit Cholerakeimen vergiftet seien; der Verfasser von *Spionenjagd in Berlin*, in: Deutsche Zeitung, 4. August 1914, Nr. 391 (Abend), S.2 behauptete, russische Offiziere hätten sich als deutsche Offiziere oder als Frauen getarnt.

16 Zu dem Vorfall in München siehe *Die Stimmung in München*, in: Münchner Neueste Nachrichten, 4. August 1914, Nr. 394 (Vorabend), S.3; zu dem Ereignis in Frankfurt siehe *Stimmungsbilder*, in: Frankfurter Volksstimme, 5. August 1914, Nr. 180, Beilage.

134

daten, der bei seiner Gefangennahme durch deutsche Soldaten »die ganze Feldtasche voll abgeschnittener Finger [hatte], von denen die Ringe nicht so heruntergingen«.[17]

Manche Zeitgenossen zogen zur Erklärung dieser Angst vor Spionen und ähnlicher Auswüchse der öffentlichen Meinung Begriffe wie »Kriegspsychose«, »Massenpsychose« oder »Massenhypnose« heran.[18] Das ist verständlich, denn anscheinend wies die öffentliche Meinung die für »irrationale« Massen charakteristische Erregbarkeit und Beeinflußbarkeit auf. Die Psychose hatte allerdings ihre Katalysatoren. Es wurde schon darauf hingewiesen, daß die Zeitungen sich nach Kräften bemühten, die Spannung aufrechtzuerhalten, indem sie täglich mehrere Extrablätter publizierten, obwohl es kaum Neues zu berichten gab. Aber die Journalisten begnügten sich nicht damit, die Seiten mit Sensationen zu füllen, sie erfanden auch Meldungen: Seeschlachten zwischen Schiffen, die den Heimathafen noch gar nicht verlassen hatten, oder Gefechte zwischen Armeen, die noch gar nicht mobilisiert waren. Der *Vorwärts* dazu:

»Es war, als ob eine allgemeine Suggestion die Gemüter ergriff und in den Strudel menschlicher Leidenschaften zu ziehen suchte. Und wenn dieses

---

17 *Soldatenbriefe*, in: 8-Uhr Abendblatt, 22. August 1914; *Schlachtfeldhyänen*, in: Tägliche Rundschau, 21. August 1914, Nr. 393 (Morgen), S.3. Die beste Einführung in die deutsche Greuelpropaganda ist: Lothar Wieland, Belgien 1914. Die Frage des belgischen ›Franktireurkrieges‹ und die deutsche öffentliche Meinung von 1914 bis 1936, Frankfurt am Main 1984, S.19ff. Vgl. auch die Auszüge in: Buchner (Hg.), Kriegsdokumente, Bd. 1, S.166ff. und 201ff.; Bd. 2, S.4ff. sowie die Sammlung von »Greuelmythen« in: Bernhard Duhr, Der Lügengeist im Völkerkrieg. Kriegs-Märchen, München und Regensburg 1915.

18 Siegfried Jacobsohn, *Kriegstagebuch III*, in: Die Schaubühne, Bd. 2 (1914), S.183; Professor Johannes Dück, *Die Massensuggestion in Kriegszeiten*, in: Illustrierte Zeitung (Leipzig), Nr. 3713 (27. August 1914), S.350ff.

Menschenmeer Berlins hier und da wieder auf kurze Zeit zu verebben schien, stieg sofort die Brandung von neuem, sobald die Presse durch Extrablätter die Straßen mit alarmierenden Nachrichten überschüttete. [...] Das mußte schließlich selbst unter den blödesten Passanten den Anschein erwecken, als ob es dieser Presse nur darum zu tun ist, die folgenschweren Ereignisse als geeignete Reklame für ihre kapitalistischen Zwecke zu nutzen.«[19]

Die Presse war ein Katalysator, ein zweiter war die Regierung, denn sie lieferte den Zeitungen die meisten Nachrichten. Am 3. August druckten die Zeitungen einen Bericht der Regierung ab, französische Flugzeuge hätten die Eisenbahnstrecke Karlsruhe – Nürnberg angegriffen. Dieses Gerücht tauchte sowohl in der deutschen Kriegserklärung an Frankreich auf als auch in der Rede des Reichskanzlers am 4. August.[20] Die Regierung forderte von allen Zeitungen, die Atmosphäre patriotischer Erregung mit solchen Meldungen zu unterstützen. Zum Beispiel verlangte das Oberkommando in den Marken vom *Vorwärts* die Veröffentlichung von Artikeln über den belgischen Partisanenkrieg sowie über belgische und russische Greuel am 15. und am 19. August, obwohl sozialdemokratische Journalisten dargelegt hatten, daß diese Meldungen mit größter Wahrscheinlichkeit erfunden waren.[21] Schließlich mußte die Regierung auch einräumen, daß ihr die Dinge entglitten. Schon am 11. August 1914 hatte sie die Bevölkerung aufgefordert, nicht alles zu glauben, was gesagt oder geschrieben wurde. Ende 1914 und Anfang 1915 führte sie dann eine Genehmigungspflicht für Extrablätter ein, da sie er-

---

19 *Kriegsstimmung – gesteigerte Lebensmittelpreise*, in: Vorwärts, 3. August 1914, Nr. 209.

20 *Krieg nach zwei Fronten*, in: Kreuz-Zeitung, 3. August 1914, Nr. 359 (Morgen), S. 1; und *Augenblicksbilder*, in: Tägliche Rundschau, 3. August 1914, Nr. 360 (Abend), S. 4; Ernst Toller schreibt in seinen Erinnerungen, als er diese Nachricht las, habe er gedacht, Deutschland sei angegriffen worden. Vgl. ders., Eine Jugend in Deutschland, Reinbek bei Hamburg 1963, S. 38.

21 Curt Schoen, Der Vorwärts und die Kriegserklärung. Vom Fürstenmord in Sarajewo bis zur Marneschlacht, Berlin 1929, S. 83.

kannt hatte, daß diese viele Lügen und frei erfundene Meldungen enthielten.[22]

Das öffentliche Interesse galt unterdessen allen Nachrichten, ganz besonders aber außergewöhnlichen Neuigkeiten.[23] Die größte Neuigkeit war die Mobilmachung. Am Sonntag, dem 2. August, verfolgten in den deutschen Residenzstädten Tausende die Wachablösung und stimmten danach vaterländische Lieder an. Auch an den Bahnhöfen fanden sich an diesem ersten Tag der Mobilmachung Tausende ein, um die Eingezogenen zu verabschieden, ehe diese zu ihren Einheiten fuhren. Die soziale Zusammensetzung dieser neugierigen Massen, die gekommen waren, um ein Stück »Geschichte« zu verfolgen, ähnelte derjenigen der neugierigen Massen vom Juli: sie rekrutierten sich vor allem aus der Mittel- und Oberschicht.

Die Neugierigen bekamen indes wenig Begeisterung zu sehen: »Die bittere Notwendigkeit der Stunde prägte sich ungleich mehr in den Mienen der Begleiter als in denen der Krieger aus.«[24] Überall sah man »verweinte Gesichter von

---

22 Die Proklamation vom 11. August ist nachgedruckt in: Buchner (Hg.), Kriegsdokumente, Bd. 1, S.240. Eine von Bissing unterzeichnete Proklamation des stellvertretenden Generalkommandos Münster findet sich in HStA Düsseldorf, Regierung Düsseldorf, Politische Akten, Nr. 14942, S.50. Siehe auch *Extrablätter*, in: Zensurbuch der deutschen Presse, 1917, Nachdruck in: Heinz-Dietrich Fischer (Hg.), Pressekonzentration und Zensurpraxis im Ersten Weltkrieg. Texte und Quellen, Berlin 1973, S.215–216.

23 So schrieb der Verfasser des Artikels *Der erste Sieg*, in: Deutsche Zeitung, 8. August 1914 (Morgen), Nr. 348, S.1: »Besonders in den Nachmittagsstunden wogt dort unermüdlich die Menschenflut auf und nieder, irgend eine besondere Neuigkeit, irgend etwas nicht gewöhnliches erwartend.«

24 *Die Weltstadt rüstet. Berlin am ersten Mobilmachungstag*, in: Berliner Morgenpost, 3. August 1914, Nr. 210, S.3–4; zu München vgl. *München am 1. Mobilmachungstag*, in: Münchner Neueste Nachrichten, 3. August 1914, Nr. 398 (Morgen), S.3.

Frauen und Mädchen, die ihre Lieben zur Bahn gebracht haben«.[25] Vor den Kasernen mischten sich die Neugierigen mit den Angehörigen und Freunden der darin stationierten Soldaten. Auch hier flossen Tränen. In Ebingen kamen am 5. August »schon Familienväter an die Reihe. Da gab es herzergreifende Abschiedsbilder [...] Wohl glänzten fast bei allen Tränen in den Augen.« Nicht einmal der König von Württemberg habe die Tränen zurückhalten können, als er seine Truppen verabschiedete.[26]

Auch auf den Bürgersteigen versammelten sich Neugierige und sahen zu, wie die Soldaten aus den Kasernen zum Bahnhof marschierten, von wo es weiter an die Front ging. In den ersten Kriegswochen war die Stimmung der Zuschauenden meist ernst. Der dänische Abgeordnete Hans Peter Hanssen schreibt in seinem Tagebuch, die Pferde der aus Berlin hinausreitenden Kavalleristen seien sorgfältig gestriegelt, die Lanzen mit Blumen geschmückt gewesen, aber Begeisterung habe es nicht gegeben.[27] Die *Tägliche Rundschau* beschreibt die Parade eines Regiments am 8. August 1914 Unter den Linden: »Da kommen mit klingendem Spiel die Alexander daher. Vereinzelte Hurras begleiten sie; im übrigen entblößt man schweigend das Haupt

---

25 *Die Stimmung in Berlin*, in: Leipziger Neueste Nachrichten, 3. August 1914, Nr. 213.
26 Heinrich Fausel, Im Jahre 1914, München 1965, S. 29. Das Zitat stammt aus: Hummel, Kriegs-Chronik der Stadtgemeinde Ebingen, S. 65. Natürlich kann man diese Tränen auch anders deuten. So meinte z. B. der Verfasser des Berichts *Lokales. Memmingen. Vom Bahnhof*, in: Memminger Volksblatt. Schwäbischer General-Anzeiger, 3. August 1914: »Der Abschied war außerordentlich herzlich. In rührenden Szenen verabschiedeten sich die Abreisenden von ihren Angehörigen [...] Mit heller Begeisterung zogen die Verteidiger deutscher Ehre ins Feld [...] Der gegenwärtige Krieg ist äußerst populär.«
27 Hans Peter Hanssen, Diary of a Dying Empire, Bloomington 1955, S. 25.

und der Hauptmann [...] senkt dankend den Degen.«[28] In Magdeburg winkten am 2. August große Menschenmassen den aus der Stadt marschierenden Truppen mit Taschentüchern nach.[29]

Viele Journalisten, die den Auszug der Truppen in der ersten Augustwoche 1914 verfolgten, verglichen das jetzige Fehlen jeder Begeisterung mit der Stimmung von 1870. Die *Kösliner Zeitung* sah den folgenden Unterschied zum Deutschland von 1870: »Jenes Deutschland mag fröhlicher, mit leichterem Gepäck in den Krieg gezogen sein. Nicht das Vertrauen ist heute geringer, aber der Ernst ist gewaltiger.«[30] Ein Darmstädter Journalist meinte, 1870 habe es echte Begeisterung gegeben: »Eine Geburt war es damals, sei es eine frohe Geburt. Ein ganz anderes Gefühl begleitet das gegenwärtige Ereignis: Heute ist nichts anderes als die reine Existenzverteidigung.«[31] Die *Ingolstädter Zeitung* schrieb, während 1870 Begeisterung geherrscht habe, sehe es 1914 ganz anders aus: »[K]ein leerer Freudentaumel hat die Massen in den Städten ergriffen, doch auch keine Traurigkeit ist zu verspüren – ernst ziehen unsere Soldaten in den Krieg, wie es die Natur der Deutschen mit sich bringt.«[32]

Nach dem ersten Sieg bei Lüttich am 7. August stieg die Zuversicht der Bevölkerung, daß Deutschland auch diesen Krieg

---

28 *Der zweite Kriegssonntag*, in: Tägliche Rundschau, 10. August 1914, Nr. 372 (Sonderausgabe), S. 4; der Verfasser des Artikels *Der Geist der Berliner Volksmassen*, in: Kreuz-Zeitung, 3. August 1914, Nr. 360, S. 3, spricht hingegen von einer Parade mit jubelnden Massen am 2. August 1914. Dafür waren keine weiteren Belege zu finden.

29 *Die Stimmung in Magdeburg. Ausmarsch*, in: Magdeburgische Zeitung, 3. August 1914, Nr. 566, S. 1. Eine ähnliche Beschreibung für Frankfurt findet sich in: Drüner, Im Schatten des Weltkrieges, S. 63 ff.

30 *Mobilmachung*, in: Kösliner Zeitung, 4. August 1914, Nr. 180, S. 1.

31 *Die Stimmung in Darmstadt*, in: Darmstädter Zeitung, 1. August 1914, S. 4.

32 *Kriegsbeginn*, in: Ingolstädter Zeitung, 4. August 1914, Nr. 179, S. 1.

gewinnen werde. Diese Zuversicht ließ die neugierigen Massen zu den begeisterten Massen werden, die den Auszug der Truppen bejubelten und die in vielen berühmten Zeichnungen und Gemälden festgehalten wurden. Ein Journalist der *Norddeutschen Allgemeinen Zeitung* schrieb über die Massen, die am 11. August 1914 den Auszug der Truppen verfolgten: »Aber Tränen sah man nicht mehr, nur noch Hoffnung, Zuversicht, Mut.«[33] Beschreibungen wie diese sollten das Bild der Stimmung im Jahr 1914 prägen. Aber auch dieses Bild wurde bei späteren Wiedergaben verändert. Obwohl es von den Massen, die den Auszug der Truppen verfolgen, viele Fotos gibt, sind nur auf sehr wenigen begeisterte, jubelnde Menschenmassen zu sehen. Nur auf den – oft als Postkarten verkauften – zeitgenössischen gezeichneten Abbildungen der Ereignisse tauchen solche jugendlichen, lächelnden, entspannten Gesichter auf.

Gegen Ende des Monats verlagerte sich das Interesse der Neugierigen auf die Verwundeten. Am 15. August trafen die ersten Züge mit Verwundeten in Berlin ein. Ein Journalist der *Täglichen Rundschau* bemerkte dazu: »Das zieht. Die will man sehen. Schokolade und Bücher werden eingepackt, Rosensträuße gekauft, Weinflaschen in Papier geschlagen.«[34] Tausende drängten sich an den Bahnhöfen. Die *Münchner Zeitung* fand das alles würdelos und beklagte, daß das Publikum auf die Verwundeten schaute, »als handelte es sich um ein vergnügliches Schauspiel«.[35] Schließlich ergriff die Regierung Maßnahmen, um die Verwundeten gegen die neugierigen Blicke abzuschirmen, und ließ die Bahnhöfe, in denen sie ankamen, für die Öffentlichkeit sperren.

---

33 *Siegesstimmung*, in: Norddeutsche Allgemeine Zeitung, 12. August 1914, Nr. 188.

34 *Sonntag auf dem Kreuzberg*, in: Tägliche Rundschau, 17. August 1914, Nr. 385 (Sonder-Ausgabe), S. 4.

35 *Die Pflege der Verwundeten*, in: Münchner Zeitung, 20. August 1914, S. 5.

Spieglung.

Die nächste große Attraktion waren die Kriegsgefangenen. Ende August und im September drängten Tausende von Neugierigen, meist Frauen aus dem Bürgertum, zu den Bahnhöfen, um einen Blick auf die ankommenden Kriegsgefangenen zu werfen. In Frankfurt am Main, Elberfeld, Stuttgart, Paderborn, Duisburg, Kaiserslautern, Zweibrücken, Worms, Homburg, Düsseldorf, Köln, Straßburg und anderen Städten empfingen Massen neugieriger Frauen die ersten Züge mit Kriegsgefangenen ebenso, wie sie die ausrückenden Soldaten verabschiedet hatten, nämlich mit Blumen und »Liebesgaben« für die bezwungenen Krieger. In Stuttgart riefen einige Frauen sogar bei den Behörden an, um zu erfahren, wo es Gefangene gab, denen sie Blumen bringen konnten.[36] Diese freundliche Haltung gegenüber Kriegsgefangenen war nur im Westen Deutschlands anzutreffen, und vor allem gegenüber französischen Gefangenen – ein Indiz dafür, wie unterschiedlich die Bevölkerung gegenüber den verschiedenen feindlichen Nationen eingestellt war.

Die bürgerliche Presse zeigte wenig Verständnis für so galantes Verhalten. Typisch dafür ist die Aufforderung: »Deutsche Frauen, wahrt Eure und Eures Volkes Würde [...] Man sollte es bei der tiefgehenden nationalen Bewegung nicht für möglich halten, daß sich noch Frauenzimmer finden, die es für pikant halten, von einem Ausländer, der auf unsere Landsleute ge-

---

36 Zu Stuttgart und Frankfurt vgl. *Würdelos*, in: Fränkische Nachrichten, 17. August 1914, Nr. 192, S. 3 und *Keine weiblichen Würdelosigkeiten!*, in: Norddeutsche Allgemeine Zeitung, 18. August 1914, Nr. 194, S. 2 (S. 3 betrifft Straßburg); zu Stuttgart und Elberfeld vgl. *Kleine Mitteilungen*, in: Fränkische Nachrichten, 18. August 1914, S. 3; zu Paderborn vgl. *Ein Sturm der Entrüstung*, in: Deutsche Zeitung, 19. August 1914, Nr. 419, S. 2; zu Kaiserslautern, Zweibrücken, Worms, Homburg und Düsseldorf vgl. *Würdelos*, in: Fränkische Nachrichten, 19. August 1914, S. 2; zu Köln und Düsseldorf vgl. *Keine Würdelosigkeiten!*, in: Norddeutsche Allgemeine Zeitung, 19. August 1914, Nr. 195, S. 2.

Soldaten marschieren durch Düsseldorf, August 1914 (Landesarchiv Düsseldorf)

schossen hat, eines Andenkens für würdig gehalten zu werden.«[37]

Ein anderer Journalist sah bei den Frauen »Auswüchse degenierter, erotischer Abenteuerlust«.[38] Auch die Behörden reagierten verärgert. Der Oberbefehlshaber der württembergischen Armee ordnete an, alle Frauen, die sich den Kriegsgefangenen auf unwürdige Weise näherten, seien zu verhaften und ihre Namen in der jeweiligen Lokalzeitung zu veröffentlichen. Als sich in der Garnison Diedenhofen (Thionville) im Dezember 1914

---

37 *Ein Sturm der Entrüstung*, in: Deutsche Zeitung, 19. August 1914, Nr. 419, S. 2.

38 A.G.H., *Die Frauen und die Kriegsgefangenen*, in: Berliner Lokal-Anzeiger, 19. August 1914, Nr. 418.

Zeichnung von Soldaten, die an die Front marschieren, Richard Vogts für die *Berliner Illustrierte Zeitung*, 6. September 1914 (Archiv der sozialen Demokratie der Friedrich-Ebert-Stiftung, Bonn)

vier Lazarettschwestern mit verwundeten französischen Kriegs-gefangenen verlobten, verlangte der Kommmandeur der Garni-son wütend vom Roten Kreuz die Zusage, daß dessen freiwillige Helferinnen künftig keine Kriegsgefangenen mehr versorgen dürften. [39]

39 Vgl. *Regensburger Anzeiger* vom 17. Dezember 1914, S.1. HStA Mün-chen, Abt. IV – Kriegsarchiv, MKr Nr. 14007. Von ähnlichen Anweisun-gen spricht der Verfasser des Artikels *Würdelos*, in: Fränkische Nach-richten, 19. August 1914, S.2.

Karnevaleske Massen

Typisch für das »Augusterlebnis« war nicht nur die Neugier, sondern auch karnevaleskes Verhalten. Im August 1914 konnten die Bürger Dinge tun, die normalerweise verboten waren; sie konnten ihren Gefühlen in aller Öffentlichkeit freien Lauf lassen und sie – gelegentlich auch gewalttätig – zum Ausdruck bringen, ohne daß sie öffentliche Sanktionen befürchten mußten. Und wie im Karneval konnten Gruppen von Bürgern als »öffentliche Meinung« agieren und Regeln vorgeben. Der »Geist von 1914« setzte bestimmte Normen und Verbote außer Kraft und erlaubte einer Gruppe, eigene Verhaltensmaßregeln aufzustellen.

Erwartungsgemäß trat dieses karnevaleske Verhalten vor allem in den größeren Städten zutage, wo auch die Begeisterung am größten war. Die Akteure dieser karnevalesken Begeisterung im August stammten aus denselben Bevölkerungsschichten und Altersgruppen, die schon bei den Ereignissen der letzten Juliwoche aktiv gewesen waren. Auch im ersten Kriegsmonat bildeten die besseren Cafés in den großen Städten eine merkwürdige Mischung aus wilden Gesängen, Frohsinn und sozialer Kontrolle. Während die Patrioten auf die neuesten Extrablätter warteten, sangen sie aus voller Kehle die nationalistischen und militaristischen Lieder mit, die die Kapellen spielten. Wer es wagte, beim Absingen dieser Lieder sitzen zu bleiben, mußte damit rechnen, vom Stuhl hochgerissen und aus dem Lokal geworfen zu werden.[40]

Inhaber von Cafés, die auch den Bedürfnissen ihrer weniger

---

40 Der Verfasser des Artikels *Konjunktur der Roheit?*, in: Die Welt am Montag, Nr. 43, 26. Oktober 1914, Beilage, schildert einen Vorfall, bei dem eine Reihe entweder sehr mutiger oder sehr schwerhöriger Gäste eines besseren Berliner Cafés körperlich attackiert wurden. Zu den karnevalesken Zügen der Ereignisse von 1914 vgl. Margit Stickelberger-Eder, Aufbruch 1914. Kriegsromane der späten Weimarer Republik, Zürich 1983, S. 80 ff.

Geschichten.

kriegsbegeisterten Gäste Rechnung tragen wollten, zogen sich
den Zorn der patriotischen Masse zu. Im Alsterpavillon, einem
der besseren Hamburger Cafés, verbot der Geschäftsführer, dessen Geduld durch die Ereignisse der letzten Tage offensichtlich
schon reichlich strapaziert war, am Abend des 3. August einem
Gast, die neuesten Extrablätter laut vorzulesen, und setzte den
Mann – ein wenig unüberlegt – gleich vor die Tür; sofort gerieten
die anderen Gäste in Wut und begannen, die Tische umzustürzen
und die Gläser auf den Boden zu werfen. Als mitten in diesem
Durcheinander jemand rief: »Es ist eine Bombe im Raum«, verließen die gut gekleideten Damen und Herren das Café mit einem
Sprung aus dem Fenster. Draußen tobte der erzürnte Mob weiter
und zerschlug Gartentische und Gläser. Die herbeigerufenen
Polizisten konnten nur dadurch, daß sie blankzogen, für die körperliche Unversehrtheit des Geschäftsführers sorgen. Unter ähnlichen Umständen wurden in Berlin und Köln – gleichfalls in den
besseren Stadtteilen – weitere Cafés verwüstet.[41]

Alles, was auch nur im entferntesten an Frankreich oder
Rußland erinnerte, brachte in gewissen Kreisen die Wut zum
Überkochen. Vor den feindlichen Botschaften kam es zu gewalt-
tätigen Demonstrationen.[42]

---

41 Vgl. dazu den Artikel *Mehr Ruhe und Würde*, in: Hamburger Fremdenblatt, 4. August 1914 (Sonder-Ausgabe), S.3;. zu Köln vgl. *Sturmszenen
vor dem Cafe Palant*, in: Rheinische Zeitung, 6. August 1914, Nr. 180,
S.3; zu Berlin vgl. *Ein Kaffeehaustumult in Berlin*, in: Hamburger
Fremdenblatt, 4. August 1914, Nr. 180, S.2.
42 Die gewalttätigen Demonstrationen vor der russischen Botschaft werden in dem Bericht *Ausschreitungen vor der Botschaft*, in: Berliner Lokal-Anzeiger, 3. August 1914, Nr. 389 beschrieben, die vor der englischen Botschaft in *Die Szenen vor der englischen Botschaft*, in: Berliner
Volkszeitung, 6. August 1914, Nr. 368 sowie in *Zügellose Ausschreitungen*, in: Vorwärts, 6. August 1914, Nr. 212, S.1; zu den Demonstrationen vor dem englischen Konsulat in Magdeburg vgl. *Die Aufnahme der
englischen Kriegserklärung in Magdeburg*, in: Magdeburgische Zeitung, 5. August 1914, Nr. 573, S.3.

Spionenflut.

Wie bereits erwähnt, begann am 3. August, als die Zeitungen einen offiziellen Bericht über die Überflutung Deutschlands mit russischen Spionen veröffentlichten, eine fieberhafte Jagd auf Spione. Ganz gleich, ob die Regierung das wirklich glaubte oder nicht – eifrige Patrioten fühlten sich nun ermächtigt, ihre kriminalistischen Phantasien auszuleben. Am 3. August wurden der Polizei allein auf einem Berliner Bahnhof 64 mutmaßliche Spione von Patrioten übergeben. Keiner von ihnen war tatsächlich ein Spion. Dafür befanden sich ein preußischer Major, ein Beamter des Hofes und ein bayerischer Offizier darunter.[43] Selbst die berühmte Schauspielerin Asta Nielsen wurde bei einem Spaziergang auf der Straße Unter den Linden für eine Spionin gehalten. In ihren Erinnerungen ist zu lesen:

»Plötzlich wurde mir der Hut heruntergerissen, so daß mein schwarzes Haar zum Vorschein kam. ›Eine Russin!‹ kreischte es hinter mir, und eine Hand packte mich beim Kopf. Ich schrie vor Angst und Schmerz auf. Da drehte sich ein Herr vor mir um und erkannte mich. Er rief den aufgeregten hinter mir meinen Namen zu, die ließen mich los und begannen aufeinander zu schimpfen. Jemand schlug wie rasend um sich und traf einen anderen im Gesicht. Blut floß. ›Sie dürfen hier nicht bleiben‹, erklärte mein Retter. ›Die Leute sind ganz von Sinnen, die wissen nicht, was sie tun.‹«[44]

Ähnliches ereignete sich in Bremen:

»Am Bahnhof erschallt aus dicht gedrängter Menschenmenge der Ruf: Ein Spion, haltet ihn! Und irgendwer zeigt auf irgendeinen Mann. Die Menschenmassen, die den Bahnhof besetzt halten, drängen an ihn heran;

---

43 *Die Gefahren der Spionenjagd,* in: Berliner Zeitung am Mittag, 5. August 1914, Nr. 182, S.7. Laut Heinrich Binder, Was wir als Kriegsberichterstatter nicht sagen durften, S.7, wurden zwischen dem 1. und dem 10. August in ganz Deutschland über dreihundert »verdächtige Ausländer« festgenommen. Die tatsächliche Zahl lag zweifellos wesentlich höher.

44 Asta Nielsen, *Die schweigende Muse,* zit. n. Glazer (Hg.), Berliner Leben 1914–1918, S.50.

geschichten .

man packt ihn, schlägt ihn, tritt ihn zu Boden; Hunderte von Faustschlä-
gen hageln nieder auf seinen Leib, Hunderte von Stiefeln treten ihm nach
dem Leben. Die Polizei, die ihn fassen, ihn abführen will, ist machtlos.
Und als der tierische, tobende Pöbel endlich von seinem Opfer läßt, als
dieses sich blutend und kaum noch lebend erhebt, tut der Mann, was er
sogleich hätte tun können, wenn man ihm Zeit gelassen hätte: er legitimiert sich; legitimiert sich mit einer Einberufungsorder als ein deutscher Reservist, der im Begriffe ist, sich zu seinem Truppenteil zu bege-
ben.«[45]

Im thüringischen Ohrdruf verursachte ein Mob den »natürlichen« Tod eines französischen katholischen Priesters, den man
verdächtigte, der belgischen Armee geholfen zu haben.[46]

In ganz Deutschland suchten die Massen nicht nur nach
Spionen, sondern verfolgten auch Kraftfahrzeuge, die verdäch-
tigt wurden, französisches Gold zu transportieren. Am 3. August meldete die Regierung, es seien 25 französische Fahrzeuge
durch Deutschland unterwegs, die 80 Millionen Goldfranken
von Frankreich nach Rußland transportierten. An den Ausfall-
straßen fast aller Städte in ganz Deutschland wurden Straßensperren errichtet. Da es damals so gut wie keine Umgehungs-
straßen gab und fast alle Straßenverbindungen durch die Städte

---

45 *Spion und Pöbel*, in: Bremer Bürger-Zeitung, 4. August 1914, Nr. 179,
1. Beilage.
46 Der Priester war am 28. August 1914 in Belgien wegen Besitzes einer
Pistole verhaftet worden. Man brachte ihn in das deutsche Kriegsgefan-
genenlager bei Ohrdruf, wo sowohl Partisanen festgehalten wurden als
auch Geiseln, denen die Erschießung drohte, falls es in einer bestimmten Stadt zu Partisanenaktionen kam. Ein Militärgericht befand ihn für
unschuldig. Nach seiner Freilassung fiel eine aufgebrachte Menge über
ihn her. Kurze Zeit später starb er, eines »natürlichen Todes«, wie es im
amtlichen Bericht hieß. Doch auf Ansichtskarten und Plakaten wurde
der Vorfall anders dargestellt. In einem Buchladen in Ohrdruf hing ein
Plakat mit dem Bild des bedauernswerten Opfers und einer Bildunter-
schrift, die deutlich machte, daß er von der Bevölkerung hingerichtet
wurde. Ein Bericht über den Fall findet sich in HStA München, Abt. IV
– Kriegsarchiv, MKr Nr. 2330.

147

führten, kam der Kraftfahrzeugverkehr im ganzen Land praktisch zum Erliegen; wer mit dem Auto reiste, wurde immer wieder nach kurzer Fahrstrecke angehalten.[47] Zeitgenössische Berichte weisen darauf hin, daß es in diesen Tagen nicht nur sehr beschwerlich war, mit dem Auto zu reisen, sondern auch sehr gefährlich. Die zivilen Wachtposten waren nicht immer leicht davon zu überzeugen, daß die amtlichen Papiere oder offiziellen Uniformen echt waren. Und wer diese Straßensperren passierte, ohne anzuhalten, mußte damit rechnen, daß der Wachtposten in Erfüllung seiner vaterländischen Pflicht das Feuer auf ihn eröffnete: Insgesamt achtundzwanzig Menschen wurden in der ersten Kriegswoche von übereifrigen Wachtposten erschossen, die nach französischem Gold suchten. Unter den Opfern war kein einziger Spion (oder Ausländer), aber einige Offiziere, Adelige und hohe Beamte, eben Menschen aus den Bevölkerungsschichten, die sich 1914 ein Automobil leisten konnten.[48] Einige Zeitungen, darunter die amtliche *Norddeutsche Allgemeine Zeitung*, berichteten, man habe einige Autos mit Gold abgefangen, was jedoch nicht stimmte.[49]

Den meisten sozialdemokratischen Zeitungen ist zugute zu halten, daß sie – wie die *Bremer Bürger-Zeitung* – das Spionagefieber als »Skandal« anprangerten, die bürgerliche Presse auffor-

---

47 Diese »Jagd auf die Automobile« wird beschrieben in den bei Buchner (Hg.), Kriegsdokumente, Bd. 1, S. 112 ff. abgedruckten Zeitungsberichten.

48 Heinrich Binder, Was wir als Kriegsberichterstatter nicht sagen durften, München 1919, S. 6. Der Verfasser des Artikels *Drei Gold-Automobile abgefangen*, in: Tägliche Rundschau, 9. August 1914, Nr. 371, S. 3 berichtet, daß ein Rittmeister und der Landrat von Schubin (Posen) den Tod fanden. Amtliche Berichte zu einigen dieser Todesfälle finden sich in BAL, Reichskanzlei, Nr. 2401/2, S. 37 ff.

49 *Drei Gold-Automobile abgefangen*, in: *Norddeutsche Allgemeine Zeitung*, 9. August 1914, Nr. 185, S. 1.

derten, die allgemeine Erregung nicht durch Sensationsgeschichten weiter anzuheizen, und von den Militärbehörden verlangten, der Angst vor Spionen entgegenzuwirken.[50] Nachdem eine Menschenmenge die britische Botschaft attackiert hatte, gab die Regierung am 5. August die folgende Erklärung ab: »Die Erbitterung der Bevölkerung, die gestern in verschiedenen Kundgebungen zum Ausdruck kam, ist verständlich. Es muß aber schon im Interesse der im Ausland lebenden Millionen von Deutschen dringend davor gewarnt werden, dieser Erbitterung in einer Weise Ausdruck zu geben, die weder unserem Ansehen in den neutralen Staaten noch der guten Sache dient, für die wir kämpfen.«[51]

Gleichfalls am 5. August ließ die Berliner Regierung jedoch in der *Norddeutschen Allgemeinen Zeitung* verbreiten, es seien »bereits zahlreiche Versuche unternommen worden, wichtige Kunstbauten, Eisenbahnbrücken, Tunnels und dergleichen zu sprengen [...] Die Täter sind sofort erschossen worden. Jedermann aus dem Volke hat die heilige Pflicht, was in seinen Kräften steht, dazu beizutragen, daß derartige verbrecherische Anschläge auch weiterhin unwirksam gemacht werden.«[52]

Die Regierung wollte die Hatz auf Spione nicht beenden, weil sie ihr, worauf Hellmut von Gerlach hinweist, gelegen kam, »um die patriotische Stimmung anzuheizen«[53] beziehungsweise weil

---

50 *Spione und Pöbel*, in: Bremer Bürger-Zeitung, 4. August 1914, Nr. 179, 1. Beilage. Im Vorwärts hieß es am 8. August ähnlich, die Militärbehörden sollten dem Spionagefieber ein Ende setzen. Von den bürgerlichen Zeitungen warnten das Hamburger Fremdenblatt, die Münchner Neuesten Nachrichten, die Frankfurter Zeitung und das Berliner Tageblatt die Öffentlichkeit vor allzu großem Eifer.

51 *Warnung vor Ausschreitungen*, in: Berliner Zeitung am Mittag, Nr. 182, 5. August 1914, S. 7.

52 *Achtet auf Spione!* in: Norddeutsche Allgemeine Zeitung, 5. August 1914, Nr. 181, S. 1.

53 Gerlach, Die große Zeit der Lüge, S. 18.

sie – in den Worten der Regierung – zur »Einheit der Begeisterung« beitrug.[54]

Die Regierung selbst scheint jedoch viele der in Umlauf befindlichen Gerüchte geglaubt zu haben. Weil in den Berichten über die mit Gold beladenen Automobile behauptet wurde, diese seien von Holland aus nach Deutschland eingereist, die Niederlande seien also nicht neutral geblieben, erhob die niederländische Regierung offiziell Beschwerde, und die Regierung von Preußen leitete eine Untersuchung ein. Diese ergab, daß der Landrat von Geldern, Kesseler, die Geschichte mit dem Gold von einem Regierungsassessor Freiherr von Funck hatte, welcher sie seinerseits von einem Major von Steindorf erfahren hatte; letzterer konnte allerdings nicht mehr nach seiner Informationsquelle befragt werden, da er im September 1914 an der Westfront gefallen war. Der Landrat von Geldern informierte sofort telegrafisch seinen Vorgesetzten, dem Regierungspräsidenten in Düsseldorf, der schickte umgehend ein Telegramm an den preußischen Innenminister, und dieser informierte augenblicklich alle Behörden und die Presse. Wie nicht anders zu erwarten war, berichteten einige Tage später mehrere Amtsträger, zum Beispiel der Landrat von Sangerhausen, sie hätten die Fahrzeuge gesehen.[55]

Als schließlich deutlich wurde, daß das Spionagefieber und vor allem die Suche nach den Goldtransporten die Mobilmachung behinderten, ordnete der Generalstab am 7. August 1914 an, die »Jagd auf Automobile« einzustellen. Am 8. August dekretierte der Innenminister die Aufhebung aller Straßensper-

---

54 Viktor Stadthagen, der 1914 Chefredakteur des Vorwärts war, erklärte in einer Rede im Reichstag am 20. März 1915, mit diesen Worten hätten die Militärbehörden in der ersten Kriegswoche ihre Zensurmaßnahmen gegen den Vorwärts gerechtfertigt, der die Jagd auf Spione kritisierte. Vgl. Stenographische Berichte des Reichstages, Bd. 306, S. 98 ff.

55 Vgl. die Dokumente in GhStAPK, Rep. 77, Tit. 332bb, Nr. 33, Bd. 1.

Jagd auf Fremdwörter. (Neu Bogen). →

ren und verbot insbesondere den Schußwaffengebrauch gegen die Autofahrer.[56] Doch erst Mitte August hatte sich die Erregung gelegt, und es kam nicht mehr zu derartigen Übergriffen.

Zu den befremdlichsten Aspekten dieser Art von karnevalesker Stimmung zählten die Banden deutscher Jugendlicher, die Jagd auf Fremdwörter machten. Diese den meisten Berichten zufolge etwa zwölf- bis zwanzigjährigen Jugendlichen, zum Großteil aus der Mittelschicht, durchstreiften in den ersten Tagen des Krieges zu diesem Zweck die deutschen Städte. Wenn sie auf ein Fremdwort stießen, zum Beispiel auf einem Plakat vor einem Laden, stellten sie dem Inhaber ein Ultimatum. Und wenn er das beanstandete Wort nicht umgehend entfernte, warfen sie ihm mit Steinen das Schaufenster ein.

Es ist eher unwahrscheinlich, daß es den Jugendlichen dabei wirklich um die deutsche Sprache ging; sie wollten wohl vor allem ihren Spaß haben. Keiner von ihnen wurde festgenommen, und sie bewerkstelligten auch in wenigen Tagen das, was der 1885 von hoch geachteten Professoren gegründete ehrbare Deutsche Sprachverein in jahrzehntelanger Arbeit nicht geschafft hatte. Zu Frankfurt am Main hieß es beispielsweise:

»Wo heldendeutsche Jünglinge Ausdrücke wie Coiffeur, Tailleur, Saison, Modes, Robes, Grand, Café usw. prangen sahen, da gings im Sturmschritt in den betreffenden Laden; dem Besitzer wurde ein Ultimatum gestellt, dem die ängstlichen Leute sofort nachkamen. Und so bieten die Straßen heute ein merkwürdiges Bild. Überkleisterte, überpinselte, verhängte, ausgemeißelte Geschäftsschilder mit französischen Aufschriften zu Tausenden! Ein scheckigeres Bild wie jetzt dürfte die Stadt noch nie geboten haben.«[57]

Das Berliner Café Piccadilly wurde in Deutsches Café umbe-

---

56 BAL, Reichskanzlei, Nr. 2401/2, S. 58.
57 *Stimmungsbilder*, in: Frankfurter Volksstimme, 5. August 1914, Nr. 180, Beilage.

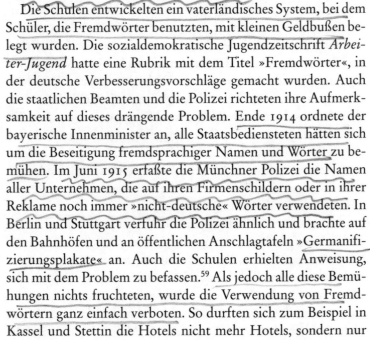

nannt, in Hamburg wurde das Café Belvedere zum Kaffeehaus Vaterland, das Moulin Rouge zur Jungmühle.[58]

Die Schulen entwickelten ein vaterländisches System, bei dem Schüler, die Fremdwörter benutzten, mit kleinen Geldbußen belegt wurden. Die sozialdemokratische Jugendzeitschrift *Arbeiter-Jugend* hatte eine Rubrik mit dem Titel »Fremdwörter«, in der deutsche Verbesserungsvorschläge gemacht wurden. Auch die staatlichen Beamten und die Polizei richteten ihre Aufmerksamkeit auf dieses drängende Problem. Ende 1914 ordnete der bayerische Innenminister an, alle Staatsbediensteten hätten sich um die Beseitigung fremdsprachiger Namen und Wörter zu bemühen. Im Juni 1915 erfaßte die Münchner Polizei die Namen aller Unternehmen, die auf ihren Firmenschildern oder in ihrer Reklame noch immer »nicht-deutsche« Wörter verwendeten. In Berlin und Stuttgart verfuhr die Polizei ähnlich und brachte auf den Bahnhöfen und an öffentlichen Anschlagtafeln »Germanifizierungsplakate« an. Auch die Schulen erhielten Anweisung, sich mit dem Problem zu befassen.[59] Als jedoch alle diese Bemühungen nichts fruchteten, wurde die Verwendung von Fremdwörtern ganz einfach verboten. So durften sich zum Beispiel in Kassel und Stettin die Hotels nicht mehr Hotels, sondern nur

---

58 *Der Zwang der öffentlichen Meinung*, in: Tägliche Rundschau, 5. August 1914, Nr. 364 (Abend), S. 4; Ullrich, Kriegsalltag, S. 16 sowie Buchner (Hg.), Kriegsdokumente, Bd. 1, S. 241 ff. Dieses Phänomen gab es allerdings nicht nur in Deutschland. In den Vereinigten Staaten hieß Sauerkraut jetzt *liberty cabbage*, in England änderte das Königshaus seinen Namen von Hannover in Windsor.

59 A. Sachse, *Die Kriegsmaßnahmen der Preußischen Unterrichtsverwaltung*, in: Internationale Monatsschrift für Kunst, Wissenschaft und Technik, 11 (1917), S. 1175ff; Gertrud Bäumer, 26. März 1915, Heimatchronik während des Weltkrieges, Berlin 1930, S. 236, beschreibt die Maßnahmen der Berliner Polizei. Eine Schilderung des Vorgehens der Stuttgarter Polizei findet sich in: Wilhelm Kohlhaas, Chronik der Stadt Stuttgart 1913–1918, Stuttgart 1967, S. 124; zwei Beispiele für auf Bahnhöfen angebrachte »Germanifizierungsplakate« in GhStAPK, XIV/180/13201.

noch Gasthäuser nennen.[60] Überhaupt hatte die »Germanifizierung« auch ihre komische Seite. Viele der als Ersatz vorgeschlagenen deutschen Begriffe waren schlicht lächerlich. Und in den Restaurants, wo viele Gerichte einen neuen Namen erhalten hatten, wußten die Gäste oft nicht, was sie bestellen sollten. Populäre Gerichte mit unübersetzbaren Namen, wie zum Beispiel Chateaubriand, wurden einfach von der Speisekarte gestrichen. Wahrscheinlich aber sahen nur wenige Zeitgenossen die komischen Aspekte dieser Angelegenheit. Nur einige Intellektuelle widersetzten sich diesem Unsinn, die große Mehrheit von ihnen unterstützte ihn mit ihrer Autorität.

Die von einer Zeitung so bezeichnete »Macht der öffentlichen Meinung« zeigte sich in diesen Tagen zuweilen auch von ihrer gefährlichen Seite. In Leipzig mußte die Polizei blankziehen, damit randalierende Kinder nicht die Schaufenster von Geschäften einschlugen, deren Inhaber zwar versprochen hatten, alle Fremdwörter zu beseitigen, es aber noch nicht getan hatten.[61] In den SPD-Zeitungen wurde immer wieder darauf hingewiesen, daß diese Art von Begeisterung wenig mit dem Krieg zu tun hatte, sondern eher der Begeisterung eines alkoholisierten Mobs ähnelte. Die rechte Presse beharrte darauf, daß dieser »Patriotismus« ausschließlich auf edlen Motiven gründete, räumte allerdings ein, daß sich »der Großstadtmob freudwillig beteiligt, der immer dabei sein will, wo ›etwas los ist‹.«[62] Letztendlich stimmte aber ein Großteil der bürgerlichen Zeitungen mit der sozialdemokratischen Presse überein. Das (nationalliberale) *Hamburger*

60 Vgl. Gerlach, Die große Zeit der Lüge, S. 19 sowie A. Ebner, *Die Presse unter der vollziehenden Gewalt des Militärbefehlshabers*, in: Zeitungs-Verlag, Nr. 36 (3. September 1915), S. 790.

61 *Bilder vom gestrigen Tage*, in: Leipziger Volkszeitung, 4. August 1914, Nr. 177, Beilage; und *Schwere Ausschreitungen in Leipzig*, in: Weser-Zeitung, 7. August 1914 (Mittag), letzte Seite.

62 Zit. n. *Rückblick auf die Woche*, in: Hamburger Nachrichten, 2. August 1914, StA Hamburg, Politische Polizei, S 20132, Bd. 20.

Fremdenblatt schrieb am 4. August: »Wer heute noch Zeit und Geld hat ein Caféhaus zu besuchen, der mag es gern tun, ihm und den Wirten sei es gern gegönnt, aber er verlange doch nicht von jedem seiner Mitgäste, daß er sich durchaus in derselben Stimmung wie er selbst befindet.«[63] Die radikal nationalistische *Tägliche Rundschau* bedauerte den *Radaupatriotismus* und klagte: »Tauchten unbestimmte Gerüchte auf, wie sie in solcher Zeit unausbleiblich sind […] so wurden sie gedankenlos aufgegriffen und dienten als Grund für sinnloses Hurra Schreien und für neues Trinken.«[64] Nach und nach gelangten auch die Staatsorgane zu dieser Auffassung. Der Polizeipräsident von Stuttgart erklärte gegen Ende der ersten Kriegswoche:

»Schutzleute! Die Einwohnerschaft fängt an, verrückt zu werden. Die Straßen sind von alten Weibern beiderlei Geschlechts erfüllt, die sich eines unwürdigen Treibens befleißigen. Jeder sieht in seinem Nebenmenschen einen russischen oder französischen Spion und meint, die Pflicht zu haben, ihn und den Schutzmann, der sich seiner annimmt, blutig zu schlagen, mindestens aber unter Verursachung eines großen Auflaufs ihn der Polizei zu übergeben. Wolken werden für Flieger, Sterne für Luftschiffe, Fahrradlenkstangen für Bomben gehalten. Telephon- und Telegraphendrähte mitten in Stuttgart sollen zerschnitten, Brücken gesprengt, Spione standrechtlich erschossen und die Wasserleitung vergiftet worden sein. Es ist nicht abzusehen, wenn die Zeiten wirklich einmal schwieriger werden. Festgestelltermaßen hat sich bis jetzt auch nicht das geringste Bedenkliche ereignet. Gleichwohl meint man, in einem Narrenhaus zu sein, während doch jeder, wenn er nicht ein Feigling oder gefährlicher Müßiggänger ist, ruhig seine Pflichten erfüllen sollte, wozu die Zeiten ernst genug sind. Schutzleute, behaltet auch weiterhin kaltes Blut! Seid wie bisher Männer und keine Weiber. Laßt Euch nicht ins Bockshorn jagen und habt die Augen offen wie es Eure Schuldigkeit ist!«[65]

---

63 *Mehr Ruhe und Würde*, in: Hamburger Fremdenblatt, 4. August 1914 (Sonder-Ausgabe), S. 3.

64 *Mehr Ernst und Würde*, in: Tägliche Rundschau, 12. August 1914, Nr. 376 (Morgen), S. 2.

65 Zit. n. Richard Müller, Vom Kaiserreich zur Republik. Ein Beitrag zur Geschichte der revolutionären Arbeiterbewegung während des Weltkrieges, Berlin 1974, S. 22.

Am 8. August begann die Münchner Polizei mit einer Reihe von Aufrufen an die Bevölkerung, in diesen schwierigen Zeiten »mehr Ernst« zu zeigen. Und am 11. August wurden die Berliner mit einem ähnlichen Aufruf zu »einer dem Ernst der Zeit angemessenen Haltung« aufgefordert.[66]

Panische und depressive Massen

Der August war vor allem von großer Aufregung gekennzeichnet, die sich bei vielen Deutschen in panikartigen Reaktionen manifestierte. Das läßt nicht unbedingt auf einen Mangel an Begeisterung schließen; es mag durchaus sein, daß viele Menschen Panik und Begeisterung zugleich empfanden. Gleichwohl ist es aufschlußreich, daß die begeisterten Massen stets in den besseren Vierteln anzutreffen waren, die angsterfüllt-panischen Massen hingegen in den Wohngegenden der unteren Mittelschicht und in den Arbeitervierteln. Ebenso aufschlußreich ist, daß die Begeisterung vor allem in der Mitte und im Westen Deutschlands zum Ausdruck kam, während in den Grenzgebieten, in Elsaß-Lothringen, an der Saar und in den Städten im Osten angsterfüllt-panische Massen das Bild bestimmten.[67]

---

66 *Berlin und der Krieg*, in: Berliner Zeitung am Mittag, 12. August 1914, Nr. 189, S. 2. Die Münchner Aufrufe wurden in den Artikeln *Mehr Ernst*, in: Münchner Post, 8. August 1914, und *Spionage und Verdächtige*, in: Münchner Neueste Nachrichten, 5. August 1914, Nr. 396 (Vorabend), S. 3 abgedruckt.

67 Zur Beschreibung angsterfüllt-panischer Massen in Straßburg vgl. *Unsere Kirchengemeinden während der Kriegszeit. II. Von der Westgrenze. 1. Die evangelische Kirche Straßburgs in der beginnenden Kriegszeit*, in: Monatsschrift für Pastoraltheologie, 1. Kriegsheft (Oktober 1914), S. 9 ff.; zu der elsässischen Kleinstadt Wanzenau vgl. A. Postina, Wanzenauer Kriegschronik; zur Saar die Artikel *Kriegsfurcht in der Südwestecke Deutschlands. Ein Stimmungsbild aus Saarbrücken*, in: General-

Ein Beleg für eine starke Beunruhigung sind die bereits angesprochenen langen Schlangen vor den Banken und Sparkassen in ganz Deutschland am Montag, dem 3. August, weil alle ihre Sparguthaben abheben und ihr Papiergeld in Münzen umtauschen wollten. Oft mußte die Polizei gerufen werden, um die Ordnung aufrechtzuerhalten.[68] Viele Geschäfte akzeptierten keine Banknoten mehr, und viele schlaue Ladenbesitzer nutzten die Gelegenheit und tauschten Papiergeld mit einem Abschlag von 10 Prozent in Münzgeld. Ein weiterer Beleg sind die langen Schlangen vor den Lebensmittelläden, da die Menschen Nahrungsmittel hamsterten. Die Preise stiegen dramatisch an. Viele örtliche Militärbefehlshaber reagierten darauf mit der Festsetzung von Höchstpreisen (zum Beispiel 30 Pfennig für ein Pfund Mehl – immer noch eine Preiserhöhung um 50 Prozent, mit der Verpflichtung zur Annahme von Banknoten als Zahlungsmittel und der Drohung, unpatriotische Geschäfte zu schließen.[69] Bis zum 7. August war die Panik abgeebbt, die Preise waren wieder auf ihre normale Höhe gesunken, und Papiergeld wurde wieder als Zahlungsmittel akzeptiert. Allerdings mußte noch am 24. August die *Norddeutsche Allgemeine Zeitung* die Bevölkerung

---

Anzeiger (Dortmund), 31. Juli 1914, Nr. 208, 2. Blatt und *Kriegsfieber im Saarrevier*, in: Hamborner General-Anzeiger, 31. Juli 1914, Nr. 206; zum Osten vgl. *Die Stimmung in Danzig*, in: Danziger Neueste Nachrichten, 1. August 1914, Nr. 478, GhStAPK, XIV/180/19358 (346Z), S. 15 und *Ostpreußen im Kriegszustand*, in: Leipziger Abendzeitung, 7. August 1914, Nr. 217, S. 3.

68 *Der Andrang auf die Sparkassen und Banken*, in: Tägliche Rundschau, 1. August 1914, Nr. 357 (Abend), S. 4.

69 Die Aufrufe für München, Nürnberg und Bayern wurden in dem Artikel *Kriegsgefahr und Lebensmittelmarkt*, in: Münchner Neueste Nachrichten, 1. August 1914, Nr. 389, S. 3 abgedruckt; zu Köln vgl. *Das Papiergeld*, in: Rheinische Zeitung, 1. August 1914, Nr. 176, S. 3; zu Hamburg *An die Bevölkerung im Bezirk des 9. Armeekorps*, in: Hamburger Echo, 4. August 1914, Nr. 179 und zu Berlin vgl. den Artikel *Gegen die Preistreiberei für Lebensmittel*, in: Vorwärts, 3. August 1914.

darauf hinweisen, daß niemand Papiergeld zurückweisen dürfe und es deshalb keinen Grund gebe, Bargeld zu horten.[70]

Eines der deutlichsten Beispiele für panische Massen aber ist die Fluchtbewegung vor dem Krieg im Osten. Bereits vor der Kriegserklärung verließen »meist wohlhabendere Bewohner der Grenzkreise« ihre Heimatorte und zogen nach Westen. Nach der Kriegserklärung an Rußland stieg die Zahl der Flüchtlinge aus den Grenzgebieten an.[71] Und als ab Mitte August die russischen Truppen nach Ostpreußen vordrangen, traten noch mehr Menschen die Flucht an, oft buchstäblich mit all ihrem Hab und Gut auf dem Rücken. Zu diesen Flüchtlingen kamen andere, zum Beispiel Einwohner von Königsberg, die einfach Angst hatten und deshalb Verwandte in Westdeutschland besuchen wollten. Einer amtlichen Schätzung zufolge verließen im August über 870000 Menschen ihre Heimatorte,[72] das heißt gut 20–30 Prozent der Bevölkerung der östlichen Landesteile.

Die Fluchtbewegung hatte starke Auswirkungen auf die Moral der Bevölkerung. Der Danziger Pastor D. Kalweit liefert eine wohl treffende Beschreibung der Stimmung in der Stadt im August 1914, wenn er schreibt:

»Bange Tage waren es, als die an Zahl weit überlegenen russischen Streitkräfte in Ostpreußen eingebrochen waren. Aus dem Westen kamen die großen Siegesnachrichten. Die Häuser wurden mit Fahnen geschmückt. Doch die Bevölkerung wartete auf den Sieg aus dem Osten. Der bunte Schmuck der Straßen tat vielen weh, sie konnten sich der großen Erfolge in

---

70 *Bargeld nicht verbergen*, in: Norddeutsche Allgemeine Zeitung, 24. August 1914, Nr. 197. Beschwerden von Geschäftsleuten über Kunden, die wenige Artikel kauften und mit großen Geldscheinen bezahlten, finden sich in: StA München, Polizeidirektion, Nr. 4547.

71 A. Brackman, *Aus der Fluchtbewegung*, in: ders. (Hg.), *Ostpreußische Kriegshefte auf Grund amtlicher und privater Berichte; zweites Heft: Fluchtbewegung und Flüchtlingsfürsorge*, Berlin 1915, S.7.

72 Ebenda, S.28. Vgl. auch: Dieter Stüttgen, Die Preußische Verwaltung des Regierungsbezirks Gumbinnen 1871–1920, Köln und Berlin 1980, S.352.

Frankreich nicht recht freuen. Schon kamen Flüchtlinge aus dem Osten mit zusammengeraffter Habe und ihre Zahl wurde immer größer.«[73]

Am 23. August trafen einige tausend Flüchtlinge in Berlin ein, die Geschichten von der Barbarei der Russen mitbrachten, von »abgeschlagenen Köpfen, verbrannten Kindern und vergewaltigten Frauen«. Doch wie ein Journalist anmerkte, waren dies stets von anderen übernommene Schilderungen; von selbst erlebten russischen Greueltaten berichtete niemand.[74]

Die panischen Massen sind ein Indikator für eine allgemein eher gedrückte Stimmung. Ein weiteres Anzeichen dafür ist das Fehlen begeisterter oder selbst nur neugieriger Massen, und auch die große Zahl von Kirchenbesuchern deutet in dieselbe Richtung. Sowohl am ersten Kriegssonntag, dem 2. August, als auch an dem vom Kaiser am 5. August 1914 angeordneten Buß- und Bettag quollen die Kirchen vor Gottesdienstbesuchern über. Die konservative Presse sah darin eine Wiedergeburt der konservativen Werte, aber die vielen Tränen, die in den Kirchen vergossen wurden, lassen darauf schließen, daß die meisten Menschen nur in die Gottesdienste strömten, um Trost zu finden. Die *Berliner Morgenpost* schrieb zu den Szenen, die sich in den Kirchen abspielten: »Lebensausschnitte sind das, wie sie trauriger nicht gedacht werden können.«[75]

---

73 Pastor D., *Unsere Kirchengemeinden während der Kriegszeit. VII. Nachtrag aus allerlei Gemeinden. 3. Aus Danzig*, in: Monatsschrift für Pastoraltheologie, 2. Kriegsheft (November 1914), S. 60.

74 *Warnung vor der Kriegsangst*, in: Heimsdorff-Waidmannsluster Zeitung, 27. August 1914, Nr. 101. Vgl. auch die Zeitungsartikel mit entsprechenden Beschreibungen in Buchner (Hg.), Kriegsdokumente, Bd. 2, S. 69 ff. und den Bericht eines örtlichen Beamten (gezeichnet Regierungspräsident Graf Keyserlingk) in GhStAPK, Rep. 77, Tit. 1310, Nr. 1, Bd. 1, o. S.

75 E. A., *Die Weltstadt in der Schicksalsstunde*, in: Berliner Morgenpost, 2. August 1914, Beilage. Zur konservativen Interpretation siehe W. St., *In der Reichshauptstadt. Siegestage am 4. und 5. August*, in: Norddeutsche Allgemeine Zeitung, 7. August 1914, Nr. 183, S. 1.

Aus drei Bereichen gab es in Deutschland praktisch keine Berichte über begeisterte oder zumindest neugierige Massen in den ersten beiden Kriegswochen: aus den ländlichen Dörfern und Städten, aus den Arbeitervierteln der Großstädte und aus den Grenzgebieten. Zur Stimmung auf dem Lande liegen uns nur wenige Hinweise vor. Aber auch die Tatsache, daß es keine Berichte über begeisterte Menschen gibt, ist aufschlußreich: die Lokalkorrespondenten der großen Zeitungen zogen es vor, überhaupt nicht über die Stimmung in der Landbevölkerung zu berichten. Wäre dort Kriegsbegeisterung zu verzeichnen gewesen, so hätten sie sehr wahrscheinlich darüber geschrieben. Doch in den wenigen vorliegenden Berichten ist nicht von Begeisterung die Rede. Benjamin Ziemann konnte in den ländlichen Gebieten Südbayerns keinerlei Kriegsbegeisterung feststellen.[76] Georg Gothein, der für einen ländlichen Wahlkreis östlich der Elbe im Reichstag saß, berichtete dem Abgeordneten der dänischen Minderheit, Hans Peter Hanssen, daß es in den ländlichen Gebieten im Osten Deutschlands keinerlei Kriegsbegeisterung gebe.[77]

Selbst als nach dem Sieg bei Tannenberg die Gefahr einer russischen Invasion nicht mehr bestand, war die Stimmung in den Ostprovinzen gedämpfter als im Westen. Zum einen war dieser Teil Deutschlands viel ländlicher geprägt, und die Landbevölkerung zeigte sich überall weniger kriegsbegeistert als die Menschen in den Städten. Zum anderen war die Furcht vor einer Invasion doch noch nicht ganz gebannt. Ein Vertreter der Regierung schrieb zur Stimmung in der Bevölkerung des Danziger Gebiets: »Ihre Stimmung ist daher, wenn sie auch selbstverständlich von Patriotismus und Opferwilligkeit getragen ist, eine wesentliche andere, als die der Berliner Bevölkerung, die von dem Jammer des Krieges meist nichts sieht und nur unter dem

---

76 Ziemann, Front und Heimat, S.39–47.
77 Hanssen, Diary of a Dying Empire, S.24. Tagebucheintrag vom 3. August.

Eindruck der Siegesbotschaften von dem westlichen Kriegs-schauplatz steht.«[78]

Die bäuerliche Bevölkerung war unmittelbarer vom Krieg betroffen als die Bewohner der Städte. Viele Männer mußten einrücken, und in den ersten Kriegstagen wurden für den Truppen- und Materialtransport auch viele Pferde requiriert. Aus der ländlichen Umgebung von Halle berichtete ein örtlicher Geistlicher: »[T]ieferen Eindruck fast als der Auszug der Reserve und Landwehr machte auf die größeren und kleineren Besitzer die Aushebung der Pferde.«[79] Zur Stimmung in den ländlichen Gebieten Bayerns heißt es: »[S]chwerer Kummer aber ist bei vielen unserer Bauernfamilien eingezogen, denn die Väter oft sehr kinderreicher Familien müssen fort, die Söhne, Pferde und Wagen werden von den Militärbehörden gefordert und draußen steht die Ernte.«[80]

Auch unter den Arbeitern war wenig von Begeisterung zu spüren, eher eine große Niedergeschlagenheit. Schon allein die wirtschaftliche Lage war alles andere als ein Anlaß zu Begeisterung. Die meisten Männer standen im Felde, und ihre Frauen blickten einer wirtschaftlich schwierigen und unsicheren Zukunft entgegen – der Sold der Soldaten war niedrig, und die staatliche Unterstützung für die Familien meist ungenügend –, und viele von denen, die nicht einrücken mußten, hatten keine

---

78 Der mit 29. August 1914 datierte Bericht des Regierungsrats Schicht über seine Reise durch Westpreußen findet sich in GhStAPK, Rep. 77, Tit. 1310, Nr. 1, Bd. 1, o.S.

79 Pastor v. Rohden, *Unsere Kirchengemeinden während der Kriegszeit. V. Aus zwei verschiedenen norddeutschen Dörfern. 1. Aus der Umgebung von Halle*, in: Monatsschrift für Pastoraltheologie, 1. Kriegsheft (Oktober 1914), S. 28.

80 *Der zweite Mobilmachungstag*, in: Münchner Neueste Nachrichten, 4. August 1914, Nr. 395 (Morgen), S. 3. Zu einer ähnlichen Beschreibung für Ostpreußen siehe Agnes Harder, *Die ersten Kriegstage in Ostpreußen*, in: Unterhaltungsbeilage der Täglichen Rundschau, 13. August 1914, Nr. 188.

Arbeit. Zu Beginn des Krieges nahmen viele Arbeitgeber (vor allem in den Industriezweigen, die nicht vom Krieg berührt waren, wie dem Verlagswesen, der Modebranche oder der holzverarbeitenden Industrie) in Erwartung eines kurzen Krieges und einer durch ihn hervorgerufenen Rezession Entlassungen vor. Viele andere Betriebe mußten Arbeiter entlassen, weil die Rohstoffversorgung durch den Krieg unterbrochen wurde. So stieg die Arbeitslosenrate in Deutschland von 2,7 % im Juli auf 22,7 % im August, und in den exportorientierten Industriezweigen erreichte sie sogar oft 40–50 %.[81] Ein Großteil derjenigen, die ihre Stelle nicht verloren, darunter viele Angestellte, mußten sich mit drastischen Lohnkürzungen und Einkommenseinbußen abfinden – in manchen Fällen um bis zu 50 %. Dadurch wurde es für viele Familien immer schwieriger, die Miete zu zahlen, und nicht selten mußten sie mit den Eltern oder Schwiegereltern zusammenziehen. Die weniger Glücklichen waren auf die Fürsorge angewiesen: vor den Sozialämtern und Arbeitsämtern in den Arbeitervierteln drängten sich immer größere Menschenmengen.[82]

Besonders hart traf es die arbeitenden Frauen; viele Hausangestellte verloren ihre Arbeit.[83] Bis sich die Lage auf dem Arbeitsmarkt wieder besserte und auch Frauen wieder in der Industrie

---

81 Müller, Vom Reich zur Republik, S. 40. Zu den wirtschaftlichen Problemen in den ersten Kriegsmonaten vgl. auch Hans-Joachim Bieber, Gewerkschaften in Krieg und Revolution. Arbeiterbewegung, Industrie, Staat und Militär in Deutschland 1914–1920, 2 Bde., Hamburg 1981; Jürgen Kocka, Klassengesellschaft im Krieg. Deutsche Sozialgeschichte 1914–1918, Göttingen 1973.

82 Vgl. den ersten Bericht des Polizeipräsidenten von Berlin zur Stimmung in der Bevölkerung vom 22. August 1914, in: Ingo Materna und Hans-Joachim Schreckenbach (Hg.), Dokumente aus geheimen Archiven. Bd. 4: 1914–1918, S. 3.

83 Vgl. Ute Daniel, Arbeiterfrauen in der Kriegsgesellschaft. Beruf, Familie und Politik im Ersten Weltkrieg, Göttingen 1989; Darstellungen der Lage der Frauen finden sich außerdem für Frankfurt in: Drüner, Im Schatten des Weltkrieges. Zehn Jahre Frankfurter Geschichte von

Begeisterung muß man sich leisten können

Arbeit fanden, sollten noch Monate vergehen. Die Arbeitslosigkeit war so hoch, daß die Regierung spezielle Einrichtungen zur Unterstützung arbeitsloser Frauen gründete. In Wiesbaden meldeten sich »unzählige Dienstmädchen [...] in ihrer Not beim Roten Kreuz. Von dort aus wurde ihnen wenigstens Obdach verschafft«.[84] In Berlin versammelten sich Anfang September regelmäßig 7000–8000 arbeitsuchende Frauen vor dem Arbeitsamt. Die sich ausbreitende Armut zwang Berlin und andere Städte zur Einrichtung von Volksküchen. Diese wurden zwar, wie der schwedische Sozialdemokrat Karl Hildebrand bei einem Besuch in Deutschland feststellte, vor allem von Arbeitern genutzt, aber man traf auch auf zahlreiche Angehörige der Mittelschicht.[85]

In Berichten an den Polizeipräsidenten von Berlin wurde die Arbeitslosigkeit als wichtigster Grund für die niedergeschlagene Stimmung in der Berliner Arbeiterschaft angegeben.[86] Ein Geistlicher im Berliner Arbeiterviertel Moabit schrieb: »Die eigentliche Begeisterung – ich möchte sagen, die akademische Begeisterung, wie sie sich der Gebildete leisten kann, der nicht unmittelbare Nahrungssorgen hat, scheint mir doch zu fehlen. Das Volk denkt doch sehr real, und die Not liegt schwer auf den Menschen.«[87]

Ähnlich äußerte sich ein Pastor in einem Arbeitervorort von Stuttgart zur Stimmung in seiner Gemeinde: »Die Kriegserklärung wurde zunächst mit einem Gefühl des Betäubtseins durch

---

1914–1924, Frankfurt am Main 1934, S.69–70; und für Berlin in: Kaeber, Berlin im Weltkriege, S.339.

84 *Arbeitslos*, in: Volksstimme (Wiesbaden), 14. August 1914, Nr. 188, Beilage.

85 Karl Hildebrand, Ein starkes Volk. Eindrücke aus Deutschland und von der deutschen Westfront, Berlin 1915, S.138.

86 Vgl. insbesondere die Berichte in BLHA, Rep. 30 Berlin C, Tit. 95, Nr. 15806, S.44–45.

87 *Unsere Kirchengemeinden während der Kriegszeit. VI. Streiflichter aus unsern beiden größten Städten. 1. Berlin. b. Aus Moabit (Arbeiterviertel im N.W.)*, in: Monatsschrift für Pastoraltheologie, 2. Kriegsheft (November 1914), S.50f.

das Furchtbare aufgenommen.«[88] Die *Rheinische Zeitung* schrieb zur Stimmung in den Kölner Arbeitervierteln während der ersten Kriegstage: »Eine enge Stimmung liegt in den späten Abendstunden über unsren Arbeitervierteln. Kein Lärm und keine Lieder. Weinende Frauen und ernste gefaßte Männer [...] nicht tönende patriotische Worte und nicht Hurras, sondern Arbeit und Opfer für die Gesamtheit.«[89] Der Pfarrer einer Arbeitergemeinde bei Frankfurt am Main klagte: »Selbst nach den Siegesnachrichten hat man nur vereinzelt von hiesigen Reserven im Wirtshaus mit Bierstimmen entstellt Vaterlandslieder gehört.«[90] Kurz, die Arbeiter waren nicht »kriegsbegeistert«. In den Worten der *Arbeiter-Turnzeitung* war »dieser Krieg durchaus unpopulär: er wird hingenommen als eine schwere, unabänderliche Pflicht.«[91] Wie Marie Juchacz registrierten zwar die meisten Sozialdemokraten unter ihren Mitmenschen aus dem Bürgertum den *furor teutonicus*, sahen bei Sozialdemokraten aber nur »todernste Gesichter«.[92]

Ebenso wenig Kriegsbegeisterung wie die deutschen Arbeiter zeigten die in Deutschland lebenden Menschen anderer Nationalität – die Franzosen in Elsaß-Lothringen, die Polen im Osten Deutschlands und die Dänen im Norden. Auch wenn

---

88 Vgl. *Unsere Kirchengemeinden während des Krieges, IV., 2. Aus einer Stuttgarter Vorstadtgemeinde*, in: Monatsschrift für Pastoraltheologie, 1. Kriegsheft (Oktober 1914), S. 25.

89 *Der große Abschied*, in: Rheinische Zeitung, 5. August 1914, Nr. 179, S. 2–3.

90 *Unsere Kirchengemeinden während der Kriegszeit. III. Das hessische Land und Frankfurt a. M. 3. Aus einer unkirchlichen Arbeitergemeinde bei Frankfurt a. M.* in: Monatsschrift für Pastoraltheologie, 1. Kriegsheft (Oktober 1914), S. 22.

91 *Auszug aus der Erklärung des Bundesvorstandes des Arbeiter-Turnerbundes von Ende August 1914*, in: Arbeiter-Turnzeitung, Nr. 18 (1914), S. 245. Ich danke Frank Heidenreich für diesen Hinweis.

92 Arbeiterwohlfahrt (Hg.), Marie Juchacz, 2. Gründerin der Arbeiterwohlfahrt, Bonn 1979, S. 71 f.

einige Zeitungen von Kriegsbegeisterung in Elsaß-Lothringen berichteten und Vertreter der Regierung hin und wieder die Stimmung der Bevölkerung priesen – zum Beispiel das stellvertretende Generalkommando, das der Bevölkerung von Straßburg für »ihre ausgezeichnete Stimmung und die eindeutige aktive Unterstützung während der Mobilmachung« dankte – beklagte die Regierung wenige Monate später die unpatriotische Haltung der meisten Elsaß-Lothringer. Wie Alan Kramer nachweist, war in Elsaß-Lothringen nicht weitverbreitete Kriegsbegeisterung anzutreffen, sondern »die öffentliche Meinung war zu Beginn des Krieges gespalten in pro-französische und pro-deutsche nationalistische Tendenzen«.[93] Die Loyalität der Bevölkerung des Unterelsaß war begrenzt, und die Stimmung in Lothringen und im Oberelsaß – in den Worten von Reichskanzler Bethmann Hollweg – »feindselig gegenüber unseren Soldaten«.[94] Die Regierung tat ihr übriges zur Verschlechterung der Stimmung, indem sie in Elsaß-Lothringen bei Kriegsbeginn einen besonders harten Belagerungszustand verhängte, und auch die Festnahme von etwa vierhundert Bewohnern der Region, deren Loyalität man als fragwürdig betrachtete, trug wenig zur Verbesserung der Lage bei.[95]

---

93 Alan Kramer, *Wackes at War: Alsace-Lorraine and the Failure of German National Mobilization, 1914–1918*, in John Horne (Hg.), State, Society, and Mobilization in Europe during the First World War, Cambridge 1997, S.107.

94 Vgl. Alan Kramer, *Wackes at War*, S.108.

95 Ebenda, S.107. Ein elsässischer Reichstagsabgeordneter beschwerte sich in der Parlamentsdebatte zur Zensur am 24. Mai 1916 über den Belagerungszustand. Daraufhin erstellte das Kriegspresseamt einen Bericht zur Lage in Elsaß-Lothringen seit Kriegsbeginn, *Bericht der Zensurstelle beim A.O.K. Gaede am 20. Juni 1916*, HStA München, Abt IV – Kriegsarchiv, MKr Nr. 13 880. Der Bericht befaßt sich vor allem mit dem Elsaß und vermittelt den Eindruck, daß die Regierung Lothringen als Teil des deutschen Reichs betrachtete, das Elsaß hingegen als Teil der deutschen Nation. Eine Schilderung der harten Bedingungen in Elsaß-

Die dänische Minderheit in Schleswig-Holstein zeigte ebenfalls wenig Begeisterung. Hans Peter Hanssen beschreibt in seinem Tagebuch die Menschen in Apenrade, die die Plakate mit
der Mobilmachungsanordnung lesen, als »bleiche Männer mit
ernstem, resigniertem Gesichtsausdruck; in Tränen aufgelöste
Frauen; junge Paare, die einander eng umschlungen halten, als
wären sie ganz allein; schluchzende Kinder – alle fühlen sich
gepackt vom starren, erbarmungslosen Griff des Schicksals.«[96]
Am geringsten war die Kriegsbegeisterung erwartungsgemäß
unter der polnischen Minderheit. Nur hier, im Osten Deutschlands, versuchten einige Männer, sich der Einberufung zu entziehen, und mußten von der Polizei zum Militärdienst gezwungen werden.[97] In der Armee entwickelten sie auch keine Begeisterung. In einem Bericht des Landrats von Schwertz heißt es:
»Das Hoch auf den Kaiser bei einer [...] ausrückenden Land-
sturmkompagnie klang etwas dürftig.«[98] Einige Vertreter der

---

Lothringen findet sich auch in einem zu Beginn des Krieges von Reichskanzler Bethmann Hollweg an den Kriegsminister gesandten Schreiben
(in GhStAPK, XIV/180/14762). Bethmann Hollweg bat den Kriegsminister, einige der Verhafteten freizulassen. Ein möglicher Maßstab für
die Kriegsbegeisterung in Elsaß-Lothringen ist die Zahl der Freiwilligen. Diese betrug in Baden und im Elsaß für das 14. Armeekorps 27225
vom 1. August 1914 bis zum 31. Juli 1916 und für das 15. Armeekorps
12316 vom 1. August 1914 bis zum 15. Juli 1915. Vgl. dazu J. Rose, M.
Stürmel, A. Bleicher, F. Deiber, J. Keppi (Hg.), Das Elsaß von 1870–1932.
Bd. IV: Karten, Graphiken, Tabellen, Dokumente, Such- und Namens-
register, Colmar 1938, S. 83. Laut Kramer, *Wackes at War*, S. 108, kam die
Mehrzahl dieser Freiwilligen aus Preußen, das heißt, sie waren eigens
nach Elsaß-Lothringen gereist, um sich hier freiwillig zur Armee zu
melden. Gleichwohl scheint die Zahl der örtlichen Freiwilligen nicht
signifikant unter dem deutschen Durchschnitt gelegen zu haben.
96 Übersetzt aus Hanssen, Diary of a Dying Empire, S. 10.
97 Schreiben des Oberpräsidenten (West-Preußen), Danzig, 5. August
   1914, in GhStAPK, Rep. 77, Tit. 863a, Nr. 3.
98 Landrat von Schwertz, *Stellung der Polen zum Kriege*, 10. Januar 1915,

polnischen Minderheit, die sich unvorsichtigerweise öffentlich zu Rußland bekannten, wurden verhaftet. Die meisten Polen hielten sich hingegen zurück, da sie – wie ein Beobachter treffend bemerkte – Seite an Seite mit den Deutschen lebten und wußten, daß sie ständig beobachtet wurden.

Die Regierung verschärfte die angespannte Situation noch weiter. In Schleswig-Holstein und in weiten Teilen Ostdeutschlands griff die Militärverwaltung – genau wie in Elsaß-Lothringen – hart durch, verhaftete viele politische Führer und verhängte einen besonders harten Belagerungszustand. Fast überall wurde die Publikation fremdsprachiger Zeitungen durch das jeweilige stellvertretende Generalkommando verboten. Und auch als die Blätter einige Wochen später wieder erscheinen durften, wurden sie weiter scharf beobachtet.[99]

Widerstand indes regte sich kaum, obwohl zu Beginn des Krieges Angst, Panik, Trauer und Niedergeschlagenheit weit verbreitet waren. Die vier Millionen Männer, die im August 1914 zum Kriegsdienst eingezogen wurden, leisteten fast alle der Ein-

GhStAPK, Rep. 77, Tit. 863a, Nr. 2b, S. 274 ff. Der Bericht war die Antwort auf die Anforderung von Informationen über die Stimmung der polnischen Minderheit durch den preußischen Innenminister. Die anderen Berichte lauteten ähnlich. Zu einer anderen Einschätzung gelangt hingegen Richard Bessel, *Kriegserfahrungen und Kriegserinnerungen*, S. 127.

99 In Oberschlesien wurden polnische Zeitungen verboten, vgl. Schreiben des Regierungspräsidenten von Oppeln vom 11. August 1914, GhStAPK, Rep. 77, Tit. 863a, Nr. 3, S. 13. Die Anordnung, mit der die Publikation von Zeitungen in polnischer Sprache für Danzig wieder erlaubt wurde, findet sich in GhStAPK XIV/180/19154, S. 10 (13. August 1914). Zu Elsaß-Lothringen vgl. die *Ausführungsbestimmungen zu der Verordnung vom 31. Dezember 1914, betreffend das Gebiet der deutschen Geschäftssprache*, gez. Vietenhoff-Scheel, in BAL, Reichsamt des Innern, Nr. 12218, Bd. 1, S. 146. Zu Schleswig-Holstein vgl. Hanssen, Diary of a Dying Empire, S. 7 ff. Hanssen gehört zu den Männern, die am 1. August 1914 verhaftet wurden.

berufung Folge. (1813 und 1870 waren dagegen in Deutschland viele Männer nur unter Zwang in den Krieg gezogen.) Alle Züge fuhren pünktlich, alle Streiks wurden beendet. Die Stimmung der Bevölkerung war mehrheitlich von finsterer Entschlossenheit geprägt. Alles lief so reibungslos, daß die Regierung, die ihrem Volk an sich sehr stark mißtraute, es nicht mehr für nötig hielt, die Stimmung der Bevölkerung zu beobachten.

Erscheinungsformen der Kriegsbegeisterung: Freiwillige, einrückende Soldaten und Siegesfeiern

Die karnevalesken Massen zeugen durchaus von einer gewissen Begeisterung in der Bevölkerung, doch war das eine Begeisterung, die keine Opfer verlangte. Es war eine Begeisterung um ihrer selbst willen, aus Spaß am Randalieren, und sie half, Spannung abzulassen. Wenn sie auch ein wesentlicher Bestandteil des »Augusterlebnisses« war, so kann sie doch nur in wenigen Fällen als Beweis für das Vorhandensein von Kriegsbegeisterung herangezogen werden, und von den Zeitgenossen wurde sie auch nur selten in diesem Zusammenhang erörtert. Als Beweis dafür, daß Deutschland in Begeisterung vereint war, führte man vielmehr die begeisterten Massen an, die durch die Straßen marschierten, die Massen, die den Soldaten applaudierten, die Stimmung der Soldaten, die an die Front fuhren, die Spendenbereitschaft der Bevölkerung und die große Zahl von Freiwilligen. Letztere war, in den Worten von Matthias Erzberger, der »beste Gradmesser für die Begeisterung des Volkes«.[100]

Am 4. August berichteten die Zeitungen von einer riesigen Zahl junger Männer, die sich vor den Kasernen drängten, um sich frei-

---

100 Matthias Erzberger, Die Mobilmachung, Berlin 1914, S. 4. Generell zum Thema Freiwillige im Ersten Weltkrieg vgl. auch Mosse, Gefallen für das Vaterland, S. 69 ff.

willig zur Armee zu melden, sowie von einer großen Zahl junger Frauen, die als freiwillige Helferinnen zum Roten Kreuz wollten.[101] Am 11. August war in der Presse bereits von über 1 300 000 männlichen Freiwilligen die Rede.[102] Am 16. August druckte die *Norddeutsche Allgemeine Zeitung* dieselbe Information und verlieh ihr damit offiziellen Charakter; diese (oder eine höhere) Zahl, die im weiteren Verlauf des Krieges immer wieder genannt wurde, findet sich bis heute auch in den meisten Geschichtsbüchern.[103]

Die Presse übertrieb jedoch maßlos, denn im August 1914 meldeten sich etwa 185 000 Männer freiwillig zur Armee.[104] Dennoch ist diese Zahl ein Zeichen großer Begeisterung zumindest bei Teilen der deutschen Jugend. Im Krieg von 1870/71 hatte es im ganzen Norddeutschen Bund weniger als 10 000 Freiwillige gegeben. Die deutsche Armee deckte ihren Bedarf an Soldaten mit Hilfe der Wehrpflicht, was bedeutete, daß die meisten jungen Männer sich gar nicht freiwillig melden konnten – sie waren bereits einer Division zugeteilt. Nur wer unter 17 oder über 50 Jahre alt und damit von der Dienstpflicht befreit war oder zu einer noch nicht einberufenen Reservedivison gehörte, konnte sich als Kriegsfreiwilliger melden. Ja, infolge der Wehrpflicht

---

101 In den ersten Augustwochen des Jahres 1914 standen viele junge Frauen aus dem Bürgertum Schlange vor den Geschäftsstellen des Roten Kreuzes und wollten sich freiwillig zum Dienst als Krankenschwester melden; bis zum 5. August waren es allein in Frankfurt mehr als 32 000 Frauen. Vgl. *Deutsche Hilfsbereitschaft*, in: *General-Anzeiger*, 10. August 1914, Nr.186.

102 Vgl. den Artikel *1300000 Freiwillige*, in: Hermsdorff-Waidmannsluster Zeitung, 11. August 1914, Nr. 94.

103 *Unsere Kriegsfreiwilligen*, in: Norddeutsche Allgemeine Zeitung, 16. August 1914, Nr. 192. Zu einer Darstellung aus jüngerer Zeit vgl. Reinhard Rürup, *Der ›Geist von 1914‹ in Deutschland. Kriegsbegeisterung und Ideologisierung des Krieges im Ersten Weltkrieg*, in: Bernd Hüppauf (Hg.), Ansichten vom Krieg, Königstein/Ts. 1984, S.3.

104 1926 führte die kriegsgeschichtliche Abteilung der preußischen Armee eine Untersuchung zur Truppenstärke im Ersten Weltkrieg durch. Der

hatten Freiwillige Mühe, eine Division zu finden, die sie überhaupt aufnahm.[105] Die meisten Divisionen waren ausgelastet, und die jungen Männer standen Schlange bei den wenigen, die noch Freiwillige benötigten. Die Regierung erkannte dieses Problem und stellte den potentiellen Kriegsfreiwilligen kostenlose Zugfahrkarten zur Verfügung. Da die meisten jungen Männer mehrere Kasernen aufsuchten, ehe sie eine fanden, die sie brauchen konnte, wurden sie mit Sicherheit mehrmals gezählt. Und verständlicherweise wollten viele von ihnen nicht wirklich in den Krieg ziehen, sondern haben, wie das Kriegsministerium feststellte, lediglich »die Bescheinigung dazu benutzt, um kreuz und quer im Lande herum zu reisen«.[106]

Autor dieser Studie stützte sich auf Archivmaterial, das im Zweiten Weltkrieg vernichtet wurde. Er hielt fest, daß sich bis zum 11. August 1914 nach Angaben der preußischen Armee 260672 Männer freiwillig gemeldet hatten, von denen 143922 angenommen worden waren. Bei Hinzuaddierung der Zahlen für die anderen Armeen (32000 für Bayern, 8619 für Württemberg und wahrscheinlich etwa 10000 für Sachsen) ergibt sich eine Gesamtzahl von 185000 Freiwilligen. Die 1926 verfaßte *Denkschrift über die Ersatzgestellung für das Deutsche Heer von Mitte September bis Ende 1914* findet sich im BA-MA, 15.17, Kriegsgeschichtliche Forschungsanstalt, W–10/50902, insbesondere S.52ff. In Bayern meldeten sich im August 1914 etwa 32000 Männer als Kriegsfreiwillige. (Am 16. August 1914 forderte der bayerische Kriegsminister alle Armeedivisionen auf, die Zahl der Freiwilligen zu melden. Ich habe die gemeldeten Zahlen addiert. Da von zwei Divisionen keine Antwort einging, handelt es sich nur um eine ungefähre Zahl. HStA München, Abt. IV – Kriegsarchiv, MKR, Nr. 13413.) In Württemberg gab es im August 8619 Freiwillige und im September weitere 2204. (*Denkschrift betr. die Erfahrungen bei der Mobilmachung*, verfaßt 1918, in HStA Stuttgart M77/2, Bd. 4, S.19–20.) Zahlenangaben zur sächsischen Armee waren nicht auffindbar.

105 Ende August erklärte der Kriegsminister, es gebe keinen Platz mehr für weitere Freiwillige; vgl. *Denkschrift über die Ersatzgestellung für das Deutsche Heer von Mitte September bis Ende 1914*, S.52ff.

106 Schreiben des Kriegsministeriums in Berlin vom 24. August 1914, gezeichnet Hohenborn, in HStA Stuttgart, M 1/4, Bü 1304, S.15.

Der bürgerlichen Presse zufolge kamen die Freiwilligen aus allen Bevölkerungsschichten und waren deshalb ein Beweis dafür, daß die Kriegsbegeisterung alle Deutschen erfaßt hatte:

>»Über 2 000 000 Kriegsfreiwillige haben sich gemeldet aus allen Schichten, vom Reichsten bis zum Ärmsten; in der gleichmacherischen Uniform steht ohne Standesschranken der Sohn der vornehmsten Familie oder der akademische Bürger neben dem Fabrikarbeiter, alle geeint, zusammengeschweißt durch Disziplin und den einmütigen Gedanken: wir müssen, wir wollen siegen.«[107]

War das wirklich so? Das verfügbare Material läßt kaum eine befriedigende Antwort auf diese Frage zu. Bei Überprüfung der Stammrollen zweier Divisionen ergibt sich aber in der Tat, daß die soziale Zusammensetzung der Freiwilligen weitgehend der in der Presse geschilderten Zusammensetzung der begeisterten Massen entsprach. Die größte Kriegsbegeisterung herrschte unter der gebildeten Elite, doch kein Teil der deutschen Gesellschaft war völlig frei davon. In den Listen standen viele Studenten und Akademiker, aber auch viele junge Geschäftsleute und einige Kaufleute. Die Zahl der Arbeiter war zwar gering, aber auch sie fehlten nicht völlig.[108]

---

107 J. von Pflugk-Harttung, *Einkehr nach Innen*, in: Kreuz-Zeitung, 17. September 1914, Nr. 443, Beiblatt.

108 Die einzige Möglichkeit, etwas über den sozialen Hintergrund der Freiwilligen zu erfahren, ist die Durchsicht der Stammrollen. Leider sind diese Rollen äußerst umfangreich, nicht immer vollständig und enthalten eine gewisse Zahl von Mehrfacheinträgen. Ihre systematische Überprüfung wäre nur im Rahmen eines umfangreichen, mit entsprechenden Mitteln ausgestatteten Projekts denkbar. Die Tabellen sollen nur einen groben Eindruck vermitteln. Dem Bericht der politischen Polizei über eines der ersten Treffen der Sozialdemokratischen Partei in Berlin im September zufolge (BLHA, Rep. 30 Berlin C, Tit.

Tabelle 1: Das Leipziger Artillerieregiment Nr. 77[109]

Studenten	117
Kaufleute	111
Geschäftsleute	98
Arbeiter	33
Akademiker, Ingenieure, Künstler, Rechtsanwälte, Lehrer	33
Bauern	21

Summe: 413 Freiwillige

Tabelle 2: Das Stuttgarter zehnte Infanterieregiment[110]

Geschäftsleute	136
Kaufleute	114
Akademiker, Ingenieure, Künstler, Rechtsanwälte, Lehrer, Verwaltungsangestellte	86
Arbeiter	64
Studenten	48
Bauern	2

Summe: 450 Freiwillige

Warum meldeten sich die jungen Männer freiwillig? Für viele Kaufleute, Arbeitslose und Personen mit trüben wirtschaftlichen Aussichten mag die Armee vor allem eine Möglichkeit gewesen sein, diese schwierigen Zeiten zu überstehen. Aber für die Motivation vieler anderer, vor allem gebildeter Jugendlicher, ist Kriegsbegeisterung die angemessene Beschreibung. Doch was

---

95, Nr. 15806, S.164) waren von den 2778 sozialdemokratischen Jugendgruppenleitern in der Armee 1995 als Wehrpflichtige eingezogen worden, 783 hatten sich freiwillig gemeldet.

109 BA-MA.
110 HStA Stuttgart, M 476.

ist damit gemeint? Für manche war der Krieg eine Möglichkeit zur Entfaltung, zur Entwicklung der Persönlichkeit. Wie George Mosse schreibt, hatte im Jahr 1914 der Krieg für die jungen Intellektuellen noch eine Aura von Furcht und Mut und galt als die wahre Prüfung des Mannes.[111] Der Krieg war ein Initiationsritus, eine »Feuerprobe«,[112] die »eigentliche Männertaufe«.[113]

Viele der jungen Männer waren froh, einen Sinn in ihrem Leben zu sehen, ein Ziel zu haben, auch wenn es lediglich darin bestand, die eigene Abenteuerlust zu befriedigen, nicht zurück in die Schule zu müssen oder über eine gescheiterte Liebesbeziehung hinwegzukommen. Die meisten waren nicht begeistert, sondern eher neugierig. Der Philosoph Karl Löwith führt in seinen Erinnerungen die folgenden Motive an:

»Der Drang zur Emanzipation von der bürgerlichen Enge der Schule und des Zuhause, ein inneres Zerwürfnis mit mir selbst nach dem Bruch meiner ersten Freundschaft, der Reiz des ›gefährlichen Lebens,‹ für das uns Nietzsche begeistert hatte, die Lust, sich ins Abenteuer zu stürzen und sich zu erproben und nicht zuletzt die Erleichterung des eigenen, durch Schopenhauer bewußt gewordenen Daseins in der Teilnahme an einem umfassenden Allgemeinen – solche und ähnliche Motive bestimmen mich, den Krieg als eine Chance des Lebens und Sterbens willkommen zu heißen.[114]

Ernst Toller begründete seine Meldung als Freiwilliger mit den Worten: »Ja, wir leben in einem Rausch des Gefühls. Die Worte Deutschland, Vaterland, Krieg haben magische Kraft, wenn wir

---

111 Mosse, Gefallen für das Vaterland, S. 69 ; vgl. auch Bernd Ulrich, *Die Desillusionierung der Kriegsfreiwilligen von 1914*, in: Wolfram Wette (H.), Der Krieg des kleinen Mannes. Eine Militärgeschichte von unten, München 1992, S. 110.

112 Otto Braun, zit. n. Julie Vogelstein (Hg.), Otto Braun. Aus nachgelassenen Schriften eines Frühvollendeten, Berlin 1921, S. 109 f.

113 Ernst Jünger, *Kriegsausbruch 1914*, in: Gesammelte Werke, Bd. 1, Stuttgart 1978, S. 544.

114 Karl Löwith, Mein Leben in Deutschland vor und nach 1933. Ein Bericht, Frankfurt am Main 1976, S. 1.

sie aussprechen, verflüchtigen sie sich nicht, sie schweben in der Luft, kreisen um sich selbst, entzünden sich und uns.«[115]

»Krieg ist wie Weihnachten«, soll ein junger Leutnant 1914 gesagt haben, und auch wenn er es nicht gesagt hat, dürften doch viele begeisterte junge Männer etwas Ähnliches geglaubt haben.[116] Andere meldeten sich, wie Jay Winter für England gezeigt hat, schlicht und einfach aus Pflichtgefühl.[117] Die von Philipp Witkop gesammelten Briefe gebildeter Soldaten sind voller Formulierungen, die sich an den in der Schule erlernten Vorstellungen der Griechen und Römer von Ehre und Vaterlandsliebe orientieren.[118] Und wie Bernd Ulrich anführt, war für die Kinder aus gebildeten Familien der Druck ihrer Altersgruppe so groß, daß sie um eine freiwillige Meldung kaum herumkamen. Von den 32 000 in Frage kommenden Gymnasiasten meldeten sich 1914 mehr als die Hälfte, und bei den 64 000 Studenten kann man einen ähnlich hohen Prozentsatz vermuten. In manchen Orten schließlich traten ganze Schulklassen zum Militärdienst an.[119]

Die Begeisterung vieler junger Männer, vor allem aus der Ju-

---

115 Toller, Eine Jugend in Deutschland, S. 41.

116 Alwin Münchmeyer, *Es gab zwei Welten – die unsere und die andere*, in: Rudolf Pörtner (Hg.), Kindheit im Kaiserreich. Erinnerungen an vergangene Zeiten, München 1989, S. 312.

117 Vgl. Jay M. Winter, The Experience of World War I, London 1988, S. 118.

118 Philipp Witkop, Kriegsbriefe gefallener Studenten, Berlin und Leipzig 1918. Der erste Teil dieser Sammlung erschien 1915 als *Kriegsbriefe deutscher Studenten* in: Panther, Nr. 6, Juni 1915, S. 660–674. Vgl. auch Manfred Hettling und Michael Jeismann, *Der Weltkrieg als Epos. Philipp Witkops ›Kriegsbriefe gefallener Studenten‹*, in: Gerhard Hirschfeld und Gerd Krumeich (Hg.), Keiner fühlt sich hier als Mensch, S. 175–198.

119 Vgl. Paul Küppers, Die Kriegsarbeit der Stadt Bochum 1914–1918, Bochum 1926 sowie Wilhelm Flitner, *Der Krieg und die Jugend*, in: Otto Baumgarten u. a., Geistige und sittliche Wirkungen des Krieges in Deutschland, Stuttgart 1927, S. 256.

gendbewegung, galt weniger der eigenen Person als Deutschland. Sie glaubten, unter dem Einfluß des Krieges werde sich die deutsche Gesellschaft vom bürgerlichen Materialismus ab- und einem ästhetischen Idealismus zuwenden, werde sich das Interesse der Menschen vom äußeren Anschein hin zu den inneren Wahrheiten verschieben und unter dem Einfluß des Kriegserlebnisses träten Bescheidenheit, Opferbereitschaft und Mut an die Stelle von Habgier und Ichbezogenheit. Wie Jakob Müller anhand von Briefen und Zeitschriften feststellt, brachten die Mitglieder der Jugendbewegung kaum Chauvinismus zum Ausdruck und zeigten sich auch nicht wirklich kriegsbegeistert.[120] Sie hatten auch Schwierigkeiten, den älteren und weniger gebildeten Soldaten ihre Beweggründe zu erklären. Deren Verständnis war, wie Hans-Gerd Rabe – ein Mitglied der Wandervögel aus Osnabrück – in seinen Erinnerungen schreibt, oft sehr gering:

»Was [der Ausbilder G.F.] Pricker nicht ganz begriff, war die Tatsache unseres freiwilligen Eintritts. Das ging nicht nur ihm so, sondern weit höher gestellten Rangstufen. Wir haben die Verwunderung darüber erst später begriffen, weil sie über die subalterne Geisteshaltung der meisten Deutschen hinausging. Wir durchbrachen eine Einfriedung der stillen Ordnung einer bürgerlichen Welt, für die der ›Wandervogel‹ schon eine Belastung, wievielmehr die Tatsache einer solchen Freiwilligkeit bedeutete.«[121]

Viele Historiker glaubten Erklärungen wie den oben angesprochenen und sahen in der Begeisterung eine Transformation der Persönlichkeit, einen Wandel der Identität, eine Befreiung von der wilhelminischen bürgerlichen Kultur.[122] Doch bezeichnenderweise verstanden die meisten Zeitgenossen die Kriegsbegeisterung nicht als Ablehnung der wilhelminischen Gesellschaft,

---

120 Jakob Müller, Die Jugendbewegung als deutsche Hauptströmung der neokonservativen Reform, Zürich 1971, S. 1.
121 Zit. n. Gudrun Fiedler, *Beruf und Leben. Die Wandervogel-Idee auf dem Prüfstand*, in: Joachim H. Knoll und Julius H. Schoeps (Hg.), Typisch deutsch: Die Jugendbewegung, Opladen 1988, S. 77.
122 Vgl. z.B. Leed, No Man's Land, S. 1 ff.

sondern als deren Bejahung. Die breite Bevölkerungsschichten erfassende Begeisterung und die Popularität der Kriegsromantik bewiesen, so hieß es, den Erfolg des wilhelminischen Bildungssystems und der staatlich finanzierten Jugendorganisationen.[123] Diese Form der Ablehnung der »bürgerlichen« Kultur, diese Betonung des heroischen Ideals war ein zentraler Aspekt der wilhelminischen bürgerlichen Kultur, ein Teil der inneren Widersprüche der Identität des deutschen Bürgertums.

Die zweite Erscheinung, die als Beweis für ein in Begeisterung vereintes Deutschland angeführt wurde, waren die begeisterten Massen, die die Soldaten verabschiedeten. Wie bereits angemerkt, hatte bei deren Abreise zunächst eine eher gedämpfte Atmosphäre geherrscht. Erst gegen Mitte des Monats, nach den ersten Siegen, wurde die Verabschiedung der Truppen zum festlichen Ereignis. Da verfolgten Tausende von Männern, Frauen und Kindern die Paraden der Truppen und überreichten den Soldaten »Liebesgaben« wie Schokolade, Lebensmittel, Blumen und Zigarren.[124] Doch auch bevor dieses jubelnde Publikum zur festen Insitution wurde, hatte es schon Beispiele für das Mitgefühl und die Unterstützung der Bevölkerung gegeben, was vielen Zeitgenossen als Beweis für deren Kriegsbegeisterung galt. Vom ersten Kriegstag an gab es in fast allen deutschen Städten Komitees, die die durchziehenden Soldaten begrüßten. Bei ihrem Eintreffen hielt der Bürgermeister oder ein anderer Würdenträger eine patriotische Rede, und dann überreichten die jun-

---

123 Vgl. dazu Ulrich Bendele, Krieg, Kopf und Körper. Lernen für das Leben – Erziehung zum Tod, Frankfurt am Main, 1984 sowie Heinz Lemmermann, Kriegserziehung im Kaiserreich. Studien zur politischen Funktion von Schule und Schulmusik 1890–1918, 2 Bände, Lilienthal 1984.
124 *Liebesgaben auf dem Bahnhof*, in: Kieler Zeitung, 8. August 1914, (Abend), 2. Blatt; der Verfasser des Artikels schildert, wie das Rote Kreuz am Bahnhof mehr als 1000 Zigarren, eine Spende eines Kieler Bürgers, an die Soldaten der in Kiel stationierten 85. Division verteilte.

gen Frauen vom Roten Kreuz, die sich bei den Soldaten besonderer Beliebtheit erfreuten, diesen mehr Blumen, Lebensmittel und Zigarren, als sie tragen beziehungsweise konsumieren konnten. Das alles wiederholte sich dann in der – oft nicht weit entfernten – nächsten Stadt.

Ein sozialdemokratischer Journalist schrieb zur Stimmung auf den Kölner Bahnhöfen:

»Dort steht ein langer Transportzug zur Weiterfahrt bereit. Schreiten wir ihn ab. Die Soldaten, Gardekavallerie, stehen und liegen zwischen den Pferden in den Wagen, die mit frischem Laub geschmückt sind. Alles so nett und so fröhlich, als kehrten sie mit ›Parole Heimat‹ aus dem Manöver zurück, um den Waffenrock abzulegen. Gar nicht, als ginge es zu blutigen Kämpfen, die die Dienstzeit, wer weiß um wie viele Monate, verlängern.«[125]

Der sozialdemokratische Politiker und spätere Reichspräsident Friedrich Ebert vermerkte Mitte August in seinem Tagebuch: »Auf den Bahnhöfen standen die Menschen dicht gedrängt, die den Zug mit stürmischen Hurras begrüßten. Aus fast allen Häuschen wurden Tücher geschwenkt.«[126] Da hier zum ersten Mal aus Zuschauermengen begeisterte Massen wurden, in denen alle Bevölkerungsschichten, Generationen sowie beide Geschlechter vertreten waren, überrascht es nicht, daß viele Deutsche diese Ausflüge zu den Bahnhöfen als Höhepunkt der Begeisterung im August betrachteten und als besten Beweis für ein in Begeisterung vereintes Volk.[127]

Die Soldaten ihrerseits beschrieben die Seitenwände der Waggons mit Sprüchen, die eine naive Vorstellung von dem Krieg verrieten, der ihnen bevorstand, wie zum Beispiel »Ausflug nach Paris«, »Wir wollen sie dreschen« oder:

---

125 *Auf dem Hauptbahnhofe*, in: Rheinische Zeitung, 6. August 1914, Nr. 180, S.2.
126 Friedrich Eberts Tagebuch für den August 1914 findet sich in BAL, 92 Sachthem. Sammlung, Nr. 265, S.5.
127 Vgl. z.B. Volquart Pauls (Hg.), Aus eiserner Zeit. 1914. Briefe aus dem Felde, Elmshorn 1914, S.11 f.

»Humorvolle« Postkarte von Ludwig Oppenheim, 1914 (Archiv der sozialen Demokratie der Friedrich-Ebert-Stiftung, Bonn)

»Zar, es ist 'ne Affenschande,
Daß wir dich und deine Bande
Müssen erst desinfizieren
Und dann gründlich kultivieren.«

»Wenn es Russenköpfe regnet
Und Franzosenköpfe schneit;
Dann bitten wir den lieben Gott,
Daß das Wetter noch so bleibt!«

Postkarten illustrierten diese Sprüche.[128] Die beliebten satirischen Wochenzeitschriften *Kladderadatsch* und *Simplicissimus* veröffentlichten Karikaturen von ähnlich schlechtem Geschmack.

Aber auch diese Begeisterung hatte wenig mit der Realität des Krieges zu tun. Natürlich gefiel es den Soldaten, daß ihnen die Menschen nachwinkten und sich auf den Bahnhöfen um sie kümmerten, vor allem wenn es junge Frauen taten. Die *Berliner Morgenpost* schrieb dazu: »So ist die schöne ach so dankbar empfundene Verpflegung durchziehender Truppen zum Teil zu einer Gaudi eines in Festjungfrauenkleidung einherziehenden gedanklosen Jungmädchentums herabgezogen worden«, in dem es um das Ausleben von Instinkten gehe.[129] Ein Geistlicher in der kleinen westdeutschen Stadt Mölstein machte schon am 6. August in seinem Tagebuch die Eintragung: »Die Leute reden vom Krieg als ginge es ins Manöver, und als sei nichts so unausbleiblich als ihr glänzender Sieg.«[130] Und ein Soldat schrieb in einem Brief in die Heimat: »Die Stimmung in der Mannschaft ist frisch und humorvoll. Jeder Militärzug, der an uns vorüberfährt, wird mit Hurra begrüßt. Unglaubliche Witze werden gerissen über den Zaren von Rußland und über die Franzosen. An eine Niederlage glaubt kein Mensch; der Wille zu siegen steckt in

---

128 Die Zitate stammen aus Karsten Brandt, Sturmumbraust! Stimmungsbilder vom Ausbruch des Weltkrieges 1914, Leipzig 1916, S. 115 sowie aus Erwin Rosen (Hg.), Der Große Krieg. Ein Anekdotenbuch, Stuttgart 1914, S. 102. Einige dieser Postkarten sind in Hans Weigel/Walter Lukam/Max D. Peyfuss, Jeder Schuß ein Ruß, jeder Stoß ein Franzos. Literarische und graphische Kriegspropaganda in Deutschland 1914–1918, Wien 1983 abgebildet.
129 *An eine kleine, aber lästig bemerkbar werdende Minderheit unserer Mitbürger*, in: Berliner Morgenpost, 10. August 1914, S. 3.
130 Franzmathes, Tagebuch vom Weltkrieg, S. 8.

allen.«[131] Alle rechneten damit, Weihnachten wieder zu Hause zu sein.[132]

Dieses romantische Bild vom Krieg sollte die ersten realen Kriegserlebnisse, die erste Konfrontation mit dem Tod nicht überleben. Die Oberflächlichkeit der Begeisterung erkannte ein Soldat aus Bremen, der in einem Brief nach Hause schildert, wie der Zug, mit dem er an die Front fährt, in Berlin einem Verwundetentransport begegnet: »Nachdem sich unser Zug wieder in Bewegung setzte, hörte man kein Lied mehr singen, denn jedem kam das Bewußtsein vor Augen, daß auch wir damit rechnen mußten, auch einmal verwundet zu werden oder das Leben auf dem Schlachtfelde zu lassen.«[133] Wenn man also einen Blick unter die Oberfläche warf, entdeckte man dort viel von dem, was ein amerikanischer Militärpsychologe als *apprehensive enthusiasm*, als »verdrängende Begeisterung« bezeichnet hat.[134]

Das Erlebnis der Massen, die den in den Krieg ziehenden Soldaten beistanden, war die erste Erfahrung einer umfassenderen Einheit. Die verbreitete Spenden- und Hilfsbereitschaft im Jahr

---

131 Nachgedruckt in Otto Pniower (Hg.), Briefe aus dem Felde 1914/15, Oldenburg 1916, S. 486.

132 Vgl. dazu Louis Farrar, The Short War Illusion. German Policy, Strategy and Domestic Affairs, August–December 1914, Santa Barbara 1981. In den Zeitungen aus dieser Zeit kommt die Hoffnung auf einen kurzen Krieg hingegen selten zum Ausdruck.

133 *Erinnerungen eines Bremer Landwehrmannes*, in: Pniower (Hg.), Briefe aus dem Felde 1914/15, S. 287 ff.

134 Franklin Del Jones spricht in seiner Rede *Psychological Adjustments to Vietnam, Speech to Medical Education for National Defense, 18 October 1967*, zit. n. Peter Watson, War in the Mind. The military uses and abuses of psychology, New York 1978, S. 227 von »apprehensive enthusiasm« (verdrängende Begeisterung). Dabei bezieht er sich auf die Gefühle der amerikanischen Soldaten beim Eintreffen in Vietnam, in der Anfangsphase, die nach seiner Ansicht zwischen drei Wochen und drei Monaten dauerte. Die Verdrängung beruhe auf der Angst vor dem Tod, auf der Trennung von der Familie und der vertrauten Um-

1914 ließ zum ersten Mal einen institutionellen Rahmen für eine klassenübergreifende deutsche Gemeinschaft entstehen. In ganz Deutschland bildeten sich, im allgemeinen unter der Leitung des Roten Kreuzes, des örtlichen Nationalen Frauendienstes oder der jeweiligen Stadtverwaltung, lokale Komitees, die riesige Geldsummen für die Bedürftigen sammelten.[135] Alle Frauenvereine, auch die sozialdemokratische Frauenorganisation, beteiligten sich am Nationalen Frauendienst, den die Vorsitzende des Bundes deutscher Frauenvereine (BdF) Gertrud Bäumer in den ersten Kriegstagen ins Leben gerufen hatte. Sie konnte so mit Recht behaupten, daß Wohlfahrtspflege eines der ersten Beispiele für die Auflösung der Parteien in eine große Volksgemeinschaft gewesen sei. Und hier – in lokalen politischen Organisationen wie den karitativen Frauenverbänden – leistete die SPD während des Krieges ihre effektivste Arbeit.[136]

---

gebung und auf der Aussicht auf ein Jahr voller Ungemach und Entbehrungen. Die Begeisterung sei eine Gegenreaktion auf diese Gefühle. Ähnliche Beobachtungen zum Entstehen von Begeisterung als Gegenreaktion auf die eigene Angst finden sich in den Memoiren des damaligen amerikanischen Botschafters in Deutschland James Gerard, My Four Years in Germany, New York 1917, S. 92 und in Hafkebrink, Unknown Germany, S. 28 ff.

135 In Düsseldorf z. B. gingen beim Roten Kreuz im ersten Kriegsjahr private Spenden in Höhe von 300 491 Reichsmark ein. Vgl. *Bericht über die Hauptversammlung des Bezirksvereins vom Roten Kreuz (Düsseldorf)* vom 23. Oktober 1915, HStA Nordrhein-Westfalen, Regierung Düsseldorf, Präsidialbüro Nr. 1208.

136 Vgl. Gertrud Bäumer, Der Krieg und die Frau, Berlin 1915, S. 27. Da der »Bund deutscher Frauen« vor dem Krieg hartnäckig jede Zusammenarbeit mit der sozialdemokratischen Frauenbewegung verweigert hatte, bedeutete dies eine wichtige Anerkennung der Sozialdemokraten. Vgl. dazu Barbara Guttmann, Weibliche Heimarmee. Frauen in Deutschland 1914–1918, Weinheim 1989, S. 130 ff. sowie Gertrud Bäumer, *Frauenleben und Frauenarbeit*, in Schwarte (Hg.), Der Weltkrieg in seiner Einwirkung auf das deutsche Volk, S. 327.

Die karitative Tätigkeit konzentrierte sich auf die Soldaten. Wenn sie die Kasernen verließen, um an die Front zu fahren, erhielten sie, wie schon gesagt, »Liebesgaben« wie Zigarren und Bonbons. Schülerinnen, Studentinnen und Frauengruppen strickten und nähten Kleidungsstücke für sie. Marlene Dietrich, zu dieser Zeit Schülerin in Berlin, schrieb in ihren Memoiren: »Als nach den Sommerferien 1914 die Schule wieder begann, trieb man uns alle in die große Aula [...] Es wurden donnernde Reden gehalten, deren Bedeutung wir kaum verstanden. [...] Wir würden für die Soldaten stricken statt lernen müssen, Pulswärmer für die Jungen, Pullover für die Älteren [...] Man verteilte Wolle in der Turnhalle [...] Die Farbe der Wolle ist ›feldgrau‹.«[137]

Alle diese Bemühungen kumulierten an Weihnachten 1914, als Unmengen von »Liebesgaben« an die Front geschickt wurden. Allein die Frankfurter Stadtverwaltung forderte für ihren Transport fünfzig Güterwaggons an.[138] Die Fürsorge beschränkte sich jedoch nicht nur auf die Soldaten, sondern kam auch den Mitbürgern zugute, die unter den Folgen des Krieges zu leiden hatten: den Arbeitslosen und den Frauen, deren Männer nur den Sold eines gemeinen Soldaten erhielten. Im August 1914 gründeten soziale Organisationen die ersten Volksküchen, boten arbeitslosen Frauen in Nähstuben Arbeit und richteten Zentren ein, in denen den Bürgern durch das Labyrinth der staatlichen Bürokratie geholfen wurde.[139] Auch leisteten viele Organisationen Arbeitslosenunterstützung. Die Freien Gewerkschaften zum Beispiel gaben im ersten Kriegsjahr mehr als ein Viertel ihrer Rücklagen für die Unterstützung von Arbeitslosen, Soldatenfamilien und ähnliche

---

137 Marlene Dietrich, Nehmt mein Leben, Düsseldorf 1979, S. 16–17.
138 Drüner, Im Schatten des Weltkriegs, S. 92f. An Weihnachten 1915 sank
   ihre Zahl auf 40. Drüner erwähnt nicht, ob auch an Weihnachten 1916
   (oder in den folgenden Jahren) noch solche Züge abgingen.
139 Vgl. zu den Volksküchen Buchner (Hg.), Kriegsdokumente, Bd. 2,
   S. 7ff; zu den Problemen der Soldatenfrauen vgl. Müller, Vom Reich
   zur Republik, S. 41ff.

Fürsorgemaßnahmen aus. Viele Industrielle gaben die patriotische Erklärung ab, ihren zur Armee eingezogenen Mitarbeitern den Lohn (oder einen Teil davon) weiterzuzahlen.[140]

Diese privaten Anstrengungen waren beträchtlich, die Gemeinden aber leisteten noch mehr,[141] und die Bereitschaft zur karitativen Betätigung kann als ein Zeichen dafür gewertet werden, daß die Idee der Gemeinschaft bei den wohlhabenden Deutschen im August 1914 breite Akzeptanz gefunden hatte. Doch handelte es sich dabei nur um eine eingeschränkte Form von Gemeinschaft. Die karitative Betätigung blieb vor allem Sache der Frauen. So war für Gertrud Bäumer, die Vorsitzende des BdF »Heimatdienst [...] die Kriegsübersetzung des Wortes Frauenbewegung«.[142] Die Frauen aus dem Bürgertum engagierten sich, wie Barbara Guttmann feststellt, nicht nur deshalb in wohltätigen Organisationen, weil es praktisch ihre einzige Möglichkeit der Teilhabe an der »Großen Zeit« war, sondern auch, weil sie sich dadurch als nützliche Bürger beweisen konnten. Im weiteren Verlauf des Krieges nahm jedoch die Wohltätigkeit ab. Bereits 1915 stellten die Betriebe die Weiterzahlung des Lohnes ihrer eingerückten Arbeiter ein, und die Spendenbereitschaft ließ deutlich nach. 1916 und 1917 gingen nur noch wenige mit »Liebesgaben« gefüllte Züge ab.

---

140 Zu den Freien Gewerkschaften vgl. Paul Umbreit, Die deutschen Gewerkschaften im Weltkriege, Berlin 1917, S. 24 ff. sowie Bieber, Die deutschen Gewerkschaften, 1914–1920, S. 86 ff.; zu den Industriellen vgl. *Die Versorgung der Angehörigen der Kriegsteilnehmer*, in: Werkmeister-Zeitung, 28. August 1914, Nr. 35, S. 758 ff., sowie ähnliche Artikel in späteren Ausgaben.

141 Paul Hirsch, Kommunale Kriegsfürsorge, Berlin 1915, enthält eine gute Beschreibung der verschiedenen Hilfsprogramme. Allgemeiner zur staatlichen Fürsorge vgl. Klaus-Peter Müller, Politik und Gesellschaft im Krieg. Der Legitimitätsverlust des badischen Staates 1914–1918, Stuttgart 1988, S. 387 ff.

142 Zit. n. Guttmann, Weibliche Heimarmee, S. 121.

Menschenfreundlichkeit allein war eine zu brüchige Grundlage für die Idee der Volksgemeinschaft. Sie verringerte die Kluft zwischen den Klassen nicht, und die traditionellen Eliten warnten vor einer Menschenfreundlichkeit, die aus falsch verstandener Herzlichkeit die sozialen Unterschiede aufheben wollte. Im August 1914 riet die regierungsnahe *Norddeutsche Allgemeine Zeitung* wohlhabenden Frauen davon ab, hungrige Kinder in ihre Häuser einzuladen, da diese dort den großen Unterschied im Lebensstandard erkennen und nie mehr glücklich sein würden. Sie empfahl, solche Aktivitäten in Schulen oder anderen öffentlichen Gebäuden durchzuführen.[143]

Und Menschenfreundlichkeit konnte schließlich auch nicht über die parallel dazu existierende Geldgier hinwegtäuschen. Viele wohlhabende Frauen erklärten ihren Bediensteten, sie könnten ihnen für die Dauer des Krieges nur noch einen drastisch reduzierten Lohn oder gar keinen mehr zahlen. Der Braunschweiger Unternehmerverband empfahl seinen Mitgliedern, im Zuge der Wirtschaftskrise alle Beschäftigten zu entlassen und anschließend zu niedrigeren Löhnen wieder einzustellen.[144]

Zu einer breiteren Kriegsbegeisterung kam es Ende August. Ein Zeitgenosse charakterisierte die Situation treffend mit den Worten: »Das Extrablatt als Siegesbote.«[145] Zu Heidenheim (Brenz)

---

143 *Falsche Wohltätigkeit*, in: Norddeutsche Allgemeine Zeitung, 22. August 1914, Nr. 198, S. 2. Eine Antwort darauf war der Artikel *Gefährliche Wohltätigkeit*, in: Vorwärts, 22. August 1914.

144 Vgl. die Rede des Gewerkschafters Walter Lambach am 26. November 1920, in BAL, 62 DAF 3, Nr. 681, S. 18. Gertrud Hanna, Die Arbeiterinnen und der Krieg, Berlin 1916, S. 6, enthält Material zu den Hausangestellten.

145 Franz, Kriegs-Chronik 1914–1916 Stadt Minden, S. 23. Auf die Bedeutung der Siege für die Stimmung in der Bevölkerung wird in allen Berichten des Polizeipräsidenten von Berlin hingewiesen, vgl. BLHA, Rep. 30 Berlin C, Tit. 95, Nr. 15806.

heißt es im Hinblick auf die Lage nach der Mobilmachung: »Zunächst herrschte bei uns große Bestürzung, denn man war sich des Ernstes des Geschehens vollkommen bewußt. […] Begeisterung kam erst auf, als die ersten Siegesnachrichten einliefen: Lüttich, Namur, Antwerpen, Tannenberg.«[146] Mit anderen Worten: Die Kriegsbegeisterung beruhte vor allem auf dem Gefühl der Erleichterung.

Den ersten Sieg gab es am Freitag, dem 7. August zu feiern, als in Berlin ein Offizier von der Treppe des Schlosses aus den deutschen Sieg bei Lüttich verkündete – wie sich später herausstellte, eine Woche zu früh. Zwanzig berittene Polizisten verbreiteten die Meldung in der ganzen Stadt.[147] Wieder zogen jubelnde, singende Massen Unter den Linden auf und ab. In der ganzen Stadt läuteten die Kirchenglocken, und die Kinder bekamen am Samstag schulfrei. Am 10. August sahen die Massen in den Straßen Berlins erneut ein Automobil zum Schloß rasen. Aus dem Wagen brüllte ein Offizier des Generalstabs »deutscher Sieg im Elsaß!«. Und wieder formierte sich Unter den Linden ein Zug, an dessen Spitze eine grün bekränzte Büste des Kaisers getragen wurde. Zur gleichen Zeit marschierte eine Gruppe von Elitesoldaten, die auf dem Weg zum Bahnhof war, Unter den Linden entlang. Wie nicht anders zu erwarten, grüßte die Menge sie mit begeistertem Jubel und steckte ihnen Rosen in die Gewehrläufe und an die Uniformen.[148] Die *Norddeutsche Allgemeine Zeitung* kommentierte: »Schon zeigt sich deutlich die Wirkung der heldenmütig erkämpften Erfolge in unserer Bevölkerung. Die Gesichter, die nur zu häufig anfangs den Ausdruck banger Sorge

---

146 Kurt Bittel, *Lateinunterricht bei Oberpräzeptor Ölschlager*, in: Pörtner (Hg.), Kindheit im Kaiserreich, S. 276.

147 *Berlin*, in: Vorwärts, 8. August 1914; vgl. auch *Die Kunde von Lüttich*, in: Tägliche Rundschau, 8. August 1914, Nr. 369 (Morgen), 1. Beilage, S. 2. Tatsächlich fiel die Festung erst am 15. August 1914.

148 *Siegesstimmung*, in: Norddeutsche Allgemeine Zeitung, 12. August 1914, Nr. 188.

zeigten, haben sich aufgehellt. Feste Zuversicht liest man in den Zügen aller.«[149] Aber diese Siege wurden nur in Berlin gefeiert. Die ersten Siegesfeiern in ganz Deutschland fanden erst am 20. August 1914 statt.

Vom 20. August an folgte etwa drei Wochen lang ein Sieg auf den anderen. Am Freitag, dem 21. August 1914 meldeten Extrablätter am späten Nachmittag den Sieg der bayerischen Armee an der deutsch-französischen Grenze.[150] In der ganzen Stadt läuteten die Kirchenglocken, und Unter den Linden feierten die Massen. Der 22. August war schulfrei. Auch außerhalb von Berlin, selbst in den Kleinstädten und auf dem Land, wurde der Sieg mit Glockenläuten und Fahnen an fast allen Häusern gefeiert.[151] Der Bürgermeister von Hannover wandte sich mit einer Erklärung an die Einwohner der Stadt, in der er sie aufforderte: »An die Einwohner Hannovers! Flaggenschmuck heraus! Fort mit jeder zweifelnden kleinmütigen Stimmung! Laßt laut den Jubel hinaustönen über die wunderbaren Taten unserer herrlichen Heere!«[152] Eine weitere Siegesfeier gab es in Berlin am Samstag, dem 22. August, als die deutschen Truppen in Brüssel einmarschierten. An diesem Tag waren in der ganzen Stadt Häuser und Wohnungen mit Fahnen geschmückt. Und noch mehr Siegesfeiern fanden am Sonntag statt. Die *Tägliche Rundschau* schrieb voll Erleichterung: »Die großen Heldenzeiten, die fast schon Sage geworden waren, wa-

---

149 *Legt keine Trauer an für die Gefallenen*, in: Norddeutsche Allgemeine Zeitung, 14. August 1914, Nr. 190.

150 *Die Siegesfahnen über Berlin!*, in: Tägliche Rundschau, 22. August 1914, Nr. 395 (Morgen), S. 4. Auszüge aus Artikeln, in denen diese und die folgenden Siegesfeiern beschrieben werden, finden sich in: Buchner (Hg.), Kriegsdokumente, Bd. 2, S. 48 ff.

151 Eine Beschreibung der Stimmung in Minden findet sich in Franz, Kriegs-Chronik 1914–1916 Stadt Minden, S. 22.

152 In: *Hannoverscher Kurier*, 24. August 1914, zit. n. Buchner (Hg.), Kriegsdokumente, Bd. 2, S. 49.

chen wieder auf. So sind unsere Söhne und Brüder vor wenigen Tagen in den heiligen Krieg gezogen.«[153] Ein weiterer Sieg (der Fall von Namur) wurde – vor allem in Württemberg, da württembergische Truppen maßgeblich beteiligt waren – am 24. August gefeiert.[154]

Am 2. September 1914 begingen die Deutschen den Jahrestag des Sieges von Sedan im Jahr 1870 mit Paraden, die sie – in den Worten eines Journalisten der *Täglichen Rundschau* – als »ein Vorspiel zum Einzugstage der Sieger« betrachteten.[155] In Berlin verfolgten Hunderttausende, wie Unter den Linden erbeutetes französisches Kriegsgerät vorgeführt wurde. Theodor Wolff schrieb dazu: »Ganz Berlin ist in Erregung, unübersehbare Menschenmassen umdrängen die Linden, die Siegesallee etc.: Die ersten eroberten Geschütze werden zur Sedanfeier in feierlichem Zuge eingebracht [...] Es sieht aus, als seien nie so viel Menschen, auch nie so viel Männer, in Berlin gewesen, wie jetzt.«[156] In der folgenden Woche mahnte ein besonders eifriger alter General die Berliner Hausbesitzer, »sie möchten ihre Fenster für den Siegeseinzug nicht zu Wucherpreisen vermieten«.[157] Nur selten mahnte jemand, der Krieg sei noch nicht gewonnen, es werde viel zuviel gefeiert, und der Stimmungsumschwung sei vorprogrammiert, wenn der Sieg auf sich warten lasse.

Selbst in den Berliner Arbeitervierteln hielt die Begeisterung

---

153 *Der Sieges-Sonntag*, in: Tägliche Rundschau, 24. August 1914, Nr. 398 (Sonder-Ausgabe), S. 4; vgl. auch *Ein Siegessonntag*, in: Norddeutsche Allgemeine Zeitung, 24. August 1914, Nr. 200.

154 Vgl. *Die Siegesbotschaft von Namur*, in: Tägliche Rundschau, 25. August 1914, Nr. 401, (Abend), S. 4.

155 *Tägliche Rundschau*, 2. September 1914, zit. n. Buchner (Hg.), Kriegsdokumente, Bd. 2, S. 165.

156 Wolff, Tagebücher 1914–1918, Bd. 1, 2. September 1914, S. 98.

157 Hellmut von Gerlach, Die deutsche Mentalität 1871–1921, Ludwigsburg 1921, S. 2.

Einzug. Erstmals wehten auch hier schwarz-weiß-rote Fahnen, was hämische Kommentare der rechten Zeitungen zur Folge hatte.[158] Ein Geistlicher aus dem Berliner Arbeiterviertel Moabit berichtete: »Aus den Fenstern hängen jetzt Fahnen heraus [...] ein erstaunlicher Anblick für Kenner der Verhältnisse. Sonst zeigte etwa an Kaisers Geburtstag die ganze Straße nicht eine einzige Fahne; aus sozialistischen Parteikneipen heraus hört man die Klänge der Wacht am Rhein. Der sozialdemokratische Arbeiter ist stolz, daß er seine vaterländische Gesinnung zeigen kann.«[159]

Bürgerliche Journalisten berichteten, sie hätten in Gaststätten, die als Versammlungsorte der Sozialdemokraten bekannt waren, patriotische Lieder gehört. Manche Sozialdemokraten trugen schwarz-weiß-rote Bänder, und einige Arbeiterfrauen strickten ihren Männern schwarz-weiß-rote Schals.[160] Insbesondere die jungen Sozialdemokraten ließen sich von der Kriegsbegeisterung anstecken. Der Geistliche aus Moabit stellte fest: »Die Jugend ist natürlich schlichthin begeistert. In meinem Jugendverein, der sich sonst nicht gerade durch Patriotismus auszeichnete, singt man jeden Sonntag abend stehend ›Heil dir im Siegerkranz.‹«[161] Noch bezeichnender war die Tatsache, daß in den Arbeitervierteln nun auch an den Feiertagen der Monarchie schwarz-weiß-rote Fahnen wehten, zum Beispiel am Geburtstag

---

158 *Die Stadt der Fahnen und der Flaggen*, in: Deutsche Zeitung, 2. September 1914, Nr. 44 (Morgen), S. 3.

159 Pastor D., *Unsere Kirchengemeinden während der Kriegszeit. VI. Streiflichter aus unsern beiden größten Städten. 1. Berlin. b. Aus Moabit (Arbeiterviertel im N.W.)*, in: Monatsschrift für Pastoraltheologie, 2. Kriegsheft (November 1914), S. 50.

160 Vgl. *Mensch, du singst ja nicht mit!* in: Deutsche Zeitung, 3. August 1914, Nr. 388, S. 2 sowie der Bericht der Abt. VII zum 4. Wahlkreis, BLHA, Rep. 30 Berlin C, Tit. 95, Nr. 15806, S. 169.

161 *Unsere Kirchengemeinden während der Kriegszeit*, in: Monatsschrift für Pastoraltheologie, 2. Kriegsheft (November 1914), S. 50f.

der Kaiserin (22. Oktober) und an dem des Kaisers im Januar 1915.[162]

Die neue Entwicklung machte auf die Zeitgenossen einen so starken Eindruck, daß in fast allen ihren Beschreibungen Adjektive wie »mitreißend« und »bewegend« auftauchten. Die ganze Bevölkerung schien jetzt von der Kriegsbegeisterung angesteckt zu sein. Ein Journalist fand für die Siegesfeier am 24. August 1914 in Bremen die folgenden Worte:

> »Für eine wirklich treffende Schilderung der Erlebnisse dieser großen Tage und Stunden reicht keine Sprache mehr aus [...] Wir stehen [...] schon mitten in den größten Freudentagen unsres ganzen Lebens. Unser Siegeswagen ist im Lauf, und er wird nun durch kein Hemmnis mehr aufzuhalten sein! [...] Als einen Tag unvergeßlichen herrlichen Erlebens dürfen wir, Alt und Jung, uns den gestrigen Sonntag bewahren.«[163]

Doch nach wie vor hatte die Begeisterung Grenzen. Nur in Berlin wehten auch in den Arbeitervierteln Fahnen. In Düsseldorf diskutierten Regierungsvertreter auf einer eigens einberufenen Sitzung darüber, wie man die Arbeiterklasse im Ruhrgebiet dazu bewegen könne, deutsche Fahnen anzubringen.[164] Und wichtiger noch: die begeisterten Massen waren nur eine kurzlebige Erscheinung. Der »Geist von 1914«, der karnevaleske, überschwengliche Ausdruck patriotischer Gefühle, hielt nur etwa sechs Wochen an. Nach dem Sedantag (2. September 1914) verging über ein Monat bis zur nächsten Siegesfeier am 10. Oktober,

---

162 *13. Stimmungsbericht* des Polizeipräsidenten von Berlin vom 26. Oktober 1914, in: Ingo Materna und Hans-Joachim Schreckenbach (Hg.), Dokumente aus geheimen Archiven. Bd. 4: 1914–1918, S. 20; *27. Stimmungsbericht* des Polizeipräsidenten von Berlin vom 30. Januar 1914, ebenda, S. 40.

163 Weser-Zeitung vom 24. August 1914, zit. n. Buchner, Kriegsdokumente, Bd. 2, S. 49. In Bremen versammelten sich die Massen auf dem Marktplatz, um den Sieg zu feiern; eine Kapelle auf dem Balkon des Rathauses spielte patriotische Lieder.

164 Das Protokoll dieser Sitzung findet sich in GhStAPK, Rep. 77, Tit. 332[r], Nr. 123, S. 11.

als Antwerpen fiel. Die Kriegsbegeisterung ebbte überdies rasch ab. Bereits am 23. August war »aus dem noch vor kurzem so fieberhaft erregten, von gewaltigen Gemütsbewegungen und stündlich wechselnden stärksten Erregungen durchgepulsten Berlin […] eine stille, ernste, zur gewohnten Arbeit zurückgekehrte Stadt« geworden.[165] Gegen Ende September hieß es zur Stimmung in der Bevölkerung: »Die oft durch falsche Siegesmeldungen verursachten lauten Zusammenrollen auf der Straße [sic! J.V.] haben aufgehört, von den Kundgebungen in öffentlichen Lokalen ist nichts mehr zu sehen, in den Cafés werden andere als patriotische Musikstücke nicht mehr gehört.«[166]

1915 und 1916 gab es zur Begrüßung der verwundeten Helden keine Massenversammlungen mehr und auch keine Zuschauer, die Blumen in die Gewehrläufe der einrückenden Soldaten steckten. Die Massen versammelten sich nun zu einem anderen Zweck. Bereits am 9. August 1914 hatte die Regierung zum ersten Mal eine Liste der gefallenen, verwundeten oder vermißten Soldaten veröffentlicht. Solche Verlustlisten sollte es in den nächsten vier Jahren etwa alle drei Tage geben.[167] Im August wurden die Listen noch in den Zeitungen abgedruckt, und sie waren lang – zu lang. Im September entschied die Regierung, ihre vollständige Veröffentlichung zu verbieten, und es durften nur noch Listen der Toten, Verwundeten und Vermißten aus dem jeweiligen Ort publiziert werden, und auch das nur in den kleineren Städten. In Berlin allerdings wurden vor der Kriegsakademie in der Dorotheenstraße auf Anschlagtafeln weiterhin die vollständigen Listen ausgehängt. Und so bildeten Ende September die Leute, die auf diesen langen Listen bestimmte Namen

---

165 Paul Lindenburg, *Berliner Brief*, in: Niederbarnimer Kreisblatt, 23. August 1914.
166 *Stimmungs-Bericht, 19.–28. September*, BAL, Reichskanzlei, Nr. 2437/3, S.157ff. (hier S.157).
167 *Die erste Verlustliste*, in: Berliner Zeitung am Mittag, 10. August 1914, Nr. 187, S.1.

suchten, die größten Menschenansammlungen in Berlin – wenn man von gelegentlichen Siegesfeiern absieht. Damit wurde die Kriegsakademie, eine der nationalen Stätten, die in der letzten Juliwoche Ziel der patriotischen Züge gewesen waren, im Bewußtsein des Volkes zum Symbol für das Grauen des Krieges, zu einem Ort, an dem man den Namen eines geliebten Menschen oder eines Freundes zu lesen fürchtete.

Im August 1914 konnten die Deutschen lesen, sie hätten alle den Kriegsausbruch auf die gleiche Weise erlebt und infolge dieses »Augusterlebnisses« sei eine *nationale* Identität als wichtigste gesellschaftliche Identität an die Stelle der verschiedenen orts- und klassenspezifischen Identitäten getreten. Aber, wie der liberale Soziologe Leopold von Wiese Ende 1914 feststellte, »die Menschen sind verschieden, und die großen, ernsten und gerade durch ihre Einfachheit wirkenden Tage des Kriegsbeginns sind, soviel ich habe beobachten können, von den Menschen je nach Anlage und Erfahrung verschieden erlebt worden.«[168]

In der deutschen Öffentlichkeit war die Kriegsbegeisterung sicher sehr groß. Und wenn auch das Wort Begeisterung nicht die Stimmungslage aller Deutschen beschreibt, so wurde die Gelegenheit, in einen Krieg zu ziehen, doch als ein großes Abenteuer gesehen, wie es nur wenigen Generationen vergönnt ist. In den aktiven, entschlossenen und begeisterten Massen erlebten sich die Menschen als Teil einer zu kollektivem, geschlossenem Handeln fähigen Gemeinschaft. Für viele, vor allem für die Intellektuellen, war dies das wichtigste Erlebnis ihres Lebens.

Natürlich gab es in der deutschen öffentlichen Meinung im August 1914 generations-, berufs- und geschlechtsspezifische sowie regionale Unterschiede. Die Kriegsbegeisterung be-

---

168 Leopold von Wiese, Politische Briefe über den Weltkrieg, München und Leipzig 1914, S. 93–95 sowie ders., Der Liberalismus in Vergangenheit und Zukunft, Berlin 1917, S. 177.

schränkte sich weitgehend auf die Großstädte, und dort erfaßte sie vor allem die besseren Schichten, insbesondere die gebildete Jugend. Sie mag hier und da zur Überbrückung von Unterschieden beigetragen haben – Begeisterung war sowohl in protestantischen als auch in katholischen Gegenden anzutreffen, im Norden wie im Süden, unter Christen und Juden, Männern und Frauen. Doch das Gefühl der Einheit, der Gemeinschaft, war auf einen kleinen Ausschnitt der städtischen Bevölkerung beschränkt. So scheint sich die Kriegsbegeisterung nicht über das städtische Bürgertum hinaus ausgebreitet zu haben. In kleineren Städten, auf dem Land und in den Arbeitervierteln der Großstädte gab es wenig öffentliche Begeisterung. In den Dörfern und den bäuerlich geprägten Kleinstädten war die Stimmung eher ernst als überschwenglich. In den grenznahen Großstädten gab es ebenfalls wenig Begeisterung. Und auch in den Familien, die in Angst und Ungewißheit leben mußten, regte sich keine Kriegsbegeisterung. Männer zeigten mehr Begeisterung als Frauen. Viele Frauen empfanden bei Kriegsbeginn ehrliche Sorge und Bestürzung.[169] Alles in allem scheint man feststellen zu können, daß die Mehrheit der Deutschen im Juli und August 1914 keine Kriegsbegeisterung empfand. Hätte es am 1. August eine Volksbefragung gegeben, ob man einen Weltkrieg beginnen solle, so wäre dies sicher mit überwältigender Mehrheit abgelehnt worden.[170]

Und doch sollte man nicht verbissen nach einer gesamtgesellschaftlichen deutschen öffentlichen Meinung im August 1914 suchen. Wie ein Berliner Journalist am 2. August schrieb, hatten die Menschen gemischte Gefühle: »Weder der Begeisterungs-

---

169 Dieser Punkt ist einer eingehenderen Untersuchung wert. Eine interessante Darstellung des »Augusterlebnisses« der deutschen Frauen findet sich in: Margaret Böhme, Kriegsbriefe der Familie Wimmer, Dresden 1915.
170 Vgl. Heinz Potthoff, Volk oder Staat?, Bonn 1915, S. 14.

tumult auf den Straßen noch die Zeichen der blassen Furcht, der zu phantastischen Vorstellungen aufgepeitschten nervösen Angst können als Signal für die Berliner Gesamtstimmung jener Tage in Anspruch genommen werden. Selten hat es wohl ein besseres Schulbeispiel für die Definierung des Begriffs ›Gemischte Gefühle‹ gegeben.«[171]

Wesentliches Element des »Augusterlebnisses« war weniger Begeisterung als vielmehr Aufregung, abgeleitet von tiefen, intensiven Empfindungen. Die Deutschen durchlebten eine Zeit, die sie als geschichtsträchtig wahrnahmen, ihre Gefühle waren ein Gemisch aus Stolz, Begeisterung, Panik, Abscheu, Neugier, Überschwang, Zuversicht, Zorn, Überheblichkeit, Angst, Heiterkeit und Verzweiflung. Und alle diese Gefühle konnten in einem Menschen zusammentreffen oder zumindest an einem Ort, nämlich vor den Kasernen, wo sich die Familien – meist Frauen und Kinder – von den Soldaten verabschiedeten oder voller Unruhe auf ihre Väter beziehungsweise Männer warteten. Oft liefen ihnen Tränen über die Wangen. Neben ihnen standen Gruppen begeisterter, ausgelassener Jugendlicher, die sich als Freiwillige melden wollten, unweit davon neugierige Zuschauer, die ein Stück Geschichte mit eigenen Augen sehen wollten, damit sie ihren Enkeln erzählen konnten, sie seien dabei gewesen.

Bewirkte das »Augusterlebnis« einen Wandel der Identitäten? Im Einzelfall sicher. Mancher haltlose Herumstreuner, wie zum Beispiel Adolf Hitler, fand hier einen Sinn für sein Leben. Die gesellschaftlichen Identitäten aber veränderten sich nicht. Die meisten Deutschen reagierten auf den Ausbruch des Krieges in etwa so, wie zu erwarten war. Deutschland war nicht in Begeisterung vereint, sondern in Entschlossenheit.

Eine historisches Kuriosum, ein naives, unschuldiges Spiel mit dem Heldentum, ein Augenblick höchster Tragik, das Ende

---

171 *Berliner Beobachter*, in: Berliner Lokal-Anzeiger, 2. August 1914, Nr. 387, 1. Beiblatt.

der militaristischen Unschuld – das wären einige mögliche Narrative des »Augusterlebnisses«, wenn man auf der Grundlage der individuellen Erlebnisse nach solchen gesucht hätte. Doch statt dessen entstand damals ein anderes Narrativ, eine kollektive Erinnerung, die die individuelle Erinnerung der Zeitgenossen an die eigenen Erlebnisse prägen sollte. Was bleibt, ist die Geschichte der Erinnerungen an diese heißen Tage im Juli und August 1914.

Der »Geist von 1914« in den ersten Interpretationen zur Bedeutung des Krieges

Den Zeitgenossen, die die öffentliche Meinung im Jahr 1914 untersuchten, fiel vor allem auf, wie vollständig sich das Interesse der Öffentlichkeit auf den Krieg konzentrierte. Der Theologieprofessor Johannes Müller schrieb: »Alles Leben der beteiligten Nationen ist Krieg. Er ist der einzige Inhalt und einzige Zweck des Daseins geworden.«[1] 1870, im letzten Krieg, war das noch nicht so gewesen. Jetzt füllten die Zeitungen ihre Seiten so sehr mit Kriegsberichten, daß für andere Themen fast kein Platz mehr war. In den Illustrierten gab es anstelle von Sportlern und Filmstars Fotos von Soldaten, Kriegsgerät und Schlachtfeldern zu sehen. Die Literaturzeitschriften publizierten Artikel über Krieg und Kultur und über die Philosophie und die Ästhetik des Krieges. Der Anfang August unterbrochene Spielbetrieb der Theater wurde nach kurzer Zeit entweder mit klassischen Stükken zur Kriegsthematik oder – häufiger – mit rasch hingeschriebenen Stücken über das »Augusterlebnis« wieder aufgenommen.

Die Verleger entschieden sich für Manuskripte, die Kriegsthemen behandelten.[2] Geistliche der beiden christlichen Konfessionen und auch jüdische Rabbis machten den Krieg zum Thema ihrer Predigten, einige ersetzten sogar den Abendgottesdienst

---

1 Johannes Müller, Der Krieg als Schicksal und Erlebnis, München 1915, S. 1. Ein guter Überblick über die veröffentlichte Meinung in Deutschland findet sich in: Walter Goetz, Deutschlands geistiges Leben im Weltkrieg, Gotha 1916 sowie in: Theobald Ziegler, Die geistigen und sozialen Strömungen Deutschlands, Berlin 1916.

2 Waldemar von Seidlitz, Das erste Jahr des Kulturkrieges, München 1915, ist eine vorzügliche Einführung in die Kriegsliteratur der ersten Monate. Zu 1915 vgl. Ferdinand Avenarius (Hg.), Kriegsratgeber über deutsches Schrifttum, München 1915/16.

durch einen patriotischen Vortrag.[3] Wer seinen religiösen Patriotismus lieber außerhalb der Kirche praktizierte, besuchte einen der in vielen deutschen Großstädten veranstalteten »vaterländischen Abende«, deren Ablauf der Liturgie eines evangelisch-lutherischen Gottesdienstes ähnelte. Institutionen wie das Rote Kreuz und der Goethe-Bund, die Erfahrung mit Vortragsveranstaltungen hatten, weiteten ihre Aktivitäten aus, und es entstanden auch neue Organisationen, die sich auf diesem Gebiet betätigten.

Es wurden aber nicht nur viele Vorträge gehalten, sie waren anscheinend auch gut besucht. Einem Münchener Polizeibericht zufolge kamen oft 3000 bis 3500 Menschen zu diesen – recht akademischen – Veranstaltungen.[4] Allen, die einen Hang zur Poesie in sich verspürten, lieferte der Krieg die notwendige Inspiration, um die eigenen Hemmungen zu überwinden. Einem Zeitgenossen zufolge wurden im August 1914 eineinhalb Millionen Kriegsgedichte verfaßt, durchschnittlich also 50000 pro Tag. Das ist höchstwahrscheinlich stark übertrieben, die meisten Zeitgenossen nahmen diese Zahl jedoch für bare Münze, was einiges über den »Geist von 1914« aussagt.[5]

Die Lehrer stellten ihren Unterricht um. Im Mathematikunterricht wurden die Grundrechenarten jetzt mit der Zahl von

---

3 Vgl. Pressel, Die Kriegspredigt 1914–1918, S. 11; Karl Hammer, Deutsche Kriegstheologie 1870–1918, München 1971, S. 50 und Heinrich Missala, »Gott mit Uns«. Die deutsche katholische Kriegspredigt 1914–1918, München 1968, S. 19ff.

4 Eine vollständige Liste aller öffentlichen Vorträge in München vom 12. Februar 1915 bis zum Ende des Krieges findet sich in HStA München, Abt. IV – Kriegsarchiv, MKr, Nr. 14013, Material zu allen öffentlichen Vorträgen in Baden im LA Karlsruhe, 236-23074.

5 Vgl. Carl Busse (Hg.), Deutsche Kriegslieder 1914/16, 3. Aufl., Bielefeld und Leipzig 1916, S. VI, zit. n. Klaus Vondung, Die Apokalypse in Deutschland, München 1988, S. 193. Der Hinrichbuchkatalog, 1911–1914, S. 1787–1789, listet etwa 300–400 im Jahr 1914 veröffentlichte Gedichtbände auf.

Kriegsschiffen und von Soldaten geübt.[6] Die Museen stellten Kriegskunst und Uniformen aus, erbeutetes Kriegsgerät und während des Krieges verfaßte Schüleraufsätze. Im wohlhabenden Berliner Westen wurde ein Schützengraben nachgebaut, der einige Monate lang eine öffentliche Attraktion darstellte. Auch die Gestaltung der Schaufenster und der Werbeplakate wurde kriegerisch. Der Deutsche Werkbund gründete einen Ausschuß, der »französische« durch »deutsche« Mode ersetzen sollte. Am 27. März 1915 präsentierte er das Ergebnis seiner Arbeit mit einer Modenschau, die – durchaus passend – im preußischen Landtag stattfand.[7]

Der Krieg nahm einen zentralen Platz im öffentlichen Denken ein. War das – wie Peter Fritzsche meint – ein Zeichen für die Politisierung der Massen, dafür, daß sie sich jetzt als Vertreter der deutschen öffentlichen Meinung sahen, sich als Subjekt und nicht mehr nur als Objekt der deutschen Politik betrachteten?[8] Eine bestimmte Erinnerung an das »Augusterlebnis« sollte zu einem wichtigen kollektiven Narrativ werden – so behaupteten zum Beispiel die Nationalsozialisten, ihre Revolution habe 1914 begonnen.

Welchen Rang genoß dieses kollektive Narrativ in den ersten Erklärungen zur Bedeutung des Krieges? Wenn es schon kein einheitliches »Augusterlebnis« gab, gab es dann wenigstens eine gemeinsame Interpretation der Bedeutung der individuellen »Augusterlebnisse«? Diese Frage soll für die Volkskultur und die Elitekultur getrennt diskutiert werden.

---

6 Vgl. H. Korsch, Kriegsstunden. Stoffe für Darbietungen in der Schule, Leipzig 1916.

7 Vgl. Bäumer, Heimatchronik, 30. August 1914 (S. 27), 11. Januar 1915 (S. 58) und 27. März 1915 (S. 236); Gustav E. Pazaurek, Patriotismus, Kunst und Kunsthandwerk, Stuttgart 1914, S. 29. Eine Beschreibung des nachgebauten Schützengrabens liefert der Vorwärts vom 13. Mai 1915, nachgedruckt in: Glazer, Berliner Leben 1914–1918, S. 142–143.

8 Fritzsche, Germans into Nazis, Cambridge 1998.

Die »Große Zeit« oder das Melodram des »Augusterlebnisses«

In seinem im November 1914 für das preußische Innenministerium erstellten Bericht über die öffentliche Meinung in Deutschland stellte Geheimrat von Berger fest: »Der Versuch, in diesen Tagen einiges über die Stimmung im Lande auszusagen, führt immer erneut zu der Erkenntnis, daß die Presse, sei sie viel, sei sie wenig gelesen, wenig oder garnichts mit der Volksstimmung zu tun hat.«[9] Zwar konnte die Zensur verhindern, daß Unzufriedenheit zum Ausdruck kam, nicht aber, daß es sie gab. Daß die Presse wenig mit der öffentlichen Meinung zu tun habe, war allerdings eine etwas befremdliche Behauptung. Nie zuvor war die deutsche Presse so wichtig gewesen wie im August 1914. Den Zeitungen fiel die wichtige Aufgabe zu, das Schicksal des einzelnen beziehungsweise seiner Lieben mit den geschichtlichen Ereignissen zu verknüpfen. Wie ein Zeitgenosse anmerkte, »war die Zeitung früher des Hauses Freundin, jetzt ist sie die Herrscherin, denn sie bestimmt fast jede Unterhaltung in der Familie.«[10] Die Zeitungsbesitzer gehörten folglich zu den ersten, die vom Krieg profitierten; einige Blätter konnten ihre Auflage nahezu verdoppeln.[11]

Die Lektüre der Leitartikel vom August – ebenso wie derjenigen vom Juli – verrät jedoch mehr über das politische Vokabular der Journalisten, über die Stereotype, mit denen sie ihre Nachrichten strukturierten und die Bedeutung des Krieges darstellten, als über die Rezeption dieser Stereotype oder darüber, in welchem Umfang die Leserschaft sie teilte. Die in ihnen verwendeten Narrative und Argumentationsmuster entstammten

---

9 *Stimmungs-Bericht* I, für Nov. 1914, verfaßt von Geheimrat von Berger im Innenministerium, GhStAPK, I/90J/1, S. 1.

10 Pastor W. Stark, Die Kriegsarbeit des Evangelischen Preßverbandes für Deutschland, Berlin, undatiert (1915 ?), S. 3.

11 Horst Heenemann, Die Auflagehöhen der deutschen Zeitungen, S. 73 ff.

Spiegelung,

dem Kontext des politischen Diskurses im wilhelminischen Deutschland. Die Journalisten stellten den Krieg als Verteidigungskrieg dar und unterstützten die österreichischen Maßnahmen gegen Serbien und das deutsche Bündnis mit Österreich. Der russischen Führung warfen sie vor, sie hätte die Friedensgespräche nur fortgesetzt, um Zeit für die Mobilmachung zu gewinnen, und kritisierten sie wegen ihrer »Doppelzüngigkeit«.[12] Um einen Verteidigungskrieg handelte es sich nach ihrer Ansicht nicht nur deshalb, weil Rußland für seinen Ausbruch verantwortlich war, sondern auch aus dem Blickwinkel des kulturellen Fortschritts: die Deutschen kämpften »für die Verteidigung der europäischen Kultur« beziehungsweise gegen »den asiatischen Despotismus«. Theo Goebel weist darauf hin, daß die Journalisten 1914 genauso wenig wie 1939 zwischen einer »schlechten« russischen Regierung und einem »guten« russischen Volk unterschieden; vielmehr wurden die Russen generell als »asiatisch« bezeichnet.[13] Sie waren die hauptsächliche Zielscheibe, doch auch zur Beschreibung aller feindlichen Nationen wurde das Vokabular nationaler kultureller Stereotype benutzt. Die Bevölkerung wurde daran erinnert, daß Frankreich Deutschlands »Erbfeind« sei und auf Rache sinne. Nach der englischen Kriegserklärung wurde das »perfide Albion« beschuldigt, es habe den Krieg aus Neid begonnen und wolle die deutsche Industrie zerstören.[14]

Das Gegenstück zur Gleichsetzung des Feindes mit dem Bösen schlechthin war die Gleichsetzung Deutschlands mit dem Guten und des Guten mit Deutschland; ein deutscher Sieg werde der Kultur dienen. Die *Augsburger Neuesten Nachrichten* er-

---

12 So *Deutschland in Kriegszustand*, in: Berliner Abendpost, 1. August 1914, Nr. 178, S. 1 und *Der Schicksalstag der Alten Welt*, in: Magdeburgische Zeitung, 1. August 1914, Nr. 563 (Mittag), S. 1.
13 Goebel, Deutsche Pressestimme in der Julikrise 1914, S. 214 f.
14 Auszüge aus der Antwort auf die englische Kriegserklärung finden sich in: Buchner, (Hg.), Kriegsdokumente, Bd. 1, S. 137 ff.

Vgl. Schwabenhyen.

klärten in einem Artikel mit der Überschrift »Der Heilige Krieg«:

»Am deutschen Wesen soll einst die Welt genesen. So hat unsrer Größten einer gesagt. Darum ist es das Recht, ist es die Pflicht der Deutschen, zu siegen. Es geht nicht nur um unseren eigenen heimischen Herd, um die Ehre und Existenz unserer Nation, nein, es geht um das Herz der Welt, das am uneigennützigsten und lautersten im Deutschen schlägt. Ein Kreuzzug ist es für das heiligste Gut, für den Frieden, für die Kultur der Welt.«[15]

Daß diese moralischen Klischees wenig mit den tatsächlichen historischen Ereignissen zu tun hatten, wurde am 3. August 1914 deutlich, einen Tag nach der deutschen Invasion in Belgien, als die der Zentrumspartei nahestehende *Kölnische Volkszeitung* in kaum zu überbietendem Zynismus schrieb, Deutschland ziehe »für die Normen der Gesittung, für das internationale Recht« in den Kampf.[16]

Die Rollenverteilung von Gut und Böse dämpfte die eigene Angst, denn – wie ein Journalist meinte: »Wenn der endliche Sieg, wie die Erkentnisse des Naturlebens und der Geschichte erwiesen, doch stets den Guten, den Tüchtigen, den Vorwärtsstrebenden zufällt, so wird und muß auch in diesem großen und heißen Ringen der Sieg schließlich der heiligen deutschen Sache zuteil werden.«[17] Aber obwohl die Journalisten behaupteten, der Krieg werde den Gang der Geschichte vorantreiben, wurde er doch weiter als defensiv, als historisch und schicksalhaft dargestellt, und die Kampfhandlungen, aus denen er bestand, als etwas Schreckliches. Vor allem die sozialdemokratischen Zeitungen publizierten Artikel, in denen Krieg als etwas

---

15 *Der Heilige Krieg*, in: Augsburger Neueste Nachrichten, 3. August 1914, S. 1.

16 *Der Menschheit heilige Rechte*, in: Kölnische Volkszeitung, 3. August 1914, zit. n. Goebel, Deutsche Pressestimme in der Julikrise 1914, S. 194.

17 *Erwartungsvolle Stille*, in: Kösliner Zeitung, 11. August 1914, Nr. 186.

Ungeheuerliches, mit jeder Zivilisation Unvereinbares bezeichnet wurde.[18] Das später als »Geist von 1914« bekannt gewordene offizielle Narrativ war hingegen zuerst in Berichten konservativer Zeitschriften über die begeisterten Massen in den großen deutschen Städten am 25. Juli 1914 aufgetaucht. Aber obwohl fast alle bürgerlichen Zeitungen damals irgendeine Variante der Wendung »ein geeintes, entschlossenes Deutschland zieht in den Krieg« verwendeten, sahen nur wenige eine kausale Beziehung zwischen Begeisterung und Einheit, sondern behaupteten, die Einheit sei ein Produkt des Massenerlebnisses. Häufiger noch wurden »Begeisterung« und »Einheit« im Rahmen eines an die Ängste der Menschen gerichteten Diskurses beschworen, der den Deutschen Siegeszuversicht geben sollte. So war von »Einheit« oft in dem Zusammenhang die Rede, daß »eine so geeinte Nation nicht besiegt werden kann«.[19] Ein Dichter fand dafür am 5. August in einer Lokalzeitung die folgenden Worte:

»Dann möge beginnen der heilige Krieg
Das einige Deutschland gewinnt den Sieg
Weil alle, alle zusammenhalten:
Bürger und Bauern, die Jungen und Alten.«[20]

»Einheit« war somit nicht ein Zustand, der eingetreten war, sondern eine Verpflichtung für die Zukunft. Die *Magdeburgische Zeitung* schrieb zum Beispiel: »Alle Wirren des Tages und der Meinungen sollen jetzt schweigen; was den einzelnen von dem anderen trennt, soll vergessen sein, soll aufgehen in einem höheren Gedanken, in deutscher Treue gegen das deutsche Vaterland.«[21]

---

18 *Ernste Tage*, in: Rheinische Zeitung, 4. August 1914, Nr. 178, S. 2.
19 Vgl. Raithel, Das »Wunder« der inneren Einheit, S. 467 ff.
20 Otto Wiegmann, *An die Deutschen Jungen*, in: Kösliner Zeitung, 5. August 1914, Nr. 181, S. 2.
21 *Wir Deutschen fürchten Gott, aber sonst nichts in der Welt!*, in: Magdeburgische Zeitung, 1. August 1914, Nr. 562 (Morgen), S. 1.

Wenn in den Leitartikeln zur Bedeutung des Krieges von Begeisterung die Rede war, bezog sich dies meist nicht auf die Massen, sondern auf eine unklar definierte Entschlossenheit zum Kampf. Dieser Diskurs wurde oft mit großer Überheblichkeit geführt. In der ersten Augustwoche arbeiteten viele deutsche Journalisten kühn mit dem Bismarck-Zitat: »Wir Deutschen fürchten Gott, aber sonst nichts in der Welt!«, und mit der Prognose, der *furor teutonicus* werde Deutschland zum Sieg führen, ganz gleich, gegen wie viele feindliche Nationen er zu erkämpfen sein würde, »und wenn die Welt voll Teufel wär«.[22] Deutschland werde den Sieg erringen, weil das deutsche Volk mit Leib und Seele dabei sei, während die anderen nur für materialistische, egoistische Ziele kämpften. Die *Vossische Zeitung* schrieb: »Ein Wille zum Sieg beseelt unser Volk in Waffen, wie man ihn in allen Kriegen der Vergangenheit kaum je gleich stark, niemals stärker erlebt hat. Und dieser Wille, diese moralische Kraft ist eine sichere Bürgschaft, daß wir nicht anders als siegreich und ruhmreich aus dem uns ruchlos aufgenötigten Ringen hervorgehen werden.«[23] Oder in den Worten des früheren Reichskanzlers Fürst von Bülow: »Es kann nicht sein und wird nicht sein, daß so vieler Heldenkraft und Opfermut, so viel Wille und Geist, wie sie aus der preußischen und deutschen Geschichte sprechen, umsonst aufgewandt sein soll.«[24]

Zweck dieser Artikel war es, Mut und Kampfbereitschaft aufrechtzuerhalten. So erstaunt es nicht, daß sich die Verfasser dieser politischen Kommentare auf die positiven Aspekte des »Augusterlebnisses« konzentrierten und die anderen Teile der deutschen öffentlichen Meinung übersahen, die ein junger Sol-

---

22 Ebenda.
23 *Vossische Zeitung*, 11. August 1914, auszugsweise nachgedruckt in Buchner, (Hg.), Kriegsdokumente, Bd. 1, S. 236.
24 *Ein Wort des Fürsten Bülow*, in: Berliner Morgenpost, 7. August 1914, Nr. 214, S. 1.

dat in seinem Brief nach Haus erwähnt: »Auf den Straßen, an denen wir vorüberfahren, stehen alte Männer und entblößen vor unserer Jugend das graue Haupt, kleine Kinderpatschhändchen strecken sich jauchzend nach uns aus, und Mädchen grüßen uns, die wir nicht kennen. Und irgendwo weint eine Mutter.«[25]

Parallel zur Entwicklung des offiziellen, mythischen Narrativs trat im Verlauf des Krieges die reale Erinnerung an das »Augusterlebnis« immer mehr in den Hintergrund. Im Jahr 1914 allerdings dominierte noch das historische Interesse. Bezeichnenderweise umfaßte die Wendung »Geist von 1914«, die später für das offizielle Narrativ des »Augusterlebnisses« stand, im August und September 1914 noch die öffentliche Meinung in all ihren zahlreichen Facetten. Ende August, als Kapitelüberschrift in der Zeitschrift *Kriegs-Echo*, bedeutete der »Geist von 1914« nichts anderes als die Behauptung, man lebe in einer historischen Zeit und erlebe »Welttheater« beziehungsweise »Weltgeschichte«, nichts anderes als die Überschrift »Der Krieg als Erlebnis« in einer SPD-Zeitschrift.[26]

Die Freude, Zeuge historischer Ereignisse zu sein – ein wesentlicher Bestandteil des »Augusterlebnisses« – kam nicht nur in Zeitungen und Zeitschriften zum Ausdruck, sondern auch in vielen Medien. So wie Touristen als Andenken an den Urlaub Ansichtskarten sammeln, sammelten die Deutschen 1914 etwas, das ein Zeitgenosse treffend als »Hurrakitsch«-Andenken an die

25 Fritz Mayer, *Der Aufmarsch*, in: Deutschlands Akademiker im Weltkrieg 1914, Magdeburg 1916, S. 90.

26 So lautete der Titel des Leitartikels in: Arbeiter-Jugend (SPD), Nr. 25 (5. Dezember 1914), S. 329. Von »Welttheater« ist in dem Artikel *Bewegte Tage*, in: Bamberger Neueste Nachrichten, 27. Juli 1914, Nr. 172, S. 2 die Rede. Von »Weltgeschichte« spricht der Verfasser des Artikels *Die erste Kriegswoche*, in: Magdeburgische Zeitung, 9. August 1914, Nr. 584 (Morgen), S. 1: »In den acht Tagen, die hinter uns liegen, haben wir Weltgeschichte erlebt.«

»Große Zeit« bezeichnete.[27] Es gab Fahnen, Kissen, Notizblocks und Brieföffner mit dem Eisernen Kreuz, der Jahreszahl 1914 oder dem Bild von Hindenburg darauf. Große Tageszeitungen veröffentlichten Kriegsausgaben, die »als Erinnerungsblatt zum Aufheben für spätere Zeiten dienen«[28] sollten. Diese »Kriegszeitungen« bestanden aus Zeitungsausschnitten zum »Augusterlebnis«. Sie enthielten Nachrichten, Predigten, Gedichte, Zeichnungen, Darstellungen von Begeisterung und von Panik, Soldatenbriefe und Soldatenwitze.

Der Anfang August unterbrochene Spielbetrieb der Theater wurde nach kurzer Zeit entweder mit klassischen Stücken zur Kriegsthematik oder – häufiger – mit rasch hingeschriebenen Stücken über das »Augusterlebnis« wieder aufgenommen. 45 der 72 Stücke, die die Berliner Theater von September bis Dezember 1914 aufführten, gehörten zu dieser Kategorie. Die Titel lauteten zum Beispiel: »Mobilmachung. Ein Festspiel aus ernster Zeit« (Fritz Hillmann), »Der erste August. Ein Spiel vom Ausbruch des großen Krieges« (Ludwig Thoma), und »Der Franktireur. Trauerspiel in 1 Akt« (S. Saget).[29] Kurz, der Wunsch, die Erinnerung an die »große Zeit« zu bewahren, war Teil des »Au-

---

27 K. Mittenzweig, *Die Lehre des Hurrakitsches*, in: Innendekoration (1916), S. 402. Vgl. auch Hans Sachs, *Vom Hurrakitsch. Von Nagelungsstandbildern, Nagelungsplakaten und andren Schönheiten*, in: Das Plakat, Nr. 1 (Januar 1917), S. 3 ff. sowie Mosse, Gefallen für das Vaterland, S. 72.

28 So die Eigenwerbung der *Solinger Kriegs-Zeitung*, zit. n. Johannes Motz (Hg.), Solingen im 1. Weltkrieg, S. 10 f. Bereits am 8. August 1914 begannen die Verleger für ihre Kriegsausgaben zu werben. Vgl. Buchner (Hg.), Kriegsdokumente, Bd. 1, S. 215.

29 In ganz Deutschland wurden vom 1. August bis zum 31. Dezember 1914 insgesamt 86 Theaterstücke über den »Geist von 1914« verfaßt und aufgeführt, und vom 1. Januar bis zum 31. Mai 1915 weitere 20. Vgl. dazu Wolfgang Poengsen, Der deutsche Bühnen-Spielplan im Weltkriege, Berlin 1928, S. 28 und Heinrich Stümcke, Theater und Krieg, Oldenburg und Leipzig, 1915, S. 15 und 128. Am populärsten dürfte das Stück

gusterlebnisses«. Um ein Gespür für diesen Aspekt des »Augusterlebnisses« zu bekommen, wollen wir uns eines der Theaterstücke etwas genauer ansehen:

Ein typisches Werk zum »Geist von 1914« war das 1914 bei Reclam erschienene Schauspiel »Vorwärts mit Gott! Vaterländisches Zeitbild in einem Aufzug« von Anton Ohorn. Die Handlung setzt am 2. August ein. Der Baron (ein pensionierter General), seine Frau Klara und ihr Sohn Heinz sitzen um einen Tisch und sprechen über die Ursache des Krieges. Die sehen sie in der Selbstüberschätzung der Slawen, im Chauvinismus der Franzosen und in der Mißgunst der Engländer. Sie hoffen, daß ein deutscher Sieg den edleren nationalen Eigenschaften der Deutschen größere Bedeutung in der Welt verschaffen wird, und glauben, daß letzten Endes das Gute über das Böse triumphieren wird.[30]

Die praktisch direkt den Zeitungsartikeln zur Bedeutung des Krieges entnommene melodramatische Dichotomie »Gut gegen Böse« findet sich in fast allen diesen Stücken wieder. Sie war essentieller Bestandteil der »großen Zeit«, ebenso wie das Spionagefieber und die Versuche, alle Fremdwörter und alle kulturellen Einflüsse aus dem Ausland zu tilgen. Sie erlaubte den Zuhausegebliebenen, am Krieg teilzuhaben, und rief einige merkwürdige Veränderungen der alltäglichen Gepflogenheiten hervor. Im September und November 1914 war es nicht ungewöhnlich, wenn sich zwei Deutsche mit »Gott strafe England« und der Erwiderung »Er strafe es« grüßten. Gertrud Bäumer vermerkte in ihrem Kriegstagebuch am 18. November 1914:

»Zwei Schulmädel, blondbezopft und kindlich, nehmen auf der Straße voneinander Abschied. Ernsthaft und feierlich sagt die eine zur andern: ›Leb' wohl, Gott strafe die Engländer.‹ Diesen Gruß haben sich in der Provinz-

---

Immer feste druff gewesen sein, das im Metropoltheater am Nollendorfplatz in Berlin aufgeführt wurde. Bis November 1914 hatte es bereits 50 Aufführungen davon gegeben.

30 Anton Ohorn, Vorwärts mit Gott! Vaterländisches Zeitbild in einem Aufzug, Leipzig 1914, S. 5 f.

Engländern. (Vokabeln).

stadt, wo ich es hörte, die Schulkinder, Jungen und Mädchen, ausgedacht und zur Pflicht gemacht. Nicht als heiteren Schulsport – wie so etwas für 14 Tage Mode und wieder vergessen wird, sondern als einen feierlichen vaterländischen Brauch, als etwas Ernsthaftes. Es ist nicht leicht, ihnen verständlich zu machen, weshalb man das nicht darf. Wenn einer lügt, heißt es: ›Du engländerst.‹ Und wie die Luchse passen sie einem auf Fremdwörter auf.«[31]

Diese Art von »Haß« war zwar weit verbreitet, schien jedoch nicht allzu tief zu wurzeln. In Ohorns Stück ist er nur ein kurzes Zwischenspiel. Nach dem kurzen Gespräch über die Kriegsursachen wird die Mutter bei dem Gedanken, daß ihr Sohn bald an die Front einrücken wird, von Trauer erfüllt. Heinz tröstet sie damit, daß der Krieg nicht nur Deutschlands Ansehen in der Welt steigern, sondern auch die Jungen zu Männern machen, sie Mut, Kameradschaft und Selbstlosigkeit lehren werde. Ja, er sagt seiner Mutter sogar, daß letztlich alle Menschen sterben müßten und daß fürs Vaterland zu sterben der schönste Tod sei, den man sich vorstellen könne. Damit überzeugt er seine Mutter, und sie antwortet: »Komm auch denn zurück mit dem Schilde oder auf dem Schilde, wert deines Vaters.«[32] Solcherart spartanisch-heroische Aufforderungen, die sich in diesen Stücken besonderer Beliebtheit erfreuten, waren auch anderswo anzutreffen. So rief zum Beispiel die *Norddeutsche Allgemeine Zeitung* die Soldatenwitwen auf, nicht Schwarz zu tragen, sondern sich stolz zu zeigen auf den Tod des geliebten Mannes.[33]

Was also fehlt, ist die Realität des Krieges, sind die Verwundungen, der Tod, das Trauma. Und natürlich fehlt auch eine mo-

---

31 Naumann und Bäumer, Kriegs- und Heimatchronik (18. November 1914), S. 106. Viele druckten diesen Slogan sogar auf ihre Briefe ins Ausland; die *Norddeutsche Allgemeine Zeitung* forderte daraufhin die deutschen Geschäftsleute auf, das zu unterlassen.

32 Ohorn, Vorwärts mit Gott! Vaterländisches Zeitbild in einem Aufzug, S. 8.

33 *Legt keine Trauer an für die Gefallenen*, in: Norddeutsche Allgemeine Zeitung, 14. August 1914, Nr. 190.

derne Version des Heldentums. Kennzeichnend für die Handlung der Groschenromane, der Schundliteratur für Jugendliche war, wie ein Kritiker 1916 anmerkte, das Heldentum des Abenteurers, nicht das des Soldaten: »Heute gibt es 20 Serien mit schätzungsweise 300 Einzelnummern, die unserer Jugend den Krieg aus der Räuber- und Mörderperspektive schildern, oder von Helden erzählen, bei denen durch die feldgraue Maske der Federschmuck berühmter Indianerhäuptlinge schimmert.«[34]

Zu Beginn des zweiten Akts unseres Theaterstücks kommen Freunde und Nachbarn hereingestürzt und überbringen – aufgeregt und erschüttert – die neueste Nachricht vom Krieg, die Meldung vom englischen »Verrat«. Aufregung ist ein zentrales Element des »Augusterlebnisses« und viel charakteristischer für diese Stücke als jede andere Gefühlsregung. Alle Erfahrungen von 1914 finden sich hier wieder: die Panik und die Begeisterung, die tränenüberströmten Frauen ebenso wie die angsterfüllten Arbeiter. Eines der Stücke enthielt sogar eine einfühlsame Beschreibung zweier in Gefangenschaft geratener belgischer Partisanen (*franc-tireurs*), die erschossen werden sollen.[35]

Im weiteren Verlauf des Stücks geht es um Liebe, Pflichterfüllung und Einheit. In einer Szene spricht Lene, die Frau eines Arbeiters und Mutter dreier Kinder, mit der Baronin über ihre Ängste. Die tröstet sie mit dem Klischee, alles liege in Gottes Hand und ein gerechter Gott wache über uns. In einer anderen Szene erklärt Heinz, daß er dabei gewesen sei, als ein Arbeiter die

---

34 Wilhelm Fronemann, *Grundsätzliches zur Auswahl von Jugend- und Volksbüchern über den Krieg 1914–1916*, in: Jugendschriften-Warte, Nr. 6 (Juni 1916), HStA München, Abt. IV – Kriegsarchiv, Stellv. GK des I. AK, Nr. 1004, o. S. Allgemeiner dazu vgl. Rudolf Schenda, *Schundliteratur und Kriegsliteratur*, in: Die Lesestoffe der kleinen Leute. Studien zur populären Literatur im 19. und 20. Jahrhundert, München 1976, S. 78 ff.

35 Vgl. S. Saget, Der Franktireur. Trauerspiel in 1 Akt, Recklinghausen, ohne Datum (1915 ?).

Proklamation des Kaisers (»Ich kenne keine Parteien mehr, ich kenne nur noch Deutsche«, J.V.) in seinen rissigen Händen gehalten und sie bewegt vorgelesen habe. Die anderen Arbeiter hätten ihre Mützen abgenommen und flammenden Blickes zugehört.[36]

Da es sich um ein Melodram handelt, entwickelt sich das Schauspiel jetzt zu einer Liebesgeschichte. Das ganze Stück hindurch thematisieren der adelige Heinz und Else, die Tochter eines bürgerlichen Fabrikbesitzers, ihr Dilemma. Obgleich sie sich lieben, haben die Eltern ihnen verboten zu heiraten. Nicht nur, daß ihre Heirat Klassengrenzen überschreiten würde, ihre Eltern, besonders die Väter, können sich auch nicht leiden. Doch was einst undenkbar war, ist jetzt möglich. Unterstützt von der Baronin, beschließen sie, ihre Verlobung bekanntzugeben und abzuwarten, was passiert. Vom »Geist von 1914« mitgerissen, fallen sich schließlich die beiden Väter in die Arme.

Wenn man diese Stücke heute liest, kann man kaum umhin, dem jungen Berliner Theaterkritiker Herbert Ihering zuzustimmen, der in der Rezension eines anderen Schauspiels schrieb:

»Der Kriegsanfang vom Kleinbürger aus gesehen. Tränen fließen, Herzen schmelzen, Begeisterung schwillt. Kriegsfreiwillige und Kriegsbräute, Gutsbesitzer und Sozialdemokraten, Pfarrer und Krämer, Dienstmädchen und Kutscher: alle reden sie das, was wir vor einigen Wochen als Geschehen, als Rede, als Witz und als Anekdote in der Zeitung gelesen haben [...] Das Publikum soll alles wiederfinden und im Parkett noch einmal beklatschen, was es auf der Straße bejubelt hat. Es ist nicht zu schildern, welche körperliche Pein einen empfindlichen Menschen vor diesen Dingen befällt.«[37]

Ein anderer Kritiker, Heinrich Stümcke, stimmte dem zu. Er argumentierte mit »der vollkommenen künstlerischen Bedeutungslosigkeit und der ethischen Minderwertigkeit weitaus der Mehrzahl dieser *ad hoc* geschaffenen dramatischen Bahn« und kritisierte »die wohlfeile Redseligkeit, de[n] hemmungslose[n]

---

36 Ohorn, Vorwärts mit Gott!, S.7.
37 Herbert Ihering, *Theaterbarbarei*, in: Die Schaubühne, Bd. 2 (1914), S.229. Vgl. auch Klaus Pringsheim, *Kriegsoperette*, in: ebenda, S.250ff.

Chauvinismus, die vergnügte Gedankenlosigkeit, die kindliche Unwirklichkeit in den kriegerischen Vorgängen«.[38]

Diese pathetischen Melodramen dürften jedoch die im Bürgertum verbreitete Wahrnehmung der deutschen öffentlichen Meinung wesentlich besser erfaßt haben als alle Gedankenspielereien der Intellektuellen zu den »Ideen von 1914«. Die Aufführungen waren gut besucht. Ein weitgehend bürgerliches Publikum fand Gefallen daran, die eigene Begeisterung zu sehen und das Pathos der Geschichte noch einmal zu spüren. Ihering kritisierte zwar ein romantisches Poem mit den Worten: »Die Mischung dieses Stücks ist schamlos.[...]Todesahnung und Sterben [werden] mit einer nach taktlosen Späßen doppelt widerlichen Sentimentalität zu Coupletwirkungen mißbraucht«, mußte aber einräumen, daß »das Publikum wieherte«.[39]

Es wäre falsch, in diesen Theaterstücken das zu sehen, was George Mosse als »Trivialisierung des Kriegs« bezeichnet hat, das heißt als eine »Reduzierung des Krieges auf etwas scheinbar Normales, so daß er durchaus alltäglich und nicht grauenerregend erscheinen mußte«.[40] Wie zeitgenössische Kritiker anmerkten, bedurfte der Krieg, wie er sich in diesen Stücken zum »Augusterlebnis« darstellt, keiner Reduzierung; der wirkliche Krieg, der Krieg an der Front, spielte in ihnen keine Rolle. Hier war der Krieg eher ein *deus ex machina*, ein Mittel, um Langeweile zu bekämpfen und Liebende zu vereinen. Es kam zwar zur Veränderung von Identitäten, aber nie war sie tiefgreifend. Und wenn gesellschaftliche Schranken fielen, dann waren es nie die zwischen Bürgertum und Arbeiterklasse, sondern eher die zwischen Adel und Bürgertum. Die Arbeiter beteiligten sich an alldem mit finsterer Entschlossenheit. Die Stücke enthielten viele gedrechselte Phrasen – wie herrlich es sei, sein Leben für das

38 Stümcke, Theater und Krieg, Oldenburg und Leipzig 1915, S. 14.
39 Ihering, *Theaterbarbarei*, S. 230.
40 Mosse, Gefallen für das Vaterland, S. 155.

Vaterland zu geben –, die der gehobenen Sprache des Melodrams entstammten, und sie spiegelten auch – oft wortwörtlich – dieselbe Kombination von Hybris und Chauvinismus, die man in den Leitartikeln der Zeitungen zu lesen bekam. Dahinter steckte das Bewußtsein, das ein unbekannter Dichter mit folgenden Worten ausdrückte: »Jetzt schreiben wir selber Geschichte.«[41] Das war »eine große Zeit«, »das ist ein Stück Weltgeschichte, was da steht«, eine Zeit, »von der zukünftige Geschichtsschreiber vielleicht eine neue Ära der Welthistorie rechnen werden«.[42] Doch die handelnden Personen in den Stücken waren zwar Zeugen geschichtlicher Ereignisse, nicht aber Herren ihres eigenen Schicksals; sie formten nicht aktiv ihre eigene Geschichte. Und sie scheinen das auch gar nicht gewollt zu haben. Nirgends gibt es in diesen Schauspielen einen Hinweis darauf, daß die »Leute« nicht Objekt, sondern Subjekt ihrer eigenen Geschichte sein wollen. Dieses unglaubliche Vertrauen in den Lauf der Geschichte ist vielleicht der ungewöhnlichste Aspekt der Begeisterung von 1914, denn für die meisten Menschen ist es nur selten ein positives Ereignis, die Macht des Schicksals am eigenen Leib zu verspüren.

Die Stücke lassen darauf schließen, daß von wirklicher Begeisterung nur die Rede sein konnte, solange der Krieg nicht real war. Die Konfrontation mit der Realität eines modernen Krieges ließ sie rasch schwinden. Im September 1914 beschwerten sich Frontsoldaten über die lustigen Karikaturen des Feindes auf den Postkarten, weil diese witzigen Darstellungen der feindlichen Soldaten als bloße Feiglinge und Verbrecher ihren Erfahrungen

---

41 Ein Nachdruck dieses Gedichts von Hans Ludwig Linkenbach mit dem Titel *Geschichte* findet sich in: Bennata Otten (Hg.), Kriegsgedichte aus den ersten Monaten des Weltkrieges 1914, Lübeck 1914, S.25.

42 Zitate aus Rosen (Hg.), Der Große Krieg, S.8; Grenadier St., zit. n. Dr. H. Strunk, Mobilmachung und Aufmarsch der Heere auf dem westlichen Kriegsschauplatz. August, 1914, Leipzig 1916, S.7.

an der Front nicht gerecht wurden.[43] Am 3. Oktober begannen die bayerischen Behörden, die Postkarten zu zensieren, und am 22. Oktober 1914 wies die Regierung in Berlin ihre Zensoren an, Postkarten zu verbieten, die dem guten Ruf der deutschen Armee und ihren Leistungen abträglich sein könnten.[44] Im August und September 1914 hatten Zeitungen und Zeitschriften eine große Zahl von Soldatenbriefen abgedruckt, in denen die Soldaten ihre Kriegserlebnisse oft sehr plastisch in allen schaurigen Einzelheiten schilderten. Ab Oktober 1914 fürchtete die Regierung jedoch, daß diese detaillierten Schilderungen, die im Falle eines kurzen Krieges zur Schaffung einer Aura des Heldentums beitrugen, bei einem länger dauernden Krieg die Moral der Bevölkerung beeinträchtigen könnten, und verbot schließlich ihre Publikation.[45]

---

43 Der Verfasser von *Der Krieg ist eine heilige Sache. Scherz-Karten*, in: Die Post, 17. Oktober 1914 (Nr. 499), stellte fest, daß viele Soldaten an der Front in Tränen ausbrachen, wenn sie solche Postkarten bekamen, und fügte das folgende Zitat aus dem Brief eines Soldaten an: »Eine solche Karte paßt ins Feld genau so gut, wie ein Clown auf ein Leichenbegräbnis.«

44 Die bayerische Regierung begann am 3. Oktober 1914 mit der Zensur der Postkarten, vgl. die Pressemitteilungen in der Korrespondenz Hoffmann. HStA München, Abt. IV – Kriegsarchiv, MKr Nr. 13918. Vgl. auch MKr Nr. 13344 und Nr. 13345/1 sowie HStA München, Abt. IV – Kriegsarchiv, Stellv. GK des I. AK, Nr. 1756. Das Verbot der Berliner Regierung vom 22. Oktober 1914 findet sich in HStA München, Abt. IV – Kriegsarchiv, MKr Nr. 13344. Siehe auch das Material in HStA München, Abt. IV – Kriegsarchiv, MKr Nr. 13345/1.

45 Eine Sammlung solcher Briefe aus einem breiten Spektrum von Zeitungen findet sich in BAL, RLB Pressearchiv, Nr. 7595–7613. Im Verlauf des Krieges erschienen viele Sammlungen mit überarbeiteten Soldatenbriefen. Zu den interessantesten zählen: Pniower (Hg.), Briefe aus dem Felde 1914/15; und: Hundert Briefe aus dem Felde. Was die Soldaten über den Krieg erzählen, Nürnberg 1915. Vgl. auch: Bernd Ulrich, Die Augenzeugen.

Im Januar 1915 interessierte sich so gut wie niemand mehr für die Nachschöpfungen des »Augusterlebnisses« im Theater. Die »Kriegsschmarren« verschwanden weitgehend von der Bühne, und die Theater kehrten zu ihrem gewohnten Repertoire zurück, wenn auch mit einem militaristischen Einschlag.[46] 1915 wurden auch immer weniger Kriegsgedichte veröffentlicht. Viele Zeitungen stellten bereits Ende 1914 die Veröffentlichung von Kriegsbeilagen ein. Anfang 1915 war die Erinnerung an das »Augusterlebnis« als eine »große Zeit« mit all ihren naiven und karnevalesken Aspekten, als Zeit voller aufregender und geschichtsträchtiger Ereignisse, weitgehend aus den Medien verschwunden, und sie sollte auch nie mehr ins öffentliche Bewußtsein zurückkehren. Dennoch bedeutete dies nicht das Ende jeglicher Erinnerung an die Erfahrungen von 1914. Der »Geist von 1914« wurde während des ganzen Krieges im politischen Diskurs immer wieder beschworen, allerdings weniger als angenehme Erinnerung, als Erinnerung an erfreuliche Augenblicke, sondern mehr als Metapher für politische Ideologien beziehungsweise als »Mythos«, als Teil der Kriegspropaganda.

Die »Ideen« von 1914

Die Theaterstücke zum »Augusterlebnis« wurden von den Historikern kaum beachtet, die Literatur zu den deutschen Intellektuellen im Ersten Weltkrieg hingegen ist sehr umfangreich. Die deutschen Künstler, Schriftsteller, Journalisten und Akademiker gehörten im August 1914 zu den begeistertsten Deutschen. Das Ausmaß der Kriegsbegeisterung unter den Intellektuellen ist einer der wichtigsten Gründe dafür, daß die mei-

---

46 Vgl. Poengsen, Der deutsche Bühnen-Spielplan im Weltkriege, S. 28; Stümcke, Theater und Krieg, S. 15 und 128.

sten Historiker das offizielle Narrativ, Deutschland sei 1914 in Begeisterung vereint gewesen, akzeptierten. Warum aber begeisterten sich so viele Intellektuelle für den Krieg?

In einem 1915 verfaßten Aufsatz ging Siegfried Kracauer den Gründen für die Begeisterung der Intellektuellen nach. Viele Intellektuelle standen, so Kracauer, wirklich hinter den Ideen, die nach ihrer Meinung den Krieg rechtfertigten, Ideen wie Kameradschaft, Opferwilligkeit, Tapferkeit und Hingabe.[47] Sie sahen darin höhere Werte als die narzißtischen Werte der kapitalistischen Friedensgesellschaft wie Egoismus, Materialismus, Individualismus und städtische Manierismen. Die »Ereignisse vom August« bewirkten somit ein »Umlernen«, eine »Läuterung«, waren eine »Offenbarung«, eine Bewegung weg von der »Entartung« hin zur Kultur, vom bürgerlichen »Materialismus« zum Idealismus, von der Welt des äußeren Scheins zu der der inneren Wahrheiten.

Eine dekadente Gesellschaft, die der Erneuerung bedurfte, war ein immer wiederkehrendes Thema der wilhelminischen Kulturkritik. Nietzsche hat seine Betrachtungen wohl deshalb als »unzeitgemäß« bezeichnet, weil er sie in einer Epoche eines bis dahin nicht gekannten industriellen Wachstums niederschrieb, aber seine Vorstellungen, oder besser die den seinen ähnlichen, von den Zeitgenossen als »neoromantisch« bezeichneten Vorstellungen, erfreuten sich bei vielen bürgerlichen Eliten großer Beliebtheit.[48] Fritz Stern hat sich scharfsinnig über die konservativen Autoren geäußert, die behaupteten, die städtische

---

47 Siegfried Kracauer, *Vom Erleben des Krieges*, in: Preußische Jahrbücher (Juli-September 1915), S. 410 ff.

48 Friedrich Nietzsche, Unzeitgemäße Betrachtungen, Leipzig 1917. Zur Rezeption von Nietzsche vgl. R. Hinton Thomas, Nietzsche in German Politics and Society 1890–1918, Manchester 1983; Steven E. Aschheim, The Nietzsche Legacy in Germany 1890–1990, Berkeley 1992. Vgl. dazu auch Fritz Stern, Kulturpessimismus als Gefahr: eine Analyse nationaler Ideologie in Deutschland, Bern 1963.

Zivilisation zerstöre die Kultur. Die Expressionisten spotteten über die einengenden bürgerlichen Normen und Empfindlichkeiten. Die Jugendbewegung rebellierte gegen eine stumpfsinnige Erziehung.[49] »Lebensphilosophen« wie Wilhelm Dilthey und Georg Simmel kritisierten den mit dem technischen Fortschritt einhergehenden Verfall des geistigen Lebens. Ferdinand Tönnies und andere Soziologen konstatierten, die moderne Gesellschaft entfremde die Menschen einander, Gruppen würden in der modernen Welt nicht von einem echten Band der Brüderlichkeit zusammengehalten, sondern von künstlichen Konventionen und Verträgen, ja die moderne Gesellschaft erzeuge atomisierte, zu wahrer Gemeinschaft unfähige Individuen.[50]

Eine der Eigentümlichkeiten dieser Zeit war, daß viele junge Intellektuelle behaupteten, innere, tiefgründigere Wahrheiten seien nicht in der Kultur, sondern nur in Erlebnissen zu finden, und das gewaltigste »Erlebnis« sei der Krieg.[51] Der expressionistische Dichter Georg Heym fing in seinem Tagebucheintrag vom 15. September 1911 den »Geist der Zeit« ein: »Mein Gott – ich ersticke noch mit meinem brachliegenden Enthusiasmus in dieser banalen Zeit [...] Ich sehe mich in meinen wachen Phantasien immer als einen Danton, oder einen Mann auf der Barrikade, ohne meine Jakobinermütze kann ich mich eigentlich garnicht denken. Ich hoffte jetzt wenigstens auf einen Krieg. Auch das ist nichts. Mein Gott, wäre ich in der französischen Revolu-

---

49 Vgl. Harry Pross, Jugend, Eros, Politik. Die Geschichte der deutschen Jugendverbände, Bern 1964 sowie Walter Laquer, Young Germany. A History of the German Youth Movement, New Brunswick 1984.
50 Zu diesem Ansatz und zur Kritik daran vgl. Georg Lukacs, Die Zerstörung der Vernunft, Darmstadt 1974.
51 Vgl. Walter Rathenau, Zur Mechanik des Geistes, Berlin 1913. Eine der interessantesten Formulierungen dieses Gedankens stammt aus Martin Bubers Einführung *Ekstase und Bekenntnis* in der überarbeiteten Ausgabe von: Ekstatische Konfessionen, Jena 1909.

tion geboren, ich hätte wenigstens gewußt, wo ich mit Anstand hätte mein Leben lassen können.«[52]

Als 1914 der Krieg kam, hatten die jungen Intellektuellen keinen sehnlicheren Wunsch, als daran teilzunehmen. Viele junge Künstler und Schriftsteller meldeten sich als Freiwillige, wenn auch oft für den Sanitätsdienst, darunter auch einige, bei denen man keine Kriegsbegeisterung vermutet hätte, wie Max Beckmann, Peter Kollwitz, der Sohn von Käthe Kollwitz, und sogar Hugo Ball, der später die Dada-Bewegung in der Schweiz begründen sollte.[53] Sie waren weniger begeistert als neugierig. Der expressionistische Bildhauer Ernst Barlach schrieb am 29. August 1914 in einem Brief:

»Das Erleben dieser ganzen Zeit seit 1. August kann ich nur mit einem großen Liebesabenteuer vergleichen, so erschüttert und entselbst es mich. Es ist ein großes Glücksgefühl, außer sich zu sein, erlöst von sich. Und dies Größere ist etwas Wahres, keine bloße Idee. In den ersten Tagen konnte ich nicht schlafen in diesem Zustand der Erweiterung.«[54]

Max Beckmann betrachtete den Krieg als »großartige Katastrophe«, als Gelegenheit, »Außerordentliches« zu erleben.[55] Der expressionistische Maler Otto Dix schrieb:

»Der Krieg war eine scheußliche Sache, aber trotzdem etwas Gewaltiges. Das durfte ich auf keinen Fall versäumen. Man muß den Menschen in

52 Zit. n. Erich von Kahler, *Einleitung. Die Bedeutung des Expressionismus*, in: Wolfgang Rothe (Hg.), Expressionismus als Literatur. Gesammelte Studien, Bern und München 1969, S. 15. Zu weiteren Beispielen vgl. Wolfgang J. Mommsen, Bürgerliche Kultur und künstlerische Avantgarde. Kultur und Politik im deutschen Kaiserreich 1870–1918, Frankfurt am Main und Berlin 1994, S. 116.
53 Vgl. Jindrich Toman, *Im Kriege regt sich das Urgewässer. Hugo Ball und der Kriegsausbruch 1914*, in: Hugo-Ball-Almanach, 1981, S. 1–38.
54 Friedrich Dross (Hg.), Ernst Barlach, Briefe, Bd. 1, 1888–1924, München 1968, S. 432.
55 Max Beckmann, Briefe, Bd. 1, 1899–1925, München 1993, S. 90 und 111.

diesem entfesselten Zustand gesehen haben, um etwas über den Menschen zu wissen [...] Alle Untiefen des Lebens muß ich selbst erleben, deswegen gehe ich in den Krieg, und deswegen habe ich mich auch freiwillig gemeldet.«[56]

Viele, die zu alt waren, um selbst am Krieg teilzunehmen, schrieben voller Begeisterung Werke, in denen sie den kulturellen Fortschritt glorifizierten, den man dem Krieg zu verdanken hatte. Das überall besprochene berühmteste derartige Werk ist wahrscheinlich Max Schelers »Der Genius des Krieges und der deutsche Krieg«. Scheler pries den Krieg als Erlebnis des Absoluten, als Erfahrung von Gottes Wille auf Erden. Der Krieg reiße allem die Maske des äußeren Anscheins herunter; und wenn das Unwetter vorbei sei, blieben darunter allein die tieferen, inneren, authentischen Wahrheiten sichtbar. Der Krieg stärke die Fähigkeit zur Brüderlichkeit, zur Gemeinschaft; er lehre die Menschen Bescheidenheit und Opferbereitschaft. Gertrud Bäumer schrieb in ihrer Besprechung des Schelerschen Werks sogar, der Krieg vermehre die Liebe in dieser Welt, weil er den Menschen lehre, seinen Nächsten mehr zu lieben als sich selbst.[57]

Für Siegfried Kracauer war weniger der Idealismus der Grund für die Begeisterung der Intellektuellen als die Sehnsucht der Intellektuellen nach einem Publikum und ihr Glaube, im Jahr 1914 dieses Publikum gefunden zu haben. Seiner Meinung nach hatte die Modernisierung der deutschen Wirtschaft und Gesellschaft die wilhelminischen Intellektuellen, die sich als die natürliche Stimme der öffentlichen Meinung betrachte-

---

56 Zit. n. Mommsen, Bürgerliche Kultur und künstlerische Avantgarde, S. 144.

57 Max Scheler, Der Genius des Krieges und der deutsche Krieg, Leipzig 1915; Gertrud Bäumer, *Der Genius des Krieges*, in: Die Hilfe, Nr. 41 (14. Oktober 1915), S. 656 ff. Gleichfalls große Bedeutung hatte für die Zeitgenossen: Rudolf Eucken, Die sittlichen Kräfte des Krieges, Leipzig 1914.

ten,[58] isoliert und ein Gefühl der Entfremdung bewirkt. 1914 hofften sie, noch einmal zu dieser Stimme zu werden, wenn sie sich vor ein »Massenpublikum« stellten, wenn sie den Ereignissen ringsum einen Sinn zuschrieben und erklärten, wofür Deutschland kämpfe.[59]

Entsprechend waren sie 1914 beschäftigt. Der Jenaer Philosophieprofessor und Literaturnobelpreisträger Rudolf Eucken hielt im ersten Kriegsjahr allein 36 Vorträge. Nun war Eucken vielleicht der bekannteste deutsche Professor, aber keineswegs der einzige, der sich in diesem Sinn engagierte. Wie Klaus Schwabe feststellte, veröffentlichten 43 der 69 (im Jahr 1919 lehrenden) Geschichtsprofessoren Beiträge zum Krieg.[60] Und die Öffentlichkeit schien ihnen zuzuhören – zumindest waren die Vorträge gut besucht. Im August 1914 erhoben die akademischen Intellektuellen den Anspruch, für die öffentliche Meinung zu sprechen, und viele Deutsche gestanden ihnen das zu.

Nur selten aber wurden im ersten Kriegsjahr Vorträge über den »Geist von 1914« oder zur »Bedeutung« des Krieges gehalten. Statt dessen sprachen die Redner 1914 und Anfang 1915 über »Belgien und Holland«, »Der Krieg und die Frauen«, »Ein Weihnachtsbesuch an der Westfront«, »Die Helden von Tsingtau«, »Was wir unserem Kaiser verdanken« oder über »Hinden-

---

58 Vgl. Kracauer, *Vom Erleben des Krieges*, S. 420; Rüdiger vom Bruch, Weltpolitik als Kulturmission. Auswärtige Kulturpolitik und Bildungsbürgertum in Deutschland am Vorabend des Ersten Weltkrieges, Paderborn 1982, S. 52 sowie ders., Wissenschaft, Politik und öffentliche Meinung. Gelehrtenpolitik im Wilhelminischen Deutschland (1890–1914), Husum 1980. Ein gutes Beispiel für dieses Selbstverständnis findet sich in: Ferdinand Tönnies, Kritik der öffentlichen Meinung, Berlin 1922.
59 Vgl. Mommsen, Bürgerliche Kultur und künstlerische Avantgarde, S. 111 ff. und Gudrun Fiedler, Jugend im Krieg. Bürgerliche Jugendbewegung, Erster Weltkrieg und sozialer Wandel 1914–1923, Köln 1989, S. 127 ff.
60 Schwabe, Wissenschaft und Kriegsmoral, S. 21.

burg« – allesamt Themen, die sich für ein Sedanfest vor (oder im Falle eines Sieges auch nach) dem Krieg geeignet hätten.[61] Dennoch spielte der Aspekt der »Einheit in Begeisterung« im akademischen Diskurs sehr schnell eine zentrale Rolle. »Vor allem aber galt es«, so die Verfasser des Vorworts zu einer wichtigen Sammlung von Reden führender deutscher Intellektueller, »uns immer tiefer der inneren Werte bewußt zu werden, die wir in den ersten Wochen des Krieges gewonnen hatten und sie als unverlierbares Gut in Besitz zu nehmen, es galt, uns immer wieder zu erinnern, daß dieser Kampf den höchsten und heiligsten Gütern unseres Volkes gilt, und dieser Güter selbst wieder gewiß zu werden; es galt, den Krieg in seinen tiefsten Ursachen zu verstehen.«[62]

Die wertvollste Erfahrung des Jahres 1914 war denn auch die der Gemeinschaft. Viele Intellektuelle hatten sich im August 1914 subjektiv als »Gemeinschaft« erlebt und schilderten dieses »Erlebnis« von 1914 im wesentlichen als »Erlebnis unseres Einsseins mit dem Vaterlande«,[63] als »das beglückende Gefühl, einmal die tiefste seelische Einheit mit dem gesamten deutschen

---

61 Vgl. die Auflistung der Vorträge in LA Karlsruhe 236–23067; eine vollständige Liste der ab dem 12. Februar 1915 in München gehaltenen Vorträge findet sich in HStA München, Abt. IV – Kriegsarchiv, MKr Nr. 14 013; eine vollständige Liste der 1914 in Karlsruhe gehaltenen Vorträge in: Chronik der Haupt- und Residenzstadt Karlsruhe für das Jahr 1915, Karlsruhe 1917, S. 272 ff. Der erste wurde am 7. September 1914 gehalten. Laut Chronik der Haupt- und Residenzstadt Karlsruhe für das Jahr 1915, Karlsruhe 1917, S. 285 ff., gab es 1915 ingesamt 223 Vorträge, aber keinen Gedenkvortrag zum 1. oder 4. August.

62 Dr. Waldeyer und Dr. Erdberg, *Vorwort*, in: Zentralstelle für Volkswohlfahrt und Verein für volkstümliche Kurse von Berliner Hochschullehrern (Hg.), Deutsche Reden in schwerer Zeit, Berlin 1914, S. VII.

63 Vgl. J. Reink, Deutscher Geist. Rede zur Feier des Geburtstages seiner Majestät des Deutschen Kaisers und Königs von Preußen Wilhelm II. (27. Januar 1915), Kiel 1915, S. 9. Zur Bedeutung der Idee der Gemeinschaft in den Interpretationen der Bedeutung von 1914 durch die Intel-

Volkstum gespürt zu haben«.[64] In den Worten von Ernst Troeltsch: »Unter diesem ungeheuren Druck schmolz das deutsche Leben zu jener unbeschreiblichen herrlichen Einheit des Opfers, der Brüderlichkeit, des Glaubens und der Siegesgewißheit zusammen, die das gewaltige Erlebnis jenes unvergeßlichen August war und es noch bis heute ist.«[65]

Oft tauchten in diesem Diskurs auch Elemente der Massenpsychologie auf: Verlust der individuellen Identität, Einswerden von Subjekt und Objekt in einer Massenseele, religiöse Erfahrung des Ewigen. Marianne Weber, die Frau von Max Weber, schrieb 1916 rückblickend auf 1914:

»Jeder fühlte sich über sich selbst hinauswachsen im Einswerden mit einem größeren Ganzen. Die Erschütterung der Seele durchbrach die Schranken unsres Einzelseins, und das einsame begrenzte bedürftige Ich flutete hinüber in den großen Strom der Gemeinsamkeit […] In der Ahnung eines riesenhaften welthistorischen Geschehens, das für Jahrhunderte Schicksal bestimmend ist, fühlten wir uns, in nie erlebter Leibhaftigkeit zum ›Volke‹ vereint, zum lebendigen Organismus, in dem alle Glieder durch dieselbe starke Liebe zum Vaterland und, in der Stunde der Not, durch dieselben menschlichen Schicksale und Aufgaben verbunden wurden. Und im Untergang unserer Ichheit und seines Sonderseins in dieser lebendigen Einheit empfinden wir uns selbst zurück als Wesen von höherer sittlicher Würde, einer Würde, die in der bedingungslosen Bereitschaft zum Einsatz des Selbst für das Ganze bestand.«[66]

Auch der Berliner Philosophieprofessor Alois Riehl benutzte das Vokabular religiöser Ekstase: »Ein neues Deutschland muß aus Kampf und Not dieses Krieges erstehen. […] So ging dem

---

lektuellen vgl. Leed, No Man's Land, S. 39 ff. sowie Schwabe, Wissenschaft und Kriegsmoral, S. 40 ff.

64 Walther Bottermann, Der Krieg als inneres Erlebnis. Festrede zu Kaisersgeburtstag 1915, Ratzeburg 1915, S. 8.

65 Troeltsch, Der Kulturkrieg, S. 25–26.

66 Marianne Weber, *Der Krieg als ethisches Problem*, in: Frauenfragen und Frauengedanken, Tübingen 1919, S. 158.

Kriege eine sittliche Erhebung des Volkes voran; das ganze Volk war ergriffen von der Wahrheit und Wirklichkeit einer überpersönlichen, geistigen Macht. Dieses erhöhte Dasein in Einigkeit und Hingabe, der Preis unseres ersten Sieges darf uns nach dem Kriege nicht wieder verloren gehen.«[67]

Wie der Soziologe Emil Lederer feststellte, war es für einen Intellektuellen nur natürlich, »alle geistigen Strömungen, von welchen auch die Kämpfenden erfüllt sind, in dem für ihn kritischen Moment des Kriegsausbruchs zu Kriegsideologien zu machen, die subjektiv als Ideen erlebt werden.«[68] Im Verlauf dieser Transformation traten die tatsächlichen historischen Erlebnisse in den Hintergrund. Das »Augusterlebnis« wurde als Rahmen für die »wirkliche« Geschichte benutzt – für ein kollektives Narrativ der Einheit aller Deutschen. Nicht allzu überraschend lag für viele Intellektuelle das Wesen des Deutschtums in der deutschen Kultur. 1914 erschien eine Unmenge von Büchern, die den Deutschen erklärten, was deutsch ist, um sie zu wahren Deutschen zu machen. Für die Autoren dieser Werke war das »Erwachen des Deutschtums« der zentrale Aspekt der Erlebnisse von 1914.[69] Hermann Bahr stellte fest: »Uns ist das deutsche Wesen erschienen. [...] Wir wissen jetzt zum erstenmal, wie wir wirklich sind. [...] Wir haben uns wieder, nun sind wir nichts als deutsch; es genügt uns auch ganz, wir sehen jetzt, daß man damit völlig auskommt, fürs Leben und fürs Sterben.«[70]

Doch was war *deutsch*? Die Verfasser der Werke über die deutsche Kultur beschränkten sich im großen und ganzen darauf, den Kulturchauvinismus der Presse in eine akademische, philosophische Sprache zu kleiden. Genau wie in den Leitarti-

---

67 Alois Riehl, *1813 – Fichte – 1914*, in: Deutsche Reden in schwerer Zeit, Bd. 1, S. 107.

68 Lederer, *Zur Soziologie des Weltkrieges*, S. 131.

69 Vgl. Stickelberger-Eder, Aufbruch 1914, S. 116 ff.

70 Hermann Bahr, Kriegssegen, S. 5 f.

ex negativo. Ausgrenzung.

keln der Zeitungen waren die »Deutschen« vor allem das, was die anderen nicht waren. Die Russen waren »Barbaren [...], die wir nicht als gleichwertig vor den höheren Ansprüchen der Menschheit anerkennen können«,[71] die Franzosen »oberflächlich, nationalistisch, atheistisch, frivol und egoistisch«,[72] die Engländer »individualistisch, kapitalistisch, oberflächlich, kurz: ein Land der Händler«, die Deutschen hingegen waren ein Volk von Helden.[73]

Einige Autoren, wie zum Beispiel Max Scheler, sahen die philosophische Grundlage dieser Stereotype in dem Gegensatz zwischen Kultur und Zivilisation. Kultur war das nach innen gerichtete Bemühen um philosophische Wahrheit und Schönheit, Zivilisation die zwanghafte Fixierung auf äußeren Schein und Manieren. Für Scheler lag der Sinn des Krieges in der »Überwindung des individualistischen Rationalismus der Aufklärung« und in »der Wiedererfindung des Begriffes des objektiven Geistes« anstelle der relativistischen Subjektivität, die der angelsächsischen philosophischen Tradition so viel bedeute.[74] Johann

---

71 Vgl. Hans Delbrück, *Über den kriegerischen Charakter des deutschen Volkes*, in: Zentralstelle für Volkswohlfahrt und Verein für volkstümliche Kurse von Berliner Hochschullehrern (Hg.), Deutsche Reden in schwerer Zeit, S. 73. Vgl. auch die interessanten Reflexionen zur Bedeutung des »Feindes« für den modernen Nationalismus in: Michael Jeismann, Das Vaterland der Feinde. Studien zum nationalen Feindbegriff und Selbstverständnis in Deutschland und Frankreich 1792–1918, Stuttgart 1992.

72 Pressel, Die Kriegspredigt 1914–1918 in der evangelischen Kirche Deutschlands, S. 127.

73 Am entschiedensten wurde dies vertreten in Werner Sombarts berüchtigtem Werk Händler und Helden. Patriotische Besinnungen, München 1915. Leider war Sombart keineswegs die Ausnahme. Vgl. die Zeitungsausschnitte in BAL, RLB Pressearchiv, Nr. 7565.

74 Scheler, Der Genius des Krieges, S. 65. Allgemeiner dazu Eckhart Koester, Literatur und Weltkriegsideologie, S. 109 ff. und Eksteins, Tanz über Gräben, S. 122 ff.

T. Mann.

Plenge sah die Grundlage der nationalen Einheit im Jahr des Kriegsausbruchs in einer besonderen Organisationsfähigkeit der Deutschen, die in der deutschen Bürokratie und – vor allem – in der Organisation der deutschen Wirtschaft zum Ausdruck kam. Die »Ideen von 1914«, so Plenge, seien die Realisierung der Ideen eines nationalen Sozialismus und stellten somit in der europäischen Geschichte eine Revolution dar, die der von 1789 gleichkomme: »In uns ist das 20. Jahrhundert. Wie der Krieg auch endet, wir sind das vorbildliche Volk. Unsere Ideen werden die Lebensziele der Menschheit bestimmen.«[75]

Warum waren die Deutschen so besonders geeignet zur Lösung organisatorischer Probleme? Dem Theologen Ernst Troeltsch zufolge lag die Antwort in einer besonderen »deutschen Idee von Freiheit«. Für ihn war Freiheit »die freie, bewußte, pflichtmäßige Hingabe an das durch Geschichte, Staat und Nation schon bestehende Ganze. Es soll als Ausdruck und Inbegriff des Gesamtwesens frei gewollt und immer neu in eigener Tätigkeit hervorgebracht werden.«[76] Einheit war das Ergebnis der »freien tüchtigen Hingabe und Anteilnahme des Pflichtgefühls«.[77] Bisweilen wurde dieses Verständnis von Freiheit mit dem Etikett »demokratisch« belegt, aber auch als Grundlage der deutschen Siege gesehen.[78]

---

75 Johann Plenge, 1789 und 1914. Die symbolischen Jahre in der Geschichte des politischen Geistes, Berlin 1916, S. 20. Zum ersten Mal verwendete Johann Plenge den Begriff »Ideen von 1914« in: Eine Kriegsvorlesung über die Volkswirtschaft. Das Zeitalter der Volksgenossen, Berlin 1915. Zu den »Ideen von 1914« vgl. auch Mommsen, Bürgerliche Kultur und künstlerische Avantgarde, S.123ff.

76 Ernst Troeltsch, *Die deutsche Idee von Freiheit*, in: Adolph von Harnack u.a., Die deutsche Freiheit. Fünf Vorträge, gehalten am 25. Mai 1917 in Berlin im Abgeordnetenhaus, Gotha 1917, S.27.

77 Ernst Troeltsch, *Der metaphysische und religiöse Geist*, S.63.

78 Vgl. Dr. Rudolf Kjellen, Die Ideen von 1914 – eine weltgeschichtliche Perspektive, Leipzig 1915, S.30ff; Hermann Bahr, *Ideen von 1914*, in:

Die Auswirkungen dieser unablässig wiederholten Gedanken zur Kultur, zur deutschen Kultur, dieser »Ideen von 1914« auf die deutsche Geistesgeschichte waren gering. Der Krieg brach in die Abläufe und Gewohnheiten des Alltagslebens ein, riß die Menschen aus ihren vielfach verknüpften Zusammenhängen und Beziehungen und machte viele der alten Klischees obsolet. Er eröffnete nicht nur die Möglichkeit, die herrschenden Normen und Werte der deutschen kulturellen Tradition neu zu ordnen. Als deutlich geworden war, wie wenig die ererbten Narrative mit dem authentischen Kriegserlebnis zu tun hatten, wurde vielmehr ein großer Teil des kulturellen Erbes abgelehnt und zugleich auch die – in den Worten eines Beamten im Innenministerium – »billigen Gemeinplätze« der Intellektuellen in dieser »schweren und großen Zeit«.[79]

Der Krieg bewirkte allerdings nicht nur eine Neuordnung der wichtigsten bürgerlichen Werte und Normen der deutschen Gesellschaft, er veränderte auch die Vorstellungen der Öffentlichkeit darüber, wer sich am besten über diese kulturelle Thematik äußern konnte. Am Anfang des Krieges hatten viele den Anspruch der Intellektuellen akzeptiert, die öffentliche Meinung zu repräsentieren. Bis zum Jahr 1916 war jedoch die Zahl der Zuhörer bei den Vorträgen deutlich zurückgegangen.[80] Das lag zum Teil daran, daß im Verlauf des Krieges die Glaubwürdigkeit derjenigen, die sich öffentlich über kollektive Werte und Normen äußerten, immer weniger an der Bildung, sondern zu-

---

Hochland, 14 (1916/17), S. 438; Prof. D. Carl Meinhoff, Deutschland und der preußische Geist, Hamburg 1915, S. 3: »Die Erkenntnis der Pflicht gegen den Staat zu pflegen, ist preußischer Geist [...] Preußen ist eine monarchische Demokratie [...] Kein Land der Welt hat tatsächlich so demokratische Einrichtungen wie sie Deutschland jetzt hat.«

79 *Stimmungs-Bericht I.*, für November 1914, verfaßt von Geheimrat von Berger im Innenministerium, in GhStAPK Dahlem, I/90J/1, S. 9.

80 Vgl. Rudolf Eucken, Lebenserinnerungen. Ein Stück deutschen Lebens, Leipzig 1922, S. 100.

nehmend an der Popularität (oder in Max Webers Terminologie: am Charisma) gemessen wurde. Zum Teil war es aber auch auf die einseitigen Interpretationen der Bedeutung des Krieges im Jahr 1914 zurückzuführen. So schrieb der Theologieprofessor Martin Rades in der wichtigen liberalen christlichen Zeitschrift *Christliche Welt*, daß die Kirche ihre Schuldigkeit getan habe, denn das Christentum sei im Deutschtum aufgegangen.[81] Andere, sozialistische Kritiker der Kriegsapologetik führten dagegen an, wenn der Krieg so gut für die Menschen sei, dann müsse es für die Welt doch das Beste sein, sich im andauernden Kriegszustand zu befinden, und das sei lächerlich.

Auch wenn es ein Leichtes ist, Kritik an den Ideen der Intellektuellen von 1914 zu üben – was viele Historiker getan haben –, so war der intellektuelle Diskurs zum »Geist von 1914« doch weder gänzlich eigennützig noch unaufrichtig. Bei der Herausbildung von Nationen spielen mehr noch als gemeinsame Erfahrungen die gemeinsamen Erinnerungen, die kollektiven Narrative und die nationalen Mythen eine wichtige Rolle. In Kriegszeiten brauchen alle Nationen Mythen – als Symbole der gesellschaftlichen Identität, als Erklärung des Kollektivs, für das man kämpft, und als individuelle Erklärung für die Heiligkeit der Pflichterfüllung.

1914 hatten die Deutschen ein gemeinsames Ziel, aber noch keine kollektive Identität. Die deutschen Intellektuellen spürten deutlich, daß die alten – weitgehend monarchischen – Mythen nicht mehr ausreichten, daß eine neue kollektive Identität benötigt wurde. Die von ihnen entwickelten »Ideen von 1914« lassen sich als Versuch verstehen, ein populäres Symbol der Gemeinschaft zu schaffen, für die die Deutschen kämpften, nämlich einen von allen geteilten nationalen Mythos.

Am deutlichsten ist das Besondere an diesem Diskurs vielleicht im europäischen Kontext zu erkennen. In allen kriegfüh-

---

81 Zit. n. Karl Hammer, Deutsche Kriegstheologie, München 1971, S. 51.

renden Nationen war im Ersten Weltkrieg anfangs eine gewisse Begeisterung und eine nationale Einheit festzustellen, und das Narrativ dieser Einheit und Begeisterung nahm überall einen zentralen Platz im Bewußtsein der Öffentlichkeit ein. Außerdem ist es im Krieg normal, daß die Nationen ihm – unter anderem mit Hilfe eines mythischen Diskurses – eine Bedeutung zu geben versuchen. Aber nur die deutschen Intellektuellen entwickelten solche »Ideen von 1914«, nur sie entwickelten das Argument, diese Ideen seien als kollektive kulturelle Identität ein Element der anfänglichen Begeisterung. Diese spezifisch deutsche Erscheinung sowie der Widerhall, den sie fand, sagt mehr über die tiefen Gräben in der deutschen Gesellschaft vor 1914 aus als über die spezifischen Merkmale des deutschen »Augusterlebnisses«.

Die Entstehung des »Mythos« vom »Geist von 1914«

1917 veröffentlichte die *Deutsche Kriegswochenschau*, eine Propagandazeitschrift des Kriegspresseamts, eine Reihe von Artikeln zum dritten Jahrestag des »Augusterlebnisses«. In einem dieser Artikel schrieb Rudolf Eucken rückblickend: »[U]nd nun erhob sich ein gewaltiger Sturm, fegte alle Sorgen und Zweifel hinweg, erfüllte die Gemüter mit flammendem Zorn und band sie aufs engste zusammen. Nun gab es nur ein Ziel: das bedrohte Vaterland zu schützen!« Eucken sah im »Augusterlebnis« aber nicht nur den Willen zur Verteidigung des Vaterlandes, sondern auch »eine Umwandlung ethischer Art.« Wir fühlten uns ganz und gar im Dienst einer hohen Aufgabe, die wir selbst uns nicht ausgesucht hatten, die von höherer Macht uns auferlegt war und uns daher mit der zwingenden Kraft einer unabweisbaren Pflicht ergriff.«[82]

---

82 Rudolf Eucken, *Der Sturm bricht los!*, in: Deutsche Kriegswochenschau, 29. Juli 1917, Nr. 34 (29. Juli 1917), S. 1.

Auch der Journalist und Propagandist Rudolf Stratz erweckte in seinem Beitrag aus dem gleichen Jahr die Stimmung jener Tage wieder zum Leben. Das friedliche Volk der Dichter und Denker habe sich erhoben und sei durch einen heiligen *furor teutonicus* bösartig und schrecklich geworden. Der ruhige und friedfertige Michel sei zum ernsten und zornigen Heiligen Michael geworden. Nach einer äußerst knappen Darstellung der aktuellen Mißlichkeiten stellte Stratz fest, die Deutschen müßten zur Stimmung jener Tage zurückfinden, das sei die Pflicht jedes einzelnen, denn »ein Sonnenstrahl wird ihm von diesen Weihestunden der Vergangenheit in Sturm und Wirrnis der Gegenwart fallen und ihm und uns allen den Weg in die Zukunft weisen! Den Weg zum Sieg! Den ehernen, unerschütterlichen, gläubigen Willen zum Sieg! Denn das und nichts anderes ist der Geist jener Tage! [...] Noch nie ward Deutschland überwunden, wenn es einig war.«[83]

Der Unterschied zwischen Stratz' Darstellung des »Geistes von 1914« und derjenigen in den Theaterstücken aus dem Jahr 1914 könnte kaum größer sein. Die Begeisterung von 1914 hatte alle ihre karnevalesken Aspekte eingebüßt. Das »Augusterlebnis« stand nicht mehr für eine »große Zeit«. Aber auch zwischen Stratz und Eucken, zwischen den »Ideen von 1914« und dem, was wir hier als »Mythos vom Geist von 1914« bezeichnen, besteht ein Unterschied. Bei den Deutschen stellte sich jetzt nicht mehr das Bewußtsein ihres gemeinsamen Deutschtums ein. Die Einheit war ihrer brüderlichen Aspekte beraubt, war zum *furor teutonicus*, war etwas Bösartiges und Erschreckendes geworden, beinhaltete alle negativen Merkmale der Massenpersönlichkeit, nur daß diese jetzt positiv gesehen wurden.

An die Stelle der Gefühle, der Begeisterung, war Fanatismus getreten. Wie Walter Lippmann feststellte, sind Fanatiker Men-

---

83 Rudolf Stratz, *Deutschland in den Tagen der Mobilmachung*, in: Deutsche Kriegswochenschau 1917, S. 495–496.

schen, die »ihre Anstrengung verdoppeln, nachdem sie ihr Ziel vergessen haben. Die Anstrengung selbst ist zum Ziel geworden. Man lebt in ihr, gerät durch sie für eine gewisse Zeit in einen Zustand exaltierter Begeisterung. Der Anreiz zur Anstrengung ist wichtiger als deren Stoßrichtung.«[84] Der Fanatiker bezieht seine Kraft aus der Stärke seines Glaubens und seines Willens, aus dem totalen Engagement. Um einen solchen kraftspendenden Glauben zu erlangen, bedarf es einer religiösen Einstellung zur Welt. In diesem propagandistischen Diskurs wurde das Narrativ vom »Geist von 1914« zu einem transzendenten Mythos. Und wenn man an diesen Mythos glaubte, so scheint Stratz nahezulegen, konnte man diesen kraftspendenen Glauben erlangen.

Die *Deutsche Kriegswochenschau* verbreitete 1917 beide Darstellungen des Erlebnisses von 1914. In den beiden folgenden Kapiteln werden wir einen Blick auf andere Varianten dieser Darstellung werfen und untersuchen, wie andere Gruppen in der deutschen Gesellschaft versuchten, ein Narrativ des »Geistes von 1914« zu entwickeln und diesen Geist als Metapher für ihre Ideologie zu nutzen. Diese Narrative konkurrierten allerdings nicht nur miteinander. Wie die oben geschilderte Episode zeigt, ging es in der Debatte nicht allein um die Bestimmung dessen, was »deutsch« ist, ging es nicht allein um die Natur des politischen Kollektivs, sondern auch darum, was unter den besonderen Bedingungen des Krieges gebraucht wurde: um ein kollektives Narrativ, ein Symbol der Gemeinschaft beziehungsweise ein transzendenter Mythos, um etwas, an das man glauben konnte.

---

84 Walter Lippmann, Liberty and the News, S. 57.

Die Organisation von Begeisterung: Das offizielle Narrativ des »Geistes von 1914«

Am 1. August 1914 richtete der Kaiser an die Menge, die sich vor dem Schloß versammelt hatte, eine berühmt gewordene Rede, in der er unter anderem sagte: »In dem jetzt bevorstehenden Kampfe kenne ich in meinem Volke keine Parteien mehr. Es gibt unter uns nur noch Deutsche, und welche von den Parteien auch im Laufe des Meinungskampfes sich gegen mich gewendet haben sollte, ich verzeihe ihnen allen.«[1]

Am 4. August wiederholte er diesen Ausspruch in leicht veränderter Form (»Ich kenne keine Parteien mehr, ich kenne nur Deutsche«) vor den versammelten Abgeordneten. Innerhalb weniger Stunden verbreiteten die Zeitungen diesen Satz in ihren Schlagzeilen. Und in den folgenden Tagen boten Straßenhändler Postkarten mit dem Bild des Kaisers und seinen Worten feil.[2] Das Zitat sollte im politischen Diskurs immer wieder auftauchen. Aber was hatten der Kaiser und seine Regierung tatsächlich gemeint?

Dem Pressesprecher der Regierung Otto Hammann zufolge wollte der Reichskanzler, der die Rede des Kaisers geschrieben hatte, mit diesen Sätzen die schwankenden Mitglieder der sozialdemokratischen Reichstagsfraktion gewinnen, die noch nicht sicher waren, wie sie am 4. August abstimmen würden. Friedrich Stein von der *Frankfurter Zeitung* hatte Hammann am Morgen des 1. August gewarnt, einige Sozialdemokraten würden mögli-

---

1 Zit. n. Vorwärts vom 2. August 1914, Nr. 208.
2 Ernst Toller beschreibt diese Postkarten in seinen Erinnerungen, Eine Jugend in Deutschland, S. 39. In Raithel, Das »Wunder« der inneren Einheit, S. 517–518, sind die Reden abgedruckt, mit denen sich der Kaiser und Reichskanzler Bethmann Hollweg am 31. Juli und am 1. August 1914 in Berlin an die begeisterten Massen wandten.

cherweise gegen die Kriegskredite stimmen, weil sie nicht vergessen konnten, daß der Kaiser vor dem Krieg die SPD zum Schreckgespenst gemacht hatte. Daraufhin sprach Hammann mit dem Reichskanzler, und sie verfaßten zusammen diese »abgeschwächte Version« (die gleichwohl keine Entschuldigung darstellte), mit der sich der Kaiser an die Massen wandte.[3] Die Rede des Kaisers war somit ein Versuch, der Regierung die Unterstützung der gesamten Bevölkerung für den Krieg zu sichern, den zu führen sie im Begriff war.

Möglicherweise war die Regierung von der begeisterten Reaktion auf die Rede des Kaisers überrascht. Vielleicht auch hat die begeisterte Aufnahme seiner Worte den Kaiser dazu bewogen, sie – aus eigenem Antrieb – in der Rede vor den Reichstagsabgeordneten am 4. August noch einmal zu wiederholen. In dem Text, den der Kanzler für ihn ausgearbeitet hatte, standen sie jedenfalls nicht. Aber auch wenn die Regierung von der Heftigkeit der Reaktion auf die Rede überrascht war, tat sie ihrerseits zu Beginn des Krieges alles, um diesem zu Popularität in der Bevölkerung zu verhelfen. Die Zeitungen mögen mit der Publikation zahlloser Extrablätter die Aufregung und Spannung aufrechterhalten haben, doch es war die Regierung, die ihnen die meisten Nachrichten lieferte, und sie war es auch, die die Bevölkerung aufforderte, weiter nach Spionen Ausschau zu halten, und die Nachrichten von gegnerischen »Greueltaten« weitergab.

Die Regierung war auch der wichtigste Verfechter des Narrativs, demzufolge 1914 alle Deutschen Kriegsbegeisterung zeigten. Die konservativen Journalisten mögen die Legende gebildet haben, daß es in den begeisterten Massen von 1914 zu einem Wandel der sozialen Identitäten kam und alle Arbeiter zu »Deutschen« wurden. Volkstümliche literarische Werke und Theaterstücke mögen das »Augusterlebnis« melodramatisch als »Große Zeit« dargestellt und die Intellektuellen mögen die Behauptung

---

3 Vgl. Otto Hammann, Um den Kaiser, Berlin 1919, S. 96.

aufgestellt haben, kennzeichnend für die Erlebnisse von 1914 sei die Tatsache gewesen, daß die Menschen das Bewußtsein einer gemeinsamen Idee, einer gemeinsamen deutschen Kultur entwickelten. Aber es war die Regierung, die diesem Narrativ, dem »Geist von 1914«, zu seiner herausragenden Bedeutung verhalf, indem sie ihm bei ihren Bemühungen zur Rechtfertigung des Krieges eine zentrale Rolle zuwies und jede Kritik daran untersagte. Ja, bei einer der schärfsten Zensurmaßnahmen während des Krieges ging es gerade um dieses Narrativ, nämlich als der Journalist Theodor Wolff die historische Genauigkeit der offiziellen Darstellung der Ereignisse von 1914 in Frage stellte. Warum war dieses Narrativ für die deutsche Regierung so wichtig?

Zum einen war ihr klar, daß die Unterstützung der gesamten Bevölkerung eine unerläßliche Voraussetzung für den militärischen Erfolg war. Der Chef des deutschen Generalstabs, Helmuth von Moltke, bediente sich einer verbreiteten militärischen Weisheit, als er 1913 in einer Denkschrift mahnte:

»Nur dann aber, wenn das gesamte Volk von der Erkenntnis durchdrungen ist, daß mit der Schädigung des Bundesgenossen auch eigene Lebensinteressen gefährdet sind, wird die (kursiv im Original) Opferwilligkeit in ihm aufleben, deren jeder Staat in unserer Zeit, die keine Kabinettskriege mehr will, bedarf, um einen energischen Krieg führen zu können … wenn es gelingt, den casus belli so zu formulieren, daß die Nation einmütig und begeistert zu den Waffen greift, [werden wir] unter den augenblicklichen Verhältnissen auch den schwersten Aufgaben noch mit Zuversicht entgegengehen können.«[4]

Zum zweiten hoffte die Regierung, mit Hilfe des Krieges die Legitimation der konservativen Idee verstärken zu können. Max Weber merkte dazu (in einem anderen Zusammenhang) an, daß «jede erfolgreiche imperialistische Zwangspolitik nach außen normalerweise mindestens zunächst auch ›im Innern‹ das Prestige [stärkt] und damit die Machtstellung und den Einfluß derje-

---

4 Zit. n. Groh, Negative Integration, S. 382.

nigen Klassen, Stände, Parteien, unter deren Führung der Erfolg errungen ist.«[5]

Die Zustimmung der Bevölkerung zum Militär hatte für die Zeitgenossen große Bedeutung im Hinblick auf die Legitimation der Monarchie. So war zum Beispiel das Ritual, mit dem Jahr für Jahr der Sieg von Sedan gefeiert wurde, eines der zentralen theatralischen Mittel und Symbole zur Bekräftigung der paternalistischen Herrschaftsform; es wurde zu einem Ritual, das zugleich von den Massen Respekt und Gehorsam einforderte.

Die regierungsfreundlichen Journalisten und Publizisten interpretierten das »Augusterlebnis« von 1914 im Rahmen dieses Paradigmas allgemeiner Zustimmung. Die »Kriegsbegeisterung« war der Beweis dafür, daß die monarchische Idee in der Seele aller Deutschen Wurzeln geschlagen hatte, daß »Kaiser und Volk eins geworden [waren]«.[6] Die regierungsnahen Journalisten sahen mehr als nur applaudierende Massen, für sie repräsentierten diese Massen die deutsche Gesellschaft. Die *Norddeutsche Allgemeine Zeitung* rief aus: »Wie sie da standen, alle an den schwarzgedruckten Extrablättern, der ruhige Arbeiter neben der feinen Dame, der Greis neben dem Jüngling, und alle reichten sich durch ihr einmütiges Empfinden gleichsam die Hände und bildeten so eine Kette, fest geschlossen in Treue um das geliebte Kaiserhaus.«[7]

Natürlich war die Kriegsbegeisterung monarchistisch gefärbt. Die größten Menschenansammlungen im Juli und August 1914

---

5 Zit. n. Dirk Stegmann, Die Erben Bismarcks. Parteien und Verbände in der Spätphase des Wilhelminischen Deutschlands. Sammlungspolitik 1897 bis 1918, Köln 1970, S. 112. Ein Gedanke, der praktisch das gesamte konservative Denken im Ersten Weltkrieg durchzieht, ist die Frage, wie mit Hilfe der Aura eines militärischen Erfolgs die Legitimation der herrschenden Ordnung gesteigert werden kann.

6 *Die erste Kriegswoche*, in: Tägliche Rundschau, 9. August 1914, Nr. 371, S. 1.

7 *Segen bringt der Krieg*, in: Norddeutsche Allgemeine Zeitung, 23. August 1914, S. 1.

waren die vor den Residenzen der Monarchen. Ihnen galt der begeistertste Jubel der Massen; spontane Reden endeten stets mit Hurras für den Kaiser. Doch das »Augusterlebnis« hatte auch Aspekte, die nicht so gut zum Muster herkömmlicher Ovationen paßten. Die herrschenden Eliten behaupteten, alle Deutschen hätten sich 1914 zur vorhandenen Regierungsform bekannt, die von kritischen Zeitgenossen als obrigkeitsstaatlich bezeichnet wurde. Im Obrigkeitsstaat war der Bürger nicht Subjekt, sondern Objekt der politischen Entscheidungen einer aufgeklärten Bürokratie; die Bevölkerung war unpolitisch.[8] Die Massen vom August hingegen waren politisiert und besaßen Selbstvertrauen. Sie blieben nicht auf Distanz, sondern drängten sich um das Automobil des Kaisers. Doch auch wenn die Menschen zum Kaiser drängten, so brachten sie nicht ihre persönlichen Gefühle für den Monarchen oder die Hohenzollern-Familie zum Ausdruck, sondern vielmehr ihre Gefühle für das, was er repräsentierte. »Deutschland« war es, an das sie glaubten und für das sie zu sterben bereit waren. Der Kaiser symbolisierte zwar in diesem Augenblick Deutschland, war aber selbst nicht sehr beliebt, und es blieb abzuwarten, ob es ihm gelingen würde, mit Hilfe dieses Krieges seine Popularität zu steigern.

Das wohl größte Problem im Zusammenhang mit den Hoffnungen, die die Regierung in den »Geist von 1914« setzte, war aber die Tatsache, daß das Narrativ für einen kurzen Krieg gedacht war. Wäre es ein kurzer Krieg geworden, so hätte der »Geist von 1914« möglicherweise neben den Kriegen Friedrichs des Großen, den Freiheitskriegen und dem deutsch-französischen Krieg Eingang in die Annalen der militärischen Erfolge

---

8 Zur zeitgenössischen Diskussion vgl. Hans Delbrück, Regierung und Volkswille, 2. Auflage, Charlottenburg 1920. Zu einer kritischeren Betrachtung des Obrigkeitsstaats vgl. Hugo Preuß, Das deutsche Volk und die Politik, Jena 1915 und Max Weber, *Parlament und Regierung im neugeordneten Deutschland*, in: Gesammelte Politische Schriften, Tübingen 1921, S. 306 ff.

Preußens gefunden. Doch je länger der Krieg dauerte, desto mehr konzentrierten sich die kulturellen Aktivitäten auf die Unterstützung der Kampfmoral; was jetzt gebraucht wurde, war nicht Legitimation durch einen historischen Diskurs, sondern Mobilisierung durch Propaganda. Das Narrativ vom »Geist von 1914«, das 1914 als Symbol der Unterstützung der monarchischen Idee durch die Bevölkerung entstand, sollte auch zum zentralen Element der offiziellen Propaganda werden. In diesem propagandistischen Diskurs erfuhr es jedoch eine Wandlung, wurde von einer Beschreibung der Zustimmung zu einer Darstellung, die die Mobilisierung der Kampfbereitschaft fördern sollte. Dieser Prozeß war nicht einfach, und er war von heftigen Debatten innerhalb der Regierung über die Frage gekennzeichnet, wie die öffentliche Meinung am besten zu mobilisieren sei.

In der Regierung wurden zwei unterschiedliche Ansätze zur Mobilisierung der öffentlichen Meinung verfolgt, die unterschiedliche Vorstellungen von den »Massen« und ihrer Moral widerspiegelten. Konservative wie der preußische Innenminister Friedrich Wilhelm von Loebell waren der Auffassung, im August 1914 hätten die Massen zu einer neuen sozialen Identität gefunden. Sie hätten sich von ihren Arbeiterführern abgewandt und seien einer starken und entschlossenen nationalen Führung gefolgt.

»Als die Führung der sozialdemokratischen Partei sich über ihre Haltung in der ersten Kriegssitzung des Reichstags schlüssig werden mußte, gab es in der einen Frage, der das Volk lebte und zu der Stellung zu nehmen war, keine Sozialdemokraten mehr. [...] Mit dem Augenblick, in dem das Volk verstand, daß es galt, die gesammelten moralischen und physischen Kräfte Deutschlands nach außen einzusetzen, fand es zurück zu der Unterordnung unter die Monarchie, die dem Deutschen von je in Blut und Herz gelegen hat.«[9]

Mit anderen Worten: Für Loebell war der Ausspruch »Ich kenne keine Parteien mehr« wörtlich zu nehmen. 1914 hatten sich die

---

9 von Loebell, *Bericht über die innerpolitische Entwicklung während des Krieges. Geheim! Berlin, den 22. November 1915 (als Ms. gedruckt)*, in: Jahrbuch für Geschichte I (1967), S. 237 ff. (hier S. 241).

Deutschen von den Parteien abgewandt und waren wieder loyale Untertanen des Kaisers geworden.

Die Moral der Bevölkerung und die konservative Legitimation konnten aufrechterhalten werden, wenn es gelang, dem Eindruck der Erlebnisse von 1914 Dauer zu verleihen, zumindest bis zum Ende des Krieges. Dazu mußte die Regierung Führungskraft und Entschlossenheit beweisen, mußte sie ihrem Anspruch Nachdruck verleihen, die öffentliche Meinung zu lenken durch die »Aufrechterhaltung des Burgfriedens in der Form einer Vermeidung jeglicher politischen Auseinandersetzungen«.[10] Sie mußte weiter eine paternalistische Politik betreiben und in die Wirtschaft eingreifen, um für die Bürger zu sorgen. Sie mußte eine wirksame, starke Außenpolitik betreiben, mit umfangreichen territorialen Zugewinnen als Lohn für die gebrachten Opfer.[11] Und sie mußte ihre Vorstellungen mit mehr und besserer Propaganda verbreiten.[12]

Reichskanzler Bethmann Hollweg allerdings teilte diese Meinung nicht. Nach seiner Ansicht war es »nicht nationaler Ehrgeiz [...], der bei der Kriegserklärung das ganze Volk zusammenführte«.[13] Zutiefst bewegt von dem, was er als die Entschei-

---

10 Ebenda, S. 244.

11 Ein schwacher Frieden hingegen drohte nach Ansicht der Konservativen zur Demokratie zu führen. So schrieb z. B. Wolfgang Eisenhart 1917 in der Kreuz-Zeitung, ein schwacher Frieden werde »eine verzweifelte Stimmung [bringen], deren tiefer Pessimismus jeden nationalen Aufschwung unmöglich macht ... [und damit] ist der Boden bereitet für die unheimlichen Mächte einer staats- und völkerzersetzenden sozialen Demokratie.« Zit. n. Wolff, *Vollendete Tatsachen*, S. 191 (Artikel vom 18. Juni 1917).

12 Die klarste Ausformulierung von Loebells Plänen findet sich in seiner *Aufzeichnung über eine Verbesserung der Preßorganisation* vom 5. Oktober 1914, BAL, Reichskanzlei Nr. 2466/4, S. 10 ff.

13 So Bethmann Hollweg in einem Brief an Loebell: *Schreiben des Reichskanzlers an den Chef des Geheimen Zivilkabinetts. Ausführungen zur Denkschrift des preußischen Ministers des Innern über die innerpoliti-*

dung eines freien Volkes betrachtete, das Vaterland zu verteidigen, hoffte er die Moral der Bevölkerung und die konservative Legitimation durch eine Neuorientierung der Politik der Regierung aufrechterhalten zu können. Die Regierung sollte nicht länger eine der *nationalen* Parteien und damit der Oberschicht sein, sondern eine Regierung des ganzen Volkes. Dazu bedurfte es einer Reform der politischen Kultur des Regierens und des Verzichts auf die intolerante Rhetorik, die für die Politik der Regierung vor dem Krieg kennzeichnend gewesen war. Die Regierung durfte die Motive der politischen Gegner nicht mehr als unmoralisch abqualifizieren und diese auch nicht mehr durch die Bezeichnung »vaterlandslose Gesellen« aus der Gemeinschaft der Deutschen ausschließen. Das bedeutete, daß die diskriminierenden Gesetze reformiert und auch die Verfassung geändert werden mußte.[14]

Bethmann Hollweg selbst bezeichnete seine Politik als »Politik der Diagonale«: »Um der Einheit des Volkes willen konnte während des Krieges keine andere Politik als die der Diagonale geführt werden. [...] Während des Krieges war mir nationales Gebot, zwischen Leidenschaften, Gegensätzen und Verführungen den schmalen Grat der Besonnenheit zu gehen.«[15]

---

sche Entwicklung während des Krieges, von Bethmann Hollweg, 9. Dezember 1915, in Wilhelm Deist (Hg.), Militär und Innenpolitik, Bd. 1 Düsseldorf 1970, S. 272.

14 Zur Neuorientierung vgl. Wolfgang J. Mommsen, *Die Regierung Bethmann Hollweg und die öffentliche Meinung 1914–1917*, in: Vierteljahrshefte für Zeitgeschichte, 2/1969, S. 117ff; Johanna Schellenberg, Probleme der Burgfriedenspolitik im Ersten Weltkrieg, Berlin 1967, S. 274 und Willibald Gutsche, *Bethmann Hollweg und die Politik der ›Neuorientierung‹. Zur innenpolitischen Strategie und Taktik der deutschen Reichsregierung während des ersten Weltkrieges*, in: Zeitschrift für Geschichtswissenschaft, Nr. 2 (1965), S. 209 ff.

15 Theodor von Bethmann Hollweg, Betrachtungen zum Weltkriege, 2. Teil: Während des Krieges, Berlin 1921, S. 35 f.

Das war eine schwierige Aufgabe. Wie Hugo Preuß während des Krieges feststellte, war die Neuorientierung im wesentlichen der Versuch, durch Veränderungen – die die konservativen Privilegien kaum beschränkten – den *unpolitischen* Obrigkeitsstaat zu erhalten. Der Linken gingen die Reformen denn auch nicht weit genug, während sie nach Ansicht der Rechten der Monarchie die Basis entzogen und zur Demokratie führten.[16]

Im Mittelpunkt der rhetorischen Strategie, mit der Bethmann Hollweg seine »Politik der Diagonale« verkaufte, stand der »Geist von 1914«. Mehr als alle anderen Regierungsvertreter beschwor er diesen Geist im ersten Kriegsjahr immer wieder voller Begeisterung, beschwor er »diese sittliche Größe des Volkes, wie sie die Weltgeschichte bisher nicht gekannt hat«.[17] Am 10. September 1914 schrieb er an die Regierungen der Bundesstaaten:

»Durch die Erklärung Seiner Majestät des Kaisers, daß er angesichts der dem deutschen Volke drohenden Gefahr keinen Unterschied der Parteien kenne, ist für alle Regierungen und alle Parteien eine Parole der Einigung ausgegeben worden, die in allen Schichten des deutschen Volkes die freudigste Zustimmung gefunden hat. Diese Kundgebung hat zweifellos dazu beigetragen, daß der gesamte Arbeiterstand, auch soweit er sozialdemokratisch organisiert ist, sich vorbehaltlos und opferbereit in den Dienst des Vaterlandes gestellt hat. Die Sozialdemokratie hat nicht nur im Reichstage allen Forderungen der verbündeten Regierungen zugestimmt, sondern ihre Führer haben sich auch in Wort und Tat für die Regierung und ihre Politik eingesetzt. [...] Wenn aber jemals der Versuch gemacht werden soll, die Arbeiterschaft aus sich heraus zu einer politischen Gesundung zu führen, so ist dies nur in Zeiten der nationalen Erhebung möglich, wie wir sie jetzt

---

16 Hugo Preuß, Das deutsche Volk und die Politik; S. 163. Preuß spricht von einer »unparteiischen Obrigkeitsregierung«. Die beste Erörterung der konservativen Opposition gegen die Neuorientierung findet sich in: Kuno Graf von Westarp, Konservative Politik im letzten Jahrzehnt des Kaiserreiches, Bd. 2, Berlin 1933, S. 222 ff.

17 So in seiner Rede vor dem Reichstag am 2. Dezember 1914, vgl. Stenographische Berichte des Reichstags, Bd. 306, S. 17.

erleben. Eine günstigere Gelegenheit dürfte in den nächsten 100 Jahren kaum je wiederkommen. Der Versuch muß daher gemacht werden.«[18]

Am Sonntag, dem 4. April 1915, sandte der Kaiser dem Kanzler ein (von letzterem selbst verfaßtes) Telegramm mit der Feststellung: »Der Geist der Eintracht wird den Waffenlärm überdauern und nach glücklich erkämpftem Frieden auch die Entwicklung des Reiches im Innern segensreich befruchten. Dann wird als Siegespreis ein nationales Leben erblühen, in dem sich deutsches Volkstum frei und stark entfalten kann. Das ist eine gute Osterpredigt, die hoffentlich zur Tat und Wahrheit wird.«[19] Und in seinen nach dem Krieg verfaßten Erinnerungen stellte er die Behauptung auf, der »Geist von 1914« sei der »einzige große Gedanke [gewesen], der Einigungskraft hatte«.[20]

Die Bedeutung des »Geistes von 1914« für die Zensur

Bethmann Hollweg war gezwungen, die Unterstützung des Militärs für seine Reformbemühungen zu gewinnen. Nach den Bestimmungen des Kriegszustands war Deutschland in 24 Armeekorpsbezirke mit jeweils einem Kommandierenden General eingeteilt, der für die Zensur in seinem Bezirk verantwortlich und nur dem Kaiser rechenschaftspflichtig war. Das Gesetz über den Kriegszustand hatte, wie der preußische Innenminister schrieb, »den Charakter einer Militärdiktatur«.[21]

---

18 Ein Nachdruck von Bethmann Hollwegs Brief findet sich in: Mai, Das Ende des Kaiserreiches, S. 173–175.
19 Zit. n. Friedrich Naumann und Gertrud Bäumer, Kriegs- und Heimatschronik, Berlin 1916, S. 244. Viele seiner Reden im Reichstag sind abgedruckt in: Friedrich Thimme (Hg.), Bethmann Hollwegs Kriegsreden, Stuttgart und Berlin 1919.
20 Bethmann Hollweg, Betrachtungen zum Weltkriege, Bd. 2, S. 390.
21 Loebells Bericht vom 22. Oktober 1917 findet sich im BAL, Reichsamt des Innern, Nr. 12217, S. 412–416. Zum Kriegszustand vgl. Wilhelm

Damit kam es sehr auf den Charakter und die Persönlichkeit der Kommandierenden Generale und auf die Fähigkeit des Reichskanzlers an, sie zu überzeugen. Das war eine schwierige Aufgabe. Die Kommandierenden Generale gehörten zu den konservativsten Menschen in Deutschland und vertraten in Bezug auf die moderne Gesellschaft und die öffentliche Meinung sehr traditionelle Ansichten. Die meisten von ihnen hätten Moltkes Worte unterschrieben: »Autorität von oben und Gehorsam von unten, kurz: Disziplin ist die ganze Seele der Armee.«[22] Sie standen unter dem Einfluß starker Klassenvorurteile und waren der Meinung, einer höheren gesellschaftlichen Klasse anzugehören als die Journalisten. Von diesen hätten die meisten gerne eng mit den Militärs zusammengearbeitet, doch die Militärs verspürten nicht das geringste Bedürfnis nach einer Kooperation mit der Presse.[23] Im Gegenteil, wie der Journalist Hellmut von Gerlach feststellte:

»Bei den meisten [der Zensoren, J. V.] wurde der Stumpfsinn nur von ihrem Größenwahnsinn übertroffen. Man merkte ihnen förmlich an, mit welcher sadistischen Wollust sie ihr Mütchen an der ihnen verhaßten und im Grunde höchst überflüssig erscheinenden Presse kühlten. [...] Die Herren Militärs fühlten sich derart allmächtig, daß sie sich gar nicht erst die Mühe gaben, die Presse zu gewinnen. Sie glaubten, es genüge, ihr zu kommandieren.«[24]

Gleichwohl gehörte es auch zur preußischen Militärtradition, in politischen Angelegenheiten der zivilen politischen Führung zu folgen. In der letzten Friedenswoche gelang es Bethmann Hollweg, die Militärs zur Einhaltung ihrer früheren Zusage zu bewe-

---

Deist, *Zur Institution des Militärbefehlshabers und Obermilitärbefehlshabers im Ersten Weltkrieg*, in: Jahrbuch für die Geschichte Mittel- und Ostdeutschlands, 13/14 (1965), S. 223 ff.

22 Zit. n. *Moltkeworte über den Krieg*, in: General-Anzeiger, 4. August 1914, Nr. 180.

23 *Vortrag des Chefs des Kriegspresseamts am 29. Februar 1916*, HStA München, Abt. IV – Kriegsarchiv, Nr. 13880, S. 6.

24 Gerlach, Die große Zeit der Lüge, S. 38 und 87 f.

gen, es werde weder zur Verhaftung führender SPD-Politiker noch zum Verbot sozialdemokratischer Zeitungen kommen.[25] Und als der Krieg begann, ließen nur einige wenige Kommandierende Generale, die offensichtlich nicht über die neue Politik informiert waren, örtliche führende SPD-Politiker verhaften. Die Männer wurden rasch wieder auf freien Fuß gesetzt.[26] Außerdem konnte Bethmann Hollweg die Militärs dazu bewegen, den Ton ihrer Erklärungen zu ändern. Von Kessel, der Kommandierende General des in Berlin stationierten Oberkommandos in den Marken, hatte zunächst den Kriegszustand mit den folgenden Worten verkündet:

»Bekanntmachung: Durch Allerhöchste Verordnung ist für Berlin und die Provinz Brandenburg der Kriegszustand erklärt. Die vollziehende Gewalt geht hierdurch an mich über. Mit Bezug hierauf setze ich hiermit die Artikel [...] außer Kraft und verordne ...«[27]

Es handelte sich dabei um ein Plakat, das Monate, wenn nicht Jahre vor dem 31. Juli 1914 gedruckt worden war, mit etwas Platz für das von Hand eingesetzte Datum. Nur wenige Stunden nach seiner Veröffentlichung ließ von Kessel ein anderes Plakat aushängen, dessen Text eher dem Geist der Zeit entsprach:

»Die Maßregeln sind nur deshalb erforderlich, um die rasche und gleichmäßige Durchführung der Mobilmachung zu gewährleisten. Die Vaterlandsliebe, die die Bürgerschaft Berlins und der Marken von jeher ausgezeichnet hat, und die patriotische Begeisterung, die sich in diesen ernsten

---

25 Vgl. Johanna Schellenberg, *Die Herausbildung der Militärdiktatur in den ersten Jahren des Krieges*, in: Fritz Klein (Hg.), Politik im Krieg 1914–1918. Studien zur Politik der deutschen herrschenden Klassen im Ersten Weltkrieg, Berlin 1964, S. 31 ff.; Groh, Negative Integration, S. 581 ff.; Miller, Burgfrieden und Klassenkampf, S. 51.

26 In Trier und Saarbrücken wurden einige führende SPD-Politiker verhaftet. Vgl. den Bericht des Regierungspräsidenten von Trier, 3. August 1914, GhStAPK, Rep. 77, Tit. 332r, Nr. 68, S. 8.

27 Der Text dieses Plakats und ähnlicher Anschläge aus ganz Deutschland findet sich in: Deist (Hg.), Militär und Innenpolitik, Bd. 1, S. 7 ff.

Tagen gezeigt hat, geben die sichere Gewähr, daß niemand in den schweren Zeiten, denen wir entgegengehen, es an vaterländischer Gesinnung wird fehlen lassen.«[28]

Auf Wunsch Bethmann Hollwegs übernahmen die Militärs schließlich auch die von der zivilen Regierung aufgestellten Zensurbestimmungen. Damit wurden nicht nur alle pazifistischen Regungen und jede Kritik an der Kriegführung der Regierung der Zensur unterworfen, sondern auch alle spaltenden politischen Diskussionen. Am 13. August 1914 teilte der Generalstab den Zensoren mit:

»Die geschlossene Stimmung der Parteien und die bisher einmütige Haltung der Presse für den Krieg ist für die Oberste Heeresleitung von großer Bedeutung. Sie schafft den Geist der Hingabe und Geschlossenheit für Deutschlands große Aufgabe. Dies muß während der ganzen Dauer des Krieges, mag kommen was will, so bleiben. Die Aufsichtsbehörden, die mit der Zensur der Presse betraut sind, haben den geringsten Versuch, die Einigkeit des Deutschen Volkes und der Presse durch parteipolitische Ausführungen zu stören, gleichgültig von welcher oder gegen welche Partei, sofort auf das Energischste zu unterdrücken.«[29]

---

28 *Aufruf an die Bevölkerung zur Verhängung des Kriegszustandes, 31. Juli 1914*, nachgedruckt in: Deist (Hg.), Militär und Innenpolitik, Bd. 1, S. 9. Das stellvertretende Generalkommando München argumentierte am 2. August ähnlich: »An die Bevölkerung des Korpsbezirks des I. Armeekorps. Seine Majestät der König hat das Landesgebiet in Kriegszustand erklärt. Für diese Maßregel sind lediglich Gründe der raschen und gleichmäßigen Durchführung der Mobilmachung maßgebend, nicht etwa die Besorgnis, daß die Bevölkerung die vaterländische Haltung werde vermissen lassen.« HStA München, Polizeidirektion München, Nr. 4554. Die Erklärung war vom Kommandierenden General von Xylander unterzeichnet.

29 *Erlaß des Chefs des Generalstabes des Feldheeres an die bundesstaatlichen Kriegsministerien und die Generalkommandos betr. die Wahrung des Burgfriedens*, in: Deist (Hg.), Militär und Innenpolitik, Bd. 1, S. 193. Hier wird meines Wissens zum ersten Mal im Krieg der Begriff *Burgfrieden* benutzt. Ähnliche Erklärungen wurden im gesamten Verlauf des Krieges abgegeben. Viele von ihnen sind abgedruckt in: Zusam-

Darüber hinaus galt die Zensur jedweder despektierlichen oder intoleranten Äußerung. Am 9. November 1914 schrieb die zivile Regierung den Zensoren insgesamt fünf Leitsätze, deren erster lautet: »Ein Zweifel an der nationalen Gesinnung und Entschlossenheit irgendeines Deutschen, einer Partei oder Zeitung wirkt in hohem Maße nachteilig, weil er den Eindruck der deutschen Einheit und Energie beeinträchtigt.«[30] Die Zensoren bemühten sich, alle politischen Parteien gleich zu behandeln und alle intoleranten, spaltenden Äußerungen zu verbieten. So verboten sie in den ersten Kriegsmonaten alle antikatholischen, antisemitischen und antisozialdemokratischen Organisationen.[31] Die in Berlin erscheinende antisemitische *Staatsbürgerzeitung* wurde im August von der Regierung zu der öffentlichen Erklärung gezwungen, daß sie »im Hinblick auf die patriotische Haltung der gesamten Bevölkerung von nun ab ihren Charakter als antisemitisches Blatt aufgibt, und zwar nicht nur für den Krieg, sondern auch für den Frieden«.[32] Im Septem-

---

menstellung von Zensurverfügungen des Kriegsministeriums, des stellv. Generalstabs und der Oberzensurstelle des Kriegspresseamts, Berlin 1916, Nachdruck in: Heinz-Dietrich Fischer (Hg.), Pressekonzentration und Zensurpraxis im Ersten Weltkrieg. Texte und Quellen, Berlin 1973.

30 Die Diskussionen innerhalb der Regierung, die zu dieser Erklärung führten, werden beschrieben in: Mommsen, *Die Regierung Bethmann Hollweg und die öffentliche Meinung 1914–1917*, S.131ff.

31 Eine Beschreibung dieser Bemühungen findet sich in: Werner Jochmann, *Die Ausbreitung des Antisemitismus*, in: Werner E. Mosse (Hg.), Deutsches Judentum in Krieg und Revolution 1916–1923, Tübingen 1971, S.411ff.

32 Zit. n. Henry Schumann, Deutschlands Erhebung, Berlin und Leipzig 1914, S.100. Dem Artikel *Staatsbürgerzeitung*, in: Münchner Neueste Nachrichten, 14. Dezember 1914 (HStA München, Abt. IV – Kriegsarchiv, MKr, Nr. 13921) zufolge wurde diese Zeitung schließlich verboten. Antisemitische Zeitungen und Zeitschriften wie der Hammer oder das Deutsche Volksblatt, die sich weigerten, eine solche öffentliche Er-

ber 1914 mahnte die Regierung die Presse, keine Kritik an Glaubensrichtungen zu äußern, wie es zum Beispiel norddeutsche protestantische Zeitungen getan hatten, als sie während der Invasion Belgiens den Vorwurf erhoben, belgische katholische Priester hätten Greueltaten begangen.[33] Auch reagierte die Regierung mit aller Entschiedenheit auf Verstöße der Presse gegen den Burgfrieden.

Es gelang den Zensoren nicht, alle Parteien fair zu behandeln. Sie waren doch voreingenommen. »Wie das stellv. Generalkommando schon mehrfach ausgeführt hat«, schrieb ein Kommandierender General unverblümt, »ist ihm die politische Richtung ganz gleichgültig, es fordert aber in diesen schweren Kriegszeiten eine einwandfreie patriotische deutsch-nationale Haltung.«[34] Die Sozialdemokraten beschwerten sich zu Recht, ihre Zeitungen würden öfter und härter bestraft als die bürgerlichen Blätter (vgl. Tabellen 3 bis 5).[35] So durfte zum Beispiel die sozialdemokratische *Königsberger Volkszeitung* zu Beginn des Krieges für kurze Zeit nicht erscheinen, weil sie erklärt hatte, in der Schlacht an den Masurischen Seen habe die deutsche Demokratie den russischen Despotismus besiegt.[36] Radikale Nationalisten von der äußersten Rechten wie Wolfgang Kapp behaupteten, die Regie-

---

klärung abzugeben, und sich weiterhin antisemitisch äußerten, wurden verboten. Zum Hammer vgl. BAL, Reichsamt des Innern, Nr. 12276, S.14–16, 287. Das Verbot erfolgte 1916. Zum Deutschen Volksblatt vgl. HStA München, Abt. IV – Kriegsarchiv, Stellv. GK des I. AK, Nr. 1727.

33 Vgl. die Dokumente in HStA München, Polizeidirektion München, Nr. 4544; HStA München, Abt. IV – Kriegsarchiv, MKR Nr. 13918.

34 Brief an eine polnische Zeitung vom 3. Februar 1915, zit. n. Deist (Hg.), Militär und Innenpolitik, S.273 (Fußnote 9).

35 Vgl. Kurt Koszyk, Deutsche Pressepolitik im Ersten Weltkrieg, Düsseldorf 1969, S.170ff. Solche Beschwerden wurden meist im Reichstag vorgebracht, da die Reden der Abgeordneten unzensiert gedruckt werden durften.

36 Hugo Haase wies darauf in seiner Reichstagsrede vom 10. März 1915 hin, vgl. Stenographische Berichte des Reichstages, Bd. 306, S.46.

rung wolle sie zum Schweigen bringen: »Die vom Reichskanzler geforderte ›Einigkeit‹ bedeutet: Schweigt, haltet Ruhe, glaubt und hoffet alles, aber verschließt Eure Sorgen in dieser größten, schönsten und schwersten Stunde deutscher Geschichte in Eurer Brust. Wartet geduldig ab, was herauskommt. Stört die Kreise der Regierung nicht. Ihre, nicht Eure Sache ist es, die Geschicke des Vaterlandes zu bestimmen.«[37]

Tabelle 3: Vom Beginn des Krieges bis zum 30. März 1916 verbotene Zeitungen[38]

politische Ausrichtung	Zahl der verbotenen Zeitungen	Dauer des Publikationsverbots in Tagen
konservativ	4	20
freikonservativ	1	4
nationalliberal	5	20
liberal	3	34
freisinnig (linksliberal)	1	2
Zentrumspartei	9	35
SPD	23	149
parteilos	9	156
polnisch	12	158
dänisch	2	11
»russenfreundlich«	1	8
antisemitisch	1	5
revolutionär annektionistisch, nationalistisch	21 (9 davon in Straßburg)	für immer

---

37 Wolfgang Kapp, Die nationalen Kreise und der Reichskanzler (Denkschrift), Königsberg i. Pr. 1916, S. 6.
38 BAL, Reichsamt des Innern, Nr. 12276, S. 142 ff.

Tabelle 4: Zwischen dem 8. März 1916 und dem 15. Mai 1918 verbotene Zeitungen:

politische Ausrichtung	Zahl der verbotenen Zeitungen
konservativ	19
nationalliberal	3
linksliberal	7
liberal	1
Zentrumspartei	1
SPD	36
unabhängig	11
polnisch	4

Tabelle 5: Insgesamt (vom Kriegsbeginn bis zum 15. Mai 1918) verbotene Zeitungen:

politische Ausrichtung	Zahl der verbotenen Zeitungen
konservativ, freikonservativ	24
nationalliberal	8
liberal	4
linksliberal	8
Zentrumspartei	10
SPD	59
unabhängig	20
polnisch	16
dänisch	2
»russenfreundlich«	1
antisemitisch	1
revolutionär, annektionistisch, nationalistisch	21

Die Zensoren hatten eine unmögliche Aufgabe zu erfüllen. Durch Verbote konnte man vielleicht die Auswüchse der Intoleranz verringern, nicht aber die Toleranz erhöhen. Die Zensur konnte den Anschein der Einheit von Volk und Regierung verstärken, nicht aber die Einheit innerhalb der Bevölkerung. Und vor allem konnte Zensur allein nicht die deutsche Gesellschaft reformieren. Doch das sollte sie auch gar nicht. Die Reformation sollte vielmehr auf anderem Wege erreicht werden.

Die Neuorientierung

Als am 21. Oktober 1914 der Staatssekretär des Inneren, Clemens von Delbrück, in einem Treffen mit den Führern der im preußischen Landtag vertretenen Parteien eine »Neuorientierung unserer Innenpolitik nach dem Krieg« versprach, wurde die Neuorientierung zur offiziellen Politik. Am 6. November und am 4. Dezember 1914 wiederholte von Delbrück dieses Versprechen in einem Gespräch mit Abgeordneten des Reichstags und im Haushaltsausschuß des preußischen Landtags.[39] Zum populären Schlagwort wurde die Neuorientierung, nachdem Vertreter der Regierung sie im Februar 1915 im preußischen Landtag und am 10. März 1915 im deutschen Reichstag angekündigt hatten.

Wenn auch die Regierung sie proklamierte, war doch die SPD die treibende Kraft hinter der Neuorientierung. Im Bewußtsein der Bedeutung, die die Regierung der Einheit des deutschen

---

39 Philipp Scheidemann, Memoiren eines Sozialdemokraten, Bd. 1, Dresden 1928, S. 310 ff. Die Literatur zur Neuorientierung ist umfangreich. Vgl. insbesondere Klaus Schönhoven (Hg.), Die Gewerkschaften in Weltkrieg und Revolution 1914–1919, Köln 1985; Gutsche, *Bethmann Hollweg und die Politik der ›Neuorientierung‹. Zur innenpolitischen Strategie und Taktik der deutschen Reichsregierung während des ersten Weltkrieges*, S. 209 ff.

Volkes beimaß, wies die SPD geschickt auf die Fälle hin, in denen die praktische Politik der Regierung ihren verbalen Ankündigungen widersprach, und mahnte, wenn die Regierung hier keine Reformen durchführe, werde die Einheit der Deutschen zerbrechen. Anfang August 1914 bat die SPD die Regierung um die Genehmigung, in den deutschen Bahnhöfen den *Vorwärts* zu verkaufen. Die Regierung erklärte sich nicht nur damit einverstanden, sie ging sogar noch weiter: nach dem 31. August durfte in den Kasernen und Schulen sozialdemokratische Literatur gelesen werden.[40]

Als nächstes brachte die SPD das Thema der Gewerkschaftsmitgliedschaft staatlicher Angestellter zur Sprache, und auch das mit Erfolg: nach dem 17. August verlangten die staatlichen Unternehmen von ihren Arbeitern nicht mehr, eine Erklärung zu unterschreiben, daß sie keiner Gewerkschaft angehörten, wenn auch die Anforderung selbst beibehalten wurde. Viele weitere Reformen sollten folgen. Am wichtigsten war möglicherweise, daß die Regierung stillschweigend das Recht der Arbeiter akzeptierte, sich zur Wahrnehmung ihrer Interessen zu Gewerkschaften zusammenzuschließen, indem sie diese als legale Organisationen anerkannte und ihnen in vielerlei Hinsicht die gleichen Rechte einräumte wie der Industrie.[41] Diese Reformen betrafen nicht nur die Sozialdemokraten. Die Regierung verzichtete auf alle diskriminierenden Bestimmungen gegen die Jesuiten und verbot alle antisemitischen Organisationen. In der Woche vor

---

40 Das Protokoll der Sitzung vom 15. August 1914, auf der das Thema *Vorwärts* erörtert wurde, findet sich in GhStAPK, I/90/2428, S. 87; die Erklärung des Kriegsministers vom gleichen Tag im BAL, Reichskanzlei, Nr. 2437/3, S. 43.

41 Vgl. Klaus Saul, *Jugend im Schatten des Krieges. Vormilitärische Ausbildung – Kriegswirtschaftlicher Einsatz – Schulalltag in Deutschland 1914–1918*, in: Militärgeschichtliche Mitteilungen, 34 (1983), S. 99ff. sowie die Dokumente in: Deist (Hg.), Militär und Innenpolitik und im BAL, Reichsamt des Innern, Nr. 6111.

dem 28. August 1915 wurde beschlossen, den Reichstag mit der Inschrift »Dem deutschen Volke« zu versehen.[42]

Das waren weitreichende Veränderungen. Mit der Neuorientierung räumte die Regierung im Grunde das Scheitern ihrer bisherigen Politik ein, zwischen »guten« bürgerlichen Parteien und »schlechten« Sozialdemokraten zu unterscheiden. Der liberale Journalist Hellmut von Gerlach schrieb in einem Artikel mit dem Titel *Das Jahr des Umsturzes*, die unglaublichste Erfahrung des Krieges sei, daß es keine »Staatsbürger erster und zweiter Klasse [mehr gab], nicht mehr Reichsfreunde und Reichsfeinde, nicht mehr nationale und antinationale Elemente. Es gab [...] nur noch Deutsche, gleicher Pflicht und gleichen Rechtes.«[43] Viele Sozialdemokraten sahen in den Reformen der Regierung sogar die »sozialistischen Errungenschaften der Kriegszeit«.[44]

Doch die Neuorientierung war zum Scheitern verurteilt. Je länger der Krieg dauerte, desto deutlicher zeigte sich die Brüchigkeit der Einheit. Im August 1915 stellten Vertreter der Regierung fest, daß sich die Moral verschlechtere und dies den Erfolg der militärischen Anstrengungen gefährde.[45] Die Mei-

---

42 Weihnachten 1916 wurde die Inschrift dann endlich angebracht. Einen entsprechenden Vorschlag des Architekten Wallot während des Baus des Reichstagsgebäudes im letzten Jahrzehnt des 19. Jahrhunderts hatte der Kaiser noch abgelehnt. Vgl. *Dem deutschen Volke*, in: *Berliner Tageblatt*, 28. August 1915, Nr. 436, S. 1. Am 28. Juli 1915 billigte das preußische Staatsministerium das Verbot jeglicher religiösen Diskriminierung, und kurz darauf wurde es veröffentlicht. GhStAPK, Rep. 90a, Abt. B, Tit. III, 2b, Nr. 6, Bd. 164, S. 210.

43 Hellmut von Gerlach, *Das Jahr des Umsturzes*, in: Die Welt am Montag, Nr. 52, 28. Dezember 1914, S. 1–2.

44 Hugo Heinemann, Die sozialistischen Errungenschaften der Kriegszeit, Chemnitz 1914, S. 2 ff.

45 So der preußische Innenminister von Loebell in einem Schreiben an Bethmann Hollweg, in: Deutschland im Ersten Weltkrieg, Bd. 2, S. 255.

nungen darüber, wie die Moral der Bevölkerung verbessert werden könne, gingen allerdings auseinander. Obwohl man darin übereinstimmte, daß Hunger und Krieg die beiden wichtigsten Faktoren für die Verschlechterung der Moral waren, konnte die Regierung doch nicht viel tun, um die Versorgung mit Lebensmitteln zu verbessern. Ihr Versuch, mit Eingriffen in die Wirtschaftsabläufe – zum Beispiel mittels Rationierung der Lebensmittel und Bekämpfung der Inflation durch die Festsetzung von Höchstpreisen – die Lage zu verbessern, war wenig erfolgreich.[46] Ein Geistlicher, der 1914 noch »begeistert« gewesen war, vermerkte am 16. Oktober 1915 in seinem Tagebuch:

»Es gewinnt den Anschein, als sei die Behörde machtlos gegen diesen unerhörten Wucher. Das ist eine sehr böse Erfahrung, die man da macht! Die ehrliche Begeisterung für das deutsche Volk, für die deutsche Art, die bis dahin alle Kreise ergriffen hatte, hat ein merkliches Loch gekriegt durch die traurige Erfahrung, daß die berühmte Einigkeit Deutschlands darin besteht, daß ein Stand den andern ausbeutet und bewuchert.«[47]

Außerdem war der Krieg nicht das frisch-fröhliche Erlebnis, das sich 1914 viele von ihm erwartet hatten. 1916 begann die Regierung, die privaten Briefe der Soldaten zu zensieren, da einige von ihnen ihre Verwandten aufgefordert hatten, keine Kriegsanleihen zu zeichnen.[48] Hinzu kam, daß die zunehmende Dauer des

---

46 Zum Kampf gegen die Inflation in Baden vgl. Müller, Politik und Gesellschaft im Krieg, S. 283 ff.

47 Tagebuch von Pastor Falck, BAL, 92 Sachthematische Sammlung, S. 81. Zur Moral der Bevölkerung im Verlauf des Krieges vgl. insbesondere die folgenden lokalen historischen Untersuchungen: Müller, Politik und Gesellschaft im Krieg, S. 248 ff.; Schwarz, Weltkrieg und Revolution in Nürnberg, S. 153 und 161 und Friedhelm Boll, *Spontaneität der Basis und politische Funktion des Streiks 1914–1918. Das Beispiel Braunschweig*, in: Archiv für Sozialgeschichte, 17 (1977), S. 337 ff.

48 Vgl. das Schreiben des Innenministers an den bayerischen Kultusminister vom 20. Oktober 1916, HStA München, Abt. IV – Kriegsarchiv,

Krieges nicht nur ein Test für die Fähigkeit des Staates war, große Armeen auszuheben und an die Front zu verlegen, sondern auch für seine Fähigkeit zur Mobilisierung der Bevölkerung durch Propaganda, die der Historiker John Horne allgemein als »das Bemühen der verschiedenen kriegführenden Nationen um die Schaffung kollektiver Symbole auf der Grundlage der vorhandenen Glaubens- und Wertesysteme« definierte.[49] Der Krieg zwang die deutschen Eliten, sich stärker für die Beeinflussung der öffentlichen Meinung durch Propaganda zu interessieren oder um eine von Elié Halevy in einem anderen Zusammenhang benutzte Bezeichnung zu verwenden, sich für »die Organisation von Begeisterung« zu interessieren.[50] Bei ihren Propagandabemühungen steckte die Regierung allerdings in einer Zwickmühle: Sie mußte Kräfte freisetzen und die Bevölkerung mobilisieren, doch das ging nur, wenn sie sich auf einen politischen Prozeß einließ, der die autoritären Grundlagen des Staates und die privilegierte Stellung des Militärs in Frage stellte.

Kr Nr. 2331. Einige Soldatenbriefe aus dem Jahr 1916 finden sich in HStA München, Abt. IV – Kriegsarchiv, MKr Nr. 2330, o. S. Auch in den Berichten der stellvertretenden Generalkommandos über die Stimmung in der Bevölkerung ist davon die Rede, daß die Schilderungen der auf Heimaturlaub befindlichen Soldaten die Moral beeinträchtigten. Vgl. dazu Deist (Hg.), Militär und Innenpolitik, S. 1269.

49 John Horne, *Introduction: Mobilizing for total war, 1914–1918*, S. 1.
50 Elié Halevy, The Era of Tyrannies (1936), Nachdruck in: The Era of Tyrannies, bearbeitet von R. K. Webb, Garden City 1965, S. 266. Ein umfassender Überblick über die deutsche Propaganda im Ersten Weltkrieg fehlt. Vgl. jedoch Koszyk, Deutsche Pressepolitik im Ersten Weltkrieg; Alice Goldfarb Marquis, *Words as Weapons: Propaganda in Britain and Germany during the First World War*, in: Journal of Contemporary History, Nr. 3 (1978), S. 467–498 sowie die Sammlung von Dokumenten in: Deist (Hg.), Militär und Innenpolitik im Weltkrieg 1914–1918.

Propaganda im Dienst der nationalen Einheit

Am 2. März 1916 verlangte der preußische Kriegsminister von Wandel vom preußischen Kultusminister mehr Propaganda. Dieser antwortete gereizt, die Regierung tue bereits, was sie könne.[51] Mehr zu tun, so von Wandel, sei nur kontraproduktiv, denn das zwinge die Regierung, ihre Karten auf den Tisch zu legen, was – in der bürokratischen politischen Kultur Deutschlands – all ihre Bemühungen zunichte mache, zu einer Regierung des ganzen Volkes zu werden, zu einer Verwicklung der Regierung in die Parteipolitik führen und letztlich auf sie zurückschlagen werde.

Die gereizte Reaktion macht deutlich, daß die Regierung un-

---

51 Das Schreiben des preußischen Kultusministers vom 12. März 1916 findet sich in GhStAPK, Rep. 76 I, Sekt. I, Nr. 177, Bd.1, S.3. Viele ähnliche Briefe folgten. Am 5. Mai 1916 erklärten der preußische Innenminister und der Kultusminister in einem Schreiben an den Kriegsminister noch einmal, in ihrem Zuständigkeitsbereich sei alles getan worden, was möglich gewesen sei BAL, Reichsamt des Innern, Nr. 12475, S.27ff. Angesichts des Ausmaßes, in dem die Regierung in den Jahren 1914 bis 1916 in das öffentliche Leben eingriff, überrascht es, daß viele Historiker behaupten, in den ersten Kriegsjahren habe die deutsche Regierung allein mit Hilfe der Zensur versucht, das öffentliche Leben zu kontrollieren; zu Württemberg in den Jahren 1914/15 vgl. Gunther Mai, *Aufklärung der Bevölkerung* und *Vaterländischer Unterricht* in *Württemberg 1914–1918*, in: Zeitschrift für württembergische Landesgeschichte, 36 (1977–79), S.202. Mai spricht von drei Phasen der deutschen Propaganda im Ersten Weltkrieg. Die erste war die der völlig privaten Zivilgesellschaft. In der zweiten begann die Regierung vor allem mit den Lehrern und Geistlichen zusammenzuarbeiten, um das Nahrungsmittelproblem zu lösen. In der letzten Phase forderte sie dann die »Mobilmachung der gesamten geistigen und moralischen Heimatkräfte.« (Deist, S.294ff.); Dirk Stegmann, *Die deutsche Inlandspropaganda 1917/1918. Zum innenpolitischen Machtkampf zwischen OHL und ziviler Reichsleitung in der Endphase des Kaiserreiches*, in: Militärgeschichtliche Mitteilungen (2/1972), S.75ff.

ter Beschuß stand. Radikal nationalistische Kritiker stellten fest: »Heute ist das deutsche Volk nach 19 Kriegsmonaten noch ohne Kriegsziel, ohne Kriegsideal.«[52] Es fehlten nicht nur klare Kriegsziele, die das deutsche Volk mobilisieren und einigen würden, sondern auch eine entsprechende Kriegspropaganda. Zumindest dieser zweite Vorwurf war kaum berechtigt. Die Regierung hatte sich aufgrund ihrer Erfahrungen aus der Vorkriegszeit von Kriegsbeginn an intensiv um die öffentlichen Bereiche bemüht, zu denen sie Zugang hatte. Da sie praktisch das Monopol auf die Meldungen hatte, die für die Bevölkerung am interessantesten waren, konnte sie den Nachrichten die ihr genehme Färbung geben. Von den Zeitungen, die den Telegraphendienst der Regierung nutzten (und das taten alle großen Blätter), wurde verlangt, daß sie die Berichte genau so abdruckten, wie sie bei ihnen eintrafen. Die kleineren Zeitungen, die der Rückgang der Anzeigenerlöse im August 1914 hart getroffen hatte, übernahmen bereitwillig die von der Regierung gelieferten kostenlosen Meldungen und Artikel. Viele Provinzblätter akzeptierten sogar das Angebot einer kostenlosen »Zeitung«, in die sie vor Ort nur noch den eigenen Titel einfügen mußten.[53]

Besonders eifrig verkündete die Regierung ihre Botschaft in den Schulen und in den Kirchen. Die Schulen ließen in der berechtigten Hoffnung, dies werde Einfluß auf die Eltern haben, ihre Schüler an »Elternabenden« patriotische Gedichte oder vaterländische Lieder vortragen. Und wie ein Zeitgenosse feststellte, ging diese Rechnung auf:

---

52 Zit. n. *Kriegsziele und Kriegsideale*, in: Vorwärts, 19. Februar 1916, GhStAPK, Rep. 77 CBS, 970b, S. 183.

53 *Druckfehler*, in: Zensurbuch der deutschen Presse, 1917, in: Heinz-Dietrich Fischer (Hg.), Pressekonzentration und Zensurpraxis im Ersten Weltkrieg. Texte und Quellen, Berlin 1973, S. 213; Karl Bücher, *Presse, Parteien und Wirtschaftsverbände*, in: Gerhard Anschütz (Hg.), Handbuch der Presse, Berlin 1922, S. 476.

»Durch die Kinder gewann man die Eltern, ja sogar die Kinder erzogen die Eltern. Niemals hatte die Schule größeren Einfluß auf das Haus gewonnen als in der ersten Kriegszeit. Die Kinder waren Mahner, und zwar erfolgreiche Mahner zur vaterländischen Pflicht. Die Kinder weigerten sich in den ersten Kriegsmonaten, als man sich zur Brotkarte noch nicht entschlossen hatte, das Weißbrot (die Schrippe) mitzunehmen, das die Mutter zum Frühstück mitgeben wollte. Man wollte Schwarzbrot essen. Man wußte, daß das patriotischer war. Die Kinder lehrten die Mutter, daß es besser sei, Pellkartoffeln als geschälte Kartoffeln auf den Tisch zu bringen. Die großen Mädchen brachten späterhin Rezepte für Kriegsgerichte aus der Kochstube mit nach Hause und erreichten es, daß Mutter nach ihnen kochte. Die Kinder klärten auch die Mutter auf über das, was in der Welt geschah.«[54]

Bereits am 16. August 1914 hatte die Regierung ihre Jugendorganisation, den Jungdeutschlandbund, in ein »vormilitärisches Ausbildungsprogramm« für alle Jugendlichen über 16 umgewandelt.[55] 1915 schrieb der liberale Soziologe Leopold von Wiese, der diese Entwicklungen verfolgte, von staatlichen Eingriffen »in einem Grade, daß er [der Staat, J. V.], wie man richtig gesagt hat, nicht nur die Handlungen, sondern sogar auch die Gedanken seiner Bürger zu regulieren begonnen hat. Das ist eine großartige, eine schauerliche Tatsache: der Staat reguliert nun die Gedanken seiner Bürger!«[56] Doch von Wiese übertrieb. Deutschland war noch kein totalitärer Staat. Noch war es mög-

---

54 Günther Dehn, zit. n. Ingeborg Rürup, ›*Es entspricht nicht dem Ernste der Zeit, daß die Jugend müßig gehe.‹ Kriegsbegeisterung, Schulalltag und Bürokratie in den höheren Lehranstalten Preußens 1914*, in: Berliner Geschichtswerkstatt (Hg.), August 1914, Berlin 1989, S. 191.
55 Vgl. Klaus Saul, *Der Kampf um die Jugend. Zwischen Volksschule und Kaserne. Ein Beitrag zur ›Jugendpflege‹ im wilhelminischen Reich*, in: Militärgeschichtliche Mitteilungen (1/1971), S. 97 ff. und ders., *Jugend im Schatten des Krieges. Vormilitärische Ausbildung – kriegswirtschaftlicher Einsatz – Schulalltag in Deutschland 1914–1918*, S. 91 ff.
56 Leopold von Wiese, Gedanken über Menschlichkeit, München und Leipzig 1915, S. 31.

lich, sich ihm zu verweigern. Die meisten Jugendlichen hielten sich von dem vormilitärischen Ausbildungsprogramm fern, weil sie fürchteten, sonst auch zum Militär eingezogen zu werden.[57] Und trotz der Zensur konnten die Journalisten erstaunlich deutliche Kritik an der Regierung üben. Diese hatte 1914 nicht die Absicht, Deutschland in einen totalitären Staat zu verwandeln, sondern zog es vor, aristokratischen Abstand zur öffentlichen Meinung, zu den Massen zu halten. Die Regierung zensierte, sie verfaßte die täglichen Kriegsberichte und viele der in den Lokalzeitungen veröffentlichten Artikel, aber sie war nur für einen geringen Teil der in diesen Jahren veröffentlichten Bücher verantwortlich, wie auch ihre Vertreter nur selten Reden hielten.

Im weiteren Verlauf des Krieges aber, als sich die Moral der Bevölkerung verschlechterte, verstärkte sich das Interesse der Regierung, die privaten Gedanken ihrer Bürger zu lenken, und sie entwickelte ein klareres Propagandakonzept. (1914 wurde *Propaganda* im Deutschen noch synonym für Werbung im weiteren Sinn gebraucht.)[58] Nicht die Organisation, sondern die Botschaft war also das Problem der deutschen Propaganda in den ersten Kriegsjahren. Welche Botschaft wollte die Regierung vermitteln?

Anfang Dezember 1916 wurde ein Propagandaflugblatt ver-

---

57 In den ersten Monaten des Krieges beteiligten sich etwa 600 000 Jugendliche an dem Programm. Bis Anfang 1915 ging ihre Zahl zurück, und es war klar, daß sich mehr und mehr Jugendliche von dieser Maßnahme fernhielten. Die Zahl 600 000 wurde auf einer Sitzung des preußischen Staatsministeriums am 6. Februar 1915 genannt; vgl. GhStAPK, Rep. 90a, Abt. B, Tit. III, 2b, Nr. 6, Bd. 164, S. 125.

58 Zu einer detaillierteren Erörterung dieses Aspekts vgl. meinen Beitrag *Some Lessons of the War: The Discourse on Propaganda and Public Opinion in Germany in the 1920s*, in: Bernd Hüppauf (Hg.), War, Violence and the Structure of Modernity, New York 1997, S. 99–118.

Ausschnitt aus einem Propagandaflugblatt, Dezember 1916 (Archiv der sozialen Demokratie der Friedrich-Ebert-Stiftung, Bonn)

teilt, das die Botschaft der Regierung deutlich machte. Auffallend sind ganz oben die Worte »Wir müssen siegen!«, unter dem Titel die Porträts von Hindenburg und Bismarck sowie eine Zeichnung des Reichstags. Der Kaiser fehlt völlig. Der Reichstag, das Parlament, symbolisiert das deutsche Volk. Unter dem Porträt Hindenburgs die Aufforderung, »den Geist von 1914« zu erhalten. In dem folgenden, enggedruckten Text wird nicht mehr auf den »Geist von 1914« Bezug genommen oder gar erklärt, was damit gemeint ist. Hier warnt die Regierung lediglich, eine Niederlage würde die Nation um Jahrzehnte, wenn nicht gar um Jahrhunderte zurückwerfen, und bittet die Bevölkerung um ihr Vertrauen. Vor allem aber solle das Volk aufhören zu klagen. Die zentrale Botschaft lautet: Durchhalten!

Bei der Neuorientierung ging es um die Einheit von Volk und Regierung, nicht aber um den Krieg selbst. Die radikalnationalistische Rechte hatte vom ersten Tag des Krieges an erklärt, die Aussicht auf umfangreiche territoriale Gewinne verbessere die

253

Moral der Bevölkerung, die Kriegsziele seien ein integrierendes Element für die Heimatfront. Die über diesen Eingriff in ihren Zuständigkeitsbereich entsetzte Regierung erkannte, daß die Kriegszielbewegung der Rechten dem Krieg den Charakter eines Angriffskriegs verleihen würde, den die meisten Deutschen nicht wollten, und verbot deshalb im November 1914 jede öffentliche Diskussion über die Kriegsziele, da diese die Einheit von 1914 zerstöre.[59]

Ende 1915 und Anfang 1916 bemühte sich die radikalnationalistische Rechte erneut um eine Gelegenheit, der Regierung ihre Argumente vorzutragen. Ihre Behauptung, weitreichende territoriale Kriegsziele würden die Moral der Bevölkerung verbessern und sie dazu bewegen, entschlossener zu kämpfen, traf zumindest das zentrale Problem, vor dem die Regierung stand. Wie nicht anders zu erwarten, behaupteten die radikalen Nationalisten nicht nur, weitreichende territoriale Kriegsziele würden die Moral der Bevölkerung verbessern, sondern erklärten diese Ziele auch zum zentralen Element des »Geistes von 1914«. Die sinkende Moral der Bevölkerung war nach ihrer Ansicht zumindest zum Teil auf die verbreitete Unzufriedenheit mit einer Regierung zurückzuführen, die den Volkswillen von 1914 nicht mehr vertrat. »Die Aufstellung hoher Ziele weckt starke Kräfte« und »macht ein Volk fähig zu gewaltigen Leistungen«, schrieb der Alldeutsche Manfred Kloß.[60] In der Kriegszieleingabe der Intellektuellen vom Juli 1915 heißt es: »[N]ur eine Furcht besteht in allen Schichten unseres Volkes, insbesondere breit und tief gerade in den einfachsten Schichten, die Furcht nämlich, es könnte aus falschen Versöhnungsillusio-

---

59 Vgl. Stegmann, Die Erben Bismarcks, S. 458 ff.
60 Manfred Kloß, Die Arbeit des Alldeutschen Verbandes im Kriege, München 1917, S. 11. Siehe auch *Der Wille zum Sieg (27.7.1916). Ein Aufruf Berliner Universitätsprofessoren*, in: Klaus Böhme (Hg.), Aufrufe und Reden deutscher Professoren im Ersten Weltkrieg, Stuttgart 1975, S. 139.

nen oder gar aus nervöser Ungeduld ein vorzeitiger und deshalb halber und nimmermehr dauerhafter Frieden geschlossen werden.«[61]

Ende 1916 gab die Regierung dem Druck der Rechten nach und hob – in der Hoffnung, dies werde die Moral der Bevölkerung heben – als Teil einer Mobilisierungsstrategie das Verbot der öffentlichen Kriegszieldiskussion auf. Die Linke reagierte darauf mit dem Hinweis, daß die meisten Deutschen die Kriegsziele nicht unterstützten, weil sie fürchteten, dies würde den Krieg verlängern. Sie mahnte, die Menschen seien des Krieges müde, sehnten nichts dringender herbei als sein Ende, und nur der Gedanke eines Verteidigungskrieges könne die Einheit von 1914 aufrechterhalten.[62] Der Nürnberger Bürgermeister Otto Geßler (der später, über einen großen Teil der zwanziger Jahre hinweg, für die Demokratische Partei das Amt des Reichswehrministers innehatte), schrieb im Sommer 1917:

»Die Leute wollen einfach nicht mehr, es sei ihnen alles gleichgültig. Es fehle den Leuten der Blick auf die ungünstigen Wirkungen, die ein un-

---

61 *Deutschlands Kriegsziele, (8. Juli 1915)*, in: Auskunftstelle Vereinigter Verbände (Hg.), Gedanken und Wünsche deutscher Vereine und Verbände zur Gestaltung des Friedens, o.S.; vgl. auch die in: Böhme (Hg.), Aufrufe und Reden deutscher Professoren im Ersten Weltkrieg, S.126, abgedruckte *Seeberg-Adresse*.

62 Zur Opposition der SPD gegen die Kriegsziele vgl. Hans Gatzke, Germany's Drive to the West, Baltimore 1950, S.108 ff.; vgl. auch die Sammlung sozialdemokratischer Zeitungsartikel in GhStAPK, Rep. 77, CNBS, 970bI. Zu Friedrich Naumanns Argumenten vgl. *Vergesst den Kriegsanfang nicht*, in: Die Hilfe, 27. November 1915 (Nr. 47) und seinen Brief an Ludendorff vom 11. Februar 1918. Dieser auch von Professor Jäckh und Robert Bosch unterzeichnete Brief ist abgedruckt in: Bernhard Schwertfeger, Die politischen und militärischen Verantwortlichkeiten im Verlaufe der Offensive von 1918, Berlin 1927, S.136 ff.

glücklicher Ausgang des Krieges hätte. Die Sache sei keine Verstandesfrage mehr, sondern eine reine Gefühlsfrage. Die Leute seien unterernährt, abgearbeitet, verdrießlich [...] Sehr erbitterten die Briefe von der Front, über Mißstände daselbst, ferner verstimmten Briefe von der Heimat an die Front, in denen die Verhältnisse im Land meist übertrieben geschildert werden [...] Jene, die scharfe Kriegsziele verfolgten, seien z.Zt. in den Städten die verhaßtesten, vor allem der Bund der Landwirte, die Konservativen, die Industriellen...«[63]

Die Erkenntnis der mangelnden Popularität der Kriegsziele in der Bevölkerung bewog schließlich eine Mehrheit der Reichstagsabgeordneten, am 19. Juli 1917 eine Resolution für einen »Verständigungsfrieden« anzunehmen. In dieser Friedensresolution hieß es:

»Wie am 4. August 1914 gilt für das deutsche Volk auch an der Schwelle des vierten Kriegsjahres das Wort der Thronrede: ›Uns treibt nicht Eroberungssucht!‹ [...] Der Reichstag erstrebt einen Frieden der Verständigung und der dauernden Versöhnung der Völker. Mit einem solchen Frieden sind erzwungene Gebietserwerbungen und politische, wirtschaftliche oder finanzielle Vergewaltigungen unvereinbar.«[64]

Auch die Regierung war sich der Unzufriedenheit der Bevölkerung wegen der Kriegsziele bewußt. Bevor allerdings das Reichskanzleramt die offene Diskussion der Kriegsziele zuließ, folgte es dem Vorschlag des führenden Zentrumspolitikers Matthias Erzberger (zugleich einer der wichtigsten Männer in der Auslandspropagandaorganisation der Regierung, der »Zentralstelle für Auslandsdienst«) und des Herausgebers der *Frankfurter Zeitung*, Ullrich Rauscher, und gründete mit dem Deutschen Nationalausschuß eine eigene »Kriegszielorganisation« beziehungsweise »Geist von 1914«-Organisation.

Der Deutsche Nationalausschuß sollte – in den Worten des Chefs des kaiserlichen Zivilkabinetts Rudolf von Valentini – ein

---

63 Zit. n. Schwarz, Weltkrieg und Revolution in Nürnberg, S.54.
64 Zit. n. Vorwärts, 20. Juli 1917, nr. 196, S.2.

»Komitee zur ›Propaganda der Vernunft‹ [sein], damit der Kampf gegen die alldeutschen Verrücktheiten nicht mehr lediglich von linksliberaler Seite geführt [werde]«.[65] In den Worten des Ausschusses: »Der ›Deutsche National-Ausschuß‹ sieht seine Aufgabe darin, den Geist der Zuversicht im Volk daheim zu pflegen und damit den Rückhalt für unsere Kämpfer im Felde zu stärken. Er hält es deshalb für seine vaterländische Pflicht, allen Bestrebungen entgegenzutreten, welche unter Verkennung des Ernstes der Stunde die siegesverheißende Eintracht gefährden.«[66]

Im Zentrum dieses propagandistischen Diskurses stand der »Geist von 1914«. Der Deutsche Nationalausschuß begann seine Öffentlichkeitsarbeit am 1. August 1916 mit einer Reihe von Vorträgen zur Erinnerung an den »Geist von 1914«. Als Redner gewann er einige der bedeutendsten Persönlichkeiten aus Politik und Geistesleben wie Max Weber, Ernst Troeltsch und Friedrich Naumann, sowie einige rechte Sozialdemokraten, zum Beispiel Adolf Südekum, August Müller und Anton Fendrich, von denen sich die Partei später mit der Erklärung distanzierte, sie hätten nur für sich selbst gesprochen. Der Deutsche Nationalausschuß bat die Redner, »im Rahmen des Möglichen« die Regierung und die Kriegsziele zu unterstützen. Doch Bethmann Hollweg befürchtete, jegliche Diskussion der Kriegsziele würde die Rechte provozieren, und bat die Redner im letzten Augenblick, sich nicht mit diesem Thema, sondern

---

65 Zit. n. Willibald Gutsche, *Deutscher Nationalausschuß für einen ehrenvollen Frieden*, in: Dieter Fricke (Hg.), Die bürgerlichen Parteien in Deutschland. Handbuch der Geschichte der bürgerlichen Parteien und anderer bürgerlicher Interessenorganisationen vom Vormärz bis zum Jahre 1945, Bd. 1, Leipzig und Berlin (West) 1968, S. 197.
66 Zit. n. einem Flugblatt mit dem Titel »Deutscher National-Ausschuß« im BAK, NL Traub, Nr. 44, S. 75. Auf der Rückseite dieses Flugblatts ist eine Liste der »Gedenkfeiern« vom 1. August 1916 abgedruckt sowie eine der Redner, die auf ihnen sprachen.

nur mit der Einheit Deutschlands zu befassen.[67] Man entsprach seiner Bitte; alle Redner gedachten voller Begeisterung der Tage im August, des »Geistes von 1914«. Otto Baumgarten zum Beispiel erklärte in Hannover, der Krieg habe dem Volk ein Geschenk gegeben, nämlich das Geschenk der Einheit, mit der alle Klassen in den Krieg gezogen seien, und das gemeinsame patriotische Gefühl.[68]

Der Deutsche Nationalausschuß war ein beeindruckender Fehlschlag. Für den 1. August 1916 hatte er 75 Gedenkfeiern geplant, von denen jedoch nur 39 tatsächlich zustande kamen, und die waren zum Großteil nur schlecht besucht. (In Kiel wurden so wenige Eintrittskarten verkauft, daß der Vortrag ausfiel). Sogar die farblosen Reden riefen Widerspruch hervor. Die Rechte war erbost darüber, daß die Regierung keine weitgehenden Kriegsziele verfolgte, und kritisierte sie heftig, während linksliberale Journalisten wie Hellmut von Gerlach argumentierten, wenn die Regierung für moderate Kriegsziele werben wolle, müsse sie aus Fairness gegenüber abweichenden Meinungen die Kriegszieldiskussion vollständig freigeben. Zwei Monate nach seinem ersten Auftreten, am 12. November 1916, veröffentlichte der Verband sein letztes offizielles Dokument und verschwand in der Versenkung.[69]

Eine Organisation, die sich aus der Politik heraushalten wollte, war im Jahr 1916 ein merkwürdiger Anachronismus. Die

---

67 Vgl. Mommsen, *Die Regierung Bethmann Hollweg und die öffentliche Meinung 1914–1917*, S. 153.

68 Berichte über alle diese Gedenkreden finden sich in GhStAPK, Rep. 89 H, Nr. 15097, das Zitat von Otto Baumgarten auf S. 6.

69 *Das Fiasko des ›Nationalausschusses‹*, in: Deutsche Tageszeitung, 4. August 1916, Nr. 396, S. 2; Hellmut von Gerlach, *Die Organisierung der ›Mitte‹*, in: Die Welt am Montag, Nr. 29 (17. Juli 1916), S. 2. Loebell erklärte auf einer Sitzung des preußischen Staatsministeriums am 19. August 1916 den Deutschen Nationalausschuß für gescheitert. GhStAPK, I/90/2415, S. 139 ff.

Menschen interessierten sich dafür, wie die Regierung den Krieg beenden wollte. Die Kriegszielbewegung lieferte zumindest eine Antwort auf diese Frage: Der Krieg würde zu Ende sein, sobald Deutschland einen großen Teil Europas erobert hatte.[70] Bethmann Hollwegs Propagandabotschaft, daß die Deutschen für den »Geist von 1914« ihr Leben gaben, tat dies nicht. Zwar unterschied sich das Narrativ vom »Geist von 1914«, mit dem die Regierung am 1. August 1916 aufwartete, deutlich von dem, das sie im August 1914 formuliert hatte. Vom Kaiser war keine Rede mehr, und auch nicht von den applaudierenden Massen. Doch der »Geist von 1914«, wie er in den Reden am 1. August beschworen wurde – so idealistisch die Vorstellung von einem besseren Deutschland auch sein mochte –, war sicher nichts, wofür man sein Leben gab oder zu dessen Verwirklichung man beitragen konnte, indem man sein Leben opferte. Und vor allem war er nichts, was den Krieg beenden konnte.

Darüber hinaus war das »Deutschland« dieses offiziellen Narrativs auch nichts, was die Regierung allein schaffen konnte. Dazu war die aktive Mitwirkung der politischen Parteien erforderlich. Wie im nächsten Kapitel deutlich wird, hatten die Parteien auch ihre Schwierigkeiten damit, ein überzeugendes Narrativ vom »Geist von 1914« zu formulieren. Denn der Krieg war eine besonders schwierige Zeit, um eine neue, auf Gleichheit, gegenseitigem Respekt und Toleranz basierende »Volksgemeinschaft« zu begründen. 1916 ging es weniger um die Beantwortung der Frage, was »deutsch« ist, als um die Mobilisierung der deutschen Bevölkerung. Im weiteren Verlauf des Krieges war keine Beschreibung »Deutschlands« vonnöten, vielmehr brauchte es Worte, die die Menschen motivierten. Wie im Kapitel über den »Geist von 1914« in der Zeit von 1919–1945 gezeigt wird, sollte hier, im Rahmen der Bemühungen um

---

70 Vgl. Friedrich Wilhelm Foerster, *Eine realpolitische Betrachtung*, in: Hugo Ball, Almanach der Freien Zeitung, Bern 1918, S. 281 ff.

die Mobilisierung der Bevölkerung, ein religiöser Mythos vom »Geist von 1914« entstehen, ein Narrativ, das weder der Realität des Jahres 1914 entsprach noch dem offiziellen Narrativ vom »Geist von 1914«.

Der »Geist von 1914« in der Rhetorik der politischen Parteien

1914 waren alle Parteien für den Krieg. Vor dem Hintergrund der scharfen politischen Auseinandersetzungen in der Vorkriegszeit kann dieser einmütigen Zustimmung zu den Kriegskrediten gar nicht genug Bedeutung beigemessen werden. Vor 1914 hatte die Rechte die Linke wiederholt des Verrats bezichtigt (Stichwort »vaterlandslose Gesellen«), und die Linke ihrerseits die Konservativen als unmoralisch, selbstsüchtig und machtgierig tituliert. Mit der Sitzung vom 4. August schien der Reichstag nicht nur der Einheit aller Deutschen Ausdruck verliehen, sondern auch sich selbst als Repräsentant dieser deutschen Einheit dargestellt zu haben. Was genau bedeutete diese Abstimmung? Und wie versuchten die Parteien, sich dieses Symbol zu eigen zu machen?

Die Abstimmung im Reichstag am 4. August: Die Geburt des Burgfriedens

Diese Sitzung des deutschen Reichstags war in höchstem Maße ungewöhnlich. Wie üblich begann sie mit einem Gottesdienst. Um 10 Uhr versammelten sich Angehörige des kaiserlichen Hofes und Regierungsmitglieder (mit Ausnahme des Kaisers und des Kanzlers) sowie Reichstagsabgeordnete (mit Ausnahme der Sozialdemokraten) im Berliner Dom. Oberhofprediger Dryander sprach in seiner Predigt das an, was Thema des Tages werden sollte: das Erlebnis nationaler Einheit. Sie entstamme einem gemeinsamen »Staatsgefühl«, einer gemeinsamen Liebe zum Vaterland: »Im Aufblick zu dem Staat, der uns erzogen, zu dem Vaterland, in dem die Wurzeln unsrer Kraft liegen, wissen wir, was immer die nächste Ursache dieses Krieges sei, wir ziehen in den Kampf für unsere Kultur gegen die Unkultur, für die deutsche Gesittung wider die Barbarei, für die freie, deutsche, an Gott gebundene Persönlichkeit wider die Instinkte der ungeordneten Masse.« Dryander schloß die Predigt mit einem Zitat des Lyrikers Max von Schenkendorf: »Traute deutsche Brüder, höret meine Worte alt und neu: Nimmer wird das Reich zerstört, wenn ihr einig seid und treu.«[1]

Um 13 Uhr, nach dem Mittagessen, versammelten sich die Mitglieder des Reichstags im Weißen Saal des Berliner Schlosses. Der Sozialdemokrat Paul Göhre hatte dem Reichskanzler am 3. August mitgeteilt, bei Verlegung der Feierlichkeiten in den Reichstag werde auch die SPD teilnehmen, doch der Kanzler hatte dies abgelehnt.[2] Daraufhin hatte die SPD wie üblich diese höfische Veranstaltung boykottiert. Der Kaiser, seine Söhne, die meisten Regierungsmitglieder und etwa ein Viertel der Reichstagsmitglieder erschienen in Uniform. Zur Demonstration der Einheit der deutschen Königshäuser wurde der Kaiser vom bayrischen Gesandten in Berlin, Graf von Lerchenfeld, begrüßt. In seiner Rede sprach der Kaiser von »seinen« diplomatischen Bemühungen zur Verhinderung des Krieges, von der gerechten Sache, für die Deutschland eintrete, und von seiner Hoffnung und seinem Glauben an den Sieg. Auf innere Angelegenheiten ging er nicht ein, und die blasse Rede wäre sicherlich bald in Vergessenheit geraten, hätte er nicht – nachdem er den vorgefertigten Text verlesen hatte – aus eigener Initiative seine Worte vom 1. August wiederholt. »Ich kenne keine Parteien mehr. Ich kenne nur Deutsche.« Dann fuhr er fort: »Und zum Zeichen dessen [...] fordere ich die Vorstände der Parteien auf, vorzutreten und

---

1 Dryander, *Ist Gott für uns, wer mag wider uns sein?*, in: Kreuz-Zeitung, 6. August 1914, Nr. 365 (Morgen), S. 2–3.
2 Vgl. die Erinnerungen von Conrad Haußmann, Schlaglichter. Reichstagsbriefe und Aufzeichnungen, Frankfurt am Main 1924, S. 3. Der Kaiser, dem das Fernbleiben der SPD nicht aufgefallen war, verwechselte einen bürgerlichen Politiker mit einem Sozialdemokraten und schüttelte ihm besonders kräftig die Hand.

Mir dies in die Hand zu geloben«, was sie auch taten. Dann hörte er zu, wie der Reichstag »Heil Dir im Siegerkranz«, die (inoffizielle) preußische »Nationalhymne« anstimmte. Nach allem, was bekannt ist, sangen die Bayern und Sachsen genauso laut wie die Preußen selbst.[3] Beim Verlassen des Saals hielt der Kaiser einen Augenblick inne und wandte sich an das Mitglied des Reichstags Prof. van Calker. Da dieser Uniform trug, fragte ihn der Kaiser, ob er an die Front gehe. Als dieser bejahte, sagte der Kaiser – und seine Worte sollten ein beliebtes Postkartenmotiv werden: »Nun aber wollen wir sie dreschen.«[4]

Nach einer kurzen Pause begab man sich zum Reichstag, wo sich dann auch die SPD einfand. Reichstagspräsident Wilhelm Kaempf (Fortschrittliche) sprach für die bürgerlichen Parteien. Er bezeichnete den Krieg als defensiv und führte die öffentliche Begeisterung und die nationale Einheit als Beweis dafür an, daß auch das deutsche Volk der Überzeugung sei, es handele sich um einen Verteidigungskrieg. Als nächstes sprach der Reichskanzler. Er beschrieb in aller Ausführlichkeit die diplomatischen Bemühungen, die schlußendlich zum Krieg geführt hatten, gab den Einmarsch deutscher Truppen in Belgien bekannt und berief sich darauf, daß es in einer äußersten Notlage kein dringenderes

---

3 Diese Schilderung basiert auf den folgenden Artikeln: *Der Reichstag zeigt ein einiges Deutschland, stark und entschlossen, allen Angriffen zu begegnen,* in: Weser-Zeitung, 5. August 1914, Nr. 24360 (erste Morgen-Ausgabe), S. 1; *Des deutschen Reichstags größte Stunde,* in: Tägliche Rundschau, 5. August 1914, Nr. 363 (Morgen), erste Beilage. Offizielle Nationalhymnen gab es allerdings erst nach dem Ersten Weltkrieg. Zu den paradoxesten Erscheinungen dieses Krieges gehörte die Tatsache, daß die inoffiziellen Nationalhymnen zweier der sich bekriegenden Nationen identisch klangen: *Heil Dir im Siegerkranz* hat die gleiche Melodie wie *God Save the King.*

4 Beschrieben in der im Neuen Münchner Tageblatt, S. 1 veröffentlichten *Münchener Illustrierten Kriegs-Chronik,* Beispiele dieser Postkarten finden sich in: Ein Krieg wird ausgestellt. Die Weltkriegssammlung des Historischen Museums (1914–1918), Frankfurt am Main 1976, S. 93 ff.

Gebot als das der Selbsterhaltung gebe. Dann beschwor er die deutsche Einheit: »Unsere Armee steht im Felde, unsere Flotte ist kampfbereit, – hinter ihr das ganze deutschen Volk! [*andauernder lebhafter Beifall und Händeklatschen auf allen Seiten des Hauses und auf den Tribünen. – Der Reichstag erhebt sich*] Das ganze deutsche Volk [*zu den Soz.*] einig auf den letzten Mann!«[5] Einige Sozialdemokraten applaudierten – zum erstenmal bei einer Rede eines Regierungsmitglieds im Reichstag. In der darauffolgenden Sitzungspause warnten die SPD-Fraktionsführer jedoch davor, die Regierung noch weiter öffentlich zu unterstützen.[6] Nach der zweiten Pause sprach Hugo Haase, gemeinsam mit Friedrich Ebert Fraktionsführer der SPD, und erklärte den Entschluß der SPD: »vor der ehernen Tatsache des Krieges«, angesichts drohender »Schrecknisse feindlicher Invasionen« und »russischen Despotismus« habe die SPD keine andere Wahl, als sich an der Verteidigung der Nation zu beteiligen. Haase weiter: »Da machen wir wahr, was wir immer betont haben: Wir lassen in der Stunde der Gefahr das eigene Vaterland nicht im Stich.«[7] Zentrum und Linke zollten ihm heftigen Applaus, die Rechte saß »eiskalt« da.[8] Der Liberale Conrad Haußmann schrieb in sein Tagebuch: »In den Zeitungen aber wird ›lebhafter Beifall‹ markiert sein und das genügt.«[9]

Nachdem Haase seine Rede beendet hatte, billigte der Reichs-

---

5 Stenographische Berichte des Reichstages, Band 306, S. 6.
6 Vgl. Groh, Negative Integration, S. 700.
7 Stenographische Berichte, S. 8 f.
8 So Bethmann Hollweg an Weizsäcker am 13. Mai 1917, zit. n. Groh, Negative Integration, S. 701, Anm. 176.
9 Haußmann, Schlaglichter, S. 7 f. Haußmann notiert, daß das SPD-Mitglied Ludwig Frank vor der Abstimmung zu ihm herübergekommen sei und ihn und die anderen Parteien gebeten habe, nach der Rede der SPD lautstark zu applaudieren. Haußmann willigte ein, bemerkte jedoch, daß im entscheidenden Augenblick viele der anderen Parteien nicht mitmachten.

tag einstimmig eine Reihe von Gesetzen und die Kriegskredite. Reichskanzler Bethmann Hollweg hielt noch einmal eine kurze Ansprache, in der er diese Sitzung – »der 4. August 1914 wird bis in alle Ewigkeit herein einer der größten Tage Deutschlands sein«[10] – in den Pantheon deutscher Geschichte erhob. Dann sprach noch einmal Kaempf: »[N]ach diesen Worten des Herrn Reichskanzlers bleibt uns nur übrig, nochmals zu beteuern, daß das deutsche Volk einig ist bis auf den letzten Mann, zu siegen oder zu sterben auf dem Schlachtfelde für die deutsche Ehre und die deutsche Einheit.«[11] Wie üblich wurde die Sitzung mit Hurra-Rufen beendet, diesmal jedoch nicht nur für den Kaiser, sondern für »Kaiser, Volk und Vaterland«. Es war das erste Mal, daß die SPD dabei den Reichstag nicht verließ, einige Sozialdemokraten stimmten sogar in die Jubelrufe ein.

Angesichts der aggressiven Rhetorik der Vorkriegszeit war diese außergewöhnliche Sitzung die Geburtsstunde dessen, was als Burgfriede in die Geschichte eingehen sollte: die Vereinbarung aller Parteien, die Regierung zu unterstützen und alle strittigen Themen bis zum Ende des Krieges hintanzustellen. Der Burgfriede begründete eine Periode des Stillhaltens, und mit Ausnahme der Sozialdemokraten blieben die örtlichen Parteiorganisationen bis zum Jahr 1917 inaktiv. Auch politische Verbände wie der Flottenverein und der Wehrverein, nicht jedoch der Alldeutsche Verband, stellten ihre Aktivitäten ein. Bei den meisten Nachwahlen wurden keine Gegenkandidaten aufgestellt. Die Regierung sah darin die Geburt dessen, was später als »Volksgemeinschaft« bezeichnet werden sollte, ein »einig deutsches Volk von Brüdern«.[12] Ein Großteil der Linken teilte diese Auffassung, aber während die Reichsleitung das »Augusterlebnis« als Zustimmung des Vol-

---

10 Stenographische Berichte, Band 306, S. 11.
11 Ebenda, S. 12.
12 *In der Reichshauptstadt. Siegestage am 4. und 5. August*, in: Norddeutsche Allgemeine Zeitung, 7. August 1914, Nr. 183, S. 1.

kes wertete, sah die Linke darin ein Ereignis, das die politische Kultur in Deutschland reformierte. So schrieb die linksliberale *Berliner Morgenpost*: »Am Jahrestag jener Augustnacht von 1789, als Frankreich, nun verbündet mit dem Zar, alle Klassenunterschiede beseitigte, fallen in Deutschland die Schranken, die über Jahrhunderte errichtet worden waren.«[13] Erwartungsgemäß nahmen viele der in der wilhelminischen Gesellschaft diskriminierten Gruppen, wie zum Beispiel die deutschen Juden, den Burgfrieden mit Begeisterung auf. So schrieb am 12. August 1914 ein Rabbi in der *Jüdischen Volkszeitung* – und die meisten seiner Kollegen hätten ihm sicher zugestimmt: »Es gibt im Vaterlande keine Christen und Juden, Gläubige und Ungläubige, sondern nur Deutsche. Gebe Gott, daß die große Zeit auch dieses Bewußtsein zu einem dauernden Besitz werden lasse und uns in voller Wahrheit zu einem Volke mache.«[14]

Diese seltsam anmutende Formulierung mit ihrem Wechsel der inneren Perspektive von der Vergangenheit in die Zukunft zeigt die Widersprüche im Narrativ der Linken vom »Augusterlebnis« recht deutlich auf. Dieser »Geist von 1914«, verstanden als Idee von Gleichheit, Brüderlichkeit und Toleranz, würde der »Siegespreis« sein, aber er war noch keine Beschreibung der politischen Gesellschaft Deutschlands.

Im politischen Diskurs des Ersten Weltkriegs existierten zwei verschiedene Narrative des »Augusterlebnisses«. Aus der Perspektive der Linken hatte die deutsche Gesellschaft damit einen Schritt hin zu Brüderlichkeit und Gleichheit getan. In diesen

---

13 Berliner Morgenpost, 5. August 1914, zit. n. Buchner (Hg.), Kriegsdokumente, Band 1, S. 125.
14 Dr. Jacob, in: Jüdische Volkszeitung (Breslau), 28. August 1914, nachgedruckt in Buchner (Hg.), Kriegsdokumente, Band 2, S. 122. Vgl. dazu auch Mosse (Hg.), Deutsches Judentum in Krieg und Revolution 1916–1923 sowie Stephen Magill, *Defence and Introspection: German Jewry 1914*, in: David Bronsen (Hg.), Jews and Germans from 1860 to 1933, Heidelberg 1979, S. 209–233.

Kreisen sprach man nur selten von Begeisterung, sondern eher von Kampfbereitschaft, und verbunden damit von der Forderung, diese Bereitschaft müsse zur politischen Gleichberechtigung führen. Für die Rechte hingegen hatte das »Augusterlebnis« die Menschen von der Bedeutung einer Führung überzeugt, sei es nun im traditionellen konservativen Sinn die Führung durch einen Monarchen oder im radikal nationalistischen Sinn die Führung durch eine bürgerliche Elite. In Debatten dienten diese beiden Narrative als wichtige historische Beweise, denn, so die *Frankfurter Zeitung*, es handle sich um »die ganze Zukunft Deutschlands, um den zusammenhängenden Komplex aller der Grundlagen, von denen die weitere Existenz unseres Reiches und Volkes abhängt«.[15] Doch mit den realen Erlebnissen von 1914, mit der Aufregung, der Angst und dem Überschwang der Augusttage hatten diese Narrative wenig zu tun.

Für eine zivile Gesellschaft: Die Versuche der Liberalen, den Stil der politischen Rhetorik zu verbessern

Um die Gemeinschaft von 1914 aufrechtzuerhalten, gründete der nationalliberale Jurist und Reichstagsabgeordnete Eugen Schiffer am 28. Februar 1915 die »Freie Vaterländische Vereinigung« (FVV). Der Berliner Rechtsprofessor Wilhelm Kahl, den Schiffer als Vorsitzenden gewonnen hatte, bekräftigte an diesem Abend in seiner Rede die »Realität der Einheit und Einigkeit des deutschen Volkes«.[16] In einer unmittelbar danach veröffentlichten Broschüre stellte die FVV ihre Ziele vor:

»Haß und Hader zwischen den Volksgenossen sind zum Schweigen gebracht, alte Schranken zerbrochen, eingerostete Vorurteile aus dem Wege

---

15 *Frankfurt, 19. September*, in: Frankfurter Zeitung, 19. September 1917, Nr. 259 (Abend), S.1.
16 *An die Deutschen im Reiche*, in: Wilhelm Kahl (Hg.), Die Freie Vaterländische Vereinigung, Berlin 1915 S.12–13.

geräumt. Mit unwiderstehlicher Macht ist uns aus Not und Tod das Bewußtsein der Zusammengehörigkeit aufs Neue entsanden. Das Ende des Krieges [...] darf nicht auch das Ende der aus ihm erwachsenen inneren Einheit unseres Volkes bedeuten [...] [Die FVV] soll den Strom der nationalen Einheit aus der Zeit des Krieges in die des Friedens überleiten. Sie soll den Gedanken dieser Einheit so lebendig erhalten [...].«[17]

Schiffer, der den August 1914 in Berlin verbracht hatte, war sich im übrigen sehr wohl bewußt, daß dieses Bild historisch nicht korrekt war; alte Vorurteile waren nicht aus der Welt geschafft worden. Die »Einheit« von 1914, der »Geist von 1914« konnten dabei nicht durch das Bewahren des »Augusterlebnisses« aufrechterhalten werden, sondern nur durch eine Veränderung der politischen Kultur in Deutschland hin zu gegenseitigem Respekt, zu Toleranz und Anstand. Auf einer Versammlung der FVV in Weimar am 25. Juli 1915 bekräftigte Schiffer, daß

»nichts notwendiger ist als eine Änderung des Tones im politischen Kampfe. Dieser Ton ist nicht einmal bloß Formsache.[...]Wenn in der Vergangenheit der Gegner immer wieder nicht als ein Mensch, der eine Meinung hegt und vertritt, sondern als ein dummer oder schlechter Kerl behandelt wurde [...] so trug das nicht zum wenigsten dazu bei, unser Volk in seinen verschiedenen Schichten gegeneinander zu verbittern und zu verhetzen und diejenigen Risse und Spaltungen herbeizuführen, die schließlich wirklich zu einer Gefahr für die Einheit unseres Volkstums wurden. Ist es unsere erste und vornehmste Aufgabe, diese Klüfte ausfüllen oder doch zu überbrücken, so wird der Ton des politischen Kampfes hierbei wahrlich nicht die kleinste Rolle spielen.«[18]

---

17 Die Broschüre *Die Freie Vereinigung* wurde am 10. März 1915 veröffentlicht. Man hoffte, daß die führenden Vertreter der öffentlichen Meinung in Deutschland diese Petition unterzeichnen würden. Die Broschüre findet sich im BAK, NL Traub, Nr. 43, S.250ff. sowie bei Kahl (Hg.), Die Freie Vaterländische Vereinigung, S.5ff.

18 *Das Verhältnis der Freien Vaterländischen Vereinigung zu den politischen Parteien auf der Weimarer Tagung*, in: Kahl (Hg.), Die Freie Vaterländische Vereinigung, S.53f.

Die Betonung lag also auf dem Stil. Der einzige Programmpunkt der FVV, der sich auf eine Reform bestehender Institutionen beziehungsweise Gesetze bezog, war die Forderung nach dem Ende sämtlicher Privilegien des Adels: »Alle Ämter sind nicht nur verfassungsrechtlich, sondern auch tatsächlich den für sie geistig und sittlich Befähigten zugänglich zu machen. An den Gaben der Wissenschaft und Kunst ist allen Kreisen eine gesteigerte Teilnahme zu ermöglichen.«[19] Zu den drängenden politischen Themen äußerte sich die FVV eher unverbindlich; auf die Nahrungsmittelknappheit, das Wohlfahrtssystem und andere wichtige Fragen wurde nur mit allgemeinen, vagen Formulierungen eingegangen.

Die FVV bemühte sich auch keineswegs um die Überbrückung der gesellschaftlichen Gräben. Zu den örtlichen FVV-Versammlungen wurden keine Arbeiter, ja nicht einmal »bedeutende« SPD-Mitglieder eingeladen. Der Vorstand räumte am 31. Juli 1916 in einem Schreiben an den Reichskanzler ein: »Wir haben bisher unsere Tätigkeit lediglich auf der Linie der Einigung des deutschen Bürgertums ausgeübt.«[20] Die FVV schien der Ansicht, eine politische Kultur lasse sich am besten dadurch erreichen, daß man der Politik aus dem Weg gehe. Sie ging sogar so weit, die politischen Parteien für die vor dem Krieg herrschenden inneren Konflikte verantwortlich zu machen, und behauptete, es sei notwendig, »daß die an sich notwendigen Parteikämpfe *nicht* zu einer *Herrschaft der Parteigeister über den Nationalgeist* [führen].«[21]

---

19 Punkt 3 der Broschüre *Die Freie Vereinigung.* BAK, NL Traub, Nr. 43, S. 250 ff., ebenso in: Kahl (Hg.), Die Freie Vaterländische Vereinigung, S. 5 ff.

20 Brief vom Vorstand an den Reichskanzler vom 31. Juli 1916, BAL, Reichskanzlei Nr. 2437/11, S. 109. Und in seiner Rede zu Weimar am 25. Juli 1915 sagte Wilhelm Kahl: »Mit einem Male ist alles verändert: äußerlich Krieg, innerlich Friede, Einheit des Bürgertums, ein Aufgehen der Parteien im Vaterlande.«

21 Erklärung vom 16. Januar 1916 (Stettin), BAL, Nr. 2437/10, S. 16 (Hervorhebung im Original).

Dem Gedanken des »Anstands« zollten viele wichtige Politiker Tribut. So definierte der Nationalliberale Gustav Stresemann den Burgfrieden folgendermaßen: »[U]nter Burgfrieden verstehe ich die gegenseitige Achtung der Parteien, verstehe ich die Auffassung, daß einer von vornherein zugesteht, daß er das ›Vaterland‹ ebenso liebt wie der Gegner, daß er es groß und in der Welt geachtet sehen will und daß nur die Wege verschieden sind, auf denen er meint, zu dem Ziel gelangen zu wollen.«[22] Selbst der Führer der Konservativen Heydebrand sagte:

> »Man weiß doch jetzt, daß so manches, was man nicht für möglich gehalten hat, doch eine innere Wahrheit in sich birgt. Und ich glaube, niemand kann sich ganz frei davon sprechen, daß er in dieser Beziehung mit einem gewissen Unrecht seinem Gegner gegenübertrat. Das wird sich nach diesem Kriege sicher ändern; da werden wir anders zu einander stehen müssen. Ich bin der festen Ueberzeugung, daß wenn man sich auch vielfach selbst in gleicher Weise wie früher gegenüberstehen wird, doch die Art und Weise, wie man sich gegenübersteht, eine andere sein wird, [...] und man sich gegenseitig zu verstehen sucht und sich sagt: achte den Gegner, den Mann, der einst dasselbe Vaterland verteidigt hat.«[23]

Und doch erfuhr die FVV keinen ungeteilten Zuspruch. Zwar wurde sie von führenden Intellektuellen wie Hans Delbrück unterstützt und auch von der Zivilregierung in Berlin freundlich aufgenommen, aber die Militärverwaltung und weite Teile der politischen Kreise reagierten keineswegs positiv. Im Februar 1916 verbot das Stellvertretende Generalkommando in Pommern die Gründung eines örtlichen Verbandes mit der Begründung, die Diskussionen der Teilnehmer, die ja unterschiedlichen politischen Parteien angehörten, würden den Burgfrieden stören.[24]

Die FVV zählte nicht mehr als 1000 Mitglieder, und ihre erste

---

22 Stenographische Verhandlungen des Reichstages, Band 306, S.736.
23 Heydebrands Rede in Magdeburg am 15. Januar 1915 ist wiedergegeben in: *Mitteilung der fortschrittlichen Volkspartei 1915*, S.44.
24 Vgl. den Brief des Königlichen Polizei-Präsidenten vom 28. Februar 1916 (gez. Bötticher), BAL, Reichskanzlei Nr. 2437/10, S.10 und

Petition wurde nur von wenigen hundert Personen unterzeichnet. Die SPD und die meisten Linksliberalen lehnten diesen ihrer Ansicht nach elitären Verband ab; kein Sozialdemokrat und nur wenige Liberale traten ihr bei. Selbst die meisten Politiker der nationalliberalen und der konservativen Partei (und deren Zeitungen) begegneten der FVV mit Zurückhaltung und gelegentlich sogar mit ausgesprochener Verachtung.[25] Schiffer wurde innerhalb der Nationalliberalen Partei isoliert; ein Freund mußte ihm gut zureden, damit er seinen Sitz im Reichstag nicht aufgab. Viele der bekannten Persönlichkeiten verließen bald wieder das sinkende Schiff. Die als Massenveranstaltung geplante Versammlung am 25. Juli 1915 in Weimar war nur spärlich besucht; vom Vorstand erschienen nur zwei Mitglieder.[26] Zwar fanden während der Kriegsjahre noch sporadische Sitzungen statt, aber im Grunde war die Vereinigung seit 1917 praktisch nicht mehr existent.

Eine ähnliche Organisation war die »Deutsche Gesellschaft 1914«. Auch ihr geistiger Vater, der Staatssekretär des Reichskolonialamtes Wilhelm Solf, wollte die Ideale von 1914 bewahren. Helmuth von Moltke, den Solf als Präsidenten gewinnen konnte, berief sich in seiner Antrittsrede am 28. November 1915 auf den »Geist von 1914«: »Die heilige Flamme der Vaterlandsliebe zer-

---

13. Das Verbot wurde auf einer Sitzung des FVV-Vorstands am 29. Mai 1916 diskutiert. Vgl. das Protokoll im BAK, NL Schiffer, Nr. 23, S. 81 ff., sowie die Protestbriefe, S. 61 ff.

25 Manfred Koch z. B. weist darauf hin, daß die Führung der Zentrumspartei ihren Mitgliedern geraten habe, der Organisation gegenüber eine »abwartende« Haltung an den Tag zu legen. Vgl. Manfred Koch, Die Zentrumsfraktion des deutschen Reichstages im Ersten Weltkrieg, Mannheim 1984, S. 256 f.

26 Vgl. die Anwesenheitsliste im Sitzungsprotokoll, BAK, NL Schiffer, Nr. 22, S. 49 ff. Es nahmen circa 50 Personen teil. Zu Schiffers Entscheidung, im Parlament zu bleiben, vgl. Hartwig Thieme, Nationaler Liberalismus in der Krise. Die national-liberale Fraktion des Preußischen Abgeordnetenhauses 1914–18, Hamburg 1963, S. 188 ff.

schmolz die Schranken, die der Egoismus des Wohllebens unter uns aufgerichtet hatte, wir lernten uns als Brüder kennen.« Solf selbst sagte in seiner Rede, die Gesellschaft sei gegründet worden, um die heilige Flamme von 1914, diesen wertvollsten Besitz, für unsere Kinder und Enkelkinder, vor allem aber für uns selbst, emporzuhalten.[27]

Im Gegensatz zu Schiffer, der wenig getan hatte, um die Klassen einander näherzubringen, konnte Solf den Industriellen Robert Bosch dazu gewinnen, ein großes Anwesen in Berlin als Sitz der Gesellschaft zu erwerben, und er bemühte sich auch darum, führende Sozialdemokraten zum Beitritt zu bewegen. Die Gesellschaft war ihrem Wesen nach ein politischer Klub, in dem »reichsdeutschen Männern aus allen Berufen und Ständen ohne Unterschied der Partei die Möglichkeit eines vorurteilsfreien, zwanglosen geselligen Verkehrs« gegeben und »so de[r] Geist der Einigkeit von 1914 in die Jahre des Friedens hinübergetragen« werden sollte.[28] Wie die FVV lehnte auch die »Deutsche Gesellschaft 1914« Privilegien für den Adel ab. In einem Brief vom 28. Juni 1915 zur Werbung neuer Mitglieder hieß es: »Nicht Amt und Titel, sondern Persönlichkeit, nicht Meinung sondern Leistung, nicht Vermögen sondern Können dienen als Empfeh-

---

27 Moltkes Rede ist nachgedruckt in seinem Werk Erinnerungen, Briefe, Dokumente, 1877–1916. Ein Bild vom Kriegsausbruch, erster Kriegsführung und Persönlichkeit des ersten militärischen Führers des Krieges, Stuttgart 1922, S. 443 ff. Solfs Rede wurde gedruckt als: Rede zur Gründung der Deutschen Gesellschaft 1914, Berlin 1915, S. 19.

28 Satzungen der Deutschen Gesellschaft 1914, BAK, ZGS-1, E-71. Das Sitzungsprotokoll des »Vorbereitenden Ausschusses der Deutschen Gesellschaft 1914« vom 4. Oktober 1915 befindet sich im HStA München, GhStA, Bay. Gesandtschaft Berlin, Nr. 1156. Eine Studie zur »Deutschen Gesellschaft 1914« enthält Bernd Sösemann, *Politische Kommunikation im ›Reichsbelagerungszustand. Programm, Struktur und Wirkungen des Klubs ›Deutsche Gesellschaft 1914‹*, in: M. Brobowsky und Wolfgang Langenbucher (Hg.), Wege zur Kommunikationsgeschichte, München 1987, S. 636 ff.

lung für die Zugehörigkeit zur Deutschen Gesellschaft. Nur in Form und geschäftlicher Führung einem Klub ähnlich, soll die Deutsche Gesellschaft in der Tat kein politischer Klub, noch weniger der Klub einer politischen Partei oder einer abgegrenzten politischen oder sozialen Gruppe sein.«[29]

Die »Deutsche Gesellschaft 1914« war eine Art Insel. Sie verfügte über eine ausgezeichnete Bibliothek und ein exzellentes Restaurant, in dem viele Mitglieder regelmäßig speisten und dessen Vorratslager, nebenbei bemerkt, auch dann noch wohlgefüllt waren, als die Blockade die meisten Restaurants längst zur Einschränkung der Speisekarte gezwungen hatte. Montags und dienstags abends fanden Vorträge, Lesungen und Konzerte statt, oftmals unter Mitwirkung bekannter Persönlichkeiten aus der Welt der Kultur. In dieser Atmosphäre sollten Industrielle, Regierungsangehörige und Politiker sämtlicher Lager sich kennenlernen und Schranken oder Vorbehalte abbauen.

Diese Förderung sozialer Interaktion zwischen den »nationalen« und den »un-nationalen« Klassen bedeutete einen radikalen Bruch in der politischen Kultur Deutschlands. Doch ungeachtet ihrer Kritik an den Privilegien des Adels war die »Deutsche Gesellschaft 1914« eine Bastion der Privilegierten, der Elite. Nur wenige Sozialdemokraten wurden zum Beitritt bewegt, so daß 1916 nicht einmal 2 Prozent der Klubmitglieder der SPD angehörten. Und wichtiger noch: alle 1855 Personen, die im Januar 1917 auf der Mitgliedsliste standen, waren prominente Persönlichkeiten – das Namensverzeichnis las sich wie ein Who's Who der politischen Gesellschaft Deutschlands. Arbeiter und Frauen gab es in der Gesellschaft von 1914 nicht.[30] Zwar konnte man sich durch die Mitgliedschaft in dieser Vereinigung als Teil der deutschen Elite aus-

29 BAK, NL Schiffer, Nr. 3, S. 73 ff.
30 Vgl. Eugen Diedrichs, *Der Geist des Schützengrabens nach dem Kriege*, in: Die Tat, Nr. 10 (Januar 1916), S. 876 ff. 1916 hatte die Gesellschaft ca. 600–700 Mitglieder (»Deutsche Gesellschaft 1914 – Mitgliederverzeich-

weisen, doch wollten dies keineswegs alle tun. Der Fraktionsvorsitzende der Konservativen Graf von Westarp verweigerte die Mitgliedschaft, weil auch Sozialdemokraten dem Klub angehörten. Den Freien Gewerkschaften wiederum war die Vereinigung zu elitär, und sie verboten ihren Mitgliedern den Beitritt.[31]

Im Laufe des Krieges spiegelten sich auch innerhalb der Vereinigung die immer stärker werdenden Spannungen. Gelegentlich kam es zu hitzigen politischen Debatten, und – wie Wilhelm Solf empört in einem Brief an Walther Rathenau berichtete – so mancher Aristokrat forderte einen Widersacher zum Duell. Viel stärker noch als die FVV war die »Deutsche Gesellschaft 1914« ein höchst ungewöhnliches Phänomen: Mitten in einem blutigen Krieg zwischen England und Deutschland gründete Deutschlands Elite in Berlin einen Klub ganz nach englischem Vorbild. Langsam aber sicher nahm jedoch das Interesse an diesem Klub ab. Es blieb nur noch, wer das Ambiente und die feinen Speisen schätzte, zwei bescheidene Vorzeichen, unter denen der Klub weiter bestehen blieb, bis er 1934 von den Nationalsozialisten aufgelöst wurde.[32]

Ähnliche Versuche, den »Geist von 1914« durch die Förderung gesellschaftlicher Kontakte zu bewahren, wie die »1914«-Klubs in Bremen und in Königsberg, ein – vom Auswärtigen Amt organisierter – »Verständigungsausschuß für den inneren Frieden« oder

---

nis, aufgestellt in Januar 1916«, BAK, ZSG 1, E–71); 1917 waren es 1855 Mitglieder, davon 110 Politiker (»Mitgliederverzeichnis aufgestellt im Januar 1917«, BAK, ZSG 1, E–71). Die überwiegende Mehrheit der Politiker stammten aus dem nationalliberalen und dem linksliberalen Lager.

31 Zur Konservativen Partei vgl. von Westarp, Konservative Politik im letzten Jahrzehnt des Kaiserreiches, Band 2, S.12. Zu den Freien Gewerkschaften vgl. *Berichte des Büros für Sozialpolitik* (Nr. 2 – 8. Januar 1916), HStA München, GhStA, MA, Nr. 95735.

32 Zum Niedergang der Gesellschaft vgl. Alfred Grotjahn, Erlebtes und Erstrebtes, Berlin 1932, S.166–168 sowie Theodor Heuss, Robert Bosch. Leben und Leistung, Stuttgart 1946, S.305.

die literarischen Bemühungen von Friedrich Thimme, schlugen allesamt fehl.[33] Das Problem lag – wie der Architekt der Weimarer Verfassung Hugo Preuß 1915 feststellte – darin, daß die demagogische, haßerfüllte Rhetorik ihre Ursache in der Bismarckschen Verfassung hatte. Da dieser Verfassung gemäß das Parlament den Haushalt kontrollierte, konnte die konservative Elite nur dann auf den Fortbestand der Monarchie hoffen, wenn der Reichstag auch weiterhin gespalten blieb. Aus diesem Grunde entwickelte sie den Nationalismus als politisches Werkzeug. Der Versuch, den gesellschaftlichen Zusammenhalt des Burgfriedens aufrechtzuerhalten, konnte – so Preuß – nur mit Hilfe einer grundlegenden Reform der Verfassung und der Strukturen gelingen, die die Entwicklung eines natürlichen »Anstands« verhinderten.[34]

Die »Politik des 4. August« und die Reform des preußischen Wahlrechts

Für viele Zeitgenossen war das Abstimmungsverhalten der SPD am 4. August im Zusammenhang mit den Kriegskrediten der deutlichste Beweis dafür, daß sich die sozialen Identitäten im Verlauf des »Augusterlebnisses« geändert hatten. Denn am 4.

---

33 Zu weiteren Informationen über die »Bremer Gesellschaft 1914« vgl. den *Jahresbericht der Bremer Gesellschaft von 1914, erstattet in der Jahres-Versammlung vom 18. Februar 1918, (Bremen, 1918)*, in: StA Bremen, 3-V.2., Nr.1112, o.S. Die Gesellschaft hatte zunächst keine Räumlichkeiten (und später nur sehr kleine) und Ende 1917 nur 389 Mitglieder. Friedrich Thimme (Hg.), *Vom inneren Frieden des deutschen Volkes. Ein Buch gegenseitigen Verstehens und Vertrauens*, Leipzig 1916. Ein Protokoll der Versammlung vom 8. Juli 1917 in Köln unter dem Thema *Die Notwendigkeit des inneren Friedens im Neuen Deutschland* befindet sich in der Berliner Staatsbibliothek, Sammlung 1. Weltkrieg; vgl. auch BAK, NL Thimme, Nr. 38.
34 Preuß, *Das deutsche Volk und die Politik*, S.9ff.

August brach die SPD mit ihrer »revolutionären«, »internationalistischen« Vergangenheit und revidierte nicht nur ihre Ablehnung des deutschen/preußischen Staates, sondern auch ihren klassenkämpferischen und revolutionären Diskurs. Konservative interpretierten diesen Tag als das Ende der Sozialdemokratie. Ein Pastor formulierte es – auf typische Weise – so: »Die vaterländische Begeisterung war und ist eine gewaltige [...] Sozialdemokraten gibt's nicht mehr: ›wir waren es, heute sind wir es nicht mehr.‹ Alle Standesunterschiede sind aufgehoben im Bewußtsein großer Zusammengehörigkeit.«[35]

Das Bild der Konservativen von den »Augusttagen« läßt sich am besten anhand einer Reportage zweifelhafter Herkunft schildern, die Ende August in der bürgerlichen Presse veröffentlicht wurde: Diesem Bericht zufolge hätten sich die Sozialdemokraten in Gelsenkirchen vor dem Gewerkschaftshaus versammelt und seien zum Kriegerdenkmal gezogen, um dort rote Fahnen zu verbrennen. Mit hochgehaltener deutscher Nationalflagge seien sie dann zum Gewerkschaftshaus marschiert, wobei sie die »Wacht am Rhein« angestimmt hätten.[36]

Daß die SPD mit ihrer Abstimmung vom 4. August keineswegs ihre soziale Identität verändert hatte, wurde schon damals von den Sozialdemokraten betont und heute auch von den Historikern bestätigt. Wiederholt hatte die SPD-Führung versprochen, daß die Arbeiterklasse im Falle des Krieges gegen Rußland, gegen das »Zentrum der Reaktion«, in den Kampf ziehen würde.[37] Außerdem war die SPD durchaus in die deutsche Gesellschaft integriert. Ihr Wohlfahrtssystem, die Krankenver-

---

35 *Unsere Kirchengemeinden während der Kriegszeit. III. Das hessische Land und Frankfurt a. M. 1. Aus Schlitz, in der Nordostecke von Oberhessen*, in: Monatsschrift für Pastoraltheologie, 1. Kriegsheft (Oktober 1914), S. 16.

36 Der Artikel im Hamburger Fremdenblatt ist nachgedruckt in Buchner (Hg.), Kriegsdokumente, Band 2, S. 305.

37 Groh, Negative Integration, S. 359 und 376.

sicherung und die Genossenschaften waren ein wichtiger Teil des täglichen Lebens. In ihren Gesang- und Turnvereinen und ähnlichen Organisationen griff die Partei auf die gleichen kulturellen Artefakte zurück wie die kulturelle Elite.[38]

Und doch war die Abstimmung am 4. August ein tiefgehender Bruch mit dem kollektiven Diskurs, der kollektiven Rhetorik und den Traditionen der Partei – für manche stellte sie gar einen »Verrat« dar. So begründete Karl Liebknecht seine Entscheidung, am 2. Dezember gegen die Annahme weiterer Kriegskredite zu stimmen, mit dem Argument, die Regierung führe einen Angriffskrieg und wahre Sozialdemokraten müßten an ihren internationalistischen Idealen festhalten. Am 15. Dezember 1916 stimmten zwanzig SPD-Abgeordnete mit ihm gegen weitere Kriegskredite, und noch einmal zweiundzwanzig enthielten sich der Stimme. Im Januar 1917 wurden sie aus der SPD ausgeschlossen, und im April 1917 gründeten sie die Unabhängige Sozialdemokratische Partei USPD. Im weiteren Verlauf des Krieges und bis weit in die zwanziger Jahre bekämpften sich die Mehrheits-SPD und die USPD (beziehungsweise nach 1919 die Kommunisten) mit jener brennenden Leidenschaft, die der Überzeugung entspringt, der jeweils andere habe einen hehren Traum verraten.

Die Beweggründe für die Entscheidung der SPD-Führung sind ausführlich untersucht worden und sollen hier nicht im Detail diskutiert werden. Wie Wolfgang Kruse und Friedhelm Boll aufgezeigt haben, kann jedoch nicht davon die Rede sein, daß hier die Anführer den Massen gefolgt wären. Ganz im Gegenteil: Da die Arbeiterklasse alles andere als kriegsbegeistert war und die meisten SPD-Politiker dies sehr wohl wußten, hätte die so-

---

38 Zur Integration der Arbeiterklasse in die deutsche Gesellschaft vgl. insbesondere Groh, Negative Integration; Guenther Roth, The Social Democrats in Imperial Germany. A Study of working-class Isolation and National Integration, New Jersey 1963 sowie Gerhard A. Ritter, Staat, Arbeiterschaft und Arbeiterbewegung in Deutschand. Vom Vormärz bis zum Ende der Weimarer Republik, Berlin 1980.

zialdemokratische Führung durchaus eine kritischere Haltung an den Tag legen und sich – wie es August Bebel und Wilhelm Liebknecht 1870 getan hatten – der Stimme enthalten können.[39] Trotz späterer anderslautender Behauptungen scheint sich aber die Parteiführung nicht sonderlich für die Stimmung der Arbeiterklasse interessiert zu haben.[40] Im Gegenteil, für die meisten SPD-Parlamentarier standen vaterländische und taktische Erwägungen im Vordergrund. Die sozialdemokratischen Führer wünschten sich aus ganzem Herzen einen Sieg Deutschlands gegen Rußland, und ihnen war klar, was Sozialdemokraten wie Wolfgang Heine so formuliert hatten: »Die stärkste sittliche Kraft gibt die Einigkeit des Volkes. Die hat sich vom Tage des Kriegsausbruchs an herrlich bewährt.«[41] Darüber hinaus hoffte man, durch die Widerlegung eines der wichtigsten Glaubenssätze der herrschenden politischen Kultur, nämlich daß es »nationale« und »un-nationale« Parteien gebe, die Regierung zur Reform ebendieser politischen Kultur bewegen zu können. Wenn die Linke den Anti-Militarismus ablegte, so die Hoffnung der SPD, würde die deutsche Elite ihren Anti-Sozialismus aufgeben. Anstelle eines Generalstreiks für das preußische Wahlrecht gebe es dann ein starkes Engagement für den Krieg.[42]

---

39 Vgl. Boll, Massenbewegungen in Niedersachsen 1906–1920, S. 116, 152. Ähnlich Wolfgang Kruse, *Krieg, Neuorientierung und Spaltung. Die politische Entwicklung der deutschen Sozialdemokratie 1914–1918 im Lichte der Vorstellungen ihrer revisionistisch-reformistisch geprägten Kritiker*, in: Internationale Wissenschaftliche Korrespondenz, Nr. 1 (März 1987), S. 1 ff.; zu den Beweggründen vgl. auch Groh, Negative Integration; Miller, Burgfrieden und Klassenkampf sowie Bieber, Gewerkschaften in Krieg und Revolution.

40 Vgl. Kruse, Krieg und nationale Integration sowie Jürgen Rohann, *Arbeiterbewegung und Kriegsbegeisterung. Die deutsche Sozialdemokratie 1870–1914*, in: Marcel van der Linden und Gottfried Mergner (Hg.), Kriegsbegeisterung und mentale Kriegsvorbereitung, Berlin 1991, S. 68.

41 Wolfgang Heine, Gegen die Quertreiber, Dessau 1916, S. 1.

42 Ludwig Frank an Gustav Maier am 27. August 1914, in: Ludwig Frank, Aufsätze, Reden und Briefe, Berlin 1924, S. 358.

Die Partei beschloß, diese Strategie als »Politik des 4. August« zu verkaufen. Diese Politik mag tatsächlich nur eine taktische Änderung gewesen sein, allerdings eine radikale. Mit dieser selbstbewußten Etikettierung ihrer Politik deutete die SPD an, die Augusttage hätten einen Wendepunkt, einen Neuanfang bedeutet. Der radikalste Ansatz zur Definition der »Politik vom 4. August« wurde von einer Gruppe von Theoretikern um Heinrich Cunow, Wolfgang Heine, Konrad Haenisch und insbesondere Paul Lensch artikuliert: Sie sahen im »Geist von 1914« die seit langem von der Sozialdemokratie vorhergesagte »Revolution«. Sie markiere, so Lensch, das Ende des individualistischen Zeitalters der Geschichte und den Triumph der deutschen Organisation, des organisierten »Staats«-Sozialismus über den Individualismus. Deutsche Organisations- und Planungskunst, die deutsche Volksgemeinschaft würden das französische *laissezfaire*, den französischen Individualismus und den englischen Kapitalismus verdrängen.[43]

Einige Sozialdemokraten übernahmen sogar die pathetische nationalistische Rhetorik, die vor dem Krieg das Kennzeichen des »Klassenfeinds« gewesen war. So erinnerte Konrad Haenisch auf dem Parteitag von 1916 an die »Augustbegeisterung«:

»Wäre damals nicht die deutsche Sozialdemokratie so einmütig und vorbehaltlos auf den nationalen Boden getreten, so wäre das große Augusterlebnis des deutschen Volkes [...] niemals möglich geworden. [Die Parole] ›Nieder mit dem Zarismus!‹ war es, die auch Millionen sozialdemokratischer Volksgenossen mit heller Begeisterung zu den Fahnen trieb, die in

---

43 Vgl. Paul Lensch, Die Sozialdemokratie. Ihr Ende und ihr Glück, Leipzig 1916; Robert Sigel, Die Lensch-Cunow-Haenisch-Gruppe. Eine Studie zum rechten Flügel der SPD im Ersten Weltkrieg, Berlin 1976, S.47ff. ; vgl. auch die Diskussion in Gunther Mai, ›Verteidigungkrieg‹ und ›Volksgemeinschaft.‹ Staatliche Selbstbehauptung, nationale Solidarität und soziale Befreiung in Deutschland in der Zeit des Ersten Weltkrieges (1900–1925), in: Wolfgang Michalka (Hg.), Der Erste Weltkrieg, S.591.

dem Zeitraum weniger Stunden alles das bei uns tief ins Unterbewußtsein hinabdrängte, was uns eben noch von den anderen Klassen und Parteien des Reiches getrennt hatte [...] Diese plötzlich mit so elementarer Gewalt hervorbrechende Liebe zu Deutschland hat manchen deutschen Sozialdemokraten in der Stunde, als er sich ihrer bewußt wurde [...] mit jähem Schrekken erfüllt. Dieses drängendheiße Sehnen, sich hineinzustürzen in den gewaltigen Strom der allgemeinen nationalen Hochflut, und von der anderen Seite her die furchtbare seelische Angst, diesem Sehnen rückhaltlos zu folgen, der Stimmung ganz sich hinzugeben, die rings um einen herum brauste und brandete, und die, sah man sich ganz tief ins Herz hinein, auch vom eigenen Innern ja längst schon Besitz ergriffen hatte! Diese Angst: wirst Du auch nicht zum Halunken an Dir selbst und Deiner Sache – darfst Du auch so fühlen, wie es Dir ums Herz ist? Bis dann [...] plötzlich die furchtbare Spannung sich löste, bis man wagte, das zu sein, was man doch war – allen erstarrten Prinzipien zum Trotz – zum ersten Male [...] aus vollem Herzen, mit gutem Gewissen und ohne Angst, dadurch zum Verräter zu werden, einstimmen durfte in den brausenden Sturmgesang: Deutschland, Deutschland über alles!«[44]

Ähnlich schrieb der Dichter der Arbeiterklasse Karl Bröger: »Immer schon haben wir eine Liebe zu dir gekannt, bloß wir haben sie nie mit einem Namen genannt. Als man uns rief, da zogen wir schweigend fort, auf den Lippen nicht, aber im Herzen das Wort Deutschland.«[45] Dieser neue Diskurs behagte bei weitem nicht allen Sozialdemokraten. Die Kriegswirtschaft – zugegebenermaßen eine Art »staatssozialistische« Wirtschaftsform – war alles andere als beliebt. Rationierungsmaßnahmen (schon ab Mai 1915 war Brot rationiert) waren der Beliebtheit des »Sozialismus« kaum förderlich.[46] Auch der überschäumende

44 Konrad Haenisch, Die deutsche Sozialdemokratie in und nach dem Weltkriege, Berlin 1919, S. 33. Bieber merkt an, daß nicht wenige der »patriotischsten« SPD-Führer aus bürgerlichen Verhältnissen stammten. Vgl. Bieber, Gewerkschaften in Krieg und Revolution, S. 80.

45 Karl Bröger, Bekenntnis – eine Auswahl der Gedichte, Nürnberg 1954, S. 17.

46 Mai, ›Aufklärung der Bevölkerung‹ und ›Vaterländischer Unterricht‹ in Württemberg 1914–1918. Struktur, Durchführung und Inhalte der deut-

Nationalismus wurde weithin als unvereinbar mit der Ideologie der Sozialdemokratie kritisiert. Die meisten Parteifunktionäre distanzierten sich von Lensch und seiner Gefolgschaft. Sie hielten dagegen, mit der »Politik des 4. August« sei die Partei zum Vertreter des kleinen Mannes innerhalb der deutschen Gesellschaft geworden. Die Partei werde keine Revolution fordern, sondern Reformen.

Im Zuge der Neuorientierung schaffte die Regierung eine Reihe diskrimierender Gesetze und Praktiken ab. Im Zentrum der »Politik des 4. August« stand allerdings, wie schon Ludwig Frank gefordert hatte, die Reform des preußischen Wahlrechts, denn da das preußische Parlament nach einem proportionalen System auf der Grundlage der gezahlten Steuern gewählt wurde, konnten die ärmsten 85 Prozent der Bevölkerung nur ein Drittel der Legislative wählen. Bereits Ende August 1914 drohte Eduard David in einer Unterredung mit dem Staatssekretär des Innern Clemens von Delbrück, falls die Regierung das preußische Wahlrecht nicht reformiere, sehe sich die SPD gezwungen, zu ihrer Oppositionsrolle der Vorkriegszeit zurückzukehren.[47]

Die Forderung nach einer Wahlrechtsreform fand Unterstützung bei den progressiven Liberalen um Friedrich Naumann, bei der Fortschrittlichen Volkspartei und auch bei den sogenannten »Kathedersozialisten«. Vor dem Krieg hatten Nau-

---

schen Inlandspropaganda im Ersten Weltkrieg, S.203; Daniel, Arbeiterfrauen in der Kriegsgesellschaft, S.187; Gerald Feldman, Army, Industry, and Labor in Germany 1914–1918, Princeton 1966, S.97ff.

47 Das Protokoll des Gesprächs mit Eduard David ist nachgedruckt in: Jürgen Kuczynski, Der Ausbruch des Ersten Weltkrieges und die deutsche Sozialdemokratie. Chronik und Analyse, Berlin 1957, S.207ff. Zur Reform des preußischen Wahlrechts vgl. Stegmann, Die Erben Bismarcks, S.113ff.; Ludwig Bergsträßer, Die preußische Wahlrechtsfrage im Kriege und die Entstehung der Osterbotschaft 1917, Tübingen 1929 und James Retallack, Notables of the Right, Boston 1988, S.163ff.

mann und seine Mitstreiter den Standpunkt vertreten, eine wahre nationale Gemeinschaft lasse sich durch einen nationalistischen Sozialismus herbeiführen, wohinter sich die Vorstellung verbarg, daß die Arbeiter sich zum »Nationalen« und die Eliten sich zum »Sozialen« hin orientierten.[48] Für sie war das »Augusterlebnis« eine kollektive Katharsis, bei der die Deutschen die in ihnen von einer patriarchalischen Gesellschaft geweckten falschen Vorurteile über Bord geworfen hatten. 1914 hätten die Menschen ihre natürlichen Gefühle der Brüderlichkeit, des Mitgefühls, der Gemeinschaft und Verantwortung entdeckt. Oder, wie Friedrich Naumann es formulierte: »Aus den Untertanen werden durch den Krieg Bürger, und dieselben Männer, die Träger des Krieges gewesen sind, wollen auch die Träger eines Friedens und wollen auch die Träger weiterer Erneuerungsgedanken werden.«[49]

Naumanns Hoffnung, das Jahr 1914 habe einen »sozialen Kaiser« hervorgebracht, sollte sich nicht erfüllen. Die Konservativen wiederholten ihre Argumente aus der Vorkriegszeit: Ein allgemeines Wahlrecht bedeute die Schwächung Deutschlands, denn damit würde den Gefahren der »Massenherrschaft«

---

48 Zu Friedrich Naumann vgl. Dieter Düding, Der nationalsoziale Verein, 1896–1903: der gescheiterte Versuch einer parteipolitischen Synthese von Nationalismus Sozialismus und Liberalismus, München 1972; Peter Theiner, Sozialer Liberalismus und deutsche Weltpolitik. Friedrich Naumann im wilhelminischen Deutschland (1860–1919), Baden-Baden 1983. Die Geschichtsschreibung zu den bürgerlichen Parteien während der Kriegsjahre ist lückenhaft. Zur Zentrumspartei vgl. Klaus Epstein, Matthias Erzberger and the Dilemma of German Democracy, Princeton 1959 sowie Koch, Die Zentrumsfraktion des deutschen Reichstages im Ersten Weltkrieg. Zu den liberalen Parteien vgl. Friedrich C. Sell, Die Tragödie des deutschen Liberalismus, Stuttgart 1953 und Thieme, Nationaler Liberalismus in der Krise.
49 Friedrich Naumann am 15. Mai 1917 im Reichstag, nachgedruckt in Harry Pross (Hg.), Die Zerstörung der deutschen Politik. Dokumente 1871–1933, Frankfurt am Main 1983, S.203 f.

Tür und Tor geöffnet. Im weiteren Verlauf des Krieges konzentrierte sich Naumann (wie auch die Sozialdemokraten) auf Verfassungsreformen: Nur die Demokratie könne eine wahrhaft nationale Gemeinschaft hervorbringen, nur die Demokratie sei imstande, Identität zwischen Volk und Regierung zu schaffen und mit der Zeit die alten Klassenvorurteile niederzureißen.

Konservative Intellektuelle wie Friedrich Meinecke und Hans Delbrück und nationalliberale Politiker wie Gustav Stresemann bedienten sich hingegen »realpolitischer« Argumente, um für eine Wahlrechtsreform zu werben. Nach Meinecke zum Beispiel war die »weltgeschichtliche Lehre und Wirkung dieses Krieges« folgende: »Nur ein eng mit seinem Volke und den Massen seines Volkes verbundener Staat kann künftig noch aufrecht stehen in der Welt.«[50] Der Obrigkeitsstaat mußte sich, so die Forderung, zum »Volksstaat« wandeln, und die Reform des Wahlrechts war das Mittel dazu. Die Reform war nicht nur eine politische, sonder auch eine militärische Notwendigkeit.

Nach Verdun und dem »Steckrübenwinter« 1916/1917 war ein Niedergang der Moral zu verzeichnen. Besorgt über die anstehende Kürzung der Brotrationen und vor dem Hintergrund der bürgerlichen Revolution in Rußland bewegte Bethmann Hollweg den Kaiser dazu, in der Osterbotschaft 1917 zu verkünden, das preußische Wahlrecht werde nach dem Krieg geändert.[51] Als der Reichskanzler den Kaiser im Juli 1917 zur Verkündigung des Wunsches bewegte, das preußische Parlament möge das allgemeine Wahlrecht einführen, tat er dies – so der Chef des Kriegsamtes General Groener – aus dem Glauben her-

---

50 Friedrich Meinecke, Die deutsche Freiheit, Gotha 1917, S. 34.
51 Vgl. Erhard Deutelmoser, *Über Bethmann Hollweg*, in: Die Schaubühne, Nr. 3 (1921), S. 62 f. Allgemeiner zur Chronologie vgl. Johannes Bredt, Der deutsche Reichstag im Kriege, Berlin 1926, S. 73 ff.

aus, er müsse die Massen mit Wahlzetteln statt mit Brot und Fleisch ernähren.[52]

Der interessanteste Aspekt an diesem Reformvorschlag ist die Art und Weise, in der er vorgebracht wurde. Wie im vorigen Kapitel dargestellt, war der »Geist von 1914« zum Synonym für die Moral im politischen Diskurs geworden. Die Reform des Wahlrechts war nicht nur eine Frage der Gerechtigkeit, sondern der politischen Mobilisierung. In seiner Rede im April 1917, in der er das preußische Parlament zur Änderung des Wahlrechts aufforderte, gab der Kaiser die folgende Begründung: »Noch niemals hat sich das deutsche Volk so fest gezeigt wie in diesem Krieg. Das Bewußtsein, daß sich das Vaterland in bitterer Notwehr befand, übte eine wunderbar versöhnende Kraft aus, und trotz aller Opfer an Blut draußen im Feld und schwerer Entbehrungen daheim ist der Wille unerschütterlich geblieben, für den siegreichen Endkampf das Letzte einzusetzen. Nationaler und sozialer Geist verstanden und vereinigten sich und verliehen uns ausdauernde Stärke.«[53]

Ein freieres Wahlrecht allein hätte allerdings kaum zur Hebung der Moral inmitten des Kriegsschreckens beitragen. Wie Max Weber während des Krieges in einer Reihe von Beiträgen darlegte, stellte die innere Logik der realpolitischen Argumentation zudem im Grunde gar nicht auf eine Reform des Wahlrechts ab, sondern auf Parlamentarisierung. Durch die Wahlrechtsreform sollte die Vorstellung davon, wofür das deutsche Volk kämpfte, ein Fundament, eine Form erhalten, sollte ein Symbol des Volksstaates geschaffen werden. Nur die parlamentarische Regierungsform, die darauf gründete, daß alle Deutschen nicht nur gleichberechtigte Teilnehmer am öffentlichen Leben waren, sondern auch selbst über ihr eigenes Schicksal bestimmten, konnte ein wirkliches Fundament für die Idee eines vom ganzen

---

52 Vgl. Feldman, Army, Industry, and Labor, S. 369.
53 Zit. n. Vorwärts, 8. April 1917, Nr. 96, S. 1.

Volk unterstützten Krieges sein. Weber zufolge lautete die zentrale Frage für diejenigen, die die deutsche Einheit als Voraussetzung für die Macht Deutschlands betrachteten: »Wie ist das nach seiner jetzigen inneren Struktur zur negativen Politik verdammte Parlament zum Mitträger der politischen Verantwortung umzuformen?«[54]

Nach Webers Ansicht sollte das Parlament mit mehr Macht ausgestattet werden, denn der Mangel an Macht habe die Demagogie beflügelt, da die Parteien nie zu Kompromissen gezwungen waren. Dabei hatte es den Anschein, als habe der Reichstag während des Krieges einen Zuwachs an Macht und Status erfahren. Beim Versuch der Einflußnahme auf die Außenpolitik riefen Rechte und Linke gleichermaßen das »Parlament« als Volkes Stimme an – die Rechten zur Durchsetzung der Kriegsziele und des unbegrenzten U-Boot-Kriegs, die Linken zur Durchsetzung der Wahlrechtsreform und eines Friedens ohne Annexionen. Im Sommer 1917 berief Bethmann Hollweg einige führende Reichstagsmitglieder in die Regierung (ihr Abgeordnetenmandat mußten sie allerdings aufgeben), und durch die Einrichtung eines Ausschusses zur Sondierung der Möglichkeiten einer weiteren Parlamentarisierung im April 1917 schien der Reichstag einen eigenen Willen zu entwickeln.[55] Doch der Schein trog.

---

54 Max Weber, *Die Lehren der deutschen Kanzlerkrisis*, in: Frankfurter Zeitung, 7. September 1917, Nr. 247 (Erstes Morgenblatt), S. 1; vgl. auch ders., *Hemmnisse auf dem Weg zur Parlamentarisierung*, in: Münchner Neueste Nachrichten, 17. Juli 1917, Nr. 356, (Abend), S. 1.

55 Vgl. Reinhard Schiffers, Der Hauptausschuß des deutschen Reichstags 1915–1918. Formen und Bereiche der Kooperation zwischen Parlament und Regierung, Düsseldorf 1979; zur Position der SPD in bezug auf die Parlamentarisierung vgl. Miller, Burgfrieden und Klassenkampf, S. 320 ff.; zur Position der deutschen Liberalen vgl. Udo Bermbach, Vorformen parlamentarischer Kabinettsbildung in Deutschland, Köln und Opladen 1967, S. 15 ff.; eine Gesamtdarstellung bietet Dieter Gros-

Die schlagkräftigsten Argumente gegen die Parlamentarisierung lieferte das Parlament selbst. Am 4. August 1917 fand im Reichstag eine Gedenkveranstaltung statt, die in vielerlei Hinsicht befremdlicher war als die Sitzung vom 4. August 1914, deren gedacht werden sollte. Nachdem sich die Zuschauer, die Reichstagsmitglieder und der Kanzler auf ihren Plätzen niedergelassen hatten, kamen Korpsstudenten in vollem Wichs mit der Reichsflagge hereinmarschiert. Sie vertraten die deutsche Jugend, und um zu demonstrieren, daß die deutsche Jugend im Augenblick in den Schützengräben lag und kämpfte, blieben sie während der gesamten Sitzung in Habachtstellung sitzen. – Noch unrealistischere Vertreter der deutschen Jugend an der Front als diese jungen, privilegierten Akademiker in ihren Uniformen, umgeben von der archaischen Aura des Adelsprivilegs, sind wohl kaum vorstellbar. – Alle sangen stehend einen feierlichen Choral. Reichstagspräsident Kaempf hielt eine kurze Rede, in der er erneut betonte, Einheit und heiliger Zorn, die wesentlichen Elemente des »Geistes« vom August, seien die Schlüssel zum Sieg.[56] Danach traten die Vertreter der Stände ans Rednerpult. General Freiherr von Freytag-Loringhoven sprach für das Militär, Graf von Schulenburg-Grünthal für die Bauern, der Berliner Bürgermeister Wermuth für die Städte, Max von Schinkel für den Handel, Ernst von Borsig für die Wirtschaft, der Klempner Plate für das Handwerk und Dr. Köhler für die Kaufleute. Zwar hatten die Sozialdemokraten den 4. August erst ermöglicht, doch Carl Legien, der einzige sozialdemokratische Reichstagsabgeordnete, der sich an diesem Tag zu Wort meldete, sprach nicht für die SPD, sondern als Gewerkschafts-

---

ser, Vom monarchischen Konstitutionalismus zur parlamentarischen Demokratie. Die Verfassungspolitik der deutschen Parteien im letzten Jahrzehnt des Kaiserreiches, Den Haag 1970.
56 *Gedenkfeier des Reichstags zum 4. August 1914*, in: Münchner Neueste Nachrichten, 5. August 1917, Nr. 391, S. 1.

führer, als Vertreter der Arbeiterklasse. Wie die anderen Redner erwähnte er mit keinem Wort irgendeine politische Partei. Statt dessen sagte er, auch die Arbeiter sehnten einen Sieg Deutschlands herbei und kämpften so lange, bis dieser Sieg erreicht sei.[57] Als letzter sprach Reichskanzler Georg Michaelis. Er sagte:

»Wir stehen unter dem Eindruck der Größe des Tages, an dem vor drei Jahren das Volk aufstand, um in begeisterter Einmütigkeit den Riesenkampf aufzunehmen, der uns aufgezwungen worden war. Der 4. August wird in der Geschichte des deutschen Volkes zu allen Zeiten sein der Tag höchster vaterländischer, todesmutiger und siegesgewisser, entschlußfreudiger Bereitwilligkeit gegenüber der größten Gefahr, die je auf ein Volk herniederbrach.[...] Die Männer, die vor mir gesprochen haben, haben ohne Ruhmredigkeit in wahrhafter Selbsteinschätzung der Welt bewiesen, daß unsere Kraft nicht erlahmt ist, daß unser Wille stark ist, wie er am 4. August 1914 war, um durchzusetzen, was wir erstreben. Heute kommt es darauf an, die Leuchtfeuer hell auflodern zu lassen, ein Ziel, ein Wille, ein Vaterland! Und dieses Vaterland ist größer und wichtiger als unser Einzelleben! Je größer die Opfer, desto herrlicher der Lohn. Wir geloben dem Kaiser und dem Reiche die Treue und was uns das Herz frei macht, das rufen wir aus: Vaterland, Kaiser und Reich hurra, hurra, hurra!«[58]

Nach dieser Rede erhoben sich alle und stimmten die preußische Hymne »Heil Dir im Siegerkranz« an. Dann sandte das Parlament dem Kaiser ein Telegramm, das mit den Worten begann: »Vertreter aller Stände und Berufe sind heute zu einer Gedenkfeier des 4. August 1914 vereint.«[59] Mit dem Lied »Deutschland, Deutschland über alles« wurde die Veranstaltung beendet.

---

57 Vgl. *Die Kundgebungen im Reichstage*, in: Der Tag, 5. August 1917, Nr. 393; *Gedenkfeier des Reichstags zum 4. August 1914*, in: Münchner Neueste Nachrichten, 5. August 1917, Nr. 391, S. 1.
58 Zit. n. *Gedenkfeier des Reichstags zum 4. August 1914*, in: Münchner Neueste Nachrichten, 5. August 1917, Nr. 391, S. 1.
59 Ebenda.

Das deutsche Volk war also nicht durch seine Politiker, sondern durch seine unpolitischen Vereinigungen, durch seine Handelsverbände, seine Vereine, seine Kirchen vertreten. Die Veranstaltung vom 4. August 1917 war das Eingeständnis, daß die politischen Parteien selbst nicht glaubten, einen gemeinsamen Willen des Volkes zu repräsentieren – eine realistische Einschätzung des zutiefst gespaltenen deutschen Parlaments im Jahr 1917. Wie der Demokrat Friedrich von Payer bemerkte, im parlamentarischen politischen Diskurs hielten Rechte und Linke, genau wie zur Vorkriegszeit, die eigene Meinung für so unfehlbar, daß eine andere Meinung des politischen Gegners nur auf einen Charakterfehler zurückzuführen sein kann.[60] Doch wenn das Parlament nicht imstande war, einen gemeinsamen Willen des Volkes zu repräsentieren, wer war es dann?

Das konservative Bild des »Geistes von 1914«

In der Sitzung am 4. August 1914 hatten die konservativen Politiker »eiskalt« dagesessen. Das hinderte sie allerdings nicht daran, ebenso wie die Politiker der anderen Parteien den »Geist von 1914« als Metapher für die eigene Ideologie zu vereinnahmen.[61] Der konservativen Argumentation zufolge habe der Krieg den Wert der antidemokratischen Traditionen Preußens unter Beweis gestellt. Mehr noch: Mit ihrer »Begeisterung« von 1914 habe die Arbeiterklasse einen Transformationsprozeß vollzo-

---

60 Vgl. Ralph Lutz (Hg.), Fall of the German Empire 1914–1918, Bd. 2, Stanford 1932, S. 336.

61 Eine umfassende Darstellung der Deutschkonservativen Partei während des Krieges steht noch aus. In vielerlei Hinsicht wegweisend sind nach wie vor die Memoiren ihres Fraktionsführers von Westarp, Konservative Politik im letzten Jahrzehnt des Kaiserreichs. Vgl. jedoch auch Hans Booms, Die Deutschkonservative Partei. Preußischer Charakter, Reichsauffassung, Nationalbegriff, Düsseldorf 1954.

gen, sich dem monarchistischen System zugewandt, die Bedeutung des Führungsprinzips anerkannt und den demokratischen Gedanken verworfen. So schrieb der Kommandierende General von Stettin im Juli 1917 in seinem Bericht zur Stimmung der Bevölkerung: »Das Volk in seiner Gesamtheit hier will nichts wissen vom gleichen Wahlrecht und vom parlamentarischen System. Es hat keinen anderen Wunsch, als unter dem Hohenzollernhause nach wie vor gut und sicher regiert zu werden.«[62]

Die Regierung hingegen hatte sich 1917 von diesem Narrativ weitgehend abgewandt; der Kaiser spielte im öffentlichen Leben nur eine untergeordnete Rolle. Die Konservativen stützten sich auf ein Narrativ des »Augusterlebnisses«, von dem sich die monarchistische Regierung längst verabschiedet hatte. Als die Regierung 1917 eine Wahlrechtsreform in Aussicht stellte, fand sich die Deutschkonservative Partei in Opposition zu ihrem Monarchen; örtliche Parteiverbände, die seit Kriegsbeginn nicht mehr tätig gewesen waren, begannen sogar, ihre Anhänger zu mobilisieren.[63] Da die Konservativen im preußischen Parlament die Mehrheit besaßen, konnten sie im Mai 1918 die von der Regierung vorgeschlagene Wahlrechtsreform ablehnen.[64]

Für die Rechte hatte diese Abstimmung weitreichende Folgen. Eine konservative Partei, die den ausdrücklichen Willen ih-

---

62 Auszüge aus der Zusammenstellung der Monatsberichte der stellv. Generalkommandos an das preußische Kriegsministerium betr. die allgemeine Stimmung im Volke, 3. August 1917, in: Deist (Hg.), Militär und Innenpolitik, S.801.

63 Vgl. Reinhard Patemann, Der Kampf um die preußische Wahlreform, Düsseldorf 1964, S.50ff.

64 Zum Ende des Krieges wurde dann, auf Geheiß der deutschen Armee, die Beseitigung des Dreiklassenwahlrechts beschlossen. Umgesetzt wurde das neue Wahlrecht aber erst mit der Novemberrevolution. Vor der Revolution wurde zwar im Herrenhaus darüber abgestimmt, nicht aber im Abgeordnetenhaus. Vgl. Thieme, Nationaler Liberalismus in der Krise, S.120.

res Monarchen immer wieder ablehnte, stand mit ihrer eigenen Ideologie in Konflikt. Viele Konservative versuchten dies mit dem Argument abzuschwächen, aufgrund der Inkompetenz des derzeitigen Monarchen bedürfe die monarchische Idee einer prinzipientreuen Opposition. So sagte am 21. Dezember 1917 ein Sprecher der konservativen Partei in Bielefeld: »Ein Königswort steht jetzt dahinter [hinter dem neuen Wahlrecht, J. V.], aber wir haben keinen Absolutismus mehr wie in der Zeit vor 1848, wir haben den konstitutionellen Staat mit den drei gleichberechtigten Faktoren: König, Herrenhaus und Abgeordnetenhaus. Gewiß, wir sind königstreu bis auf die Knochen, aber das bedingt nicht, daß wir unsere andersgeartete Überzeugung opfern.«[65]

Selbst wenn der damalige Monarch inkompetent war: die vom Krieg aufgezwungene Notwendigkeit, den Willen des Volkes zu repräsentieren und dem deutschen Volk begreiflich zu machen, wofür es kämpfen sollte, gereichten den Konservativen trotzdem zum Nachteil. In den Augen der Konservativen war das »Augusterlebnis« das Ende der Sozialdemokratie, in Wirklichkeit aber bedeutete es das Ende des traditionellen Konservativismus. Langsam aber sicher wurden die Alldeutschen zum wichtigsten Repräsentanten des konservativen Gedankenguts.

Bei den ideologischen Differenzen innerhalb der Rechten ging es um die Definition des Schwerpunkts: die konservative Partei unterstützte die »monarchistische«, die Alldeutschen die »nationale« Idee. Gemeinsam war beiden Gruppierungen die Auffassung, ein Staat oder eine Nation definiere sich über die Macht, und das grundsätzlich antidemokratische Wesen. Während jedoch die Konservativen nach wie vor die Massen verurteilten, waren die Alldeutschen davon überzeugt, daß das Volk die Grundlage der staatlichen Macht und ihrer Legitimität bildete.

---

65 Zit. n. *Konservative Partei*, in: Neue Westfälische Volkszeitung, 21. Dezember 1917, BAL, RLB-Pressearchiv, Nr. 4328.

Schon vor 1914 hatten sie immer wieder betont, bei Fragen von nationalem Interesse müsse die letztendliche Entscheidungsbefugnis weg von der Monarchie und der Verwaltung hin zum Volk verlagert werden. Wie Geoff Eley feststellt, war die Berufung auf den Willen des Volkes »ein Grundthema in der Geschichte des radikalen Nationalismus vor 1914. Bei ernstlichen Konflikten mit der Regierung oder der herrschenden politischen Klasse berief man sich immer wieder auf die höhere Legitimität des Volkswillens. Für die Rechte war das ein Novum.«[66]

Im August 1914 waren die Alldeutschen möglicherweise die begeistertsten aller Deutschen. In den letzten Vorkriegsjahren hatten sie oft nach einem Präventivkrieg gerufen, zum einen, um die Macht Deutschlands zu erweitern, und zum anderen, weil sie sich einer Kriegsbegeisterung sicher waren, die die Nation vor der Degeneration bewahren würde.[67] 1914 kam es dann endlich zum langersehnten Krieg. »Es ist eine Lust zu leben«, schrieb der Vorsitzende des Alldeutschen Verbandes Heinrich Claß am 3. August 1914, »die Stunde haben wir ersehnt – unsere Freunde wissen es –, wo wir vor die gewaltigste Schicksals-Entscheidung gestellt werden, weil wir glauben und wissen, daß sie neben furchtbar Schwerem Rettung und Segen bringen wird. Nun ist sie da, die heilige Stunde! Der Atem der Welt stockt, und jedes Volk zeigt, was es ist [...] wir werden siegen – wir wollen, wir müssen siegen.«[68]

Im August 1914 legten die Alldeutschen nicht nur die für Mi-

---

66 Geoff Eley, Reshaping the German Right. Radical Nationalism and Political Change after Bismarck, New Haven 1980, S. 188; ähnlich Roger Chickering, We Men Who Feel Most German. A Cultural Study of the Pan-German League 1886–1914, Boston 1984, S. 222 f.

67 Die Forderungen der Alldeutschen nach einem Präventivkrieg finden sich in Auszügen bei Paul Rohrbach und Martin Hobohm, Die Alldeutschen, Berlin 1919, S. 31 und 90 ff. sowie bei Otfried Nippold, Der deutsche Chauvinismus, Bern 1917 (Nachdruck der Ausgabe von 1913).

68 *Waffensegen!*, in: Alldeutsche Blätter, Sondernummer (3. August 1914), S. 285.

litaristen typische Begeisterung an den Tag, sondern auch den Überschwang, den Menschen verspüren, denen die »Geschichte« recht gibt. Der alldeutsche Autor Oskar Schmitz 1914:

»Die Wirklichkeit des Krieges hat die Unwirklichkeit all jener freien Meinungen erwiesen, die angeblich die Schwachen gegen das Recht des Starken in Schutz nehmen wollen. Es hat sich nämlich wieder einmal gezeigt, daß der Starke der Tüchtige, Mutige ist; wo er sich denn wirklich überzeugend erweist, da kann ihm kein echter Mensch im Herzen den Beifall und die Nachfolge versagen, und wären ihm Hirn und Nerven noch so sehr durch entgegengesetzte Meinungen verhetzt worden.«[69]

Ein starker *furor teutonicus* habe sich, so die Alldeutschen, der Deutschen bemächtigt. Die SPD bekomme »eins auf die Ohren«, alle Deutschen seien zu Alldeutschen geworden.[70] Die Menschen hätten ihr Schicksal selbst in die Hand genommen. Ein alldeutscher Journalist schrieb: »Das gesamte deutsche Volk steht heute handelnd auf der Weltbühne wie einst Friedrich der Große. Die Gesamtheit wurde der Held.«[71] Alle Deutschen waren Helden geworden, tragische, idealistische Gestalten; das deutsche Volk hatte dem Individualismus abgeschworen und seine Persönlichkeit einer kollektiven deutschen Identität untergeordnet, hatte »bis zum letzten Mann [...] begriffen, daß der Staat vor allem Macht ist«, daß die Ideale Freiheit, Gleichheit, Brüderlichkeit verworfen werden zugunsten »der deutschen Ideen von 1914: Pflicht, Ordnung und Gerechtigkeit«.[72] Das

---

69 Oskar Schmitz, *Das Wirkliche Deutschland*, in: Der Türmer, Nr. 1 (Oktober 1914), S. 4.

70 Vgl. Hans von Liebig, Die Politik von Bethmann Hollweg, 1915, S. 261; Junius Alter (Fritz Sontag), Das deutsche Reich auf dem Wege zur geschichtlichen Episode. Eine Studie Bethmann Hollweg'scher Politik in Skizzen und Umrissen, 2. Aufl., München 1919, S. 69 ff.

71 O. G., *Das Heldische*, in: Deutsche Zeitung, 16. August 1914, Nr. 413 (Morgen), S. 1.

72 Dietrich Schäfer, Die Neuorientierung und des Vaterlandes Lage. Sonderdruck aus der Deutschen Monatsschrift für Politik und Volkstum »Der Panther«, Heft 5/6, 1917, S. 3 ff.

»Augusterlebnis« hatte nicht nur den Wert militaristischer Ideale bewiesen, sondern auch die Formbarkeit der »öffentlichen
Meinung«, es hatte, wie 1917 ein alldeutscher Autor schrieb, gezeigt, daß »in Wirklichkeit [...] Volksstimmung immer Sache der
Regie«[73] ist, daß Deutschland einig sei, wenn es eine starke Führung habe, eine Führung, die sie, die Alldeutschen, übernehmen
könnten.

Der Krieg leistete einem militaristisch geprägten Vokabular
von Ruhm und Ehre Vorschub. Der Unterstaatssekretär im Auswärtigen Amt Arthur Zimmermann formulierte im August treffend: »Alldeutsch ist jetzt Trumpf.«[74] Alldeutsches Gedankengut erfreute sich weit über den Alldeutschen Verband hinaus
einer großen Beliebtheit, auch bei Menschen, die dessen eher
unverdächtig schienen wie zum Beispiel protestantische Pfarrer.
Allerdings war es nicht so, daß 1914 die meisten Deutschen zu
Alldeutschen geworden wären. Die Regierung verbat sich die
Behauptung der Alldeutschen, sie repräsentierten den Willen des
Volkes, und bezichtigte sie der Demagogie, der Rückkehr zu den
schlimmsten Traditionen der Vorkriegszeit, nämlich der politischen Diffamierung. 1916 sagte Bethmann Hollweg im Reichstag:

»Es ist bitter, sich gegen Lügen des Auslandes wehren zu müssen. Wider-
lich sind Schmähungen und Verleumdungen in der Heimat. [...] Keine Partei in diesem Hause billigt Hetzereien, die mit Unwahrheiten oder mit
Schmähungen arbeiten. Aber die Piraten der öffentlichen Meinung treiben
leider häufig Mißbrauch mit der Flagge der nationalen Parteien.«[75]

Wütend beschuldigten die Alldeutschen daraufhin die Regierung der »zielbewußten Abtötung des ›Geistes vom August
1914‹«.[76] Im August 1914 hätte die Möglichkeit bestanden, »die

---

73 Vgl. Hobohm/Rohrbach, Die Alldeutschen, S. 46.
74 Zit. n. Wolff, Der Krieg des Pontius Pilatus, S. 361.
75 Verhandlungen des Reichstages, Band 307, S. 1511.
76 Paul Franz, *Der Bankerottfriede*, in: Deutschlands Erneuerung, Nr. 3
    (März 1918), S. 162.

Mein Kampf. Ur/nem

deutschen Arbeiter von ihren international gerichteten Verführern und Verhetzern loszusprengen und sie aus ihrem eigenen Erleben heraus ins völkische Lager herüberzuziehen.«[77] Gäbe man ihnen die Möglichkeit, so die Alldeutschen, wären sie imstande, den »Geist von 1914« wiederzuerwecken.[78] Ein einiger Wille des Volkes würde durch einen gemeinsamen Glauben, ein gemeinsames Deutschtum geschaffen und in ihm zum Ausdruck kommen. Den Alldeutschen würde es gelingen, »deutschen Sinn zu mehren, deutsche Eigenart zu pflegen, einen klaren deutschen Willen zu wecken.«[79] Sie würden hohe, inspirierende Ziele setzen und umfangreiche territoriale Erwerbungen vorschlagen, die das deutsche Volk zu noch größeren Leistungen anspornten. Sie würden den Deutschen die Bedeutung des Willens für einen deutschen Sieg näherbringen, würden das Volk davon überzeugen, daß es geeint bleiben müsse, daß die Macht der deutschen Nation direkt mit ihrer Einheit verknüpft sei.[80] Sie würden den Burgfrieden beenden und »die

---

77 Vgl. Kloß, Die Arbeit des Alldeutschen Verbandes im Kriege, S. 3.

78 Heinrich Claß, Wider den Strom. Vom Werden und Wachsen der nationalen Opposition im alten Reich, Leipzig 1932, S. 17 und 307. Nach dem Krieg schrieb Claß, die Worte des Kaisers hätten dazu geführt, daß »der Krieg im Innern verloren wurde«, denn sie hätten zum »Burgfrieden« geführt, der, wie die Dinge sich im Reiche entwickelt hätten, nichts anderes gewesen sei als die Freiheit für alle Reichsfeinde, zunächst im stillen und später offen wider Bismarcks Schöpfung zu wühlen und, als der Krieg sich in die Länge gezogen habe, nach jeder Richtung hin zersetzend zu wirken.

79 *Der Alldeutsche Verband, eine Stätte deutscher Gemeinschaftsarbeit. Aufruf*, in: Der Panther, April 1917, S. 565 ff. Das Motto der Alldeutschen lautete: »Deutsche, erkennt, daß ihr Deutsche seid.«

80 So z. B. die Argumentation in den Broschüren des Deutschen Wehrvereins. *Der Deutsche Wehrverein vor, in und nach dem Kriege. Vortrag gehalten in der Hauptversammlung der Ortsgruppe Regensburg des Deutschen Wehrvereins am 14.5.1917 vom I. Vorsitzenden Oberst z. D. Zeitz*, HStA München, Abt. IV – Kriegsarchiv, Stellv. GK I AK, 2380.

Parteipäpste« absetzen.[81] Abweichende Meinungen würden nicht geduldet, auch wenn sie nur im Privaten geäußert würden, weil – so ein Alldeutscher – der »Gegensatz zu alldeutsch nicht freisinnig, sondern antideutsch ist«.[82] In den harten Kriegszeiten dürfte der Bürger keine resignierte, desinteressierte Position mehr einnehmen. Oskar Schmitz schrieb dazu 1914: »Unsere Stärke ist heute, wie oft betont wurde, unsere Einheit, d. h., die besten aller Stände bejahen den Krieg und sind entschlossen durchzuhalten. Andere ›Meinungen‹ sind zurzeit nicht erlaubt. Daß man in England über den Krieg meinen darf, was man will, ist Englands Schwäche.«[83]

Und doch traf der wichtigste Kritikpunkt der Regierung an den Alldeutschen, nämlich daß diese eben nicht die »öffentliche Meinung« repräsentierten, vielmehr nur einen Teil davon, ins Schwarze. Die Alldeutschen waren eine kleine, aber höchst einflußreiche *pressure group,* die in den 1890er Jahren gegründet worden war, um die »nationale Idee« zu befördern. Der Verband, dem die mächtigsten Mitglieder der Gesellschaft angehörten und der sich vor allem bei der bürgerlichen Elite und hier wiederum besonders bei den Intellektuellen großer Beliebtheit erfreute, zählte gleichwohl zu Kriegsbeginn nur 15 000 Mitglieder. Auch nach einer massiven Kampagne zur Mitgliederwerbung zählte der Verband am 29. Juni 1918 lediglich 36 903 Mitglieder.[84] Der Logik der alldeutschen Argumentation zufolge mußten diese Mitglieder deutlich machen, daß ihre Ansichten populär waren, daß hinter ihnen eine geeinte öffentliche Meinung stand. In diesem Massenkrieg mußten die radikalen Nationalisten zeigen, daß sie tatsächlich breite Unterstützung in der

---

81 Vgl. Alter, Das deutsche Reich auf dem Wege zur geschichtlichen Episode, S. 72.

82 *Was ist alldeutsch?,* in: Deutscher Kurier, 24. August 1917, Nr. 223.

83 Vgl. Schmitz, Das wirkliche Deutschland, S. 68 f.

84 Vgl. BAL, 61 Ve 1 – ADV Nr. 119, S. 10.

Bevölkerung fanden. Dies versuchten sie zusammen mit der Deutschen Vaterlandspartei zu bewerkstelligen.

Die Deutsche Vaterlandspartei

Unmittelbar nachdem der Reichstag die »Friedenserklärung« verabschiedet hatte, machte sich Wolfgang Kapp entrüstet an die Bildung einer nationalen Organisation als Plattform für den Widerstand gegen die parlamentarische Friedensresolution.[85] Kapp, der ein höheres Amt in der ostpreußischen Verwaltung bekleidete, wurde über die konservativen Kreise hinaus bekannt, als er am 20. Mai 1916 seine Denkschrift »Die nationalen Kreise und der Reichskanzler« an eine Gruppe einflußreicher Konservativer verschickte. Kapp behauptete darin, daß der Weltkrieg ein geeintes und kampfentschlossenes Volk geschmiedet habe. Diese Einheit sei durch Reichskanzler Bethmann Hollweg zerstört worden, dessen zögerliche Kriegspolitik zu Unruhe in der deutschen Bevölkerung geführt habe.[86] Einheit, so seine Argumentation, brauche Führung, eine entschlossene Führung.[87]

1917 beschloß Kapp, die Führung selbst in die Hand zu nehmen. Er machte sich an die Gründung einer politischen Massenorganisation. Wohl wissend, daß er selbst in der Öffentlichkeit

---

85 Vgl. Annaliese Kapp, *Die Gründung der Deutschen Vaterlandspartei*, in: Ostpreußische Zeitung, 31. Dezember 1928, BAK, NL Traub, Nr. 48, S. 5 ff. Zur Deutschen Vaterlandspartei vgl. Hagen Hagenlücke, Die deutsche Vaterlandspartei: Die nationale Rechte am Ende des Kaiserreiches, Düsseldorf 1996. Wolfgang Kapps Dokumente finden sich im GhStAPK. Vgl. auch BAL, RLB Pressearchiv, Nr. 8868, wo sich eine umfassende Sammlung von Zeitungsartikeln zu dieser Partei findet.

86 Vgl. Kapps Denkschrift »Die nationalen Kreise und der Reichskanzler« (Maidenkschrift), S. 4 ff.

87 Ebenda.

mit den ostelbischen Junkern in Verbindung gebracht wurde, wollte er der Organisation eine bürgerliche Aura verleihen. Er benannte die »Ostpreußische Gesellschaft von 1914«, die er 1915 in Königsberg in Anlehnung an die »Deutsche Gesellschaft 1914« gegründet hatte, in »Bismarck-Partei« um.[88] Ende August hatte Kapp die Satzung der Partei fertiggestellt und hielt einige vorbereitende Sitzungen ab. Auf einer dieser Sitzungen (28. August 1917) wurde der Name in »Deutsche Vaterlandspartei« (DVP) abgeändert. Nachdem der frühere deutsche Reichskanzler Bernhard von Bülow es abgelehnt hatte, die Parteiführung zu übernehmen, konnte Kapp Großadmiral von Tirpitz dazu bewegen. Herzog Johann Albrecht zu Mecklenburg erklärte sich zum nominellen Vorsitz bereit.[89]

Am 3. September 1917 veranstaltete die DVP ihre erste öffentliche Sitzung im Yorck-Saal des Königsberger Rathauses – im Gedenken an General Yorcks Aufruf zur Befreiung Deutschlands im Jahre 1813. Die Veranstaltung fand am 3. September statt – in der Presseerklärung und auch in Zeitungsberichten hieß es jedoch, die Sitzung habe am 2. September stattgefunden – zum Gedenken an die Schlacht von Sedan im Jahr 1870. Die Partei erklärte, Kerngedanke ihrer Ideologie sei es, den »Geist von 1914« zu repräsentieren und, wie ein Parteimitglied schrieb, »das Deutschland von 1914 soll auferstehen aus seinem Grabe!«[90] In einer Parteibroschüre hieß es: »Die D. V. P. ist eine Einigung deutscher Männer und Frauen auf der Grundlage des Kaiserworts: ›Ich kenne keine Parteien mehr, nur noch Deutsche.‹«[91]

---

88 Zur Ostpreußischen Gesellschaft von 1914 vgl. die Dokumente im BAK, NL Traub, Nr. 45, S. 103 ff.

89 Die Information über Bülow stammt aus den *Notizen über die D. V. P. aus den Akten Kapps*, GhStAPK, Rep. 92 Kapp, Nr. 609. Unter anderem war als Name für die Partei auch »Hindenburg-Partei« erwogen worden.

90 Kaplan Schopen, Das wahre Gesicht der Vaterlandspartei, Bonn o. J., S. 8.

91 Ebenda, S. 3.

Ihren eigenen Erklärungen nach stand die DVP über »der Politik«, war einzig daran interessiert, dem Siegeswillen Vorschub zu leisten: »Das Wesentlichste ist die Hervorhebung des Willens als Kriegsmittel. Unbeugsamer Wille zum militärischen Sieg, Wille zum Durchhalten und [zum] politischen Sieg, beide verloren gegangen, werden neu gefordert.«[92] Dieser Siegeswillen stand ihrer Meinung nach in direktem Zusammenhang mit den Kriegszielen. In ihrem ersten Aufruf vom 9. September 1917 erklärte die DVP:

»Deutsche Landsleute! [...] Die Feinde, voran Präsident Wilson, sehen, daß sie unsere Niederlage mit den Waffen nicht erkämpfen können. Sie bauen auf deutsche Kurzsichtigkeit und hoffen mit ihrer Hilfe den Sieg zu erschleichen. [...] Die Kriegslage ist gut! Siegreich kämpfen unsere Heere auf allen Fronten [...] Wir lassen uns durch niemanden und durch nichts von dem festen Willen abbringen, zu siegen und den Lohn unseres Sieges zu erringen [...] Wir wollen keinen Hungerfrieden, der uns unerträgliche Lasten und Fesseln auf viele Jahrzehnte auferlegt, wir wollen einen Frieden erringen, der uns freie Entwicklung und neue Blüte sichert!«[93]

Als dieser Aufruf eine hitzige Debatte auslöste, beschloß die DVP, sich wiederholt für die Erhaltung des Burgfriedens auszusprechen (auch wenn sie das verhaßte Wort vermied) und jegliche Diskussion innenpolitischer Themen bis zum Kriegsende auszusetzen.[94]

---

92 Karl Wortmann, Geschichte der Deutschen Vaterlands-Partei 1917–1918, Halle 1926, S. 33.

93 Dies war der sogenannte »kleine Aufruf«, unterzeichnet von Tirpitz und Johann Albrecht Herzog zu Mecklenburg; nachgedruckt in: Bremer Nachrichten vom 19. September 1917, StA Bremen 3-V.2., Nr. 1098. Der Wortlaut ist leicht abgeändert gegenüber der Originalfassung, die abgedruckt ist in: Wortmann, Geschichte der Deutschen Vaterlands-Partei 1917–1918, S. 37.

94 Beschlossen am 24. September 1914 auf dem ersten Parteitag (zugleich auch die erste öffentliche Kundgebung). Eine Zusammenfassung der auf dieser Versammlung gehaltenen Reden findet sich in: *Die 1. Tagung der Deutschen Vaterlands-Partei*, in: Deutsche Tageszeitung, 25. September 1917, Nr. 489, S. 1 (Morgen).

Diese Zielsetzungen und Erklärungen waren nichts Neues. In einem allerdings unterschied sich die DVP von den anderen Parteien: sie hoffte, die breite Unterstützung der Bevölkerung für die alldeutsche Ideologie durch die Anzahl ihrer Mitglieder beweisen zu können. Sie entwickelte eine umfangreiche Organisationsstruktur, veranstaltete Massenversammlungen, verteilte zahllose Flugblätter, Plakate und Bücher, versorgte die Presse mit Artikeln, schaltete Anzeigen und verteilte Beitrittsformulare.[95] Unter den konservativ Gesinnten erhielt sie breite Unterstützung, nicht nur bei der Konservativen Partei, sondern bei allen Gruppierungen, die sich für die hochgesteckten Kriegsziele einsetzten, einschließlich des Alldeutschen Verbandes. Da dieser jedoch sehr unbeliebt war, achtete die DVP darauf, daß diese Verbindung in der Öffentlichkeit nicht bekannt wurde.[96] Zahlreiche deutsche Intellektuelle und auch viele Regierungsbedienstete traten ihr bei. Ihre Propaganda wurde von etlichen Lehrern verteilt, und auch in vielen Predigten wurde den Kirchgängern der Beitritt nahegelegt. Das Militär verhielt sich ebenfalls wohlwollend. Im September 1917 telegrafierte Hindenburg an Herzog Johann Albrecht zu Mecklenburg: »Der Aufruf der ostpreußischen Männer erfüllt mich mit großer Freude. [...] Wohlan, schließen wir von neuem Burgfrieden! [...] Einig im Innern, sind wir unbesieglich.«[97]

---

95 Vgl. die Materialien im GhStAPK, Rep. 92 Kapp.

96 Bei der Gründung der Deutschen Vaterlandspartei war Heinrich Claß Mitglied des »engeren Ausschusses«. Bei einer solchen Ausschußsitzung am 16. Oktober 1917 wurde beschlossen, die Verbindung zum Alldeutschen Verband nicht zu sehr in den Vordergrund zu stellen. Das Protokoll dieser Sitzungen findet sich in GhStAPK, Rep. 92 Kapp, Nr. 478, S. 20–22.

97 Vgl. den kritischen Kommentar *Wieder Burgfriede?* in: Frankfurter Zeitung, 19. September 1917, Nr. 259 (zweites Morgenblatt), S. 1. Zur Beteiligung der Intellektuellen siehe die Dokumente in GhStAPK, Rep. 77 CBS, Nr. 970n, insbesondere S. 44.

Die Unterstützung von dieser Seite kam nicht überraschend. Darüber hinaus behauptete die DVP, auch die Arbeiterklasse stehe hinter hier. Als Beweis führte sie ihre Mitgliederzahl von 1 250 000 (im September 1918) an, die sie zur größten politischen Vereinigung in Deutschland machte.[98] Auf diese Zahl kam man jedoch nur, wenn man bei Gruppenmitgliedschaften auch noch die einzelnen Personen hinzuaddierte. So wurden, als der »Unabhängige Ausschuß für einen Deutschen Frieden« der DVP beitrat, der Mitgliederliste rund 200 000 Neuzugänge hinzugefügt. Da höchstwahrscheinlich viele dieser Personen der DVP bereits als Einzelmitglied beigetreten waren, wurden sie also zweimal gezählt. Ihrer eigenen Statistik zufolge zählte die DVP im September 1918 nur 445 345 Einzelmitglieder.[99] Im privaten Gespräch räumte Kapp ein, seine Partei habe nur wenige Arbeiter gewinnen können.[100] Und viele von diesen waren wohl nicht ganz freiwillig beigetreten. Wie der sozialdemokratische *Volkswille* vermutete, war ein Hauptbeweggrund für den Beitritt, daß man ansonsten an die Front geschickt worden wäre.

Nicht nur, daß die DVP keineswegs die breiten Massen zum Eintritt hatte bewegen können, sie provozierte auch heftige Abwehrreaktionen. Mit Ausnahme der Konservativen blieben alle anderen politischen Parteien auf Distanz. Liberale Intellektuelle

---

98 Vgl. von Westarp, Konservative Politik im letzten Jahrzehnt des Kaiserreiches, Band 2, S. 622; Wortmann, Geschichte der Deutschen Vaterlands-Partei 1917–1918, S. 53. Hier sei angemerkt, daß die Partei mit unterschiedlichen Zahlen arbeitete. Die einen (die korrekten Zahlen) waren für Kapp und einige wenige andere bestimmt, andere für den Parteivorstand und wieder andere für die Öffentlichkeit.

99 *Zahlungen der Mitglieder in den Landesvereinen der Deutschen Vaterlands-Partei*, GhStAPK, Rep. 92 Kapp, Nr. 555, S. 10. Im Februar 1918 zählte die Partei 293 233 Mitglieder (S. 1).

100 So Kapp in einer Sitzung des Reichsausschusses am 12. Januar 1918. Das Protokoll findet sich in GhStAPK, Rep. 92 Kapp, Nr. 483, S. 45 ff.

wie Max Weber und liberale Zeitungen wie die *Frankfurter Zeitung*, das *Berliner Tageblatt* und die *Münchener Neuesten Nachrichten* warfen ihr vor, sie sei »eine Sprengung der Einheit [...] und eine Wiederbelebung alter unheilvoller Kampfmethoden, deren Überwindung uns der Krieg bereits gebracht zu haben schien«.[101]

Solche lautstarke Opposition zwang die Regierung dazu, am 1. Oktober zu verkünden, daß Reichsbeamte der DVP zwar beitreten, sie aber nicht unterstützen dürften. Am 30. November 1917 wurde den Angehörigen der Armee der Eintritt in die DVP untersagt.[102]

Als Opposition zur DVP gründeten deutsche Liberale eine weitere Organisation, die sich den »Geist von 1914« aufs Panier schrieb: den »Volksbund für Freiheit und Vaterland«. Wie die FVV, die »Deutsche Gesellschaft 1914« und die DVP beanspruchte auch der Volksbund, die Inkarnation des »Geistes von 1914« zu sein. Martin Wenck, einer seiner Vorsitzenden, schrieb, der Volksbund »der keine Parteien kennt, nur Deutsche, will sie in seinen Reihen sammeln, um das Erbe des 4. August lebenskräftig zu erhalten. [...] Darum feiert der Volksbund für Freiheit und Vaterland den Tag des 4. August als einen Tag des Geistes,

---

101 Aus einer Petition, die an der Universität Heidelberg zirkulierte und von den Heidelberger Neuesten Nachrichten am 22. Oktober 1917 veröffentlicht wurde.

102 Vgl. Wortmann, Geschichte der Deutschen Vaterlands-Partei 1917–1918, S.44; *Erlaß des preußischen Kriegsministeriums an die Militärbehörden der Heimat betr. die Deutsche Vaterlandspartei vom 20. November 1917*, in: Deist (Hg.), Militär und Innenpolitik, S.1101; *Schreiben des Oberbefehlshabers der Ostseestreitkräfte an die Immediatbehörden der Marine über den Beitritt von Marineoffizieren zur Deutschen Vaterlandspartei vom 16. September 1917*, in: Deist (Hg.), Militär und Innenpolitik, S.1048ff. Im Gegensatz dazu gestattete das preußische Kultusministerium seinen Bediensteten (einschließlich Lehrern) den Beitritt.

aus dem er selbst entstanden ist, und des Geistes, den er in unserem Volksleben verwirklichen will.«[103]

Im Gegensatz zu anderen Vereinigungen unterstützte der Volksbund die Wahlrechtsreform und die Neuorientierung. In der Frage der Kriegsziele hingegen blieb er unverbindlich. Einige Mitglieder wollten einen Frieden ohne Annexionen, andere nur einen mit umfangreicher territorialer Ausdehnung.[104]

Wie die anderen liberalen Organisationen, die den »Geist von 1914« fördern wollten, scheiterte auch der Volksbund. Er kam nur auf etwa 1000 Beitritte.[105] Am Ende des Krieges, als die Moral erlahmte und der »Geist von 1914« als militärische Notwendigkeit beschworen wurde, bot der Volksbund der DVP sogar den Zusammenschluß an, um damit zur Einheit Deutschlands beizutragen. Die DVP lehnte das Angebot jedoch ab.[106]

---

103 Martin Wenck, *Zum 4. August* in: Mitteilungen des Volksbundes für Freiheit und Vaterland Nr. 1 (Juli 1918), GhStAPK, NL Meinecke, Nr.169.

104 Zwar war der Volksbund als Gegenbewegung zur DeutschenVaterlandspartei gegründet worden, gleichwohl versuchte sein führendes Mitglied Adam Stegerwald einmal, den Führer der Deutschen Vaterlandspartei Admiral Tirpitz davon in Kenntnis zu setzen, daß sich der Volksbund nicht gegen die Kriegszielforderung stellen würde. Vgl. den Briefwechsel zwischen Pfarrer Weber und Stegerwald, GhStAPK, Rep. 92 Kapp, Nr. 412, S.2ff., sowie das Protokoll der Sitzung des Reichsausschusses der Deutschen Vaterlandspartei vom 12. Januar 1918, in: GhStAPK, Rep. 92 Kapp, Nr. 483, S.45ff. Im Gegensatz dazu stellte Giesbert 1918 in einer Rede die Forderung nach Kriegszielen, die mit einer defensiven Kriegsideologie im Einklang standen. Seine Rede nachgedruckt in: Um Freiheit und Vaterland, Gotha 1918, S.13.

105 Vgl. Fricke (Hg.), Die bürgerlichen Parteien in Deutschland, Band 4, S.414.

106 Ein Protokoll des Treffens von Deutscher Vaterlandspartei und Volksbund am 10. Oktober 1918 findet sich in Dirk Stegmann, *Zwischen Repression und Manipulation: Konservative Machteliten und Arbeiter- und Angestelltenbewegung 1910–1918*, in: Archiv für Sozialgeschichte 12 (1972), S.421ff.

Größere Probleme als diese schwächliche Opposition berei-
tete der DVP der Widerstand der Arbeiterklasse und ihrer Vertreter. Die SPD und die Freien Gewerkschaften erklärten, die
DVP versuche, durch die Wiedereinführung der Unterscheidung
zwischen »national« und »anti-national« den »Geist von 1914«
zu zerstören.[107] Und in der Tat sollte der »Mann auf der Straße«
– als dessen Sprachrohr die DVP gegründet worden war – ihren
Funktionären noch manch schlaflose Nacht bereiten. Als der
Bund der Kriegsbeschädigten die DVP zu einer Veranstaltung
am Sonntag, dem 11. November 1917, in Berlin zum Thema
»Kriegsbeschädigte, ehemalige Kriegsteilnehmer und Verständigungsfrieden« einlud, erhielt er nicht einmal eine Antwort.[108]
Empört schrieb der konservative Journalist Adolf Grabowsky
in einem Brief an Kapp, wenn die DVP die Arbeiterklasse gewinnen wolle, müsse sie sich auch mit ihr auseinandersetzen und
mehr tun, als nur in Zeitungen zu inserieren.[109] Axel Ripke, der
Herausgeber der *Täglichen Rundschau*, beschloß auf eigene
Faust zur nächsten Versammlung der DVP in der ersten Januar-
woche in Berlin einige verwundete Veteranen einzuladen. Das
sollte sich als ein Fehler herausstellen. Als eine der Reden von
den Kriegsbeschädigten durch Pfiffe und Buh-Rufe gestört wurde, griffen die Patrioten die Kriegsbeschädigten nicht nur verbal
(»englische Agenten«), sondern auch körperlich an – die Veteranen wurden buchstäblich aus der Versammlung entfernt. Das
sich anschließende Handgemenge mußte von der Polizei aufgelöst werden. Ähnliches trug sich im Dezember 1917 und Januar
1918 in ganz Deutschland zu.[110] Um dieses Problem zu vermeiden, wurden Ende Januar 1918 auf den Parteiversammlungen

---

107 Vgl. zum Beispiel die Reichstagsrede von Landsberg im Oktober, in:
    Lutz (Hg.), Fall of the German Empire, Bd. 1, S.132 ff.
108 Vgl. GhStAPK, Rep. 92 Kapp, Nr. 576.
109 Ebenda, S. 22. Der Brief ist vom 12. November 1917.
110 Das Treffen in Berlin wird beschrieben in *Deutsche Vaterlandspartei*
    und Kriegsbeschädigte, in: Tölzer Kurier, 10. Januar 1918, Nr. 5. Das

zunächst alle Kriegsbeschädigten aufgefordert, den Saal zu verlassen. Wer diesem Aufruf nicht Folge leistete, wurde mit Polizeigewalt entfernt.[111] Der Anblick von Polizisten, die Kriegsversehrte mit Gewalt aus dem Saal schleppten, war selbst den erzkonservativen Kommandierenden Generalen der Armeekorpsbezirke zuviel. Im Februar 1918 verboten sie kurzerhand alle öffentlichen Versammlungen.[112] So wurde es nach Ende Januar 1918 recht still um die DVP. Die nächste öffentliche Versammlung fand erst am 17. Juni 1918 in Pommern statt.

Gemessen an ihren eigenen Ambitionen war die DVP ein Fehlschlag. Doch sie sollte nicht spurlos in der Versenkung verschwinden. Mit Unterstützung des »Unabhängigen Ausschusses für einen Deutschen Frieden« und der Stadtverwaltung gründeten Ende 1917 einige Bremer Konservative den »Freien Ausschuß für einen deutschen Arbeiterfrieden« unter der Leitung des Schlossermeisters Wilhelm Wahl. Diese Organisation, eine typische Vereinigung der Kriegszielbefürworter, druckte ihre Flugblätter auf Kosten der Stadtverwaltung und ließ sie in Fabriken verteilen.[113] Sie erklärte, sie setze sich ein für einen »deut-

---

Treffen vom 21. Januar 1918 ist beschrieben im Polizeibericht von Georg Rauh in HStA München, GhStA, MInn, Nr. 73625, o.S. Zu ähnlichen Ereignissen in Frankfurt vgl. den Artikel *Wetterleuchten*, in: Volksstimme (Frankfurt), 15. Januar 1918, Nr. 12; zu Stuttgart vgl. *Gesprengte Versammlung der Vaterlandspartei*, in: Schwäbische Tagewacht, 23. Januar 1918, Nr. 18; und zu Mannheim den Bericht des Stellv. Generalkommandos vom Januar 1918 zur Stimmung der Bevölkerung im LA Karlsruhe, 236/23079.

111 Beschrieben für Bonn in *Volkswille* (Hannover), 23. Januar 1918, Nr. 19; und für Dortmund in der *Arbeiter-Zeitung* (Dortmund), 23. Januar 1918, Nr. 20.

112 Vgl. Deist (Hg.), Militär und Innenpolitik, S. 1145, Anm. 5.

113 Vgl. Stegmann, *Zwischen Repression und Manipulation: Konservative Machteliten und Arbeiter- und Angestelltenbewegung 1910–1918*, S. 381 ff. Eigenen Angaben zufolge hatte die Organisation im Januar 1918 die (eher unwahrscheinliche) Zahl von 300 000 Mitgliedern.

schen Frieden«, für den »Geist von 1914«, der nach ihrer Ansicht die tiefste Erfahrung, vor der alles andere verblasse, gewesen sei.[114] Der Verein war relativ unbedeutend und wäre kaum der Erwähnung wert, hätte nicht Anton Drexler im Juni 1918 als Vertreter aus München an einer Versammlung in Bremen teilgenommen. Drexler gründete später die Nationalsozialistische Deutsche Arbeiterpartei.

Natürlich sollte die NSDAP eine gänzlich andere Organisation werden. Die DVP war nicht die erste Massenbewegung in Deutschland, sie war vielmehr die letzte »Honoratioren«-Bewegung alten Stils, dem Flottenverein viel ähnlicher als den Nationalsozialisten. Sie schaltete Anzeigen in Zeitungen und organisierte in den bürgerlichen Stadtvierteln Massenveranstaltungen mit Intellektuellen als Rednern. In den Arbeitervierteln trat sie nicht in Erscheinung, und sie versuchte auch nicht, Arbeiter als Redner zu gewinnen. Sie forderte ihre Anhänger zur Einheit auf, hatte dazu aber selbst wenig mehr anzubieten als den Verweis auf den »Geist von 1914«.

1914 hieß es zum »Augusterlebnis« üblicherweise, die transzendente Erfahrung sei anderen widerfahren. Tatsächlich änderten 1914 nur die SPD und die Linksliberalen ihre politischen Ansichten, doch auch sie beharrten darauf, daß die wichtigsten Veränderungen anderswo stattgefunden hätten. Zwar benutzten alle Parteien die »Einheit« als rhetorisches Mittel, doch im Grunde war es nach dem August 1914 zu keiner Annäherung der politischen Parteien gekommen. Die Rechte hoffte, der »Geist von 1914« werde das Ende der Sozialdemokratie bedeu-

---

114 Aus einem unbetitelten, zu Beginn des fünften Kriegsjahres (27. Juli 1918) veröffentlichten Flugblatt. Siehe auch die Flugblätter *Wird es bald anders?*, *Protokoll der Pfingsttagung 1918*, und *Die Suggestion in der Politik*, in der Staatsbibliothek München. Eines ihrer Flugblätter (von Anfang 1917) ist nachgedruckt in: Stegmann, S. 414ff.

ten. Die Linke hoffte, er werde das Ende des traditionellen Konservativismus, der Klassengesellschaft und der Klassenprivilegien bringen.

Das einzige, worauf sich die Parteien einigen konnten, war die Bedeutung der Einheit für die Kriegführung und die Tatsache, daß ein Narrativ des »Augusterlebnisses«, des »Geistes von 1914«, das Mittel zur Herstellung dieser Einheit war. Die Erlebnisse vom August 1914 selbst waren flüchtig, erst durch ihre Schilderung sollte eine nationale Identität der Deutschen geschaffen werden. Rechte wie Linke allerdings argumentierten in ihren jeweiligen Narrativen vom »Geist von 1914«, wonach ihre Ideologie die einzig richtige Beschreibung der Normen der politischen Kultur Deutschlands und des Gedankengutes sei, das die deutsche Nation als Glauben teile.

Der Krieg war eine kollektive Anstrengung, und die mußte in Worte gefaßt werden. Politische Parteien, die die Interessen eines bestimmten Bevölkerungsausschnitts vertreten, waren allerdings ein denkbar schlechtes Medium, um wirksame nationale Mythen zu schaffen.

Die Entwicklung des Mythos vom »Geist von 1914« in der deutschen Propaganda

Am 1. Januar 1917 nahm Theodor Wolff an einer vom Kriegspresseamt einberufenen Besprechung teil. Es war ein bitterkalter Vormittag in einem bitterkalten Winter. Kaum jemand hatte genügend Heizmaterial. Die Blockade und die schlechte Ernte zwangen die Bevölkerung, sich hauptsächlich von Steckrüben zu ernähren, weshalb diese Zeit als »Steckrübenwinter« in die Geschichte eingehen sollte. Doch das schlimmste war, daß der Krieg an der Front weiterhin seinen Tribut an Menschenleben forderte.

Die Besprechung war einberufen worden, um über die Moral der Bevölkerung zu diskutieren, die am Boden war – was angesichts der materiellen Bedingungen kaum überrascht. An denen konnte die Regierung jedoch nur wenig ändern. Sie konnte zur Stärkung der Moral lediglich Einfluß darauf nehmen, wie die Deutschen die Zeitungen lasen und die Ereignisse interpretierten. Daß sie ansonsten wenig Ideen hatte, wie Wolff in seinem Tagebucheintrag bitter vermerkte, wurde am Ergebnis der Besprechung deutlich: Erhard Deutelmoser, der Chef des deutschen Kriegspresseamts, meinte, man müsse »den Geist von 1914 wiedererwecken«.[1]

Das Besondere dieses Augenblicks war Wolff vermutlich nicht entgangen. Ein offizielles Narrativ der deutschen öffentlichen Meinung aus dem Jahr 1914, das im Rahmen der Legitimationsdebatte zu Beginn des Krieges kreiert worden war, wurde nun als Mittel eingesetzt, um den Krieg zu gewinnen. Diese Version vom »Geist von 1914« sollte weniger zur Selbstdarstellung Deutschlands dienen als dazu, Vertrauen zu schaffen. Dieser Mythos war etwas, an das man glaubte, und

---

1 Wolff, Tagebücher, Bd. 1, Nr. 490 (1. Januar 1917), S. 469.

dieser Glauben verlieh Stärke. Die Hoffnungen, die die Propagandisten bei dieser Besprechung hegten, hat der Theologe Reinhold Seeberg einmal so beschrieben: »Wir sind uns bewußt, große und nur mit entschlossenem Opfermut und kraftvollster Verhandlungskunst erreichbare Ziele aufgestellt zu haben. Aber wir berufen uns auf einen Bismarckschen Satz: ›Wenn auf irgend einem Gebiete, so ist es auf dem der Politik, daß der Glaube handgreiflich Berge versetzt, daß Mut und Sieg nicht im Kausalzusammenhange, sondern identisch sind.«[2]

Die Vorstellung der Militärs vom »totalen Krieg«

»Der Krieg«, so der preußische General und Militärtheoretiker Carl von Clausewitz, »ist kein unabhängiges Phänomen, sondern die Fortsetzung der Politik mit anderen Mitteln.«[3] Nach Clausewitz war Krieg also Teil der Politik, und das Militär hatte den Primat der zivilen Führung bei politischen Angelegenheiten zu akzeptieren. Im Ersten Weltkrieg allerdings galt die klassische Trennung zwischen politischem und militärischem Bereich nicht mehr. Clausewitz hatte gefordert, alle militärischen Maßnahmen müßten sich auf die Zerstörung der feindlichen Armeen konzentrieren. Die Erfahrungen an der Westfront hatten gezeigt, daß dies nicht möglich war. In diesem Krieg würde diejenige Nation gewinnen, deren kollektive Stärke – das heißt deren Armee, industrielle Kapazität, Lebensmittelversorgung, Bevölkerung und Kampfmoral – der kollektiven Stärke des Feindes überlegen war. Der »glorreiche« Krieg war – wie Ludendorff es später nennen sollte – ein »totaler« Krieg gewor

---

2 Reinhold Seeberg in der *Seeberg-Adresse*, Nachdruck in: Böhme (Hg.), Aufrufe und Reden deutscher Professoren im Ersten Weltkrieg, S.135.
3 Carl von Clausewitz, Vom Kriege, Berlin 1867, S.72.

den.[4] Nach dem Krieg zog Ludendorff seine eigenen Schlußfolgerungen und erklärte Clausewitz für überholt. Statt daß der Krieg der Politik diene, gelte nunmehr, daß die Gesamtpolitik dem Krieg zu dienen habe.[5]

Was industrielle Kapazität, Bevölkerungszahlen und Nahrungsmittelvorräte anbelangte, waren die Alliierten klar überlegen. Aber die deutschen Militärs glaubten an die qualitative und insbesondere an die moralische Überlegenheit der deutschen Armee. Da diese der französischen und englischen qualitativ jedoch nicht spürbar überlegen war, überrascht es wenig, daß einige deutsche Militärs die Kampfmoral zum entscheidenden Faktor erklärten. So schrieb Admiral Trotha im März 1917 in einem Brief an Admiral Tirpitz: »Je näher wir dem Ende des Krieges kommen, eine desto größere Bedeutung bekommt der Kraftwille; letzten Endes entscheidet doch das stärkere Gemüt.«[6]

Im Denken der deutschen Militärs war die »Moral« immer schon ein wichtiger Faktor gewesen; Clausewitz' Buch war nicht zuletzt wegen seiner Ausführungen zur Moral so berühmt geworden. Während sich jedoch Clausewitz auf die Kampfmoral der Armee konzentriert hatte, betrachteten die Militärführer im Verlauf des Krieges zunehmend die Stimmung in der Heimat als wichtigste Kriegswaffe. Am 5. September 1917 teilte der Kommandierende General von München seinen Offizieren mit: »Die Stimmung in der Heimat ist ein wesentliches militärisches Kriegsmittel. Der Geist der Heimat bestimmt in Verbindung mit den Erfolgen der Wehrmacht den Ausgang

---

4 Erich Ludendorff, Kriegführung und Politik, Berlin 1922, S. 23, 330. In diesem Werk (S. 99 ff) verwendete Ludendorff erstmals den Begriff »totaler Krieg«, den er weiterentwickelte in: Der totale Krieg, München 1936.
5 Ebenda.
6 Admiral von Trotha an Tirpitz, 20. März 1917, zit. n. Pross, Dokumente, S. 212.

des Krieges.«[7] Da sich die Stimmung in der Heimat spürbar verschlechterte, mußte etwas getan werden. Aber was?

Die Vorstellungen der Militärs, insbesondere von Ludendorff und seinem politischen Berater Oberst Bauer, darüber, wie sich die Stimmung verbessern ließe, gründeten auf ihrem Verständnis von Massenpsychologie. Für Ludendorff und Bauer war der »Wille des Volkes« nicht mehr als ein griffiger Spruch. Das Volk hatte keinen eigenen Willen, es folgte nur. Das »Augusterlebnis« hatte dies nach ihrer Meinung deutlich gezeigt. Im August waren, so Bauer, »die Parteigegensätze verschwunden, der deutsche Arbeiter fühlte [...] national und somit standen die sozialdemokratischen Führer völlig vereinsamt und ohne jede Macht da. [...] Es blieb ihnen gar nichts weiter übrig, wie einzulenken.«[8] Ludendorff selbst war der Ansicht, daß es 1914 »keine zu schwere Aufgabe [hätte] sein können, auch über die Zeit der Begeisterung hinaus die Masse der Arbeiter dem Einfluß der sozialdemokratischen Führer zu entziehen, sie dem vaterländischen Wollen und dem Sieggedanken zu erhalten, ohne den ein Sieg nicht möglich ist.«[9] Dies wäre zu erreichen gewesen durch »Aufklärung über

---

7 Der Runderlaß findet sich in HStA München, Abt. IV – Kriegsarchiv, Stellv. GK I AK, Nr. 916.

8 *Entwurf einer Stellungnahme der* OHL zur Denkschrift des preußischen Ministers des Innern über die innenpolitische Lage, 21. Februar 1918, in: Deist (Hg.), Militär und Innenpolitik, S. 1193. Bauer weiter: »Die Regierung hat diese Lage der größten Schwäche ihrer gegebenen Feinde nicht ausgenutzt, sondern reichte ihnen die Hand und glaubte, mit ihnen arbeiten zu können [...] Diese Lage nutzten die anfangs verlassenen sozialdemokratischen Führer aus.« In dieser Zeit machte Bauer viele solche Aussagen. An den Rand eines am 8. April 1917 in der *Frankfurter Zeitung* veröffentlichen Artikels über das Versprechen des Kaisers, das Wahlrecht auf das »mündige Volk« auszudehnen, schrieb er: »Das Volk ist nie mündig. Wer solchen Unsinn schreibt, kennt es nicht, lügt, oder spekuliert auf Ausnutzung der Dummheit.« Zit. n. Deist (Hg.), Militär und Innenpolitik, S. 704, Anm. 7.

9 Ludendorff, Kriegführung und Politik, S. 120.

die Wesensart und Gestalt des Krieges, die Absichten des Feindes und die Notwendigkeit eines vollen Sieges und – wo es sein mußte – durch rücksichtsloses Eingreifen gegen alle, die ihm entgegenwirkten oder entgegenarbeiteten«.[10]

Die schlechte Stimmung war somit direkt auf die schwache Führung Bethmann Hollwegs zurückzuführen, die die Massen zum Werkzeug von Fanatikern und ausländischen Agenten mit ihrer Propaganda werden ließ. In Bayern verkündete 1918 ein Plakat der Öffentlichkeit, »feindliche Agenten und gewissenlose verblendete Hetzer« seien verantwortlich für den »Unfrieden unter Euch«.[11] Und in einem Bericht des stellvertretenden Generalkommandos von Berlin über die Streiks im Januar 1918 heißt es: »Jeder Versuch, die russischen Zustände auch bei uns herbeizuführen, muß rücksichtslos unterdrückt werden. Bei uns liegen die Verhältnisse ganz anders als in Rußland. Hier bei uns ist die Masse des Volkes von innen durchaus zufrieden. Wo sich Unzufriedenheit äußert, geschieht es nicht der Verhältnisse wegen, sondern nur weil die Verhetzung gelungen ist.«[12]

Die Vernetzungen und schädlichen ausländischen Einflüsse seien von der SPD-Führerschaft unterstützt worden, denn die blieb, so Oberst Bauer, »ihren radikalen inner- und außenpolitischen Phantomen treu«.[13]

---

10 Ebenda.
11 Das Plakat wurde ausgehängt vom bayerischen Stellv. GK des II. AK (Würzburg, Gebsattel), HStA München, Abt. IV – Kriegsarchiv, Stellv. GK des I. AK, Nr. 1372, o. S. Zur Meinung Ludendorffs und Hindenburgs vgl. Hindenburgs Schreiben an den Kanzler vom 17. Februar 1918, nachgedruckt in Schwertfeger, Die politischen und militärischen Verantwortlichkeiten, S.149 ff.
12 Der vom 6. Februar 1918 datierte Bericht ist nachgedruckt in Deist (Hg.), Militär und Innenpolitik, S.1165.
13 Aus dem »Entwurf einer Stellungnahme der OHL zur Denkschrift des preußischen Ministers des Innern über die innenpolitische Lage« vom 21. Februar 1918, in Deist (Hg.), Militär und Innenpolitik, S.1193.

Die Stimmung in der Bevölkerung, eine der wichtigsten Kriegswaffen, verschlechterte sich, deshalb mußte das Militär alles tun, um die Moral anzuheben. Im Juli 1917 gaben Ludendorff und Hindenburg zu, daß dieser Krieg »nicht mehr allein auf rein kriegerischem Gebiet ausgefochten werden kann.« Sie forderten Bethmann Hollwegs Absetzung und drohten andernfalls mit ihrem Rücktritt.[14] Ihre Argumentationslinie tritt am deutlichsten in ihrem Brief an den Kaiser vom 16. Januar 1918 zutage, in dem sie die Ablösung des Chefs des Zivilkabinetts Valentini forderten, der in ihren Augen Bethmann Hollweg zu nahe stand:

> »Die immer radikalere Entwicklung unserer inneren Lage ist nicht durch den Krieg bedingt: die Geschlossenheit des Volkes war vielmehr zu Beginn des Feldzuges größer denn je. Erst die schwächliche, entschlußlose, vor Konflikten zurückweichende Haltung des Herrn von Bethmann hat zu einer Zuspitzung zwischen rechts und links, zu einer Opposition der von alters her königstreuen Elemente gegen die Regierung, zu schweren Krisen in verschiedenen Fragen des Wirtschaftslebens und vor allem zu einer Verringerung der Rechte und damit des Ansehens der Krone geführt [...] Alles das ist in erster Linie Schuld des früheren Reichskanzlers.«[15]

Bethmann Hollweg und Valentini mußten gehen: Bethmann Hollweg im Juli 1917 und Valentini im Januar 1918.

Diese Entwicklungen hinterließen natürlich Spuren. Mit ihrer Rücktrittsdrohung hatten Ludendorff und Hindenburg den »Obrigkeitsstaat« in Frage gestellt. Wie Bethmann Hollwegs Unterstaatssekretär Wahnschaffe in einem Brief an Ludendorff und Hindenburg ausführte, hatten solche Drohungen eine »schädliche, die Staatsautorität schwer erschütternde, ja die Festigkeit des Staatsgefüges bedrohende Wirkung«.[16] Doch die Le-

---

14 Vgl. Erich Ludendorff (Hg.), Urkunden der Obersten Heeresleitung über ihre Tätigkeit 1916–1918, 4. Aufl., Berlin 1922, S. 407.

15 Der von Hindenburg (am 16. Januar 1918) unterzeichnete Brief ist abgedruckt in Deist (Hg.), Militär und Innenpolitik, S. 1124 ff.

16 Zit. n. Schwertfeger, Die politischen und militärischen Verantwortlichkeiten, S. 35.

gitimität der konservativen Idee war für Ludendorff nur zweit-
rangig; er wollte alles tun, was notwendig war, um den Krieg zu
gewinnen. Und dazu war ihm eine Regierung mit totalitärem
Charakter lieber als ein bürokratischer Staat.

Führung scheint für Ludendorff vor allem ein technisches
Problem gewesen zu sein. Offenbar glaubte er, wie ein Journalist
des *Zeitungs-Verlags* beklagte, daß man nur etwas in der Presse
veröffentlichen müsse, um eine Wirkung zu erzielen.[17] Etwa
gleichzeitig mit seiner Rücktrittsdrohung vom 8. Juli 1917
errichtete er sein eigenes Propaganda»ministerium«, das
Programm für »vaterländischen Unterricht«.[18] Dieses Programm, das auf der Annahme gründete, die Propaganda sei nicht
ausreichend gewesen, war weder formal noch inhaltlich wirklich
neu. Alle stellvertretenden Generalkommandos in Deutschland
wurden von Ludendorff angewiesen, eine »Aufklärungsabteilung« einzurichten; vielerorts war das bereits geschehen.[19] Die

---

17 *Um einer besseren Zukunft willen*, in: Zeitungs-Verlag, Nr. 41 (11. Oktober 1918), S. 1113–1114.

18 Eine umfassende Studie über diesen »vaterländischen Unterricht« steht
noch aus, obwohl in den Archiven, insbesondere in Stuttgart und Mün-
chen, dazu hinreichend Material vorhanden ist. Zur Propaganda an der
Front vgl. die Materialien in HStA München, Abt. IV – Kriegsarchiv,
Stellv. GK des I. AK, Nr. 2385 (einschließlich der vollständigen Texte der
Vorträge zur Schulung der Truppen durch die »Aufklärungsoffiziere«).

19 Bereits im April 1917 hatte das Kriegspresseamt die Einrichtung von
Aufklärungsabteilungen durch die stellvertretenden Generalkommandos angeregt, und mindestens eines hatte dies auch umgesetzt. Vgl. Rittmeister Garnich, *Die in der Kriegsaufklärung bisher gesammelten Erfahrungen*, in: Bericht über die Tagung am 8. und 9. Juni 1917. Aufklä-
rungsdienst in Württemberg (HStA Stuttgart, J 150/509/4), S. 32 (des
Vortrags). In Württemberg und Baden, außerhalb der Kontrolle des
preußischen Generalstabs, hatte das stellvertretende Generalkommando bereits Propagandabüros eingerichtet. Vgl. Mai, ›*Aufklärung der Bevölkerung*‹ und ›*Vaterländischer Unterricht*‹ in Württemberg 1914–
1918, S. 210f.

»Aufklärungsoffiziere« organisierten noch mehr Veranstaltungen als zuvor und verteilten noch mehr Broschüren, Flugblätter und Plakate; das meiste Material wurde jedoch nach wie vor vom Kriegspresseamt erstellt und veröffentlicht.

An der Spitze der deutschen Propaganda standen allerdings weiterhin Männer, die für diese Tätigkeit denkbar ungeeignet waren. Die Leiter dieser »Aufklärungsabteilungen« waren größtenteils reaktivierte Offiziere, die sich über die Meinung der Massen erhaben wähnten.[20] Sie bestellten Akademiker, Lehrer, Beamte und Geistliche in die örtlichen »Aufklärungskomitees« und als Redner, aber so gut wie nie Journalisten oder Werbefachleute, letztere wurden nur von der Reichsbank, die die Werbung für die Kriegskredite organisierte, eingesetzt.

Der typische Aufklärungsunterricht verlief so: Ein »ehrbarer Bürger« sprach in einem – gewöhnlich in den besseren Wohngebieten gelegenen – Versammlungsraum über ein »vaterländisches Thema«. Auch die Zuhörerschaft bestand aus ehrbaren Bürgern.[21] Die gelegentlichen Veranstaltungen in Fabriken wurden von deren Besitzern oder von Soldaten geleitet; daß nur wenige Arbeiter daran teilnahmen, dürfte kaum überraschen. In einer Suhler Fabrik mit 1200 Mann Belegschaft holten sich nur 70 Arbeiter eine Freikarte, und zur Veranstaltung selbst – immerhin einer bezahlten Verschnaufpause von der Arbeit – kamen noch weniger.[22] Der »vaterländische Unterricht« erreichte also

---

20 So Walter Landaus Beschreibung dieser Männer, in: Flugblatt, S. 27.
21 Vgl. Mai, ›Aufklärung der Bevölkerung‹ und ›Vaterländischer Unterricht‹ in Württemberg 1914–1918, S. 216. Interessantes Material zu diesen Veranstaltungen findet sich in: Winke zur wirksamen Veranstaltung vaterländischer Abende, veröffentlicht im Juni 1917 vom Kriegspresseamt, HStA Stuttgart, M 1/3, Bü 498.
22 Vgl. Besprechungen über vaterländischen Unterricht mit den Obmännern, Vertrauensleuten und Unterrichtsoffizieren zu Cassel am 10. Juni 1918, zu Coburg am 12. Juni 1918, zu Erfurt am 14. Juni 1918. Veröffentlicht vom Stellv. GK XI. AK, S. 16.

eben die Gruppen nicht, deren Moral am tiefsten gesunken war: die untere Mittelschicht und die Arbeiterklasse. Aber auch wenn das Programm die Fabrikarbeiter tatsächlich erreicht hätte, wäre wahrscheinlich wenig davon hängengeblieben. Im Grunde war die »Aufklärung« nichts als ein Aufguß traditionell konservativen und radikal nationalistischen Gedankenguts. Der Fraktionsvorsitzende der Konservativen Graf von Westarp schrieb in seiner Autobiographie, in seinen Grundzügen folge der »vaterländische Unterricht« derselben Ideologie wie die Deutsche Vaterlandspartei.[23] Auf die alltäglichen Sorgen der Menschen, die hungrig und müde waren, deren Lebensstandard durch Inflation und Lebensmittelknappheit rapide gesunken war und deren Angehörige an der Front starben, wurde nicht eingegangen.

Immer wieder wurde versucht, Vertrauen einzuflößen, stets hieß es, der Krieg verlaufe wie geplant – und das oft in trockenen Vorlesungen voller Zahlen und Daten, die beweisen sollten, daß Deutschland »durchhalten« könne.[24] Immer wieder wurde aber auch der Ruf nach territorialer Ausdehnung laut. Major Nicolai, der Leiter der Abteilung IIIb (der Propaganda-Abteilung der OHL) schrieb im Juni 1917 in einer Denkschrift, ein deutscher Sieg sei notwendig und möglich und der einzige Weg zu einem Frieden, der den gebrachten Opfern entspreche.[25] In

---

23 von Westarp, Konservative Politik im letzten Jahrzehnt des Kaiserreiches, Bd. 2, S. 621.
24 Der Großteil der vom Kriegspresseamt veröffentlichten Flugblätter befaßte sich mit der Ernährungslage. HStA Stuttgart, M 1/3, Bü 498. In den Richtlinien des XVII. Armeekorps, stellv. Generalkommando, Danzig, 25. Mai 1917, hieß es: »Die Aufklärung hat sich in erster Linie auf Ernährungsfragen zu erstrecken.« Vgl. GhStAPK, XIV/180/14833, o.S.
25 Vgl. Gatzke, Germany's Drive to the West, S. 188. Zu Beispielen für die Unterstützung der Kriegsziele durch das Kriegspresseamt vgl. Deist (Hg.), Militär und Innenpolitik, S. 876, Anm. 16. Zur Unterstützung der Kriegsziele durch die Regierungspropaganda vgl. Stegmann, *Die deutsche Inlandspropaganda 1917/1918. Zum innenpolitischen Machtkampf*

einer Rede anläßlich seines Geburtstags forderte Hindenburg: »Vertraut, daß Deutschland erreichen wird, was es braucht, um für alle Zeit gesichert dazustehen, vertraut, daß der deutschen Eiche Luft und Licht geschaffen werden wird zur freien Entfaltung! Die Muskeln gestrafft, die Nerven gespannt, das Auge geradeaus! Wir sehen das Ziel vor uns: Ein Deutschland hoch in Ehren, frei und groß!«[26] In den an die Arbeiterschaft gerichteten Broschüren hieß es allgemein, Deutschland brauche »sichere Grenzen« und müsse Entschädigungen erhalten. Das System des sozialen Wohlfahrtsstaats wurde gepriesen und für den Fall, daß England und Frankreich gewinnen sollten, die Furcht vor der Armut geschürt. Der »vaterländische Unterricht« sprach also nicht nur den Idealismus der Deutschen an, sondern auch ihren Geldbeutel.[27]

Oft wurde die Verteidigung des bestehenden Systems formuliert als Verteidigung des Militarismus, den General von Freytag-Loringhoven als die Erkenntnis definierte, daß »nur in der Unterordnung unter die Gesamtheit deren Heil gewährleistet ist«,[28] oder wie ein Aufklärungsoffizier ausführte: »Der Mensch wird in eine ordnungsmäßige Gemeinschaft hineingeboren, deren vornehmstes Kennzeichen der Zwang ist. Diese ihr Wollen

---

zwischen *OHL und ziviler Reichsleitung in der Endphase des Kaiserreiches*, S. 83.

26 Zit. n. *Die Bitte Hindenburgs*, in: Schwäbische Tagewacht (Stuttgart), 4. Oktober 1917, Nr. 232, GhStAPK, Rep. 77 CBS–425III, S. 88.

27 Zwei typische, von den »Aufklärungsoffizieren« häufig empfohlene Broschüren waren: Franz Behrens, Was der deutsche Arbeiter vom Frieden erwartet, Berlin 1917 und Wilhelm Wallbaum, Warum müssen wir durchhalten? Ein Wort an die deutsche Arbeiterschaft, Hagen i.W. 1917.

28 Freiherr von Freytag-Loringhoven, *Mitteilungen für vaterländischen Unterricht*, Militärische Beilage, veröffentlicht vom stellv. GK XI. Armeekorps, 10. April 1918, HStA München, Abt. IV – Kriegsarchiv, Stellv. GK des I. AK, Nr. 2373.

mittelst des Zwanges durchsetzende Gemeinschaft ist der Staat, und der Mensch, der ihr angehört, ist Staatsbürger.«[29]

Die Demokratie wurde als »Herrschaft des Kapitals und der von ihm bezahlten Demagogen und Presse« gebrandmarkt, als fremdländisches »Schlagwort«, dazu ersonnen, »das deutsche Volk zu spalten«.[30] Das Deutschland vor und nach 1914 war »monarchistisch«; die Neuorientierung wurde fast nirgends erwähnt. Und wenn, dann im Zusammenhang mit dem »Geist von 1914«.[31]

Der »Geist von 1914« in der deutschen Propaganda 1916–1918

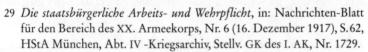

Der »Geist von 1914« war das Kernstück der Ludendorffschen Propagandastrategie. Auf den Punkt gebracht war es der Aufruf, an diesen »Geist«, mit dessen Hilfe die deutsche Armee siegreich gewesen war, zu glauben und ihn zu erhalten. Ludendorff schrieb: »Das deutsche Heer ist durch den Geist, der es beseelt, seinen Feinden überlegen und seinen Verbündeten ein starker Rückhalt.«[32] Im Januar 1918 schrieb ein Propagandaoffizier über

---

29 *Die staatsbürgerliche Arbeits- und Wehrpflicht*, in: Nachrichten-Blatt für den Bereich des XX. Armeekorps, Nr. 6 (16. Dezember 1917), S. 62, HStA München, Abt. IV -Kriegsarchiv, Stellv. GK des I. AK, Nr. 1729.

30 Vgl. *Entwurf einer Stellungnahme der Obersten Heeresleitung zur Denkschrift des preußischen Ministers des Innern über die innenpolitische Lage*, verfaßt von Bauer, 21. Februar 1918, in Deist (Hg.), Militär und Innenpolitik, S. 1200; *Gegen das Schlagwort ›Demokratie‹* in: Nachrichten über Aufklärung. Kriegsamtstelle – Leipzig, Nr. 4 (20. September 1917), S. 10 f.

31 Vgl. Mai, *›Aufklärung der Bevölkerung‹ und ›Vaterländischer Unterricht‹ in Württemberg 1914–1918*, S. 229.

32 *Leitsätze für den vaterländischen Unterricht unter den Truppen* (29. Juli 1917), in: Ludendorff (Hg.), Urkunden der Obersten Heeresleitung, S. 271.

Geist von 1914 / Modell, k. (330) (35)

den August 1914: »Was wir damals erlebten, war die Mobilmachung des deutschen Geistes. Sie bildet das Geheimnis unserer siegreichen Behauptung gegen vielfache feindliche Übermacht und die Voraussetzung unserer militärischen Erfolge.«[33]

Daß der Erfolg Deutschlands auf seinem »Geist« beruhe, war ein häufig angeführtes Argument. Am 6. November 1916 enthüllte die *Norddeutsche Allgemeine Zeitung* das »Geheimnis« der deutschen Überlegenheit: es sei »der Geist, der die Truppen beseelt«.[34] Das Kriegspresseamt schrieb 1918: »Nicht die Zahl, sondern der Geist hat unsere bisherigen Erfolge zuwege gebracht, der Geist und der Wille.«[35] Die Militärs betrachteten den »Geist« als Synonym für »Nerven«, der Mythos vom »Geist von 1914« war ein Appell, starke Nerven zu zeigen.[36]

Im weiteren Verlauf des Krieges rückten die Propagandisten diesen Aspekt immer weiter in den Vordergrund und behaupteten, Deutschland habe den Krieg militärisch bereits gewonnen und die Alliierten kämpften nur noch in der Hoffnung weiter, dieser Geist würde die Deutschen letzten Endes doch wieder verlassen. In seinen Leitsätzen zum »vaterländischen Unterricht« erklärte Ludendorff: »Die Gesamtgröße unserer bisherigen Erfolge rechtfertigt Vertrauen auf endgültigen Sieg. Siegesbewußtsein, Pflichttreue und Mannesstolz sind zu fördern. Entscheidung ist schon zu unseren Gunsten gefallen. Es gilt, sie

---

33 So Leutnant d. Res. Dr. Spickernagel, der Leiter der Aufklärungsabteilung des X. Armeekorps. Dies ist ein Auszug aus seiner Rede vom 6. September 1917: *Ziele und Wege der Kriegsaufklärung*, Stanford, Hoover Collection Archives, Moenkmoeller collection, Box 3, Liste Nr. 833–837, S. 3 der Broschüre.

34 *Das Geheimnis der deutschen Überlegenheit*, in: Norddeutsche Allgemeine Zeitung, 6. November 1916, Nr. 308, S. 3.

35 *Anregungen*, in: Mitteilungen für den vaterländischen Unterricht, Nr. 5 (3. Januar 1918).

36 Vgl. Bernd Ulrich, *Nerven und Krieg. Skizzierung einer Beziehung*, in: Bedrich Loewenstein (Hg.), Geschichte und Psychologie. Annäherungsversuche, Pfaffenweiler 1992, S. 163 ff.

endgültig zu sichern.«[37] Der einzige Grund, warum die anderen Nationen den Sieg Deutschlands noch nicht akzeptiert hätten, so Ludendorff, liege in deren Hoffnung, die Deutschen hielten nicht lange genug durch, um die Früchte ihres Sieges zu ernten. Angesichts der verstärkten Propagandamaßnahmen der Alliierten gegen die deutschen Truppen meinte er, die Alliierten hätten all ihre Siegeshoffnungen auf die innere Uneinigkeit Deutschlands gesetzt: »[V]on unserer militärischen Unbesiegbarkeit überzeugt, setzt [der Feind] seine Hoffnung auf unseren wirtschaftlichen und politischen Zusammenbruch und auf den Auseinanderfall unserer Bündnisse.«[38]

Ludendorff war kein Ausnahmefall. Alle Kommandierenden Generale verwendeten in ihren Richtlinien für die Aufklärungsoffiziere nahezu identische Formulierungen. So informierte der Kommandierende General in Hamburg seine Aufklärungsoffiziere im September 1917:

»Die Gesamtgröße unserer bisherigen Erfolge rechtfertigt Vertrauen auf den endgültigen Sieg. Entscheidung ist schon zu unseren Gunsten gefallen. Es gilt, sie endgültig zu sichern. [...] Der Gegner, von unserer militärischen Unbesiegbarkeit überzeugt, setzt seine Hoffnung auf unseren wirtschaftlichen und politischen Zusammenbruch und auf den Auseinanderfall unserer Bündnisse.«[39]

Und in der Tat bediente sich das Militär in den letzten beiden Kriegsjahren sogar einer Reihe verblüffender Lügen, die den unmittelbar bevorstehenden Sieg suggerierten. Wiederholt wurde

---

37 *Leitsätze für den vaterländischen Unterricht*, in: Erich Ludendorff, Urkunden, S. 274.
38 Ebenda.
39 *Merkblatt für Kriegsaufklärung*, stellv. GK des IX. Armeekorps, Nr. 3, 10. September 1917, S. 19; das stellvertretende Generalkommando in Württemberg erklärte im Juli 1918: »Entscheidung ist längst zu unseren Gunsten gefallen. Es gilt, sie endgültig zu sichern.« *Neue Richtlinien für den vaterländischen Unterricht* des stellv. GK XIII. Armeekorps, Stuttgart, 19. Juli 1918, HStA Stuttgart, M 1/3, Bü 583.

behauptet, die militärische Lage sei glänzend,[40] und die Engländer so gut wie geschlagen.

>Die Not in England ist groß. Es fehlt an allem [...] England ist fertig zum Verhungern. Die englische Regierung tröstet in verbrecherischer Weise ihr Volk mit leeren Versprechungen, um es hinzuhalten in der Hoffnung auf einen inneren Zusammenbruch Deutschlands. Jetzt ist der Zeitpunkt gekommen, dem englischen Volke zu zeigen, welches Volk fester, stärker standhafter ist. England wird in nächster Zeit, ohnmächtig, hungernd, geschlagen mit derselben Waffe, mit der es versuchte, ein treues, deutsches Volk niederzuringen, es dem Hungertode preiszugeben, am Boden liegen.«[41]

Das Volk wurde aufgefordert, den »Geist von 1914« zu bewahren. Am 2. August 1918 sagte der bayerische Kriegsminister von Heiligrath:

>Die schweren Kämpfe zwischen Aisne und Marne beweisen, daß der Kampf- und Siegeswille der Entente noch nicht gebrochen ist, daß wir ihm die Überlegenheit des härteren und stärkeren Willens entgegensetzen müssen, wenn wir die Friedensbereitschaft unserer Feinde erzwingen wollen. Diesen einheitlichen unbeirrbaren Willen im ganzen deutschen Volk zu wecken und zu festigen, das ist die vornehmste Aufgabe, vor die das fünfte Kriegsjahr die Heimat stellt.«[42]

Selbst gegen Ende des Krieges, am 2. September 1918, als den Generalen klar war, daß die deutsche Armee den Sieg nicht erringen konnte, verkündete Hindenburg noch öffentlich:

>Der Feind weiß, daß Deutschland und seine Verbündeten mit den Waffen allein nicht zu besiegen sind. Der Feind weiß, daß der Geist, der unseren Truppen innewohnt, uns unbesiegbar macht. Deshalb hat er neben dem

---

40 *Einleitende Worte zu dem Lehrgang*, von Major Seebohm. Sonderabdruck aus dem 3., 4. und 5. Lehrgang des stellvertr. Generalkommandos XI. Armeekorps für vaterländischen Unterricht (Februar 1918) (HStA München, Abt. IV – Kriegsarchiv, stellv. GK des I. AK, Nr. 2373), S.11 und 42.

41 Nachrichtenblatt der Ausschüsse für volkstümliche Belehrung und Unterhaltung im Bereich des II. Armeekorps, Stettin, Nr. 5 (7. Juni 1918).

42 *Eine Rede des Kriegsministers in der Reichsratskammer*, in: Münchner Neueste Nachrichten, 21. August 1918, Nr. 386 (Abend), S.1.

Kampf gegen die deutschen Waffen den Kampf gegen den deutschen Geist aufgenommen, er will unseren Geist vergiften und glaubt, daß auch die deutschen Waffen stumpf werden, wenn der deutsche Geist zerfressen ist.«[43]

Am 14. Oktober 1918 sandte Hindenburg ein offenes Telegramm an den Reichskanzler, in dem er schrieb: »Unsere Feinde schöpfen aus unserer inneren Zerrissenheit und verzagten Stimmung neue Kraft zum Angriff, neue Entschlossenheit zu hohen Forderungen. Feind und neutrales Ausland beginnen, in uns nicht mehr ein Volk zu sehen, das freudigst alles setzt an seine Ehre«, und den Kanzler aufforderte, für eine »einheitliche vaterländische Stimmung« zu sorgen und den deutschen Geist zu bewahren.[44] Aber was hieß das – den »Geist« von 1914 bewahren? Max Reiniger, der Verfasser eines bekannten Schulbuches, formulierte es so: »Das hervorragendste Mittel zur Weckung des Zusammengehörigkeitsgefühls und zur Bewahrung und Stärkung des gegenwärtigen Einheitsbewußtseins wird die Erinnerung an die große Zeit einheitlichen Denkens, Fühlens und Wollens sein.«[45] Doch die Erinnerung an die »große Zeit« hatte sich im Verlauf des Krieges verändert, was sich am einfachsten zeigen läßt, wenn man die bildlichen Vorstellungen im Zusammenhang mit dem »Geist von 1914« einer genaueren Betrachtung unterzieht.

Die zu Kriegsbeginn veröffentlichten Bilder[46] von der Begeisterung der Augusttage zeigen einen Augenblick der Feststimmung. Da sieht man fröhliche Soldaten beim Marschieren, fröh-

---

43 Nachgedruckt in: Schultheiß europäischer Geschichtskalender, 1918 München 1922, S. 267–269. Hindenburg glaubte, der Feind arbeite mit Propagandamaterial wie Flugblättern und ähnlichem.

44 Vgl. HStA Stuttgart, M 1/3, Bü 562.

45 Max Reiniger, Welche Verpflichtungen erwachsen der deutschen Schule aus dem Weltkriege? Mit einem Lehrplan für den Geschichtsunterricht in der Kriegszeit, einer Zeittafel 1914–1918 und Unterrichts-Entwürfen, Langensalza 1918, S. 36.

46 1914 wurde die bildliche Darstellung der Begeisterung im August unabhängig von der Regierung vorangetrieben; sie war das Ergebnis der

Verpflegung durchfahrender Soldaten auf einem Leipziger Vorortbahnhof. Nach einer Originalzeichnung für die »Illustrierte Zeitung« von Felix Schwormstädt, 13. August 1914, abgedruckt in: Paul Schreckenbach (Hg.), Der Weltbrand. Illustrierte Geschichte aus großer Zeit mit zusammenhängendem Text, Bd. 1, S. 21, Leipzig 1920 (Archiv der sozialen Demokratie der Friedrich-Ebert-Stiftung, Bonn)

liche Soldaten in davonfahrenden Zügen. Bilder finsterer Entschlossenheit sind selten, und wenn, dann als Allegorie des *furor teutonicus.*

Wie bei den Schauspielen, die das »Augusterlebnis« behandelten, wurden diese Bilder nur so lange konsumiert, wie der Krieg

---

Bemühungen von Verlegern – insbesondere von Postkarten –, die aus der »großen Zeit« Kapital schlagen wollten. Die Regierung, die solche Werbemethoden für unter ihrer Würde befand, benutzte erst ab 1916 bildliches Propagandamaterial. Vgl. dazu meinen Beitrag *»Helft uns siegen« – Die Bildersprache des Plakates im Ersten Weltkrieg,* in: Bernd Ulrich und Rolf Spilker (Hg.), Der Tod als Maschinist. Der industrialisierte Krieg 1914–1918, Osnabrück 1998, S. 165–175.

(Archiv der sozialen Demokratie der Friedrich-Ebert-Stiftung, Bonn)

Poster von A. M. Cay
(Archiv der sozialen Demokratie
der Friedrich-Ebert-Stiftung,
Bonn)

**Durch Arbeit zum Sieg!
Durch Sieg zum
Frieden!**

als Abenteuer gesehen wurde. Als es ernst wurde, ließ sich die
Begeisterung nicht aufrechterhalten, und diese Bilder verschwanden. 1916 gab es keine realistischen Darstellungen des »Augusterlebnisses« mehr, die ein kriegsbegeistertes Volk zeigten.

Das »Volk« blieb ein beliebtes Sujet. Seine »Begeisterung«
wich finsterer Entschlossenheit. Auf einem für 1916 typischen
Plakat mit dem Titel »An das deutsche Volk!« führt eine eisenbewehrte Germania die ganze deutsche Nation an, Arbeiter und
Bürger, Mütter und Kinder. Die vielen Menschen rufen Erinnerungen an die Ereignisse von 1914 hervor, doch hier sind sie alle
ernst. Auch der Text, die offizielle Reaktion des Kaisers auf die
Ablehnung des Friedensangebotes durch die Entente, ist düster
und entschlossen.[47]

---

47 Anfang 1916 veröffentlichte die Regierung ihre ersten Plakate mit bild-

Plakat von Fritz Erler zur sechsten Kriegsanleihe (Archiv der sozialen Demokratie der Friedrich-Ebert-Stiftung, Bonn)

Auf einigen Plakaten wurde die »Volksgemeinschaft« auf ihre Grundelemente reduziert: Soldat und Arbeiter, wie in einem Plakat von A. M. Cay von 1918, das wahrscheinlich ein Aufruf an die Arbeiter war, jetzt nicht zu streiken. Darauf setzt Cay effektvoll dunkle, dumpfe Farben ein, um die Nüchternheit des Kampfes zu unterstreichen. Von finsterer Entschlossenheit sind auch 1917 und 1918 die Abbildungen der Soldaten geprägt. Das bekannteste und wirkungsvollste Beispiel ist das Plakat von

---

lichen Darstellungen. Bezeichnenderweise lag die Durchführung nicht beim Militär, sondern bei der Reichsbank, der für Werbung für die Kriegsdarlehen verantwortlichen zivilen Institution. Nachdem die Reichsbank den Anfang gemacht hatte, begann auch die militärische Führung mit der Veröffentlichung von bebilderten Plakaten. Das Germaniaplakat wurde vom Kriegspresseamt veröffentlicht.

Fritz Erler zur sechsten Kriegsanleihe.[48] Es zeigt einen Soldaten mit Stahlhelm, Gasmaske vor der Brust und zwei Handgranaten in der Munitionstasche. Das entschlossene Gesicht signalisiert Kampfeswillen, und der Betrachter wird emotional aufgefordert, ihm beizustehen. Das ist der Soldat von Verdun, das idealisierte Bild des Mannes mit eisernen Nerven.

Kurzum, die bildliche Darstellung der Erinnerung an das Augustereignis zum Zwecke der Kriegspropaganda verschob sich von einer idealisierten, wenn auch noch »realistischen« Darstellung der tatsächlichen Erlebnisse von 1914, nämlich der Massenansammlungen, immer mehr hin zu einer idealisierten Darstellung eines Volkes, das geeint war in der finsteren Entschlossenheit zum Kampf. Keiner der 1918 erschienenen Zeitungs- und Zeitschriftenartikel zum Gedenken an den 1. August 1914 erinnerte an diesen Tag als einen Moment der Begeisterung, sondern als einen Augenblick der »geistigen Entschlossenheit«.[49] Mit dieser Betonung des Willens erreichte der »Geist von 1914« eine transzendente mythische Qualität, denn diese finstere Entschlossenheit wurde durch Glauben erreicht, und Glauben war, in den Worten des Theologen Arden Buchholz, gleichbedeutend mit »Stärke und Kraft«.[50] Durch diese propagandistische Verwendung wurde der »Geist von 1914« nicht nur als kollektive, als gesellschaftliche Erinnerung benutzt, sondern als Mythos, als etwas, an das die Menschen glaubten. Der »Geist von 1914« wurde nicht nur zu einer Metapher für Moral, sondern das Narrativ des »August-

---

48 Dieses Plakat wird analysiert in meinem Beitrag: ›Helft uns siegen‹ – Die Bildersprache des Plakates im Ersten Weltkrieg, S.165 ff.

49 Hier: Zum 1. August, in: Der vaterländische Unterricht. Hinweise und Anregungen, Leipzig, 27. Juli 1918, (veröffentlicht vom Stellv. Generalkommando 19), HStA München, Stellv. GK I. AK, Nr. 2373.

50 Gustav Buchholz, Glaube ist Kraft!; Houston Stewart Chamberlain, Ideal und Macht, 2. Aufl., München 1916; J. Kessler, Unser Glaube ist Sieg, Dresden 1915 und Gertrud Prellwitz, Durch welche Kräfte wird Deutschland siegen?

erlebnisses« wurde zu einem Mythos, der dem deutschen Volk, wenn es an ihn glaubte, die Kraft des Glaubens geben konnte.

Bei dieser Sichtweise der Natur des Willens wurde die Propaganda zur möglicherweise kriegsentscheidenden Waffe. Nirgendwo kommt dies klarer zum Ausdruck als in einer Denkschrift vom Januar 1918, die der Chef des Kriegspresseamtes Major von Haeften für Ludendorff geschrieben und die dieser dem Reichskanzler »dringend anempfohlen« hatte:

»Der militärische Entscheidungskampf zwischen Deutschland und England steht bevor; für dessen Ausgang ist der Grad der Widerstandsfähigkeit der englischen Heimatfront von ausschlaggebender Bedeutung. Wird diese unter den militärischen Schlägen zusammenbrechen oder nicht? Das ist die entscheidende Frage [...] Die englische Heimatfront muß bei Beginn unserer militärischen Operationen in einem so zermürbten Zustande sein, daß unsere militärischen Erfolge ihre größtmögliche Wirkung ausüben können. [...] Worte sind heute Schlachten: Richtige Worte gewonnene Schlachten, falsche Worte verlorene Schlachten.«[51]

Die zweite Denkschrift von Haeftens, nunmehr vom 8. Juni 1918, hatte einen interessanten Epilog. Der Pressechef des Reichskanzlers, Erhard Deutelmoser, wies in einer für den Kanzler und den Außenminister verfaßten Notiz darauf hin, daß von Haeftens Denkschrift eine ausgeprägte Ähnlichkeit mit der Reichstagsresolution vom 19. Juli 1917 habe, und der beunruhigendste Aspekt dieser Denkschrift sei, daß Deutschlands Militärführer nunmehr zu bezweifeln scheinen, daß der Krieg allein mit militärischen Mitteln zu gewinnen sei.[52] Außerdem äußerte Deutelmoser die Meinung, daß die OHL das Parlament einbeziehen und interne Reformen durchführen müsse, um den Erfolg ihrer Propaganda sicherzustellen.

---

51 Die beiden Denkschriften sind nachgedruckt in *Zwei Vorschläge zu einer deutschen Politischen Offensive im Jahre 1918*, Ludendorff (Hg.), Urkunden der Obersten Heeresleitung, S. 472 und 477.
52 Deutelmosers Notiz wird in den Ausführungen von Bernhard Schwertfeger am 11. Juli 1923 vor dem parlamentarischen Untersuchungsaus-

Am 24. Juni 1918 hielt Außenminister Kühlmann im Reichstag eine von Haeftens Anmerkungen inspirierte Rede. Er führte aus, daß das Militär nicht länger an einen militärischen Sieg glaube und Deutschland deshalb einen Frieden mit reduzierten Kriegszielen in Betracht ziehen solle. In den nächsten Tagen griffen Konservative wie OHL Kühlmann scharf an und bezichtigten ihn, den Siegeswillen zu schwächen. Die Deutsche Vaterlandspartei gab am 25. Juni 1918 eine Pressemitteilung heraus, in der es hieß, jeglicher Zweifel an einem Sieg der Deutschen sei »unvereinbar mit der wiederholt von Seiner Majestät dem Kaiser und der Obersten Heeresleitung kundgegebenen Gewißheit des Sieges, einer Gewißheit, die auf Tatsachen fest gegründet ist [...] Die politische Auffassung, die in der Rede des Staatssekretärs v. Kühlmann zutage getreten ist,[steht] im scharfen Gegensatz zu dem unbeirrten Siegeswillen der großen Mehrheit des Volkes.«[53] Und Major Würz sagte im Auftrag der OHL am selben Tag auf einer Pressekonferenz: »Die OHL ist nach wie vor von dem siegreichen Ausgang der militärischen Kämpfe überzeugt.«[54] Das war eine Lüge, aber eine wirksame. Kühlmann mußte seinen Hut nehmen.

---

ausschuß zum Zusammenbruch Deutschlands 1918 zitiert: Deutscher Reichstag (Hg.), Untersuchungsausschuß, 4. Reihe: Die Ursachen des deutschen Zusammenbruchs im Jahre 1918, Band 1, Berlin 1927, S.31 f.; sowie in Schwertfeger, Die politischen und militärischen Verantwortlichkeiten, S.197 f.

53 Zit. n. Wortmann, Geschichte der Deutschen Vaterlands-Partei 1917–1918, S.53.
54 Zit. n. L. Herz, *Geschichte, Sinn und Kritik des Schlagwortes vom »Dolchstoß«*, in: Deutscher Reichstag (Hg.), Untersuchungsausschuß, 4. Reihe, Bd. 6, Berlin 1927, S.209. Anhang 1.

Der »Geist von 1914« in der Revolution von 1918

Im März 1918 begann Ludendorff mit der, wie er hoffte, entscheidenden Offensive.[55] Der zunächst erfolgreiche Angriff wurde aber bald gestoppt. Als die Alliierten im Juli und August zum Gegenschlag ausholten, erkannte Ludendorff, daß der Krieg militärisch verloren war. Am 14. August informierte er die Regierung, daß Deutschland nicht in der Lage sein werde, dem Gegner seinen Willen aufzuzwingen. Im September informierte die Regierung einen Reichstagsausschuß, daß Deutschland um Frieden nachsuchen müsse, da in den nächsten Stunden mit dem Durchbruch der feindlichen Armeen zu rechnen sei.

Viele Zeitgenossen wandten sich in dieser ernsten Situation ein weiteres Mal dem »Geist von 1914« zu, riefen ein weiteres Mal das deutsche Volk auf, sich des Jahres 1914 zu besinnen, beschworen ein weiteres Mal den »Geist« als Lösung aller Probleme. Am 24. Oktober 1918 schrieb die *Deutsche Tageszeitung*: »Unsere Kraft ist nicht gebrochen. Lehnt der Feind den Waffenstillstand ab, dann werden wir ihm im Kampfe standhalten. Aber der Geist von 1914 muß wieder erwachen.«[56] Der »Bund deutsch-nationaler Studenten« rief nach der Wiedergeburt der »Volksgemeinschaft«, denn gerade dieses lebendige Gefühl habe in den gewaltigen Augusttagen 1914 alle Deutschen mit Macht durchdrungen.[57]

---

55 Zu diesen Ereignissen vgl. die Arbeiten für den Reichstagsausschuß, der sich mit den Gründen für die deutsche Niederlage befaßte: Deutscher Reichstag (Hg.), Untersuchungsausschuß, 4. Reihe, Berlin 1927.

56 *Aufruf*, in: Deutsche Tageszeitung, 24. Oktober 1918, Nr. 541 (Morgen), S.1. Der Artikel endet: »Mit Gott für König und Vaterland«.

57 *Aufruf des Bundes deutsch-nationaler Studenten*, in: Deutschlands Erneuerung, Nr. 11 (November 1918), S.737f. Ähnlich die Deutsche Vaterlandspartei am 1. September 1918: »Der Glaube an sich selbst wird das deutsche Volk vorwärts tragen bis zum Siege!« (Zit. n. Wortmann, Geschichte der Deutschen Vaterlands-Partei 1917–1918, S.56.)

Doch nicht nur die Rechte wollte eine Erneuerung des »Geistes von 1914«. Am 6. Oktober 1918 schrieb Walter Rathenau in der *Vossischen Zeitung*, Deutschland brauche eine *levée en masse* wie 1914.[58] Matthias Erzberger, der Chef des neugegründeten Ministeriums für Sonderangelegenheiten, erklärte in einer seiner ersten öffentlichen Verlautbarungen, jetzt müßten, »wie am 4. August 1914 [...]Freude, Stolz und Begeisterung sich erheben im Hinblick auf das neue Reich der Volksregierung«.[59]

Die Militärführung war realistischer. Dort hatte man erkannt, daß auch mit einem neuentfachten Nationalgefühl der militärische Sieg nicht mehr errungen werden konnte, und forderte die Zivilregierung auf, Friedensverhandlungen aufzunehmen. Nachdem jedoch die Alliierten ihre harten Bedingungen vorgelegt hatten, rief Ludendorff zu einer *levée en masse* auf, zur Erneuerung des »Geistes von 1914«.[60] Doch dieser Aufruf, bei dem es nur noch darum ging, das Gesicht zu wahren, wurde von den meisten Deutschen abgelehnt. Denn nachdem klar war, daß die Militärführung nicht länger an den Sieg glaubte, schienen vielen Deutschen die Appelle, mittels ihrer Willenskraft durchzuhalten, nicht mehr zu sein als die Aufforderung, persönliche Opfer für falsche Ideale zu bringen. Und die Ablehnung des hehren Ideals der Selbstaufopferung als Wert an sich war auch der Beweggrund für die Revolte der Matrosen in Kiel, die sich über ganz Deutschland ausbreitete und zur Revolution wurde.[61]

58 Walter Rathenau, *Ein dunkler Tag*, in: Vossische Zeitung, 7. Oktober 1918.
59 *Richtlinien für den Heimatdienst*, verfaßt von Erzberger, 22. Oktober 1918, HStA Stuttgart, M 1/3, Bü 562. Das Ministerium wurde der Proklamation vom 11. Oktober 1918 zufolge am 1. Oktober 1918 ins Leben gerufen. BAL, Reichskanzlei, Nr. 2440, S. 97.
60 Vgl. *Reichs- und Staatsanzeiger*, 25. September 1918, GhStAPK, I/90/2430.
61 Zur Revolution von 1918 vgl. insbesondere Ulrich Kluge, Die deutsche Revolution 1918/19, Frankfurt am Main 1985; Wolfgang J. Mommsen,

Unmittelbares Ziel der Revolution von 1918 war die Beendigung des Krieges. Viele Liberale, wie zum Beispiel Theodor Wolff am 10. November 1918, sahen darin die Ablehnung »der Lüge und der Unwahrhaftigkeit«, die sie in gewisser Weise mit der aristokratischen politischen Kultur gleichsetzten. Selbst in konservativen Kreisen wurde die Revolution gelegentlich so interpretiert.[62] Viele Linke machten sich 1918 daran, die Lügen der Vergangenheit ans Licht zu zerren. So erklärte Hans Delbrück, die Propaganda habe «die offensichtliche Unwahrheit [gelehrt], daß es England gewesen sei, das aus Handelsneid diesen Krieg gegen uns angezettelt habe«. Andere wiesen darauf hin, daß bei der Marneschlacht gelogen worden sei wie auch im Hinblick auf die Erfolge im U-Boot-Krieg, auf Anzahl und Qualität der amerikanischen Truppen und auf das unmittelbare Bevorstehen des Sieges.[63] Ein preußischer Beamter schrieb 1919: »Nicht fassen kann man [...] wie von gewissen Stellen immer und immer wieder, bis kurz vor dem Zusammenbruch, der ›nahe Endsieg‹ als Preis des ›Durchhaltens‹ verkündet werden konnte!«[64] Sogar im Hinblick auf die Verantwortung für die Friedensinitiative hatte das Militär gelogen.[65]

Die deutsche Revolution 1918–1920. Politische Revolution und soziale Protestbewegung, in: Geschichte und Gesellschaft, 1978, S. 362–391.

62 Vgl. Theodor Wolff, ohne Titel, *Berliner Tageblatt*, 10. November 1918, Nr. 534, (Morgen). Ähnlich Haußmann, Schlaglichter (Tagebucheintrag vom 6. Oktober 1918), S. 241 f.

63 Hans Delbrück, *Front und Heimat*, in: Krieg und Politik, Band 3, Berlin 1918–1919, S. 211; Karl Lange, Marneschlacht und deutsche Öffentlichkeit 1914–1939.

64 Otto Baumgarten (Hg.), Die Schuld an Deutschlands Zusammenbruch. Tagebuchblätter eines höheren preußischen Verwaltungsbeamten, Tübingen 1919, S. 27.

65 Am 9. Oktober hatte Major Würz im Auftrag der OHL die Presse gebeten, »mit Rücksicht auf die weitere Kriegführung die Besprechung der Note an Wilson, insbesondere die Frage nach der Verantwortung für den Schritt, zu unterlassen«. Am 16. Oktober instruierte Würz die

Natürlich hatte auch die deutsche Regierung während des Krieges etliche Lügen verbreitet. Erhard Deutelmoser, einer der wichtigsten Mitarbeiter im Presseamt der Regierung, räumte 1919 ein, daß »Deutschland von den Lenkern seiner Geschicke getäuscht worden sei. Kein Mensch kann bestreiten, daß die deutsche Öffentlichkeit in der Tat verhängnisvoll irregeführt worden ist.«[66] Trotzdem bedeutete die Revolution nicht den Triumph des Empirismus, wie es sich viele Liberale erhofft hatten. Für Deutelmoser stellte sich das Problem so dar: »Zum Irreführen gehören zwei: einer, der falsche Wege weist, und einer, der sich verleiten läßt, sie zu gehen.«[67] Die meisten Deutschen, die den Lügen geglaubt hatten, wollten belogen werden, und sie bezeichneten diejenigen, die mit rationalen Argumenten den Wahrheitsgehalt der Propaganda in Zweifel zogen, als Verräter.[68] Das Kriegspresseamt entsprach lediglich dem Wunsch der Menschen, die Wahrheit nicht wissen zu wollen. Nicht einmal die SPD bemühte sich sonderlich, dieses Lügengerüst niederzureißen. Ein Liberaler bemerkte: »Das deutsche Volk ist an seinem Unglück selbst schuld, weil es sich die Diktatur der Lüge nicht

---

Presse folgendermaßen: »Unter allen Umständen muß der Eindruck vermieden werden, als gehe unser Friedensschritt von militärischer Seite aus Reichskanzler und Regierung haben es auf sich genommen, den Schritt von sich ausgehen zu lassen. Diesen Eindruck darf die Presse nicht zerstören. Sie muß immer wieder betonen, daß die Regierung es ist, die getreu ihren wiederholt geäußerten Prinzipien sich zum Friedensschritt entschloß.« Am 23. Oktober sagte Würz der Presse nochmals, es solle nicht erwähnt werden, daß die OHL für die Friedensinitiative verantwortlich zeichnete. Vgl. Deutscher Reichstag (Hg.), Untersuchungsausschuß, 4. Reihe, Bd. 6, S. 110f.

66 Erhard Deutelmoser, *Die amtliche Einwirkung auf die deutsche Öffentlichkeit im Kriege*, in: Die deutsche Nation, Nr. 10 (1919), S. 21.

67 Ebenda, S. 22.

68 Siehe z. B. Karl Heldmanns Beschreibung seiner Kriegserfahrungen in: Kriegserlebnissse eines deutschen Geschichtsprofessors in der Heimat, Ludwigsburg 1922.

nur gefallen läßt, sondern weil es diese Diktatur selbst ausübt.«[69] Und so überrascht es kaum, daß während der Revolution weder der Mythos vom »Geist von 1914« noch die anderen Elemente der Kriegspropaganda historisch aufgearbeitet oder entmythologisiert wurden.

Nach dem Krieg machte Ludendorff in seinen Schriften das Scheitern der deutschen beziehungsweise umgekehrt den Erfolg der ausländischen Propaganda für die deutsche Niederlage verantwortlich.[70] Zweifelsohne war seine eigene Propaganda erfolglos geblieben, jedoch nicht aus den Gründen, die er in seinen Memoiren angab, nämlich daß es zuwenig davon gegeben habe. Sie war an ihrer organisatorischen Struktur und an ihren Inhalten gescheitert. Gegen Ende des Krieges erreichte die deutsche Propaganda nur noch die bereits Überzeugten. Selbst wenn sie wirklich einmal diejenigen ansprach, deren Moral am Boden war – die Soldaten und die Arbeiterklasse –, konnte sie keine bezwingende Vision der zukünftigen Gesellschaftsordnung Deutschlands bieten.[71] So wurden in vielen deutschen Städten Plakate mit Ankündigungen zu Propagandaveranstaltungen sofort wieder heruntergerissen.[72] Den gemeinen Soldaten war die ständige Betonung des Willens zuwider geworden, und ganz besonders die

---

69 Dr. Frhr. von Schoenaich, *Diktatur der Lüge*, in: Die Welt am Montag, Nr. 31 (30. Juli 1923), S. 2.

70 Vgl. Hans Thimme, Weltkrieg ohne Waffen, Stuttgart 1932, S. 160.

71 Vgl. in diesem Zusammenhang die interessante Kritik des Nationalsozialisten Ernst Rudolf Huber, Der Kampf um die Führung im Weltkrieg, Hamburg 1941, S. 58.

72 Für Kassel festgehalten von Direktor Brandt, in Stellv. GK XI AK (Hg.), »Besprechungen über vaterländischen Unterricht mit den Obmännern, Vertrauensleuten und Unterrichtsoffizieren zu Cassel am 10. Juni 1918, zu Coburg am 12. Juni 1918, zu Erfurt am 14. Juni 1918 (o.S., o.J.). Allgemeiner dazu vgl. *Aufgaben der Vertrauensmänner*, S. 7, Veröffentlichung des Kriegspresseamts, HStA München, Abt. IV – Kriegsarchiv, MKr, Nr. 2345.

Lügen im »vaterländischen Unterricht«.[73] Denn natürlich hatte Ludendorff unrecht. Die Engländer standen keineswegs kurz vor dem Hungertod, die Deutschen hingegen hatten Hunger, und sowohl die Truppen an der Front wie auch die Menschen zu Hause wußten das. An diesen Tatsachen ließ sich auch mit noch soviel Propaganda nichts ändern. Und als sich diese Fakten nicht länger leugnen ließen, auch nicht durch allergrößte Willensanstrengung, lösten sie eine Revolution aus.

Allerdings war die Propaganda keineswegs vollständig gescheitert. Zwar ließen sich nicht alle Hindernisse mit reiner Willenskraft überwinden, aber die Propaganda hatte doch den Willen der Deutschen gestärkt. Vier Jahre lang hatte das deutsche Volk gegen übermächtige Widrigkeiten gekämpft. Und wichtiger noch: Auch nach dem Krieg sollten die wichtigsten Elemente der Kriegspropaganda, insbesondere ihre Berufung auf den »Geist von 1914« als das Wesen der deutschen Einheit – letztere nunmehr etikettiert als »Volksgemeinschaft« – im Mittelpunkt vieler bedeutender politischer Diskussionen stehen. Das Propaganda-Narrativ vom »Geist von 1914« blieb eine mächtige utopische Vision, an der sich die Realität der Politik und Gesellschaft der Weimarer Republik messen lassen mußte.

73 Zum Widerwillen der Soldaten an der Front gegen die Propaganda vgl. Martin Hobohm, Soziale Heeresmißstände als Teilursache des deutschen Zusammenbruchs von 1918, Berlin 1931, S. 340; Thimme, Weltkrieg ohne Waffen, S. 200; Erich Volkmann, Marxismus und Heer, Berlin 1925, S. 171.

Der »Geist von 1914« in der Zeit von 1919 bis 1945

In der Weimarer Republik war das Interesse am »Augusterlebnis« gering. Nur selten wurden die 1914 verfaßten Stücke gespielt und die 1914 entstandene Literatur neu aufgelegt. Die meisten der in den zwanziger Jahren verfaßten Kriegsromane enthielten zwar pathetische Verweise auf das »Augusterlebnis«, aber keine konkreten Beschreibungen.[1] Nicht, daß an der Geschichte des Kriegsbeginns kein Interesse bestanden hätte, doch konzentrierte man sich vorwiegend auf die Schuldfrage. In der umfangreichen Literatur taucht der »Geist von 1914« selten auf, und wenn, dann mit der folgenden Argumentation: Da sich alle Deutschen bereitwilllig und begeistert für die Verteidigung ihres Vaterlandes eingesetzt hatten und da sie das nur in der Überzeugung getan haben konnten, daß dies ein gerechter Krieg, das heißt ein Verteidigungskrieg sei, mußte es also auch ein Verteidigungskrieg gewesen sein.[2]

---

1 Zu deutschen Romanen über den Ersten Weltkrieg vgl. Karl Prümm, *Das Erbe der Front. Der antidemokratische Kriegsroman in der Weimarer Republik und seine nationalsozialistische Fortsetzung*, in: Horst Denkler und Karl Prümm (Hg.), Die deutsche Literatur im Dritten Reich. Themen – Traditionen – Wirkungen, Stuttgart 1976, S.138–164; Karl Prümm, Die Literatur des soldatischen Nationalismus der 20er Jahre (1918–1933). Gruppenideologie und Epochenproblematik, Kronberg/Ts. 1974; Michael Gollbach, Die Wiederkehr des Weltkrieges in der Literatur. Zu den Frontromanen der späten zwanziger Jahre, Kronberg/Ts. 1978; Hans-Harald Müller, Der Krieg und die Schriftsteller. Der Kriegsroman der Weimarer Republik, Stuttgart 1986.

2 Vgl. z.B. Paul Rohrbach, Politische Erziehung, Stuttgart 1919, S.55ff. Eine informative Diskussion über diese umfangreiche Literatur liefert Wolfgang Jäger, Historische Forschung und politische Kultur in Deutschland.

Der »Geist von 1914« als Metapher, als politisches Schlagwort, hatte seine Blütezeit hinter sich. Einige der liberalen Gruppierungen, die sich zu seiner Bewahrung gegründet und die Revolution überlebt hatten, tilgten die Jahreszahl 1914 aus ihrem Namen. Bei den Wahlen zur Nationalversammlung 1919 warb die Deutschnationale Volkspartei DNVP mit dem Spruch: »Wählt DNVP. Wir sind der ›Geist von 1914‹«. Meines Wissens haben sie diesen Slogan danach nie wieder verwendet. Selbst die Nationalsozialisten, die 1933 ihre »Revolution« als Erneuerung der 1914 begonnenen Revolution darstellten, haben den »Geist von 1914« nie als Wahlkampfslogan bemüht.

Doch auch wenn das Interesse an der Geschichte des »Augusterlebnisses« gering und der »Geist von 1914« kein wichtiger politischer Slogan war, heißt das keineswegs, daß das Narrativ von 1914 unwichtig gewesen wäre. Wie wurde diese Erinnerung in der Weimarer Republik verwendet und von wem wurde sie vereinnahmt?[3]

Erinnerung und Gedenken an das »Augusterlebnis« in den zwanziger Jahren

1915 forderte Johann Plenge einen Feiertag zum Gedenken an den 2. August, den ersten Tag der Mobilmachung. Wie andere, die während des Krieges ähnliche Vorschläge unterbreiteten, sollte er enttäuscht werden.[4] Mit Ausnahme von 1924 gab es in

---

3 Das Material über die Auswirkungen des Ersten Weltkriegs auf die politische Kultur im Nachkriegsdeutschland ist äußerst umfangreich. Vgl. insbesondere Mosse, Gefallen für das Vaterland, S. 195 ff.; Richard Bessel, Germany after the First World War, Oxford 1993, S. 254 ff.

4 Johann Plenge, Der Krieg und die Volkswirtschaft, Münster 1915, S. 187 f. Ähnlich Philipp Zorn, *Zum 4. August 1917*, in: Der Tag, 4. August 1917, Nr. 180, S. 1; Dietrich Traub, *Eine einzige Bitte. Zum 1. August, 1918*, in: Der Tag, 1. August 1918, Nr. 388, Beiblatt.

der Weimarer Republik keine offiziellen Feierlichkeiten zur Erinnerung an den Jahrestag vom August 1914. Man fürchtete, ein offizieller Gedenktag würde die ohnehin gespaltene Öffentlichkeit noch weiter polarisieren. Mit Recht, wie die einzige offizielle Zeremonie im Jahr 1924 zeigte, die kurz skizziert werden soll:[5]

Anfang 1924 erinnerte Reichskunstwart Edwin Redslob die Regierung an den bevorstehenden zehnten Jahrestag des Kriegsausbruchs. Er regte eine offizielle Gedenkfeier an mit der Begründung, diese würde die Unterstützung der Öffentlichkeit für den republikanischen Gedanken verstärken und zu seiner Legitimation beitragen. In einem wenige Monate später verfaßten Bericht führte er aus, nationale Symbole und Zeremonien dienten dazu, Einheit zu schaffen, denn sie würden *per definitionem* von allen Deutschen geteilt. Die Regierung solle anstreben, den republikanischen Gedanken mit dem »Geist von 1914« zu verknüpfen. Eine solche Feier solle nicht nur »an den lebendigen Geist« der Kriegstoten erinnern, sondern alle Redner sollten, so Redslob, die Revolution von 1918 mit dem Jahr 1914 in Verbindung setzen und die neue Verfassung als »Ausgangspunkt neuer Festigung des Volks« beschreiben.[6]

Skeptiker in den Reihen der Regierung wie der preußische Innenminister Carl Severing hielten dagegen, eine offizielle Feier würde keineswegs per se die Öffentlichkeit für den republikanischen Gedanken erwärmen. Unumstrittene nationale Symbole, die vom gesamten Volk angenommen würden, gebe es nicht. Eine Politik der Symbole sei nicht imstande, etwas zu schaffen, das nicht existiere, sie könne allenfalls versuchen, den

---

5 So wird der 1. bzw. der 4. August auch in Lehnert/Megerle (Hg.), Politische Identität und Nationale Gedenktage nicht diskutiert.

6 Reichskunstwart (Redslob), *Denkschrift über die Grundgedanken zur Feier für die Gefallenen des Deutschen Vaterlandes am 3. August 1924*, Berlin, 6. Juni 1924, BAK, R 32, Nr. 221, S. 134.

demokratischen Gedanken mit existierenden nationalen Symbolen zu verknüpfen. Und deshalb würde eine demokratische Politik der Symbole in der Weimarer Republik höchstwahrscheinlich das Gegenteil bewirken, denn sie würde die Menschen an das Trennende erinnern. Besser sei es, so Severing, wenn man schlicht hinnehme, daß das Volk als Ganzes erst mit der Zeit, erst nach einiger Gewöhnung die Republik akzeptieren werde.[7]

Die Befürchtung, dieser Gedenktag könne sich als Fiasko entpuppen, war wohlbegründet. Schon die Vorbereitungswochen wurden von Mißtönen begleitet, und die Presse berichtete mehr von diesen Mißtönen als von Einheit. Führende Mitglieder der Jüdischen Gemeinde monierten, daß ein katholischer Priester und ein protestantischer Pfarrer zu den Feierlichkeiten geladen waren, aber kein Rabbiner. Pazifisten bemängelten, daß es offiziell eine Zeremonie der Reichswehr sei, die ja nun keineswegs das deutsche Volk repräsentiere, und führten an, der »lebendige« Geist der Toten befördere einen antidemokratischen Militarismus und nicht den republikanischen Gedanken.[8] Konservative wiederum fanden, ein sozialdemokratischer Präsident (Friedrich Ebert) könne den Feierlichkeiten nicht die angemessene Würde verleihen, um denen gerecht zu werden, die ihr Leben für Deutschland geopfert hatten.

Am 2. August 1924 wandte sich die Regierung überall in Deutschland mittels Plakaten »An das deutsche Volk« und erklärte: »Das deutsche Volk hat in diesem Kriege kein anderes Ziel erstrebt als die deutsche Freiheit. Für Freiheit und Unversehrtheit des Vaterlandes trat es vor zehn Jahren in unvergeßlicher

---

7 Vgl. Behrenbeck, Der Kult um die toten Helden, S. 282 ff.
8 Vgl. Hellmut von Gerlach, *Die Friedens-Demonstrationen. Die Lunte am Pulverfaß*, in: Die Welt am Montag, Nr. 31, 4. August 1924, S. 1–2; Hermann Schützinger, *Der Anfang und das Ende. Zum Tage des Kriegsbeginns*, in: Vorwärts, 2. August 1924, Nr. 361, S. 1.

Einigkeit und Stärke unter die Waffen.«[9] Am frühen Morgen des folgenden Tages versammelte sich in Berlin eine Menschenmenge vor dem Reichstag, einem der Orte, wo sich zehn Jahre zuvor die Kriegsbegeisterung breit gemacht hatte. Jetzt allerdings stand nicht die Statue von Bismarck, sondern der Reichstag selbst im Mittelpunkt des Aufmerksamkeit. Das Gebäude war mit Blumen übersät, über dem Eingang hing ein Banner mit der Aufschrift: (»Dem lebenden Geiste unserer Toten«). An der einen Seite des Gebäudes hing die Fahne der neuen Republik (Schwarz-Rot-Gold), auf der anderen die des alten Deutschland, für die die Soldaten gekämpft und ihr Leben gelassen hatten (Schwarz-Weiß-Rot). Beide waren auf halbmast geflaggt.

Die Feier begann mit einer Militärparade. Ein protestantischer Kaplan hielt eine kurze Ansprache. Ein Chor sang einige Kirchenlieder, dann sprach ein katholischer Kaplan. Nach einigen weiteren Liedern hielt der deutsche Präsident Friedrich Ebert (SPD) eine etwa zehnminütige Rede. Er gedachte der Toten, der Kriegsversehrten, derer, die durch den Friedensvertrag ihre Heimat verloren hatten. Er erklärte, die deutschen Soldaten hätten keinen Eroberungs-, sondern einen Verteidigungskrieg geführt.[10] Er beschwor das Motto des Tages und forderte: »Der Geist der Toten muß lebendig bleiben im ganzen Volk, damit wiedersteht: das freie Deutschland.« Allerdings ging Ebert weder auf die Revolution noch auf die Verfassung ein; er machte keinerlei Versuch, den »Geist von 1914« mit der Revolution von 1918 zu verknüpfen.[11]

Die Feier endete mittags um 12 Uhr mit einer doppelten Schweigeminute. Jedenfalls war das so geplant. Währenddessen

---

9 Vgl. *Ein Ehrenmal für die Opfer*, in: Vorwärts, 3. August 1924, Nr. 362, S. 1.

10 Vgl. den Bericht der Sächsischen Gesandtschaft, Berlin, 3. Juli 1924, StA Bremen 3-D.G., Nr. 48.

11 Zit. n. *Totenfeier in Berlin*, in: Münchner Neueste Nachrichten, 4. August 1924, Nr. 210, S. 5.

skandierten jedoch die Kommunisten »Nieder mit dem Krieg« und sangen die Internationale. Die patriotisch gesinnten Teilnehmer antworteten umgehend mit der »Wacht am Rhein«. Um 12.02 Uhr, als die doppelte Schweigeminute endete, wurden die Fahnen vollständig gehißt, und die Militärkapelle begann mit der Nationalhymne: »Deutschland, Deutschland über alles«. Das nahm aber offensichtlich niemand wahr, da die beiden verfeindeten Gruppen weiter gegeneinander ansangen.

Mit Ausnahme von Bayern, dessen Regierung mit diesen »defätistischen«, »republikanischen« Gedenkfeiern nichts zu tun haben wollte, fanden in ganz Deutschland ähnliche Feierlichkeiten statt, immer im öffentlichen Raum, in einer Kirche, im Rathaus oder am örtlichen Kriegerdenkmal. Die Pazifisten veranstalteten ihre Friedensdemonstrationen an anderen Orten. Die meisten Feiern waren von einer stillen Nüchternheit gekennzeichnet. In einigen Städten versuchten die Kommunisten, die offiziellen Feiern zu stören. In Dresden trug ein Protestzug von Kommunisten während der Schweigeminute ein Plakat mit dem Spruch »Nie wieder Krieg« mitten durch die versammelten Republikaner. Die antworteten sofort mit der Nationalhymne, und es begann eine Schlägerei. Auch in Jena, Dresden und Leipzig kam es zu Handgreiflichkeiten.[12]

---

12 Zu der Tatsache, daß solche Feierlichkeiten in Bayern nicht stattfanden, vgl. *Opfergedenktag*, in: *Münchner Neueste Nachrichten*, 24. Juli 1924, S.3. Zu den Demonstrationen der Pazifisten vgl. Reinhold Lütgemeier-Davin, Basismobilisierung gegen den Krieg, Paderborn 1981, S.70. Die Feier in Leipzig wird beschrieben in *Die Feiern im Reich*, in: Münchner Neueste Nachrichten, 4. August 1924, Nr. 210, S.5. Viele der anderen Feierlichkeiten sind beschrieben in *Die Gedenkfeiern im Reich*, in: Vorwärts, 4. August 1924, Nr. 363, S.2–3. Eine Beschreibung der Auseinandersetzung in Dresden findet sich in *Zusammenstöße in Dresden*, in: Vorwärts, 4. August 1924, Nr. 363, S.3. Zu den Antikriegsprotesten der KPD im Jahr 1924 in und um Düsseldorf vgl. den Bericht des Regierungspräsidenten, HStA Düsseldorf, Reg. Düsseldorf Nr. 16 884, S. 52 ff.

Am nächsten Tag schrieb Hellmut von Gerlach in seinem Kommentar, es zeuge von der Naivität der Regierung, anzunehmen, daß eine offizielle Gedenkfeier zum Tag des Kriegsausbruchs das deutsche Volk einigen könne. 1914 sei für das Volk mit den Kriegserfahrungen verbunden, und in bezug auf die Bedeutung dieser Kriegserfahrungen sei das deutsche Volk in ein militaristisches und ein pazifistisches Lager gespalten.[13] Eine zutreffende Beobachtung, denn in den ersten Nachkriegsjahren nahmen die liberalen und sozialdemokratischen Zeitungen und Zeitschriften den Jahrestag des »Augusterlebnisses« zum Anlaß, die Erinnerungen an die Schrecken des Krieges in Erinnerung zu rufen und dem militaristischen System die Schuld für die Niederlage und die derzeitigen wirtschaftlichen und sozialen Schwierigkeiten zuzuweisen. Die Linke veranstaltete am Jahrestag des Kriegsausbruchs jedes Jahr große Antikriegsdemonstrationen (»Nie wieder Krieg«). Am 31. Juli 1921 protestierten in 200 bis 300 deutschen Städten mehr als 500000 Menschen gegen den Militarismus.[14] In Berlin versammelten sich mehr als 200000 Menschen an den gleichen öffentlichen Plätzen, an denen sieben Jahre zuvor konservative Zeitungen eine »kriegsbegeisterte« Masse vermeldet hatten; der Lustgarten vor dem Schloß war überfüllt.[15]

In den Artikeln und Reden im Zusammenhang mit diesen Demonstrationen versuchten pazifistische Autoren und Redner zu zerschlagen, was von der militaristischen Aura noch übrig war. Der Krieg, so schrieben sie, sei brutal, gewalttätig und ent-

---

13 Hellmut von Gerlach, *Die Friedens-Demonstrationen. Die Lunte am Pulverfaß*, in: Die Welt am Montag, Nr. 31, 4. August 1924, S.1–2.

14 Vgl. Reinhold Lütgemeier-Davin, Basismobilisierung gegen den Krieg, S.59; vgl. auch Hellmut von Gerlach, *Die Friedens-Demonstrationen. Die Lunte am Pulverfaß*, in: Die Welt am Montag, Nr. 31, 4. August 1924, S.1–2.

15 *Massendemonstration »Nie wieder Krieg!«*, in: Die Welt am Montag, Nr. 31, 1. August 1921, S.1–2.

menschlichend.[16] Am 3. August 1919 brachte die *Berliner Volks-Zeitung* eine Sonderausgabe mit dem Titel »Nie wieder Krieg« heraus. Hermann Schützinger schrieb am 2. August 1924 im *Vorwärts*, am heutigen Tage müsse man die Deutschen an die Schrecken des Krieges erinnern und die »Nebelfetzen der Kriegsromantik und der Heldenvergötterung [...] zerreißen«.[17] Kurt Tucholsky merkte an, die Begeisterung von 1914 sei nicht die ehrenhafte Begeisterung eines Volkes im Glauben und im Kampf für eine gerechte Sache, sondern »Hurrapatriotismus«, »Bierfest-Stimmung« und Beweis der Degeneration der deutschen Elite und des deutschen Bildungssystems gewesen.[18]

Die Rechte hingegen verteidigte die Begeisterung als ehrenhaft und zutiefst bewegend. Das Herzstück dessen, was George Mosse als »Mythos des Kriegserlebnisses« bezeichnete, bildete die sogenannte Langemarck-Legende.[19] Ihr zufolge waren im Oktober 1914 junge Kriegsfreiwillige – Deutschlands studentische Elite – mit dem Lied »Deutschland, Deutschland über alles« aus den Schützengräben gestürmt und niedergemetzelt worden.[20] Der populäre Autor Rudolf G. Binding schrieb zu Langemarck: »[J]enes Geschehen aber gehört schon nicht mehr der Geschichte an, wo es dereinst dennoch erstarren und begra-

---

16 Mit Gott für Kaiser und Vaterland. Erlebnisse deutscher Proletarier während der ›Grossen Zeit‹ 1914–1918, Berlin 1924.

17 »Nie wieder Krieg« schrieb Hermann Schützinger in *Der Anfang und das Ende. Zum Tage des Kriegsbeginns*, in: Vorwärts, 2. August 1924, Nr. 361, S. 1.

18 Kurt Tucholsky, *Der Geist von 1914*, in: Die Weltbühne, Nr. 38, 7. August 1924, S. 204 ff.

19 Mosse, Gefallen für das Vaterland, S. 7 und 89 ff.

20 Wie sich herausstellte, war auch dieses Narrativ historisch nicht exakt – jedenfalls nicht so, wie es später verbreitet wurde. Vgl. Reinhard Dithmar (Hg.), Der Langemarck-Mythos in Dichtung und Unterricht, Köln 1992; Bernd Hüppauf, *Langemarck, Verdun and the Myth of a New Man in Germany after the First World War*, in: War & Society, Nr. 2 (September 1988), S. 70–103; Helmut Kopetzky, In den Tod – Hurra!

ben sein würde, sondern der unaufhörlich zeugenden, unaufhörlich verjüngenden, unaufhörlich lebendigen Gewalt des Mythos.«[21] Das Idealbild der Rechten vom deutschen Soldaten aber waren, wie Bernd Ulrich und Bernd Hüppauf nachweisen, nicht die Kriegsfreiwilligen, sondern die Sturmtruppen. Wichtiger als die Langemarck-Legende, die Beschreibung begeisterten Heldentums, sollte das werden, was Hüppauf als den »Mythos« von Verdun bezeichnet: die Vision des Helden mit eisernen Nerven, des Menschen aus Stahl.[22] Nicht die Bereitschaft, begeistert in den Krieg zu ziehen, sondern die Fähigkeit, mit finsterer Entschlossenheit zu kämpfen, war der Prüfstein menschlichen Verhaltens.

In den Jahren unmittelbar nach 1918 herrschte in der deutschen Öffentlichkeit der pazifistische Ansatz vor, der die Erinnerung an 1914 mit den Schrecken des Krieges verknüpfte. Als die Franzosen 1923 das Ruhrgebiet besetzten, änderte sich das. In der Erkenntnis, daß antimilitaristische Demonstrationen in diesem neuen Klima wenig Unterstützung finden, ja daß im Gegenteil öffentliche Demonstrationen eher zu Zusammenstößen führen würden, veranstaltete die Linke ihre Antikriegskundgebungen am 1. August 1923 in geschlossenen Räumen.[23] Die

Deutsche Jugendregimenter im I. Weltkrieg. Ein historischer Tatsachenbericht über Langemarck, Köln 1977; Karl Unruh, Langemarck. Legende und Wirklichkeit, Koblenz 1986 und Mosse, Gefallen für das Vaterland, S. 91.

21 Rudolf G. Binding, *Deutsche Jugend vor den Toten des Krieges*, in: Werner Kindt (Hg.), Grundschriften der deutschen Jugendbewegung, Düsseldorf 1963, S. 431.

22 Bernd Ulrich, *Die Desillusionierung der Kriegsfreiwilligen von 1914*, S. 122.

23 Reinhold Lütgemeier-Davin, *Basismobilisierung gegen den Krieg. Die Nie-Wieder-Krieg-Bewegung in der Weimarer Republik*, in: Karl Holl und Wolfram Wette (Hg.), Pazifismus in der Weimarer Republik, Paderborn 1981, S. 66f.

Rechte hingegen organisierte am 1. August öffentliche militaristische Demonstrationen.[24]

Ab 1925 wurde der Gedenktag des »Augusterlebnisses« meist ignoriert, auch von der Rechten. Zeitungen, und zwar jeglicher Couleur, neigten dazu, den Tag kommentarlos verstreichen zu lassen. Zwischen 1925 und 1928 gab es nur wenige öffentliche Demonstrationen, gleich welcher politischen Richtung, die mit dem Jahrestag des 1. August 1914 in Verbindung standen. Erst 1929, als sich der Schatten des Nationalsozialismus abzuzeichnen begann (die Nationalsozialisten hielten am 15. Jahrestag des Kriegsausbruchs ihren Parteitag ab), veranstalteten die Sozialdemokraten und die Kommunisten am 1. August erneut Antikriegskundgebungen.[25] Wie erwartet kam es zu Zusammenstößen, die am Ende der Weimarer Republik allerdings recht häufig vorkamen. Bald aber traten die Tätlichkeiten, die sich an der Erinnerung an das »Augusterlebnis« entzündeten, gegenüber den Streitigkeiten zu drängenderen Problemen in den Hintergrund.

Sowohl der Mythos von Langemarck wie auch der von Verdun boten den Trost, daß der Krieg einen Sinn gehabt hatte – wenn schon nicht den, die deutsche Macht zu vergrößern, dann doch den, einen neuen Menschen zu schaffen. Das andere Ende des

---

24 Vgl. u. a. *Gedenkfeier für die alte Armee*, in: Münchner Neueste Nachrichten, 5. August 1923, Nr. 210, S. 3; *Flieger-Gedenktage. Der Begrüßungsabend*, in: Münchner Neueste Nachrichten, 6. August 1923, Nr. 211, S. 3; die Demonstrationen in München im Jahr 1928 sind beschrieben in *Im Zeichen des Reichskriegertages*, in: Völkischer Beobachter (München), 23. Juli 1929, Nr. 168.

25 Vgl. Lütgemeier-Davin, *Basismobilisierung gegen den Krieg*, S. 73. Die Antikriegsdemonstrationen im Berliner Lustgarten, mit »vielen Demonstranten«, sind beschrieben in *Die Demonstrationen in Berlin*, in: Münchner Neueste Nachrichten, 2. August 1929, Nr. 208, S. 1. In München wurden Demonstrationen der Kommunisten von der Polizei verboten, und es fanden auch keine statt. Vgl. *Demonstrations-Versuche in München unterdrückt*, in: Münchner Neueste Nachrichten, 2. August 1929, Nr. 208, S. 1.

Meinungsspektrums bildete die Interpretation der Pazifisten, daß der Krieg vergeblich gewesen war. Zwischen diesen beiden Polen stand die große Mehrheit der Deutschen mit ihrer zwiespältigen Meinung über die Bedeutung des Krieges. Käthe Kollwitz, deren Sohn Peter 1914 als Kriegsfreiwilliger in Flandern ums Leben gekommen war, konnte für den Rest ihres Lebens den Tod ihres Sohnes und die eigene Trauer kaum verwinden. Sie fühlte sich verantwortlich für seinen Tod – hatte sie doch ihren Mann dazu überredet, dem Sohn zu erlauben, sich als Freiwilliger zu melden. Ihre Geschichte kann als typisch gelten für eine stillere, eher persönliche Art und Weise, den »Geist von 1914« zu bewältigen.[26] In ihrem Tagebuch schildet sie sehr bewegend ihren Schmerz, ihre Suche nach Trost, ihren Wunsch nach Aufrichtigkeit. 1916 schrieb sie in ihr Tagebuch: »Ist es treulos gegen Dich – Peter – daß ich nur noch den Wahnsinn jetzt sehen kann im Kriege?«[27] Eine befriedigende Antwort auf diese Frage hat sie nie gefunden. Nach jahrelanger innerer Zerrissenheit verlieh sie ihrer Trauer in zwei herrlichen Statuen Ausdruck, die in Belgien am Grab ihres Sohnes stehen. Die beiden Statuen, Selbstporträts von Käthe und Karl Kollwitz, sind ein Sinnbild der Trauer: zwei kniende Figuren, in sich gekehrt, dem eigenen Schmerz zugewandt, unfähig, ihren Verlust mitzuteilen.

Die vielen Kriegsdenkmäler in den zwanziger Jahren – keines so bezwingend wie das von Kollwitz – sprechen alle auf ihre Weise vom Fortsein, vom Verlust, und versuchen, den Lebenden Trost zu spenden. In Deutschland trug fast jede Familie Trauer, mußte fast jede Familie letztendlich den Sinn ihres Opfers für

---

26 Vgl. Jay M. Winter, Sites of Memory, Sites of Mourning, Cambridge 1995. Vgl. auch Regina Schulte, *Käthe Kollwitz' Opfer*, in: Christian Jansen / Lutz Niethammer/ Bernd Weisbrod (Hg.), Von der Aufgabe der Freiheit. Politische Verantwortung und bürgerliche Gesellschaft im 19. und 20. Jahrhundert. Festschrift für Hans Mommsen zum 5. November 1995, Berlin 1995, S. 647–672.

27 Zitiert ebenda., S. 667.

Ritter.

sich selbst suchen, mußte ihre eigene Version des »Sie sind nicht umsonst gestorben« finden. Und bei dieser Suche wurde auf die Sprache, die Worte, die kollektive Erinnerung und auf die Muster zurückgegriffen, mit denen man schon im Krieg versucht hatte, der Mühsal einen Sinn zu geben.

Eben darin lag ein Großteil des Einflusses begründet, den das Narrativ vom »Geist von 1914« während der Weimarer Republik entfaltete: in der Einheit der Deutschen, für die so viele junge Männer ihr Leben gelassen hatten. Ein Student schrieb während des Krieges in einem Brief, der 1919 veröffentlicht wurde, er könne sich für einen Krieg ohne Ziel nicht begeistern. Das einzige, was für diesen Krieg spreche, sei die Einheit.[28] Und diese Einheit wurde hartnäckig als Erklärung dafür herangezogen, warum diese Menschen ihr Leben gelassen hatten. In den zwanziger Jahren spielte das Narrativ des »Geistes von 1914« selbst im politischen Diskurs in Deutschland keine zentrale Rolle mehr. Aber es war ein Teil der Grundlage für die beiden wichtigsten politischen Legenden der Weimarer Republik: die Legende von der »Volksgemeinschaft« und die »Dolchstoßlegende«. Ohne den »Geist von 1914« ergeben beide Legenden wenig Sinn.

Die Volksgemeinschaft

In den zwanziger und dreißiger Jahren war der Begriff »Volksgemeinschaft« außerordentlich beliebt. Er wurde vom gesamten politischen Spektrum vereinnahmt, von Anarchisten, Katholiken, Juden, Protestanten, Sozialdemokraten, Liberalen, Konservativen und von den Nationalsozialisten.[29] Zwar wurde der

---

28 Vgl. Siegmund Schulze (Hg.), Ver Sacrum. Was die im Kriege gefallenen Mitarbeiter der sozialen Arbeitsgemeinschaft dem deutschen Volk zu sagen haben. Mitteilungen und Aufzeichnungen, Berlin 1919/20, S. 116.
29 Eine umfassende etymologische Untersuchung des Begriffs »Volksgemeinschaft« steht noch aus. Die sehr gute Einführung findet sich bei

»Geist von 1914« in den zwanziger Jahren selten als Slogan benutzt, doch die politischen Gruppierungen verwendeten in ihren Diskussionen über die »Volksgemeinschaft« nahezu die gleichen Begriffe und Schlagwörter, die früher zu ihrer Beschreibung herangezogen worden waren. Der bayerische Politiker Karl Scharnagl – er sollte bei der Gründung der CSU nach 1945 eine wichtige Rolle spielen – schrieb 1932 in der linksliberalen *Vossischen Zeitung*: »Die Forderung einer Volksgemeinschaft wird seit Jahren von allen Seiten aus den verschiedensten Gründen erhoben. [...] Sinn und Wesen einer wahren Volksgemeinschaft haben wir doch alle erlebt in den Augusttagen 1914.«[30]

1918 und 1919 hofften viele Linksintellektuelle, die Revolution von 1918 werde eine »Erneuerung« des »Geistes von 1914« mit sich bringen. Dabei ging es ihnen nicht so sehr um ein erneutes Aufflackern der Kriegsbegeisterung oder der karnevalesken Aspekte der Massenerfahrungen, sondern um die Wiederherstellung der gesellschaftlichen Einheit der damaligen Zeit. Wie Theodor Heuss es formulierte, werde die Republik »das Tor aufstoßen zu einem neuen Gemeinschaftsgefühl«.[31] In einer der er-

Mai, ›*Verteidigungkrieg*‹ und ›*Volksgemeinschaft*‹, S. 590. Sehr hilfreich waren für mich die von der Deutschen Arbeitsfront gesammelten Zeitungsausschnitte zum Thema Volksgemeinschaft (BAL, 62 DAF 3, Nr. 17362, 17323). Zur Beliebtheit dieses Begriffs vgl. insbesondere William Sheridan Allen, The Nazi Seizure of Power. The Experience of a Single German Town, 1922–1945, 2. Aufl., New York 1984, und Ian Kershaw, The Nazi Dictatorship. Problems and Perspectives of Interpretation, 2. Aufl., Boston 1989, S. 141.

30 Karl Scharnagl, *1932 zur Volksgemeinschaft?*, in: Vossische Zeitung, 31. Dezember 1932, Nr. 614.

31 Theodor Heuss, Zwischen Gestern und Morgen, Stuttgart 1919, S. 51. Vgl. auch Kurt Sontheimer, Antidemokratisches Denken in der Weimarer Republik. Die politischen Ideen des deutschen Nationalismus zwischen 1918 und 1933, München 1968, S. 23 und 97 ff.; Lothar Albertin, Liberalismus und Demokratie am Anfang der Weimarer Republik. Eine vergleichende Analyse der Deutschen Demokratischen Partei und

sten Broschüren des Zentralinstituts für Heimatdienst (dem politischen Bildungsorgan der Weimarer Republik) mit dem Titel »Der Geist der Neuen Volksgemeinschaft« schrieb der Verfasser in der Einleitung: »Die Revolution ist der Anfang eines neuen Menschen. Sie ist der Anfang der Gemeinschaft des Volkes.«[32] Doch wie würde die Linke den Begriff der »Volksgemeinschaft« verwirklichen?

Viele Mitglieder der Deutschen Demokratischen Partei (DDP), der Zentrumspartei und der Deutschen Volkspartei (DVP) hofften, die »Volksgemeinschaft« durch die neue Verfassung mit ihren demokratischen Strukturen herbeiführen zu können.[33] Im Gegensatz dazu verwendeten die Sozialdemokraten den Begriff »Volksgemeinschaft« vorwiegend zur Beschreibung der Gesellschaft nach der sozialistischen Revolution. »Demokratie« war – zumindest offiziell – nur ein Schritt auf dem Weg zum Sozialismus.[34] Hugo Preuß, der Autor der Weimarer Verfassung, argumentierte in einer Reihe von Büchern und Artikeln, die Demokratie als Regierung des Volkes durch das Volk werde zwangsläufig eine »Identität« zwischen Regierung und Volk herstellen. Natürlich war ihm bewußt, daß ein

---

der Deutschen Volkspartei, Düsseldorf 1972, S. 39 und Jürgen C. Hess, Das ganze Deutschland soll es sein. Demokratischer Nationalismus in der Weimarer Republik am Beispiel der Deutschen Demokratischen Partei, Stuttgart 1978, S. 46 ff.

32 *An das deutsche Volk*, in: Zentralstelle für Heimatdienst (Hg.), Der Geist der neuen Volksgemeinschaft. Eine Denkschrift für das deutsche Volk, Berlin 1919, S. 1 ff.

33 Vgl. Hess, Das ganze Deutschland soll es sein, S. 330.

34 Die Literatur zum Ansatz der SPD in Sachen politische Kultur in den zwanziger Jahren ist äußerst umfangreich. Vgl. Franz Walter, Nationale Romantik und revolutionärer Mythos. Politik und Lebensweisen im frühen Weimarer Jungsozialismus, Berlin 1986; Mai, ›Verteidigungskrieg‹ und ›Volksgemeinschaft‹, S. 590 ff; Detlef Lehnert, Sozialdemokratie und Novemberrevolution. Die Neuordnungsdebatte 1918/19 in der politischen Publizistik von SPD und USPD, Frankfurt am Main 1983.

Konsens aller Bürger in allen Belangen nicht zu erreichen war, doch hoffte er – wie viele Liberale während des Krieges gehofft hatten –, daß sich auf der Grundlage gegenseitigen Respekts eine »Gemeinschaft« des Dialogs herausbilden werde: »Volksgemeinschaft und Parteikampf schließen sich keineswegs aus, wenn nur der Parteikampf auf dem allen Parteien gemeinsamen Boden des nationalen Staatswesens geführt wird und im stets wachen Bewußtsein, in der selbstverständlichen Anerkennung der staatsbürgerlichen Gemeinsamkeit und Gleichberechtigung.«[35]

Für den Juristen Gustav Radbruch waren diese demokratischen Bemühungen zur Bildung einer »Volksgemeinschaft« nicht nur das Ergebnis der Revolution von 1919, sondern auch ein Ergebnis der Erfahrungen von 1914.[36] Anderen, wie Theodor Heuss und Paul Rohrbach, war allerdings bewußt, daß es damit allein nicht getan war. Sie riefen die Demokraten auf, nationale Legenden zu schaffen, die geeignet waren, als Symbol für Volk und Nation zu stehen.[37] Und das war es auch letztlich, was Redslob dazu veranlaßt hatte, eine offizielle Gedenkfeier zum zehnten Jahrestag des »Geistes von 1914« anzuregen. Die demokratisch gesinnten Liberalen jedoch hatten ihre Probleme mit einer Politik der Symbole. Für sie gab es keine »Ideen von 1918«, keine Erfahrungen, die sich zum neuen kollektiven Narrativ geeignet hätten. Wie Sabine Behrenbeck darlegt, werden politische Mythen selten neu geschaffen, sie werden vererbt. Die Republikaner griffen – mit Gedenkfeiern zur Geburt der demokratischen Ver-

---

35 Hugo Preuß, *Volksgemeinschaft?*, in: ders. (Hg.), Um die Reichsverfassung von Weimar, Berlin 1924, S.19. Vgl. auch Mai, ›*Verteidigungskrieg*‹ und ›*Volksgemeinschaft*‹, S.593 und insbesondere Hess, Das ganze Deutschland soll es sein, S.35ff.

36 Gustav Radbruch, Verfassungsrede gehalten bei der Feier der Reichsregierung am 11. August 1928, Berlin 1928, S.4.

37 Heuss, Zwischen Gestern und Morgen, S.7ff; Paul Rohrbach, Politische Erziehung, Stuttgart 1919, S.16ff.

fassung – auf Vorhandenes zurück, doch die Unbeholfenheit ihrer Bemühungen war nur allzu offensichtlich.[38]

Den Konservativen fiel es leicht, die demokratischen Ansätze zur Bildung einer solchen Gemeinschaft zu kritisieren. Sie wiesen darauf hin, daß »Gemeinschaft« nicht durch äußere Strukturen wie eine Verfassung entstehe. Gemeinschaft entstehe, wenn Gemeinschaft gelebt werde. Sie warnten, die moderne Massenpolitik bewege sich hin zur Oligarchie, in modernen, bürokratischen Demokratien seien die Menschen nach wie vor Objekt und nicht Subjekt politischer Entscheidungen. Weiter argumentierten sie, die Gleichheit einer modernen, demokratischen bürgerlichen Gesellschaft führe zu einer »Atomisierung« der Menschen, zwinge sie dazu, sich auf ihre spezifischen Interessen zu konzentrieren und nicht auf das Gesamtwohl,[39] ein moderner, von Massenmedien dominierter öffentlicher Bereich in einer kapitalistischen Gesellschaft tendiere zur Sensationslust, zu Schmähungen, und nicht zu einer rationalen Diskussion der unterschiedlichen Interessen auf der Suche nach einem aufgeklärten Kompromiß.[40] Die »Volksgemeinschaft«, so die Konservativen, könne nur auf der Grundlage einer geistigen und ideologischen nationalen Einheit entstehen, nur dann, wenn alle Deutschen ähnliche Ideen, Werte, Hoffnungen, Erwartungen und Überzeugungen teilten.[41]

Die Bemühungen der Demokraten, ihr Programm mit der

---

38 Behrenbeck, Der Kult um die toten Helden, S. 282 ff.

39 Vgl. u. a. Hans Freyer, Der Staat, Leipzig 1925, S. 61.

40 Vgl. insbesondere Carl Schmitt, Die geistesgeschichtliche Lage des heutigen Parlamentarismus, München und Leipzig 1923.

41 Zu diesem »subjektiven« Verständnis des nationalen Charakters vgl. Stefan Breuer, Anatomie der konservativen Revolution, Darmstadt 1993, S. 81 ff. Die Literatur zur »konservativen Revolution« ist äußerst umfangreich. Vgl. u. a. auch Klaus Fritzsche, Politische Romantik und Gegenrevolution. Fluchtwege in der Krise der bürgerlichen Gesellschaft: Das Beispiel des ›Tat‹-Kreises, Frankfurt am Main 1976.

»Volksgemeinschaft« gleichzusetzen, konzentrierten sich auf die im Krieg verkörperte Kraft der »Einheit«. Diese Sichtweise teilte auch die Rechte. Doch anders als die Linke sah die Rechte in der »Volksgemeinschaft« nicht nur eine Beschreibung der zukünftigen nationalen politischen Kultur, sondern – wie in der Propaganda zum »Geist von 1914« während des Krieges – auch die Grundlage nationaler Stärke, den Weg aus den derzeitigen Problemen. 1926 definierte man offiziellerseits die »Volksgemeinschaft« zunächst als Anerkennung gemeinsamer Bande, eines gemeinsamen Schicksals und eines gesunden Nationalempfindens, um dann fortzufahren: »Von der Einheit des Reiches und der inneren Geschlossenheit des ganzen deutschen Volkes hängt der Wiederaufstieg Deutschlands ab.«[42] Die »Volksgemeinschaft« war nicht nur eine Frage der politischen Kultur, sondern des nationalen Schicksals. Bei ihren Konzepten zur Verwirklichung der »Volksgemeinschaft« stützten sich die Konservativen auf die Lehren des Krieges. Wie Heide Gerstenberger darlegt, glichen die Vorstellungen vieler Konservativer, wie diese geistige und ideologische Einheit zu erreichen sei, den Antworten auf die Frage, wie die Bedingungen von 1914 wieder herzustellen und zu erhalten seien.[43] Eine Möglichkeit war ein gemeinsamer Feind.[44] Hitler, der dies ähnlich sah, sagte 1927 dazu:

»Es gab einen Platz in Deutschland, an dem es keine Klassenspaltung gegeben hat. Das waren die Kompanien vorn. […] Es mußte eine Möglichkeit geben, auch zu Hause diese Einheit herzustellen. Diese Möglichkeit lag klar vor Augen. Warum konnte man an der Front das tun? Weil ge-

---

42 Grundsätze der Volksaufklärung, Berlin, undatiert (1926), S. 6–7, HStA Stuttgart, J 150, Bü 12a/2.

43 Heide Gerstenberger, Der revolutionäre Konservatismus. Ein Beitrag zur Analyse des Liberalismus, Berlin 1969, S. 16 ff.

44 Vgl. Rolf Kraft, *Die jungdeutsche Bewegung*, in: Deutschlands Erneuerung, Nr. 4 (1921), S. 236; Carl Schmitt, *Totaler Feind, totaler Krieg, totaler Staat (1937)*, in: ders., Positionen und Begriffe im Kampf mit Weimar – Genf – Versailles, 1923–1939, Hamburg 1940.

genüber der Feind lag, weil man die Gefahr erkannte, die vor ihm drohte. Wenn ich also unser Volk zur Einheit zusammenschließen will, muß ich erst eine neue Front bilden, die einen gemeinsamen Feind vor sich hat, damit jeder weiß: wir müssen eins sein; denn dieser Feind ist der Feind von uns allen.«[45]

Eine andere Möglichkeit war eine gemeinsame Kultur, gemeinsames Gedankengut. In den zwanziger Jahren entwickelten viele Konservative die Themen von Plenges Werk in dem Sinn weiter, daß das Wesen von 1914 in der Vermischung von Nationalismus und Sozialismus liege. So schrieb Oswald Spengler 1920, die Revolution von 1918 sei keine Revolution gewesen, sondern »diese deutsche sozialistische Revolution fand 1914 statt. Sie vollzog sich in legitimen und militärischen Formen. Sie wird, in ihrer dem Durchschnitt verständlichen Bedeutung, die Wirklichkeiten von 1918 langsam überwinden und als Faktor ihrer fortschreitenden Entwicklung einordnen.«[46]

Andere, insbesondere die Nationalsozialisten, trieben das kulturelle Argument bis zu seinem »völkischen« Extrem und sahen die Essenz der deutschen Kultur in Rasse und Blut. Für viele Konservative allerdings war die Konsequenz aus den Kriegserfahrungen, insbesondere aus den Erfahrungen mit der Propaganda, daß eine gemeinsame Ideologie weniger wichtig war als ein gemeinsamer Glaube. Die Gemeinschaft bedurfte nicht so sehr einer gemeinsamen nationalen Ideologie als eines gemeinsamen nationalen Glaubens; der kollektive Glaube an den Mythos würde diese Gemeinschaft erschaffen. Oder in den Worten des Hans Johst, der ein wichtiger nationalsozialistischer Autor werden sollte: »Die Not, die Verzweiflung, das Elend unseres Volkes braucht Hilfe [...] und Hilfe kommt letzten Endes [...] aus der Wiedergeburt einer Glaubensgemeinschaft. [...] Nur der Glaube läßt die Welt als Ganzes ertragen,

---

45 Adolf Hitler (Hg.), Adolf Hitler in Franken: Reden aus der Kampfzeit, Nürnberg 1938, S. 83.
46 Oswald Spengler, Preußentum und Sozialismus, München 1932, S. 12.

alle anderen Methoden geistiger Einsicht vermögen nur zu zertrümmern.«[47]

So formuliert war die deutsche Frage »eine Frage des Willens«.[48] Öffentlich forderten »konservative Revolutionäre« einen neuen politischen Mythos als Mittel zur Bildung einer »Volksgemeinschaft«. Oft zitierten sie aus Mussolinis berühmter, 1922 in Neapel gehaltener Rede, wonach der Mythos ein Glaube, eine Leidenschaft sei. Es sei nicht notwendig, daß er wirklich werde, denn er sei bereits wirklich aufgrund der Tatsache, daß er ein Stachel, eine Hoffnung, Glaube und Mut sei.[49]

Wie Martin Broszat zeigte, gelang es von allen politischen Parteien den Nationalsozialisten am besten, jenes konservative Verständnis von der Bildung einer »Volksgemeinschaft« anzusprechen, auch wenn ihre Definition dieser »Volksgemeinschaft« in vielerlei Hinsicht vage und inkonsistent war.[50] Hitler selbst behauptete, daß »der Begriff ›völkisch‹ so wenig klar abgesteckt und keine mögliche Grundlage für eine Bewegung sei«. Viel-

---

47 Hans Johst, Vom Glauben, 1928, zit. n. Manfred Frank, Gott im Exil, Frankfurt am Main 1988, S. 96; vgl. auch Curt Hotzel, *Wege zum Mythos*, in: Deutschlands Erneuerung, Nr. 5 (Mai 1920), S. 323–325.

48 Vgl. Erich Lilienthal, *Deutschland, eine Willensfrage!*, in: Deutschlands Erneuerung, Nr. 12 (1924), S. 719; vgl. auch Edgar J. Jung, Die Herrschaft der Minderwertigen, ihr Zerfall und ihre Ablösung durch ein Neues Reich, 2. Aufl., Berlin 1930, S. 65.

49 Vgl. Benito Mussolini, Der Geist des Faschismus, München 1943, S. 86. Zu den wichtigsten Denkern auf diesem Gebiet gehörten Hans Zehrer und Carl Schmitt. Zu Zehrer vgl. Stefan Breuer, Anatomie der konservativen Revolution, S. 128; zu Schmitt vgl. Norbert Bolz, Auszug aus der entzauberten Welt. Philosophischer Extremismus zwischen den Weltkriegen, München 1989, S. 47 ff.

50 Martin Broszat, *Zur Struktur der NS-Massenbewegung*, in: Vierteljahrshefte für Zeitgeschichte, 31 (1983), S. 59 ff; ders., *Soziale Motivation und Führerbindung des Nationalsozialismus*, in: Vierteljahrshefte für Zeitgeschichte, 18 (1970), S. 392 ff; ähnlich Kershaw, The Nazi Dictatorship, S. 141.

mehr sei das »Völkische« einem religiösen Glauben ähnlich, der ebenfalls nicht »Zweck an sich, sondern nur Mittel zum Zweck [ist]; doch ist er das unumgänglich notwendige Mittel, um den Zweck überhaupt erreichen zu können.«[51] In seinen Reden mahnte er seine Zuhörer häufig, sich auf die Suche nach der Macht des Glaubens zu machen: »Seien Sie versichert, auch bei uns ist in erster Linie das Glauben wichtig und nicht das Erkennen! Man muß an eine Sache glauben können. Der Glaube allein schafft den Staat. Was läßt den Menschen für religiöse Ideale in den Kampf gehen und sterben? Nicht das Erkennen, sondern der blinde Glaube.«[52]

Am 1. Januar 1933 schrieb Hitler im *Völkischen Beobachter*:

»Die Überwindung der inneren Zersetzung ist die Grundbedingung für jeden deutschen Wiederaufbau! Denn entscheidend für die Stärke eines solchen Staates ist nicht seine theoretische Gleichberechtigung oder äußere Rüstung, sondern seine bereits vollzogene Aufrüstung der inneren nationalen Kraft, die in der Willenseinheit und Willensentschlossenheit ihren Ausdruck findet.«[53]

Die vielfach festgestellte Anziehungskraft des Begriffs »Volksgemeinschaft« in seiner Verwendung durch die Nationalsozialisten lag nicht nur an deren ideologischer Beschreibung der Volksgemeinschaft. Es gelang ihnen auch, das deutsche Volk von seiner Fähigkeit zu überzeugen, diese »Volksgemeinschaft« zu bilden und den positiven Eigenschaften des Mythos Leben zu verleihen. Und die »Gläubigen wiederum sind empfänglich für den Mythos, weil sie von ihrem Glauben Vorteile erwarten.«[54]

---

51 Zit. n. Eberhard Jäckel, Hitlers Weltanschauung. Entwurf einer Herrschaft, Stuttgart 1991, S. 92.
52 Zit. n. Wolfram Wette, *Ideologien, Propaganda und Innenpolitik als Voraussetzungen der Kriegspolitik des Dritten Reiches*, in: Wilhelm Deist (Hg.), Ursachen und Voraussetzungen des Zweiten Weltkrieges, Stuttgart 1979, S. 101.
53 *Adolf Hitlers Neujahrsbotschaft*, in: Völkischer Beobachter (München), 1. Januar 1933, Nr, 1, S. 1.
54 Vgl. Behrenbeck, Der Kult um die toten Helden, S. 45.

Erlösungsschlüssel.

Die Demokraten versuchten, diese Argumente durch den Hinweis zu entkräften, dieses Konzept einer Gemeinschaft sei nur innerhalb eines totalitären Staates realisierbar und gehe mit dem Verlust der individuellen Freiheit einher. Ihre Ansicht setzte sich jedoch nicht durch, wobei die Übermacht der konservativen Argumente in den zwanziger Jahren zum Teil in der Position des mächtigen Hugenberg-Konzerns begründet lag.[55] Was jedoch noch wichtiger war: Die konservativ-reaktionäre Auffassung zum Thema »Volksgemeinschaft« sprach ein inneres Bedürfnis vieler Deutscher an, zum einen im Hinblick auf die Bedeutung des Krieges, auf den Charakter des »Deutschland«, für das sie gekämpft hatten, und zum anderen im Hinblick auf die Hoffnung, daß durch einen festen Glauben Dinge erreicht werden können, die ansonsten nicht zu erreichen waren.[56] Mythen sind ein Mittel, um die Furcht zu bekämpfen, und sie werden gerade dann benötigt, wenn das gesellschaftliche Leben irrational erscheint. In den zwanziger Jahren spürten viele Menschen die Macht des Schicksals, sie spürten, daß ihnen die Kontrolle über das eigene Leben entglitt. Die Dolchstoßlegende zielte direkt auf ihre Hoffnungen ab, mehr noch: ohne diese Hoffnungen ergibt die Dolchstoßlegende wenig Sinn.

Die Dolchstoßlegende

Nach den Worten des Sozialdemokraten Rolf Barthe fiel der sogenannten Dolchstoßlegende »die entscheidende Rolle in den faschistischen Hetzfeldzügen gegen Deutschland und die Repu-

---

55 Vgl. Heidrun Holzbach, Das ›System Hugenberg‹. Die Organisation bürgerlicher Sammlungspolitik vor dem Aufstieg der NSDAP 1918–1928, Stuttgart 1980; John A. Leopold, Alfred Hugenberg. The Radical Nationalist Campaign against the Weimar Republic, New Haven 1977.
56 Vgl. Ernst Bloch, *Gespräch über Ungleichzeitigkeit*, in: Kursbuch 39 (April 1975), S. 3 sowie Cassirer, Der Mythus des Staates, S. 360 ff.

blik [...] zu.«[57] Nach dieser Legende hatte Deutschland den Krieg nicht aufgrund der militärischen Überlegenheit des Feindes, sondern wegen dessen psychologischer Überlegenheit verloren. Der Feind habe die besseren »Nerven«, den stärkeren Willen gehabt. 1918 sei die deutsche Zivilbevölkerung – nicht jedoch die Armee – mit den Nerven am Ende gewesen, was zu Revolution und Niederlage geführt habe. Die Zivilbevölkerung habe die Armee von hinten »erdolcht«.

Die Ursprünge dieser »Legende« lagen im Mythos vom »Geist von 1914«. Denn dieser Mythos besagte – jedenfalls so, wie er in der Propaganda des Ersten Weltkriegs aufbereitet wurde –, daß der Sieg vom Willen abhängig ist, daß die militärischen Erfolge durch die deutsche Einheit, durch den deutschen Siegeswillen, durch die deutsche Nervenstärke herbeigeführt wurden. Damit wurde – unausgesprochen – natürlich auch der Umkehrschluß nahegelegt. Schon am 6. Oktober 1918 betonte die Deutsche Vaterlandspartei, das derzeitige Friedensangebot unter Anerkennung der Niederlage sei »das notwendige Ergebnis einer schwachen und ziellosen politischen Leitung seit Beginn des Krieges«.[58] Bethmann Hollweg habe es nicht geschafft, den »Geist von 1914« aufrechtzuerhalten.

Der Begriff »Dolchstoß« wurde am 18. November 1919 von Hindenburg und Ludendorff bei der Anhörung vor dem Reichs-

---

57 Rolf Barthe, Der Zusammenbruch, (o. S., undatiert, SPD-Veröffentlichung), S. 1. Sehr instruktiv zur »Dolchstoßlegende« Friedrich Freiherr Hiller von Gärtringen, ›Dolchstoß‹-Diskussion und ›Dolchstoßlegende‹ im Wandel von vier Jahrzehnten, in: Waldemar Besson und Friedrich Freiherr von Gärtringen (Hg.), Geschichte und Gegenwartsbewußtsein, Göttingen 1963, S. 122–160.

58 Zit. n. Wortmann, Geschichte der Deutschen Vaterlands-Partei 1917–1918, S. 59. Gunther Mai legt in ›Aufklärung der Bevölkerung‹ und ›Vaterländischer Unterricht‹ in Württemberg 1914–1918, S. 233 dar, daß solche Gefühle bei den Propagandaoffizieren besonders stark vorhanden waren.

tag über die Gründe des Krieges und der Niederlage geprägt.[59] Bei dieser Anhörung verlas Hindenburg eine von Ludendorff verfaßte Erklärung, die die folgende berühmt gewordene Formulierung enthielt:

»In dieser Zeit [Anfang 1918] setzte die heimliche, planmäßige Zersetzung von Flotte und Heer als Fortsetzung ähnlicher Erscheinungen im Frieden ein [...] So mußten unsere Operationen mißlingen, es mußte der Zusammenbruch kommen: die Revolution bildete nur den Schlußstein. Ein englischer General sagte mit Recht: ›Die deutsche Armee ist von hinten erdolcht worden.‹«[60]

Mit anderen Worten: Nach dem Krieg behaupteten die führenden Militärs, sie hätten in ihrer Propaganda nicht gelogen. Sie verstiegen sich allerdings nicht zu der Behauptung, die Realität objektiv wiedergegeben zu haben. Die »Realität«, so ihre Argumentation, sei eine schwer zu fassende Sache. In seinen Memoiren räumte Ludendorff zwar die zahlen- und waffenmäßige Überlegenheit des Feindes ein, doch sei diese bis 1918 durch den stärkeren deutschen »Siegeswillen« ausgeglichen worden. Der Zusammenbruch Deutschlands sei nicht auf die materielle Überlegenheit der Alliierten zurückzuführen, sondern der deutsche Siegeswille sei so schwach geworden, daß dies schließlich zur Niederlage geführt habe. Ludendorff zufolge hatte Deutschland den Krieg nicht wegen der militärischen, sondern wegen der psychologischen Überlegenheit des Feindes verloren. Der Feind hatte die besseren Nerven, den stärkeren Willen gehabt. Nicht das Militär, sondern die zivile Führung sowie die defätistische und feindliche Propaganda waren, so Ludendorff, für den Verfall der deutschen Moral verantwortlich.[61]

Von hier war es nur ein kleiner Schritt bis zur Identifizierung

---

59 Vgl. Erich Ludendorff, Kriegführung und Politik, S. 331.
60 Zit. n. Johannes Erger, Der Kapp-Lütwitz-Putsch. Ein Beitrag zur deutschen Innenpolitik, Düsseldorf 1967, S. 71 f.
61 Ähnliche Bemerkungen finden sich in vielen – nach dem Krieg verfaßten – Schriften hoher Militärs, z. B. Oberst Max Bauer, Konnten wir den

der politischen Feinde, der Sozialdemokratischen Partei und der Linksliberalen, als Schuldige, als diejenigen, die die Armee »von hinten erdolcht hatten«. Hatten sich 1918 noch immer viele Konservative auf Bethmann Hollwegs schwache Führung konzentriert, so sollte schon 1919 (vor den Wahlen zur Nationalversammlung) die DNVP, die mit dem Wahlspruch »Wir sind der Geist von 1914« antrat, die deutsche Bevölkerung auffordern, nicht die sogenannten »Novemberverbrecher« – Linksliberale und Sozialdemokraten – zu wählen, denn die hätten das deutsche Volk seines Willens beraubt.[62] Die ganze Weimarer Republik hindurch wiederholten konservative Autoren diese Legende in allen ihnen zur Verfügung stehenden Medien, in Zeitungen und Zeitschriften, in zahllosen Broschüren und Büchern, in Verleumdungsprozessen, in parlamentarischen Ausschüssen und natürlich in Wahlkampfreden. Protestantische Pfarrer nahmen ihre Version des Mythos in ihre Predigt auf und führten zum Beispiel oft an, Deutschland habe den Krieg verloren, weil es dem »Geist von 1914« nicht mehr vertraut habe.[63] Und in der Tat gab es in den zwanziger Jahren kaum ein nationalistisch geprägtes Narrativ vom Krieg, das nicht in der einen oder anderen Form die »Dolchstoßlegende« beinhaltete.

Die lautesten und geschicktesten Verbreiter dieser Legende in der zweiten Hälfte der Weimarer Republik, insbesondere im kritischen Zeitraum zwischen 1929 und 1932, waren die Nationalsozialisten. Am 1. Februar 1933 begann Adolf Hitler seine erste Rede als Reichskanzler mit den Worten:

Krieg vermeiden, gewinnen, abbrechen? Drei Fragen, Berlin 1918 oder Hans von Kuhl, Ursachen des Zusammenbruchs, Berlin 1925.

62 Vgl. Friedrich Freiherr Hiller von Gärtringen, ›Dolchstoß‹-Diskussion und ›Dolchstoßlegende‹ im Wandel von vier Jahrzehnten, S.134f.
63 Vgl. Pressel, Die Kriegspredigt 1914–1918, S.22ff und 300ff. Ähnlich Hiller von Gärtringen, ›Dolchstoß‹-Diskussion und ›Dolchstoßlegende‹ im Wandel von vier Jahrzehnten, S.158.

»Über 14 Jahre sind vergangen seit dem unseligen Tage, da, von inneren und äußeren Versprechungen verblendet, das deutsche Volk die höchsten Güter unserer Vergangenheit, des Reiches, seiner Ehre und seiner Freiheit vergaß und dabei alles verlor. Seit diesem Tage des Verrats hat der Allmächtige unserem Volke seinen Segen entzogen. Zwietracht und Haß hielten ihren Einzug. […] Die versprochene Gleichheit und Brüderlichkeit erhielten wir nicht, aber die Freiheit haben wir verloren. Denn dem Verfall der geistigen und willensmäßigen Einheit unseres Volkes im Innern folgte der Verfall seiner politischen Stellung in der Welt.«[64]

Der Wahlkampf zwischen dem 1. Februar und dem 5. März 1933 war im wesentlichen ein Feldzug gegen die Marxisten, die »Novemberverbrecher«, denen angedroht wurde, sie würden nun für ihre Verbrechen zahlen müssen. Diese Legende war keineswegs nur Bestandteil der konservativen und reaktionären Propaganda. Sie schaffte es sogar in die Geschichtsbücher der Republik[65] und diente den Konservativen vor allem für zweierlei Zwecke. Zum einen lieferte sie ihnen eine gute Waffe gegen ihre politischen Feinde an die Hand. Zum anderen diente sie dazu, die unlogischen Aspekte der eigenen politischen Ideologie populär, ja sogar plausibel erscheinen zu lassen. Denn nur im Rahmen einer konservativen Epistemologie, einer Annäherung an die Wahrheit, ergab die Dolchstoßlegende überhaupt einen Sinn. Die Behauptung, der Krieg sei aus Mangel an Willensstärke verloren worden, ergab nur dann Sinn, wenn man glaubte, daß der Wille immer der entscheidende Faktor war, wenn man der Formulierung des beliebten »völkischen« Autors Houston Stewart Chamberlain zustimmte: »Wir Menschen erschaffen uns selber die Welt, in der wir leben.«[66] Für Oswald Spengler war das die Lehre des »Geistes von 1914«.[67] Für Heinrich Claß war es auch

---

64 *Aufruf der Reichsregierung von Adolf Hitler im Rundfunk verkündet*, in: Völkischer Beobachter (München), 3. Februar 1933, S. 1.
65 Vgl. Ralph H. Samuel und R. Hinton Thomas, Education and Society in Modern Germany, London 1949, S. 73 ff.
66 Houston Stewart Chamberlain, *Kultur und Politik*, in: Deutschlands Erneuerung, Nr. 1 (Januar 1923), S. 2.

die Lehre aus dem Krieg, und er schließt sein Werk über den Ersten Weltkrieg mit den Worten »Erkennen ist viel, der Wille ist aber alles.«[68] Einige Rechte kritisierten sogar Bismarcks Ausspruch »Die Politik ist die Kunst des Möglichen« und hielten dem entgegen: »Die Politik ist die Kunst, das Notwendige möglich zu machen.«[69]

Die Linke wiederum versuchte in ihren Zeitungen und Schriften, in Büchern, in Reden und sogar in einer Reihe von Verleumdungsprozessen klarzustellen, daß die Dolchstoßlegende historisch gesehen lächerlich war. Nicht die Moral in der Heimat habe zum Zerfall der Moral an der Front geführt, sondern die Moral der Soldaten sei von allein zusammengebrochen – ob nun aufgrund der Erfahrungen der Soldaten mit den hierarchischen Strukturen des preußischen Militärsystems oder weil man die immer größer werdende materielle Überlegenheit des Feindes erkannte.[70] Auch habe die Moral in der Heimat keineswegs unter den Sozialdemokraten oder der liberalen Presse gelitten, sondern unter den schlechten sozialen und wirtschaftlichen Bedingungen und der Politik der Konservativen, vor allem als diese so

---

67 Oswald Spengler, *Zum 4. August 1924*, in: Süddeutsche Monatshefte, Juli 1924, S. 229.

68 Claß, Das deutsche Volk im Weltkrieg, S. 302.

69 Kloß, Die Arbeit des Alldeutschen Verbandes im Kriege, S. 18.

70 Vgl. Otto Lehmann-Russbüldt, Warum erfolgte der Zusammenbruch an der Westfront?, 2. Aufl., Berlin 1919; Rolf Barthe, Der Zusammenbruch, Berlin, o. D.; Georg Gothein, Warum verloren wir den Krieg?, 2. Aufl., Stuttgart 1920; Adolf Koester, Fort mit der Dolchstosslegende! Warum wir 1918 nicht weiterkämpfen konnten, Berlin 1922; Wilhelm Deist, *Der militärische Zusammenbruch des Kaiserreichs. Zur Realität der ›Dolchstoßlegende‹*, in: Ursula Büttner (Hg.), Das Unrechtsregime. Internationale Forschung über den Nationalsozialismus, Bd. 1: Ideologie, Herrschaftssystem, Wirkung in Europa, Hamburg 1986, S. 101 ff. und Wolfgang Kruse, *Krieg und Klassenheer. Zur Revolutionierung der deutschen Armee im Ersten Weltkrieg*, in: Geschichte und Gesellschaft, Nr. 4 (1996), S. 530–561.

Meinungsmanip.

umfangreiche Kriegsziele formulierten, daß viele Deutschen denken mußten, der Krieg würde nie enden.[71] Schließlich verwies die Linke noch auf die antidemokratischen Beweggründe der Verfechter der Dolchstoßlegende, deren Gesellschaftsbild auf einem Menschenverständnis beruhe, bei dem die Massen von einer Elite wie Marionetten manipuliert werden.

Die Reaktion der Demokraten auf die konservative Legende war oft durch den verständnislosen Tonfall gekennzeichnet, den rational denkende Menschen angesichts tiefgreifender Irrationalität anschlagen. So schrieb Hans Delbrück über Ludendorffs Memoiren: »Man faßt sich an den Kopf, wenn man solche Gedankengänge liest. Jeder Satz eine Absurdität oder ein historisches Falsum.«[72] Doch das half nichts. Vielleicht hat die Linke, wie viele Historiker glauben, nicht genug Energie darauf verwendet, die Dolchstoßlegende als Geschichtsklitterei zu entlarven.[73] Das tieferliegende Problem bestand allerdings darin, daß es in der Diskussion über die Dolchstoßlegende im Grunde nicht um die Geschichte ging, sondern vor allem um Anthropologie, um Psychologie und Glauben. Wenn man davon ausgeht, daß Kriege im wesentlichen durch eine Überlegenheit an Material und Soldaten entschieden werden, dann hatte Deutschland den Krieg zweifellos militärisch verloren. Glaubte man hingegen an »einfache Gesetze des Geistes, deren tiefstes sogar ein Deutscher, Schopenhauer, zuerst ausgesprochen hat: daß der Wille die

---

71 Vgl. Paul Rohrbach, *Demokratie und Führung*, in: Deutsche Politik, Nr. 49, 6. Dezember 1918, S. 1542; *Entlarvung der Alldeutschen*, in: Vorwärts, 26. Juli 1919, Nr. 372, S. 1; Georg Gothein, Warum verloren wir den Krieg?; Hermann Jordan, Wie kam es. Krieg und Zusammenbruch in ihren inneren Zusammenhängen, Berlin 1919.

72 Hans Delbrück, Ludendorff, Tirpitz, Falkenhayn, S. 17, zit. n. Tönnies, Kritik der öffentlichen Meinung, S. 547–548.

73 So Sontheimer, Anti-demokratisches Denken in der Weimarer Republik, S. 98 ff. und Dörner, Politischer Mythos und symbolische Politik, S. 55.

Welt ist«[74] und »der Wille ist alles, und wo ein Wille ist, da ist auch ein Weg«[75], dann war die Niederlage auf Willensschwäche zurückzuführen.

Nietzsche verdanken wir folgende Beobachtung: »›Das habe ich getan‹, sagt mein Gedächtnis. ›Das kann ich nicht getan haben‹ – sagt mein Stolz und bleibt unerbittlich. Endlich – gibt das Gedächtnis nach.«[76] Die Menschen glaubten an die Dolchstoßlegende, weil sie an sie glauben wollten. Sie erfüllte die gleiche psychologische Funktion wie der Mythos vom »Geist von 1914« in der Propaganda des Ersten Weltkriegs. Demnach konnte Deutschland, das den Krieg aufgrund von Willensschwäche verloren hatte, nur dann die Kontrolle über die eigenen Geschicke wiedererlangen, wenn es seinen Willen stärkte. Und es waren die Nationalsozialisten, die die These, daß Deutschland durch die Kraft des eigenen Willens die Niederlage des Ersten Weltkriegs wieder wettmachen könne, für die eigenen Ziele zu nutzen verstanden.

Der »Geist von 1914« im Nationalsozialismus

Am Abend des 30. Januar 1933, dem Tag, an dem Hitler zum Kanzler ernannt wurde, kam es am Brandenburger Tor und in der Wilhelmstraße, an den Stätten der »Kriegsbegeisterung« von 1914, zu großen SA-Aufmärschen. Der preußische Innenminister Hermann Göring sprach in ein Rundfunkmikrophon: »Während ich hier am Mikrophon stehe, drängen sich draußen vor den Fenstern der Reichskanzlei Hunderttausende von Menschen, eine Stimmung, wie sie nur mehr zu vergleichen ist mit

---

74 *Rückblick*, in: Süddeutsche Monatshefte, 1922/23, S. 318.
75 Vgl. Erich Kuhn, *Bild der Lage*, in: Deutschlands Erneuerung, Nr. 1 (1921), S. 62.
76 Friedrich Nietzsche, Jenseits von Gut und Böse. Viertes Hauptstück. Sprüche und Zwischenspiele, Studienausgabe Bd. 5, S. 68.

Anspruch.

jenem August 1914.«[77] Wie 1914 schien die begeisterte Menge
vielen Beobachtern die öffentliche Meinung widerzuspiegeln.
Der *Völkische Beobachter* schrieb: »Die Erinnerung schweift in
die erhebenden Augusttage von 1914 zurück. Damals wie heute
die lodernden Zeichen der Volkserhebung. Damals, wie heute:
der Bann gebrochen, das Volk steht auf.«[78]

1933 behaupteten die Nationalsozialisten häufig, ihre »Revolution« sei Teil der Revolution von 1914, sie habe, so Goebbels,
»seit dem August 1914 in der Luft« gelegen.[79] Oder wie Robert
Ley es formulierte: »Die deutsche Revolution hat in jenen Augusttagen ihren Anfang genommen.«[80] Diese Behauptung war
eine ihrer effektivsten Strategien, um die öffentliche Meinung im
Jahr 1933 auf ihre Seite zu bringen, zumal auch für viele Bil-
dungsbürger die Erfahrungen von 1933 eine Wiederholung der
Erfahrungen von 1914 waren. Am 21. März 1933, dem sogenannten »Tag von Potsdam«, als sich Hitler und Hindenburg bei
der Feier zur Eröffnung des neuen Reichstags in aller Öffentlichkeit die Hand reichten und damit die Einheit des alten Preußen
mit dem neuen Deutschland symbolisierten, erinnerten sich viele Menschen an das Jahr 1914. Wie üblich begannen die Feierlichkeiten mit einem protestantischen und einem katholischen

---

77 Zitiert nach *Pg. Minister Göring und Dr. Goebbels im Rundfunk*, in:
Völkischer Beobachter, 1. Februar 1933 (München), Nr. 32, S. 1.

78 *Die Reichshauptstadt huldigt Hindenburg und Adolf Hitler*, in: ebenda.

79 *Dr. Goebbels über die politische Lage. ›Wir sehen bereits vor uns das
Ergebnis unserer Revolution‹*, in: Völkischer Beobachter, 3. August
1933, Nr. 93, Beiblatt.

80 Zit. n. Timothy Mason, Sozialpolitik im dritten Reich. Arbeiterklasse
und Volksgemeinschaft, 2. Aufl., Opladen 1978, S. 26; ähnlich *Der 2.
August 1914 – der Tag des großen Anfangs*, in: Völkischer Beobachter,
5. August 1934, Nr. 21: Im Nationalsozialismus »fand der Geist der
Augusttage 1914 seine Erfüllung [...] Wir haben den Geist von 1914
zurückerobert, als die Grundlage unserer Zukunft, als den Anfang unseres neuen Wollens.«

Gottesdienst (an denen weder Hitler noch Goebbels teilnahmen). Der Geistliche, Generalsuperintendent Dibelius, wählte für seine Predigt die Textstelle aus dem Römerbrief 8, Vers 31: »Ist Gott für uns, wer mag wider uns sein?« Die gleiche Stelle hatte ein anderer Generalsuperintendent für seine Predigt zur Eröffnung des Parlaments am 4. August 1914 ausgewählt. Dibelius erinnerte an die glücklichen Tage im August 1914, als der Ruf durch die Massen lief: »ein Reich, ein Volk, ein Gott«. In den folgenden Jahren, so Dibelius weiter, seien die Einheit und der Geist dieser Tage verlorengegangen, nun aber seien sie wieder zurückgekehrt, nun »wollen [wir] wieder sein, wozu Gott uns geschaffen hat, wir wollen wieder Deutsche sein!«[81]

Der katholische Lehrerverband schrieb am 1. April 1933: »Wie in den Augusttagen 1914 hat ein Nationalgefühl unser Volk ergriffen. Der status quo wurde überwunden und neue Ziele wurden gesetzt, um eine deutsche Nation, einen neuen deutschen Staat zu errichten.«[82] Am 3. August 1934 sagten katholische und protestantische Pfarrer bei einer Feier im Lustgarten zum zwanzigsten Jahrestag des Kriegsbeginns, »an jenem 2. August 1914 sei zum ersten Male die innere deutsche Volksgemeinschaft geboren worden. Damals sei der Nationalsozialismus geboren worden.«[83]

Die Bemühungen der Nationalsozialisten, das Jahr 1933 mit 1914 in Verbindung zu setzen, waren keineswegs nur unaufrichtig. Viele von ihnen betrachteten das Erlebnis vom August 1914 als den Augenblick, in dem ihr politisches Bewußtsein erwachte.

---

81 Stenographische Berichte des Reichstages, Band 457, S.3. Zum »Tag von Potsdam« vgl. Anneliese Thimme, Flucht in den Mythos. Die deutschkonservative Volkspartei und die Niederlage von 1918, Göttingen 1969, S.61 ff.
82 Vgl. J. Noakes and G. Pridham (Hg.), Nazism. A History in Documents and Eyewitness Accounts 1919–1945, New York 1983, S.163.
83 *Die große militärische Gedenkfeier im Lustgarten*, in: Völkischer Beobachter, 4. August 1934, Nr. 216.

So schrieb Adolf Hitler in »Mein Kampf« über den August 1914:
»Mir selber kamen die damaligen Stunden wie eine Erlösung aus
den ärgerlichen Empfindungen der Jugend vor. Ich schäme mich
auch heute nicht, es zu sagen, daß ich, überwältigt von stürmischer Begeisterung, in die Knie gesunken war und dem Himmel
aus übervollem Herzen dankte, daß er mir das Glück geschenkt,
in dieser Zeit leben zu dürfen.«[84]

Nicht nur hatten, wie Timothy Mason darlegt, viele Nationalsozialisten 1914 ein Transformationserlebnis mitgemacht, nationalsozialistische Ideologie und Praxis waren vielmehr geprägt
durch ihre Interpretation des »Augusterlebnisses«: »Die Politik
des Nationalsozialismus läßt sich zum Teil als ein Versuch verstehen, die Erfahrungen vom August 1914 als permanenten Zustand zu reproduzieren und die Utopie einer durch rein gesin-
nungsmäßige Bindungen zusammengehaltenen Gesellschaft im
politischen Bewußtsein zu verfestigen.«[85]

Das Mittel, mit dem die »totale Mobilmachung«[86] erreicht
werden konnte und das die Massen von ihren falschen Führern
fortreißen würde, war nach Meinung der Nationalsozialisten die
»Begeisterung«. Die Massenversammlungen, die in der nationalsozialistischen Propaganda eine so bedeutende Rolle spielten,
lassen sich als Versuch verstehen, die »Massenseele« der begeisterten Mengen von 1914 wiederauferstehen zu lassen.[87]

---

84 Adolf Hitler, Mein Kampf, München 1938, 365. – 369. Aufl., S. 177. Zu
   Hitlers »Augusterlebnis« vgl. Modris Eksteins, Tanz über Gräben,
   S. 451 ff.
85 Mason, Sozialpolitik im dritten Reich, S. 26.
86 Zu den nationalsozialistischen Vorstellungen von der totalen Mobilmachung vgl. Jutta Sywottek, Mobilmachung für den totalen Krieg. Die
   propagandistische Vorbereitung der deutschen Bevölkerung auf den
   zweiten Weltkrieg, Opladen 1976, S. 13 ff. Geprägt wurde dieser Begriff
   von Ernst Jünger, Die totale Mobilmachung, Berlin 1931.
87 Zu diesen Massenversammlungen vgl. Martina Schöps-Potthoff, *Exkurs: Die veranstaltete Masse. Nürnberger Reichsparteitage der NSDAP*,

Die Nationalsozialisten glaubten, im August 1914 habe der Kaiser die Möglichkeit, die SPD zu liquidieren, ungenutzt verstreichen lassen:

»Der deutsche Arbeiter hatte in den damaligen Stunden sich ja aus der Umarmung dieser giftigen Seuche [des Marxismus] gelöst [...] Es wäre die Pflicht einer besorgten Staatsregierung gewesen, nun, da der deutsche Arbeiter wieder den Weg zum Volkstum gefunden hatte, die Verhetzer dieses Volkstums unbarmherzig auszurotten. Wenn an der Front die Besten fielen, dann konnte man zu Hause wenigstens das Ungeziefer vertilgen. [...] Was aber mußte man tun? [...] Man mußte rücksichtslos die gesamten militärischen Machtmittel einsetzen zur Ausrottung dieser Pestilenz.«[88]

Die von Hitler geforderte »Liquidierung und Ausrottung« der Novemberverbrecher, derjenigen, die »den Dolch geführt hatten« – in Hitlers Augen Juden und Marxisten –, war nicht nur ein Racheakt, sondern Programm und Anweisung für zukünftiges Vorgehen.[89] Die Auflösung der Gewerkschaften am 2. Mai 1933 begründeten die Nazis unter anderem mit den folgenden Worten: »Der Marxismus stellt sich tot, um sich bei günstiger Gelegenheit von neuem zu erheben und dir von neuem hinterhältig den Judasdolch in den Rücken zu stoßen. Genau wie 1914!«[90]

Bei ihren Bemühungen zur Gleichschaltung des deutschen Volkes im Jahre 1933 verboten die Nationalsozialisten die »libe-

---

in: Helge Pross und Eugen Buss (Hg.), Soziologie der Masse, Heidelberg 1984, S.148–170.

88 Adolf Hitler, Mein Kampf, S. 185–187.

89 Vgl. Timothy Mason, *The Legacy of 1918 for National Socialism*, in: A. J. Nicholls (Hg.), German Democracy and the Triumph of Hitler: Essays in recent German History, London 1971, S.220f. sowie Mason, Sozialpolitik im dritten Reich, S.20.

90 Aufruf des Leiters des Aktionskomitees zum Schutze der deutschen Arbeit zur Besetzung der Gewerkschaftshäuser am 2. Mai 1933, nachgedruckt in: Axel Friedrichs (Hg.), Die Nationalsozialistische Revolution 1933, 7. Aufl., Berlin 1942, S.168.

rale Deutsche Gesellschaft« 1914, nachdem diese sich geweigert hatte, den ersten Artikel ihrer Satzung zu ändern. Statt der Verpflichtung, alle Bürger unabhängig von ihrer Parteizugehörigkeit aufzunehmen, bestanden die Nationalsozialisten auf einem Paragraphen, in dem die Bedeutung der arischen Rasse hervorgehoben wurde. Der Vorsitzende der Organisation, Wilhelm Solf, kam dieser Forderung nicht nach, sondern löste die Gesellschaft auf. Im Mai 1934 erklärte er dies den Mitgliedern des Vorstands in einem Schreiben:

»Das, was die Gründer mit der Gesellschaft, insbesondere mit dem §1, bezweckten, entsprang den höchsten patriotischen Gefühlen und dem Bedürfnis nach Toleranz, die ein Volk verdiente, das in allen seinen Schichten gleich freudig und begeistert in den Krieg zog. Es sind jetzt andere Zeiten, und wir haben die Erfahrung gemacht, daß die heutige Generation an der Ausstrahlung des Geistes, den die Gründer wünschten, nicht den gleichen Gefallen findet.«[91]

Im Gegensatz dazu akzeptierte eine ähnliche, 1914 gegründete Gesellschaft in Bremen den Arierparagraphen und benannte sich in Haus der Hanse zu Bremen um. In ihr war nunmehr laut § 2 »eine Gemeinschaft von Männern zusammengefaßt, die den Gedankenaustausch und die Fortbildung auf allen Gebieten des geistigen, kulturellen und wirtschaftlichen Lebens im Sinne Adolf Hitlers und der von ihm geführten Nationalsozialistischen Bewegung pflegt«.[92]

Nicht wenige Nationalsozialisten hatten allerdings in bezug auf die Begeisterung von 1914 zwiespältige Gefühle. Nach 1933 tauchte der »Geist von 1914« in der nationalsozialistischen Propaganda als Slogan praktisch nicht mehr auf. Nur am 2. August 1934 gedachte man öffentlich des Jahrestags des Kriegsbeginns. Diese Feierlichkeiten waren aber eher still. An den staatlichen

---

91 Brief von Solf an die »Mitglieder des Vorstandes der Deutschen Gesellschaft 1914«, 12. August 1934, BAK, NL Solf, Nr. 141, S.131.
92 Satzung der Gesellschaft »Haus der Hanse zu Bremen«, in StA Bremen 3-V.2. Nr. 1112.

Gebäuden durfte an diesem Tag keine Nationalflagge gehißt sein. 1935 gedachten die Nationalsozialisten am 2. August Hindenburgs Tod; 1936 und 1937 gab es keine Veranstaltung zum Tag des Kriegsbeginns.

Das »Augusterlebnis« war für die Nationalsozialisten nicht annähernd so bedeutend wie die Erfahrungen des Krieges, die in ihren Augen die Grundlage des Dritten Reiches bildeten.[93] Entsprechend barsch wurde denn auch Johann Plenge, der in einer Reihe pathetischer Briefe mit der Behauptung, er sei der geistige Vater des Nationalsozialismus, um die Aufnahme in den »Bund Schlageter« bat, von den Nationalsozialisten beschieden, sein Beitrag zu ihrer Ideologie sei nur gering gewesen.[94] Nicht die Massen im August, sondern der Krieg habe eine wirkliche Gemeinschaft gebildet. An der Front, in der »Frontgemeinschaft«, so ein Nationalsozialist, »da lernte der Bauer den Industriearbeiter, der Angestellte den Unternehmer, der Stirnarbeiter den Handarbeiter neben sich kennen, so wie er war: den Deutschen nur, unterschiedslos in der Uniform der Verteidiger«.[95] Wie Bernd Ulrich darlegt, war es ungeachtet der nationalsozialistischen Vereinnahmung des Mythos von Langemarck nicht der Freiwillige, sondern das Mitglied der Sturmtruppen gemäß der Beschreibung von Ernst Jünger, der Mann mit den eisernen Nerven, der Mann aus Stahl, der das Idealbild

---

93 Vgl. William K. Pfeiler, War and the German Mind: The Testimony of Men of Fiction who fought at the Front, New York 1941, S. 4.

94 Johann Plenge, Meine Anmeldung zum Bund Schlageter e.V. Mit der Verkündigung der Volksgenossenschaft der Arbeit am 31. Juli 1914, der Verheißung des ›nationalen Sozialismus aus den Ideen von 1914‹ in meinen Kriegsschriften (1914 bis 1918) und dem Verlagsprogramm von Juli 1919 mit dem ersten Symbol für ›Das dritte Reich‹. o. S. (als Handschrift für Gesinnungsgenossen), o. J. (1934?).

95 Otto Riebicke, Vom Frontgeist zum Volksgeist. Die Kriegervereine im Dritten Reich, (o. S., undatiert), HStA Stuttgart, J 150/3901/2, S. 14 der Broschüre.

vgl. Hüppauf.

des deutschen Soldaten im Ersten Weltkrieg prägte.[96] Nicht das »Augusterlebnis«, sondern der Krieg hatte den »neuen Menschen« geschaffen. »Die Menschen wurden zu den einfachen, heroischen Lebensformen gezwungen, es entstand die Front, die die Nation war, und die Nation, welche die Front war. [...] Die gespannte heroische Leistung bildet von nun an den Inhalt des Lebens.«[97]

Das Ende des Mythos vom »Geist von 1914«

Am 2. August 1939, einen Monat vor Beginn des Zweiten Weltkriegs, gedachte das deutsche Volk des fünfundzwanzigsten Jahrestags des Ausbruchs des Ersten Weltkriegs. Die nationalsozialistische Führung nutzte die Gelegenheit, um die Begeisterung hochzupeitschen. Wilhelm Weiß schrieb im *Völkischen Beobachter*, es sei falsch, zu glauben, der Erste Weltkrieg habe je geendet.[98] Der Oberbefehlshaber der Streitkräfte hatte in seiner Ansprache zu diesem Tag geschrieben: »Wir wollen den Frieden! Wenn uns aber ein neuer Kampf aufgezwungen werden sollte, wird das Heer mit derselben inneren Geschlossenheit, Einsatzbereitschaft und Tapferkeit wie 1914 kämpfen.«[99] Die Feierlich-

---

96 Vgl. *Die Desillusionierung der Kriegsfreiwilligen von 1914*, S. 122; vgl. auch Mosse, Gefallen für das Vaterland, S. 204 f.

97 Karl Troebs, *Deutsche Mobilmachung. 2. August 1914*, in: Völkischer Beobachter, 2. August 1934, Nr. 214, S. 1. Zur Bedeutung des »neuen Menschen« für die nationalsozialistische Ideologie vgl. insbesondere Bernd Hüppauf, *Schlachtenmythen und die Konstruktion des ›Neuen Menschen‹*, S. 72 ff.

98 Wilhelm Weiß, *2. August 1914–1939*, in: Völkischer Beobachter, 2. August 1939, S. 1.

99 *Die Oberbefehlshaber zum 2. August. Die Wehrmacht von 1939 gedenkt der Armee von 1914*, in: Völkischer Beobachter (München), 3. August 1934 (Nr. 215), S. 1. In München konstatierte der Chef des Ge-

keiten verliefen allerdings verhalten. Eine landesweite Zeremonie wie 1924 gab es nicht.

Einen Monat später begann der Krieg. Am 1. September 1939 marschierten Soldaten auf dem Weg zur Front durch die Straßen Berlins. Trotz dieser Inszenierung – der Zug der Truppen durch die Straßen war keineswegs notwendig – hielt sich die öffentliche Begeisterung sehr in Grenzen, es war kein Vergleich zu 1914.[100] Große, neugierige Menschenansammlungen bildeten sich nicht. Selbst Adolf Hitler, der eine Rede vor den Reichstagsabgeordneten halten wollte, zog auf der Fahrt im offenen Automobil zum Opernhaus (die der Fahrt des Kaisers von 1914 glich) nur wenige neugierige Zuschauer an. Zeitgenossen verglichen die Zurückhaltung im Jahr 1939 oft mit der »Begeisterung« von 1914, genauso wie die Journalisten im Jahr 1914 die damalige Zurückhaltung mit der Begeisterung von 1870 verglichen hatten.[101]

Die Parteiführung bemühte sich, das Fehlen der Begeisterung herunterzuspielen. In Reden und Schriften behauptete sie, die Begeisterung von 1914 sei ein Anzeichen von Nervosität gewesen. Ein guter Soldat, der »neue Mensch« des Nationalsozialismus, der Mann aus Stahl, habe keine Emotionen, sondern

---

neralstabs: »Wieder ist es wie Anno 1914: Das Volk will nicht den Krieg, aber es fürchtet ihn auch nicht.« *Der 25. Jahrestag des Weltkriegsbeginns. Feierstunden der Wehrmacht. In allen Garnisonen Großdeutschlands Appelle und Großer Zapfenstreich*, in: ebenda.

100 Zum Mangel an Kriegsbegeisterung vgl. Sywottek, Mobilmachung für den totalen Krieg, S. 233 ff.; Marlis Steinert, Hitler's War and the Germans. Public Mood and Attitude during the Second World War, Athens (Ohio) 1977; Jörg Bohse, Inszenierte Kriegsbegeisterung und ohnmächtiger Friedenswille. Meinungslenkung und Propaganda im Nationalsozialismus, Stuttgart 1988, S. 28 ff.; Wolfram Wette, *Ideologien, Propaganda und Innenpolitik als Voraussetzungen der Kriegspolitik des Dritten Reiches*, S. 25 ff. und S. 139 ff.

101 Vgl. Hans Maier, *Ideen von 1914 – Ideen von 1939?*, in: Vierteljahrshefte für Zeitgeschichte, 38 (1990), S. 531.

eiserne Nerven und einen starken Willen. In der offiziellen Geschichtsschreibung zum Ausbruch des Zweiten Weltkriegs hieß
es: »Im Gegensatz zu der Begeisterung, die sich beim Ausbruch
des 1. Weltkrieges in den ersten Augusttagen 1914 mit mitrei-
ßenden Kundgebungen geäußert hat, nahm das deutsche
Volk den Beginn der seit langem ersehnten Abwehr der polnischen Provokationen und die Kriegserklärungen Englands
und Frankreichs mit ruhiger und eiserner Entschlossenheit
auf.«[102]

Dem Leitenden Heerespsychologen Max Simoneit zufolge
hatte die Begeisterung von 1914 bei vielen Menschen zur Ent-
täuschung geführt.[103] Hitler selbst äußerte sich 1940 verächtlich
über den »Hurrapatriotismus« vom August 1914 und stellte fest,
daß das Volk 1939 »dank der nationalsozialistischen Erziehung
in diesen Krieg nicht gegangen [ist] mit der Oberflächlichkeit
eines Hurrapatriotismus, sondern mit dem fanatischen Ernst
einer Rasse, die das Schicksal kennt, das ihm bevorsteht, falls sie
besiegt werden sollte«.[104]

In verschiedenen Reden und Kundgebungen, die den Kriegsbeginn begleiteten, betonte die nationalsozialistische Führung
immer wieder, das Deutschland von 1939 sei besser gerüstet als
das Deutschland von 1914, nicht nur militärisch, sondern auch
geistig. In seiner Ansprache an das deutsche Volk am 3. September – nach der Kriegserklärung Englands an Deutschland – erklärte Hitler, der Mangel an Begeisterung sei der Beweis, daß
»ihnen jetzt ein anderes Deutschland gegenübertritt als das vom
Jahre 1914«. Er warnte die Engländer, daß deren Regierung sich

---

102 Deutschland im Kampf vom September 1939, zitiert in: Sywottek,
   Mobilmachung, S.236.
103 Max Simoneit, Deutsches Soldatentum 1914 und 1939, Berlin 1940,
   S.12.
104 Erhard Kloss (Hg.), Reden des Führers: Politik und Propaganda Adolf
   Hitlers 1922–1945, München 1967, S.254. Diese Rede wurde am
   19. Juli 1940 gehalten.

täusche, wenn sie annehme, das Deutschland von 1939 sei noch das von 1914.[105] Vor allem, so betonte Hitler während des Krieges immer wieder, sei der Wille so stark, daß es zu keinem Dolchstoß kommen würde.

Diese Bemühungen waren nicht ganz aufrichtig. Wie Wolfram Wette zeigte, hatte die NSDAP 1938 und 1939 mit einer Propagandakampagne begonnen, die zu einer ähnlichen Kriegsbegeisterung wie im Jahr 1914 hätte führen sollen.[106] Am 1. September 1939 inszenierten die Nationalsozialisten den Kriegsbeginn so, daß es durchaus zu einem spontanen Ausbruch der Begeisterung hätte kommen können. Zudem waren die Nationalsozialisten der »Begeisterung« gegenüber keineswegs so negativ eingestellt, wie ihre Aussagen es nahelegten. Ein Großteil ihrer Propaganda war darauf ausgerichtet, die Volksseele kochen zu lassen, nicht nur, um eine vereinte Massenseele zu schaffen, sondern auch zur Stärkung des Willens. »Begeisterung« bedeutete für sie mehr oder weniger das gleiche wie »Fanatismus«, war ein Werkzeug für den deutschen Sieg, ein Mittel zur Stärkung von Glauben und Engagement. Goebbels' Frage an die Zuhörer im Sportpalast, ob sie den »totalen Krieg« wollten, und die enthusiastische Antwort der Menge waren in vielerlei Hinsicht ein ritualisiertes Frage-und-Antwort-Spiel, dem religiösen Glaubensbekenntnis nicht unähnlich. Abgestimmt auf den nationalsozialistischen Diskurs fragte Goebbels die Menge, ob sie zum totalen Einsatz bereit sei, um den Sieg zu erringen.

Andererseits aber waren die Nationalsozialisten mit ihrer Kritik an der »Begeisterung« von 1914 auch nicht völlig unaufrichtig. Ihnen war sehr wohl bewußt, daß zwar ihre Verherrli-

---

105 Vgl. *Deutschlands Antwort auf die englische Herausforderung.* Der Führer an das deutsche Volk. Der Führer an die Soldaten der Ostarmee und an die Soldaten der Westarmee, in: Völkischer Beobachter, 4. September 1939, Nr. 247, S. 1.

106 Wolfram Wette, *Ideologien, Propaganda und Innenpolitik als Voraussetzungen der Kriegspolitik des Dritten Reiches,* S. 141.

chung militaristischer Ideale und des heldenhaften Lebens durchaus beliebt sein mochte, nicht aber der Krieg selbst.[107] Dennoch glaubten sie, die mangelnde Begeisterung der Bevölkerung sei nicht so wichtig wie ihre feste Entschlossenheit. Während des Zweiten Weltkriegs wiederholte Hitler oft die Worte, mit denen die deutschen Politiker im Ersten Weltkrieg an die Moral appelliert hatten:

»Wenn wir eine Gemeinschaft bilden, eng verschworen, zu allem entschlossen, niemals gewillt zu kapitulieren, dann wird unser Wille jeder Not Herr werden. Ich schließe mit dem Bekenntnis, das ich einst aussprach, als ich den Kampf um die Macht im Reich begann: Damals sagte ich: Wenn unser Wille so stark ist, daß keine Not ihn mehr zu zwingen vermag, dann wird unser Wille und unser deutscher Staat auch die Not zerbrechen und besiegen.«[108]

Die bittere Realität sollte diese Propagandabotschaft Lügen strafen. In den Jahren nach dem Zweiten Weltkrieg enthielten zwar noch immer viele Bücher und Zeitschriften Beschreibungen der »Begeisterung« von 1914, zwar lebte der geschichtliche Mythos weiter, aber nur als historische Fußnote, nicht als geheiligte Vergangenheit oder mögliche Zukunft.

---

107 Vgl. Wilhelm Deist, *Überlegungen zur ›widerwilligen‹ Loyalität der Deutschen bei Kriegsbeginn*, in: Wolfgang Michalka (Hg.), Der Zweite Weltkrieg. Analysen – Grundzüge – Forschungsbilanz, München 1989, S. 225.

108 Zit. n. Joseph Peter Stern, Hitler. Der Führer und das Volk, München 1978, S. 61.

Der Mythos vom »Geist von 1914« in der politischen Kultur Deutschlands, 1914–1945

Erstmals tauchte der Mythos vom »Geist von 1914« in den Artikeln der konservativen Presse auf, und zwar im Zusammenhang mit der Beschreibung der begeisterten Massen in den größeren Städten Deutschlands am 25. Juli 1914. Die konservativen Journalisten schrieben, diese Massen repräsentierten die öffentliche Meinung, im August 1914 seien alle Deutschen »kriegsbegeistert« und die Begeisterung ein spirituelles Erlebnis, das eine materialistische, egoistische deutsche Gesellschaft in eine idealistische, brüderliche Gemeinschaft verwandelt habe. Es waren ungewöhnliche Zeitungsartikel, was teils daran lag, daß die Ereignisse selbst ungewöhnlich waren, teils daran, daß die Interpretation der konservativen Journalisten der historischen Wirklichkeit nicht gerecht wurde, und nicht zuletzt auch an der Verwendung dieser und ähnlicher Interpretationen der Ereignisse – der Verwendung des Mythos vom »Geist von 1914« – in den nächsten dreißig Jahren.

Die Deutschen erlebten den Kriegsausbruch als einen Augenblick durchdringender Intensität und Schärfe. Für einige war es ein Moment des großen Abenteuers, wie er nur wenigen Generationen vergönnt ist. In den Worten eines Soldaten: »Einen Augenblick ist mir, als wolle das Herz aussetzen. Ich fühle: Ich bin Zeuge eines großen, gewaltigen Augenblicks. Das ist ein Stück Weltgeschichte, was da steht.«[1] Für einige Deutsche, insbesondere Intellektuelle, waren die Augusttage eine *liminale* Erfah-

---

1 Grenadier St., zitiert nach H. Strunk, Mobilmachung und Aufmarsch der Heere auf dem westlichen Kriegsschauplatz. August 1914, Leipzig 1916, S. 7. Gottfried Traub schrieb in seinem Artikel *Ernst* in: Dortmunder General-Anzeiger, 1. August 1914: »Die gewaltigen Zusammenhänge, aus denen das Völkerleben zusammengewoben ist, werden lebendig. Der einzelne erinnert sich wieder, daß er heute kein so stolzes

Plakat von Ludwig Hohlwein
(Deutsches Historisches Museum)

rung, ein Augenblick, in dem sich individuelle und kollektive Identitäten verwoben zu einem Zauber, zur Erneuerung des Selbst, zur Befreiung, zur Wiedergeburt. Sie erfreuten sich an dem Gefühl, mit ihren Landsleuten eins zu sein, waren überzeugt, daß die deutsche Kultur verjüngt und gereinigt, daß Deutschland idealistischer, edler, religöser geworden sei.

Andererseits war die »Begeisterung« dieser Tage zu weiten Teilen von naiven, karnevalesken Aspekten geprägt. Für viele Jugendliche und Studenten war der August 1914 eine Zeit, in der sie bis spät in der Nacht auf den Straßen herumlärmen konnten. Für die jungen Männer, die da wie Soldaten durch die Straßen marschierten, war der Krieg etwas Ruhmreiches, Ritterliches,

---

Dasein führte, wenn nicht Geschlechter um Geschlechter vor ihm gesorgt, gedarbt, gekämpft, geblutet hätten. Er gräbt den Boden, auf dem er steht, etwas tiefer auf und findet die Geleise mächtiger Kriegswogen.«

etwas Heldenhaftes. Auch die Zuschauer, die den an die Front marschierenden Soldaten Blumen in die Gewehrläufe steckten, stellten sich einen ehrenhaften, einen heldenhaften Krieg vor. Nicht anders die deutschen Frauen, die sich den ausländischen Kriegsgefangenen (insbesondere den Franzosen, gelegentlich auch den Engländern, nie jedoch den Russen) gegenüber freundlich verhielten: für sie war der Krieg ein Akt der Ritterlichkeit und auch der Feind ehrenhaft. Ein Plakat des berühmten deutschen Graphikers Ludwig Hohlwein für einen zeitgenössischen Kinofilm über die Kriegsbegeisterung fängt diesen Aspekt des »Augusterlebnisses«, in das tägliche Einerlei etwas Besonderes hineinzuträumen, recht gut ein. Die Begeisterung dieser Art war ein Tagtraum, sie erhob keinen Anspruch auf Realität. Wäre es ein kurzer Krieg geworden, dann hätten sich möglicherweise das Bild auf diesem Plakat oder die unmittelbaren Beschreibungen des »Augusterlebnisses« in der volkstümlichen Literatur und im volkstümlichen Theater eingeprägt als Erinnerung an »eine große Zeit«. Doch es wurde kein kurzer Krieg. Und als den Deutschen diese Realität mehr und mehr bewußt wurde, schwand die kollektive Erinnerung an das »Augusterlebnis« ebenso dahin wie die naive »Begeisterung«.

Der Mythos vom »Geist von 1914« entsprach nicht ganz den historischen Tatsachen. Die konservativen Zeitungsartikel über die öffentliche Meinung unterschlugen die naiven, karnevalesken Aspekte. Auch unterließen sie es, einen genaueren Blick auf die »begeisterten« Mengen zu werfen. Je nach sozialer Schicht, Geschlecht, Alter, Wohnort und Veranlagung erlebten die Deutschen den Kriegsausbruch durchaus unterschiedlich. Sie fühlten Stolz, Begeisterung, Panik, Entsetzen, Neugier, überschwengliche Freude, Zuversicht, Wut, Angst, Verzweiflung. Es konnte sogar ein und dieselbe Person all dies verspüren. Das Gefühl, das im »Augusterlebnis« von allen geteilt wurde, war nicht Begeisterung, sondern Erregung, ein tiefes Empfinden, ein intensives Fühlen. Da die Empfindungen oft zwiespältig und widersprüchlich waren, dürften viele Menschen gar nicht in der Lage gewesen sein, sich diese Erregung zu erklären, und das »Augusterlebnis« führte auch nicht zu merklichen Veränderungen von Verhaltensweisen und Standpunkten. Die Arbeiterklasse nahm den Krieg hin in der Hoffnung, Deutschland werde gewinnen, doch sie blieb skeptisch.

Die Veränderungen der Einstellung waren, als sie dann spürbar wurden, weniger auf das »Augusterlebnis« als auf die »Kriegserfahrung« zurückzuführen.[2] Der Krieg zwang die Deutschen dazu, ihre grundlegenden Normen zu überdenken. Am Ende des Krieges waren die kollektiven Narrative, die die Werte und Grundvorstellungen der wilhelminischen politischen Kultur bis dahin getragen hatten, so ausgelaugt, daß eine Revolution, die anscheinend niemand wollte, sie ohne weiteres hinwegfegen könnte. An ihre Stelle traten neue Mythen, neue Narrative. Auch wenn es nicht ein »nationales« August- oder Kriegserlebnis gab, keine Erfahrung, die für sich allein die Grundlage eines neuen nationalen Bewußtseins bilden konnte, und das »Augusterlebnis« selbst nur flüchtig war, sollte die Nation doch im Mythos dieser Erfahrungen, im Mythos vom »Geist von 1914« neu entstehen.

Seine besondere Kraft bezieht der Mythos vom »Geist von 1914« in gewissem Maße daraus, daß die Regierung und alle politischen Parteien mit Ausnahme der USPD in groben Zügen das Narrativ teilten, daß die Erfahrungen von 1914 die Deutschen zusammengeschmiedet hätten. Allen war klar, daß die nationale Einheit unabdingbare Voraussetzung einer erfolgreichen Kriegführung war und daß der Krieg eine kollektive Erfahrung ist; die Deutschen mußten wissen, wofür sie kämpften, wofür sie starben. Alle waren sich einig, daß ein Narrativ vom »Geist von 1914« das beste Symbol der deutschen Nation war, das zur Ver-

2 Zur Rolle der Katastrophe für die Kultur vgl. Jay M. Winter, *Catastrophe and Culture. Recent Trends in the Historiography of the First World War*, in: Journal of Modern History, 64 (1992), S. 525–532.

fügung stand. Dies lag zum Teil an den tiefgreifenden Ereignissen von 1914, zum Teil auch daran, daß es das einzige kollektive Narrativ der Nation war, auf das man sich einigen konnte. Durch eine gemeinsame Erinnerung an das »Augusterlebnis« würde man die deutsche Einheit wahren können. Der Mythos vom »Geist von 1914« hatte also zwei Funktionen: Er war ein Mittel zur Beschreibung der Gruppe selbst und ein Mittel, mit dem diese Gruppe – über den Weg der Erinnerung – ihre Gemeinschaft aufrechterhalten konnte.

Im politischen Diskurs wurde der »Geist von 1914« jeweils als Metapher für die eigene politische Ideologie verwendet. Jede Partei versuchte, der Erinnerung an die Ereignisse von 1914 die eigenen politischen Normen und Werte aufzuprägen und die eigene Version des Narrativs als Symbol des »Gemeinsinns« der politischen Kultur Deutschlands darzustellen. Man hatte erkannt, daß die Verknüpfung der eigenen Ideologie mit diesem gesellschaftlichen Mythos die Möglichkeit bot, dieser Ideologie eine hervorragende Position in der politischen Kultur Deutschlands zu sichern. Die Diskussion über die wahre Bedeutung des »Augusterlebnisses« wurde selten als historische Diskussion geführt – zwischen 1914 und 1945 bestand kaum Interesse daran, wie es 1914 um die öffentliche Meinung in Deutschland tatsächlich bestellt gewesen war. Es war vielmehr eine moralische Diskussion, die in diesem Zeitraum geführt wurde, eine Diskussion über die Werte und Normen, die die »deutsche« nationale Identität bilden sollten, über den Charakter des Staates und die Strukturen, die die politische Kultur formen sollten. Zentrales Thema dieser Diskussion waren die unterschiedlichen Vorstellungen vom Volk und von der Gesellschaft und nicht die unterschiedlichen Ansichten darüber, wie sich der Charakter der nationalen Gemeinschaft – vielleicht – im Jahr 1914 dargestellt hatte.

Der konservative Mythos vom »Geist von 1914«, der als erstes in den Zeitungsartikeln artikuliert wurde, gründete in der Hoffnung, daß die – in Kriegszeiten übliche – »Begeisterung«, die auch Teil der deutschen Kriegserfahrungen von 1813 und 1870 gewesen war, Sozialdemokraten in »Deutsche« verwandeln würde. Die konservativen Zeitungen und auch die Regierung behaupteten, 1914 hätten sich alle Deutschen um den Kaiser geschart, die Massen hätten donnernden Beifall gezollt, die Idee der Monarchie habe in der Seele jedes Deutschen Wurzeln geschlagen, Kaiser und Volk seien eins geworden. Die Linke hingegen argumentierte, 1914 sei das deutsche Volk aus freiem Willen zur Verteidigung des Vaterlands bereit gewesen. Die Menschen hätten ihre Reife unter Beweis gestellt, und nun sollten ihnen die gleichen Rechte und Pflichten zugestanden und die Privilegien des Adels abgeschafft werden. Ihr Narrativ vom »Geist von 1914« wollte also Vergangenes und Zukünftiges miteinander verbinden, es war die Beschreibung einer in der Vergangenheit gemachten Erfahrung und eines in der Zukunft zu erreichenden Ziels. Die radikale nationalistische Rechte wiederum versuchte, den »Geist von 1914« als Triumph der alldeutschen Ideologie darzustellen. Durch das »Augusterlebnis« seien alle Deutschen zu Alldeutschen geworden. Diese Einheit könne man bewahren, wenn man die Rahmenbedingungen von 1914 aufrechterhielt, durch eine starke Führung und das Ausschalten – oder zumindest die zensorische Beschränkung – der Demagogen, die nur darauf warteten, das Volk zu betrügen.

Wie Joseph P. Stern darlegt, enthält alle Repräsentation, ob in der Kunst oder in der Politik, ein Element des Fiktiven, das, wo es politisch ausgebeutet wird, zum Mythos, zur Lüge wird.«[3] In den Narrativen vom »Geist von 1914« wurde die Erinnerung an das »Augusterlebnis« von seinen naiven, karnevalesken oder widersprüchlichen Aspekten bereinigt. Diese Narrative hatten wenig mit den realen Erlebnissen von 1914, mit der Aufregung, der Angst und der überschwenglichen Freude der Augusttage zu

---

3 Stern, Hitler, S. 20.

tun. Hätte die Diskussion über die Bedeutung des »Geistes von 1914« in Friedenszeiten stattgefunden, dann hätten die Beteiligten wahrscheinlich mehr Energie darauf verwendet, der gegnerischen Darstellung des »Geistes von 1914« den Nimbus zu nehmen. Doch während des Ersten Weltkriegs versuchte nur Theodor Wolff darauf hinzuweisen, daß der »Geist von 1914« ein Mythos im Sinne einer Lüge ist.

Der Kontext des Krieges verlieh dem Mythos vom »Geist von 1914« eine ganz besondere Bedeutung. Im Ersten Weltkrieg sprach er nicht nur das Bedürfnis an, die Ursprünge und das Wesen der deutschen Gemeinschaft zu verstehen, sondern war darüber hinaus – als Mittel zur Mobilisierung der Bevölkerung – ein Teil der Strategie, die zum Sieg führen sollte. Die wirkungsvollste Propagandaversion des »Geistes von 1914« wurde vom Militär eingesetzt. 1914, so ihr Tenor, hätten die Deutschen nicht so sehr gemeinsame Normen und Werte gefunden als vielmehr einen gemeinsamen Glauben, nämlich den Glauben an Deutschland, und sie hätten erkannt, wozu sie fähig waren, wenn sie sich einem Ziel ganz und gar verschrieben. Dieses Narrativ vom »Geist von 1914« symbolisierte nicht nur das Volk, sondern auch den Glauben, daß die Armee mit ihrer – in Fichtes Worten – »heiligen Begeisterung« den Feind besiegen werde, dem diese Begeisterung fehle. Zum Sieg führt nicht die Stärke der Armee, nicht einmal die der Waffen, sondern die Stärke des Willens. Damit verschwindet das Bild fröhlicher Begeisterung, und das der Sturmtruppen, der finsteren Entschlossenheit tritt an seine Stelle.

Während des Krieges war diese Propaganda zum Teil erfolgreich. Mag der Mythos vom »Geist von 1914« auch historisch nicht haltbar sein, so war er doch für viele Deutsche in der Kriegszeit ein identitätsstiftendes Element, ein Selbstbild der Deutschen, das vom Staat bewußt gefördert, vom »Volk« aber ebenso bewußt angenommen wurde. Die Deutschen kämpften so lange, wie sie glaubten, daß der Sieg möglich sei.

Allerdings war diese Propaganda nur zum Teil erfolgreich:

Die Bemühungen des Militärs wurden vor allem dadurch konterkariert, daß ihre Botschaft auch weniger populäres Gedankengut aus dem konservativen und radikal nationalen Spektrum einschloß, wie zum Beispiel die Kriegsziele oder die hierarchische Gesellschaftsstruktur.

Im November 1918 war der Krieg zu Ende. Der Mythos vom »Geist von 1914« wurde nicht mehr gebraucht, um die »Moral« von Bürgern und Soldaten aufrechtzuerhalten. Doch er lebte fort, blieb eine machtvolle, beschwörende, kollektive Erinnerung. Wie schon zu Kriegszeiten, so versuchten auch in der Weimarer Republik alle politischen Gruppierungen diesen Mythos für sich zu vereinnahmen, jetzt allerdings unter dem Etikett »Volksgemeinschaft«. Die Linke sah in der Demokratie die Möglichkeit, den Wunsch nach einer deutschen Gemeinschaft zu erfüllen. Für die Rechte war 1914 eine verhinderte Revolution. Leider hatte die Rechte mehr Erfolg, ihre Version unters Volk zu bringen. Ihr Mythos vom »Geist von 1914« diente nicht nur als Erklärung für die gesellschaftliche Realität, sondern er wurde zum konstituierenden Element dieser Realität. Warum konnte die Rechte von der Erinnerung an den »Geist von 1914« stärker profitieren?

Zum einen hatte die Rechte den besseren Zugang zur Öffentlichkeit und verfügte dort auch über einen angeseheneren Status. Wichtiger noch war: Alles war im Zusammenbruch begriffen. Der Krieg brachte nicht nur die Abläufe und Gewohnheiten des Alltags durcheinander, er riß die Menschen auch aus ihren traditionellen moralischen Bindungen. Eine mögliche Reaktion darauf bestand darin, nun sämtliche universalen moralischen Konstrukte zu verwerfen. »Gott hat es schwerer als ich«, schrieb ein junger Kriegsfreiwilliger aus Verdun nach Hause, »ich habe es nur zu tragen. Gott hat es zu rechtfertigen.«[4] So weit wie dieser Soldat gingen jedoch nur wenige. Der Erste Weltkrieg mag das Ende einer Art von Unschuld bedeutet haben, das Ende des

---

4 Zit. n. Schneider und Haacke (Hg.), Das Buch vom Kriege, S. 239.

Glaubens an einen gütigen Gott, doch führte dies bei den meisten Deutschen nicht dazu, daß sie Gott leugneten, vielmehr hinterfragten sie nun verstärkt das wahre Wesen Gottes. Wie Hans Blumenberg darlegt, sind die intellektuellen und emotionalen Bedürfnisse, aus denen heraus Mythen entstehen, Teil der »Frage [...] nach dem Sinn des Daseins«.[5] Der Mythos vom »Geist von 1914« befriedigte dieses Bedürfnis zu verstehen, wozu das alles gut gewesen sein sollte.

Der Mythos lieferte nicht nur eine ontologische Erklärung, er bot auch Trost und Hoffnung. Wie Carl Schmitt ausführt, sind Kriege immer mythische Zeiten, in denen die Menschen nicht nur die Macht des Schicksals spüren und die Unmöglichkeit, das eigene Geschick allein mit dem Verstand zu gestalten, sondern auch die Bedeutung erkennen, die der Wille bei der Bewältigung einer existentiellen Krise spielt.[6] Für viele Deutsche war der Krieg 1918 nicht zu Ende; auch die zwanziger Jahre waren eine krisengeschüttelte Zeit, auch sie waren eine »mythische Zeit«.

Der Appell an eine mythologische Epistemologie in Krisenzeiten hat in Deutschland eine lange Tradition. Wie der liberale Theologe Otto Baumgarten, der während des Krieges den Alldeutschen Verband bekämpft hatte, im Jahr 1924 notierte, sprang der deutsche Idealismus allzu »leicht über die Grenzen der Realität und beurteilte Möglichkeiten und Wahrscheinlichkeiten nicht induktiv, nach der empirischen Evidenz, sondern deduktiv, nach den Forderungen und Wünschen der Vernunft und der Stimmung.«[7] Im Ersten Weltkrieg wurden sämtliche ra-

---

5 Blumenberg, Arbeit am Mythos, S. 287. Die Nationalsozialisten sprachen dieses Bedürfnis besonders gut an. Auf einigen ihrer bekanntesten Plakate sieht man Soldaten des Ersten Weltkrieges und darüber den Schriftzug: »Wählt NSDAP! Oder alles war umsonst.«.

6 Carl Schmitt, Politische Romantik, 3. Aufl., Berlin 1968, S. 153 ff.

7 Otto Baumgarten, *Der sittliche Zustand des deutschen Volkes unter dem Einfluß des Krieges*, in: ders. u. a., Geistliche und sittliche Wirkungen des Krieges in Deutschland, Stuttgart 1927, S. 6.

tionalen Diskussionen der deutschen Situation und der Möglichkeiten, den Krieg zu beenden, durch solchen einen Appell an Geist und Willenskraft konterkariert. Diese »Schwächung des Realitätssinns« war

»eine der bedeutendsten sittlichen Wirkungen des Weltkrieges. Denn die vierjährige Durchführung dieses Krieges gegen eine Welt von Feinden war nur möglich vermöge einer Gewöhnung an idealistische, illusionistische Zurechtrückung der tatsächlichen Verhältnisse, Möglichkeiten und Wahrscheinlichkeiten, die tiefe, nachhaltige Spuren in der Volkspsyche zurücklassen muß.«[8]

In diesem epistemologischen Sinne war die Beschwörung des Mythos vom »Geist von 1914« in den zwanziger Jahren höchst erfolgreich. Als die Nationalsozialisten erklärten, ihre »Revolution« habe schon 1914 begonnen, ging es ihnen weniger um die Ideologie von 1914 als um diesen Zeitpunkt als einen Augenblick fanatischen Willens, als Beispiel für die deutsche Fähigkeit, sich durch reine Willenskraft eine eigene Welt zu erschaffen. Und so wurde die Diskussion um das Wesen des »Geistes von 1914« und um das Wesen der deutschen Kultur zu einer erkenntnistheoretischen Diskussion, zu einer Debatte über die Methode – mythisch oder kritisch –, mittels deren die Deutschen ihre Wahrheit finden sollten.

Sich gegen diese Propaganda durchzusetzen, fiel der Linken schwer. Einige ihrer Vertreter erkannten, daß solche Hybris gefährlich werden, ja daß sie zu einer noch größeren Katastrophe als der von 1918 führen konnte, und argumentierten, Deutschland müsse lernen, seine Grenzen zu akzeptieren. Andere, darunter Thomas Mann, waren der Meinung, die Republikaner müßten eigene Mythen entwickeln: »Man muß dem intellektuellen Fascismus den Mythos wegnehmen und ihn ins Humane umfunktionieren. Ich tue längst nichts anderes mehr.«[9] Doch

---

8 Ebenda, S. 13.
9 Thomas Mann in einem Brief an Karl Kerenyi, 14. November 1941, zit.
   n. Frank, Der Kommende Gott, S. 31.

diejenigen, die die Bedeutung politischer Mythen als Symbole der Hoffnung erkannt hatten, waren der ästhetischen Herausforderung nicht gewachsen, sie dem Volk auch näherzubringen. Am Ende der Weimarer Republik waren viele Deutsche von den sozialpsychologischen Aspekten des Nationalsozialismus faszíniert. Viele nahmen 1933 als Neuschöpfung von 1914 an, nicht als Erklärung der Vergangenheit, sondern als Beschreibung der Hoffnungen für die Zukunft.

Der so eng mit dem Mythos vom »Geist von 1914« verbundene Glauben an einen selbstbestimmenden Willen, an die Möglichkeit, die eigenen Geschicke frei zu gestalten, ist eine sehr menschliche Hoffnung, und besonders wichtig in einem Massenkrieg, in dem der einzelne kaum noch die Kontrolle über sein eigenes Schicksal hat. Die Hinwendung zum Mythos ist – in vielerlei Hinsicht – durchaus eine rationale Reaktion auf die Schrecken des Krieges, ein Versuch, den rettenden Strohhalm zu ergreifen, sich kraft des eigenen Willens eine eigene Welt zu schaffen und so dem Zugriff des Schicksals zu entkommen. Bei diesem Versuch, die Grenzen zu überschreiten, verloren allerdings viele Deutsche die Fähigkeit, zwischen Wirklichkeit und Fiktion zu unterscheiden, und hielten schließlich ihre eigenen Mythen für real. Derartige Momente vom Menschen geschaffener Wahrheit enthalten eine Hybris, die den Samen der eigenen Tragödie in sich trägt.

Abkürzungsverzeichnis

Abt.	Abteilung
AdsD	Archiv der sozialen Demokratie der Friedrich-Ebert-Stiftung, Bonn
ADV	Alldeutscher Verband
AK	Armeekorps
BAK	Bundesarchiv Koblenz
BAL	Bundesarchiv Außenstelle Lichterfelde
BA-MA	Bundesarchiv-Militärarchiv (Freiburg)
BLHA	Brandenburgisches Landeshauptarchiv
DDP	Deutsche Demokratische Partei
DHM	Deutsches Historisches Museum
DNVP	Deutschnationale Volkspartei
DVP	Deutsche Vaterlandspartei
FVV	Freie Vaterländische Vereinigung
GhStAPK	Geheimes Staatsarchiv Preussischer Kulturbesitz
HStA	Hauptstaatsarchiv
KP	Kriegspresseamt
KrA	Kriegsarchiv
KrM	Kriegsministerium
LA	Landesarchiv
NL	Nachlaß
OHL	Oberste Heeresleitung
OK	Oberkommando
o. S.	ohne Seitenangabe
OZ	Oberzensurstelle
RLB	Reichslandbund
StA	Staatsarchiv
stellv. GK	Stellvertretendes Generalkommando
USPD	Unabhängige Sozialdemokratische Partei Deutschlands
VDA	Verein Deutscher Arbeitgeber
WUA	Werk des Untersuchungsausschusses

Quellen und Literatur

Die ungedruckten Quellen aus dem Brandenburgischen Landeshauptarchiv (Potsdam), den Bundesarchiven Koblenz, Berlin-Lichterfelde und Freiburg (Militärarchiv), dem Geheimen Staatsarchiv Preussischer Kulturbesitz (Berlin-Dahlem), den Hauptstaatsarchiven Düsseldorf, München und Stuttgart, dem Landesarchiv Karlsruhe, den Staatsarchiven Bremen, Hamburg und München, dem Stadtarchiv Dortmund und aus den Stanford-Hoover Archives on War and Peace (Stanford) sind in den jeweiligen Textanmerkungen angegeben.

Benutzte Zeitungen einschließlich des eingesehenen Jahrgangs mit mehr als einer Nennung (nachfolgend wird zunächst der Erscheinungsort genannt, dann die Einwohnerzahl des Erscheinungsorts im Jahr 1910):

Augsburg (102.487)	Augsburger Neueste Nachrichten, 1914
Bamberg (48.063)	Bamberger Neueste Nachrichten, 1914
Berlin (2.071.257)	8-Uhr Abendblatt, 1914
	Berliner Abendpost, 1914
	Berliner Lokal-Anzeiger, 1914
	Berliner Morgenpost, 1914
	Berliner Tageblatt, 1914–1924
	Berliner Zeitung am Mittag, 1914
	BerlinerBörsen-Courier, 1914–1916
	Deutsche Tageszeitung, 1914–1921
	Deutsche Zeitung, 1914
	General-Anzeiger, 1914
	Hermsdorff-Waidmannsluster-Zeitung, 1914
	Kreuz-Zeitung (Neue Preussische Zeitung), 1914–1918
	Niederbarnimer Kreisblatt, 1914
	Norddeutsche Allgemeine Zeitung, 1914–1918
	Post, Die, 1914–1915

	Reichs- und Staatsanzeiger, 1914
	Tag, Der, 1912–1920
	Tägliche Rundschau, 1914–1920
	Vorwärts, 1914–1933
	Vossische Zeitung, 1914–1916, 1932
	Welt am Montag, Die, 1914–1916
Bochum (136.931)	Bochumer Zeitung, 1914
	Volksblatt, 1914
	Westfälische Volkszeitung, 1914
Braunschweig (143.552)	Volksfreund, Der, 1914
Bremen (247.427)	Bremer Bürger-Zeitung, 1914
	Bremer Tageblatt, 1914
	Wescr-Zeitung, 1914
Darmstadt (87.089)	Darmstädter Zeitung, 1914
Dortmund (214.226)	Arbeiter-Zeitung, 1918
	Dortmunder Tageblatt, 1914
	Dortmunder Zeitung, 1914
	General-Anzeiger für Dortmund und die Provinz Westfalen, 1914
Düsseldorf (358.728)	Volkszeitung, 1914
Duisburg (229.483)	Duisburger General-Anzeiger, 1914
	Rhein und Ruhrzeitung, 1914
Erlangen (24.877)	Fränkische Nachrichten, 1914
Essen (294.653)	Arbeiter-Zeitung, 1914
	Rheinisch-Westfälische Zeitung, 1914
Frankenthal (18.779)	Frankenthaler Tageblatt. Neueste Nachrichten, 1914
Frankfurt am Main (414.576)	Frankfurter Zeitung, 1914–1918
	Volksstimme, 1914
Fürth (66.553)	Fürther Zeitung, 1914
Gelsenkirchen (169.513)	Gelsenkirchener Allgemeine Zeitung, 1914
Hamborn (101.703)	Hamborner General Anzeiger, 1914
Hamburg (931.035)	Hamburger Echo, 1914
	Hamburger Fremdenblatt, 1914
	Hamburger Nachrichten, 1914
Hannover (302.375)	Volkswille, Der, 1914

Ingolstadt (23.745)	Ingolstädter Zeitung, 1914
Karlsruhe (134.313)	Badischer Beobachter, 1914
Kassel (153.196)	Volksstimme, 1914
Kiel (211.627)	Kieler Zeitung, 1914
Köln (516.527)	Kölnische Volkszeitung, 1914–1924
	Kölnische Zeitung, 1914–1917
	Rheinische Zeitung, 1914
Königsberg (245.994)	Königsberger Allgemeine Zeitung, 1914
Koschim (unter 5.000)	Koschimer Zeitung, 1914
Köslin (23.236)	Kösliner Zeitung, 1914
Leipzig (589.850)	Illustrierte Zeitung, 1914
	Leipziger Abendzeitung und Handelsblatt für Sachsen, 1914
	Leipziger Neueste Nachrichten, 1914
	Leipziger Volkszeitung, 1914
Lüdenscheid (32.301)	Volksstimme, Die, 1914
Magdeburg (279.629)	Magdeburgische Zeitung, 1914
Mainz (110.634)	Mainzer Tageblatt, 1914
	Mainzer Volkszeitung, 1914
Memmingen (12.362)	Memminger Volksblatt, 1914
München (596.467)	Münchner Neueste Nachrichten, 1914–1924
	Münchner Post, 1914–1915
	Münchner Zeitung, 1914
	Völkischer Beobachter, 1920–1938
Nürnberg (333.142)	Nürnberger Stadtzeitung, 1914
Ohligs (27.839)	Ohligser Zeitung, 1914
Passau (20.983)	Passauer Zeitung, 1914
Regensburg (52.624)	Regensburger Neueste Nachrichten, 1914
Solingen (50.536)	Bergische Arbeiterstimme, 1914
	Solinger Tageblatt, 1914
Stuttgart (286.218)	Schwäbische Tagwacht, 1914
Weimar (21.840)	Weimarsche Zeitung, 1914
Wiesbaden (109.002)	Volksstimme, Die, 1914

Gedruckte Quellen

Böhme, Klaus (Hg.), Aufrufe und Reden deutscher Professoren im Ersten Weltkrieg, Stuttgart 1975.

Buchner, Eberhard (Hg.), Kriegsdokumente. Der Weltkrieg 1914/15 in der Darstellung der zeitgenössische Presse, Band 1–9, München 1914–1917.

Chronik der Haupt- und Residenzstadt Karlsruhe für das Jahr 1914, Karlsruhe 1916.

Deist, Wilhelm (Hg.), Militär und Innenpolitik im Weltkrieg 1914–1918, 2 Bände, Düsseldorf, 1970.

Der Dolchstoßprozeß in München. Eine Ehrenrettung des deutschen Volkes. Zeugen- und Sachverständigenaussagen. Eine Sammlung von Dokumenten, München 1925.

Fischer, Heinz-Dietrich (Hg.), Pressekonzentration und Zensurpraxis im Ersten Weltkrieg. Texte und Quellen, Berlin 1973.

Friedrichs, Axel (Hg.), Die Nationalsozialistische Revolution 1933, 7. Auflage, Berlin 1942.

Grumbach, Salomon, Das annexionistische Deutschland. Eine Sammlung von Dokumenten, die seit dem 4. August 1914 in Deutschland öffentlich oder geheim verbreitet wurden, Lausanne 1917.

Jochmann, Werner (Hg.), Nationalsozialismus und Revolution. Ursprung und Geschichte der NSDAP in Hamburg 1922–1933. Dokumente, Frankfurt am Main 1963.

Kindt, Werner (Hg.), Grundschriften der deutschen Jugendbewegung, Düsseldorf 1963.

Kriegs-Chronik 1914/18 der Stadt Immenstadt, Immenstadt 1939.

Ludendorff, Erich (Hg.), Urkunden der Obersten Heeresleitung über ihre Tätigkeit 1916–1918, 4. Auflage, Berlin 1922.

Lutz, Ralph Haswell (Hg.), Fall of the German Empire 1914–1918. Documents of the German Revolution, 2 Bände, Stanford 1932.

Materna, Ingo und Schreckenbach, Hans-Joachim (Hg.), Dokumente aus geheimen Archiven. Bd. 4: 1914–1918. Berichte des Berliner Polizeipräsidenten zur Stimmung und Lage der Bevölkerung in Berlin 1914–1918, Weimar 1987.

Matthias, Erich und Pikart, Eberhard (Hg.), Die Reichstagsfraktion der deutschen Sozialdemokratie 1891–1918, 2 Bände, Düsseldorf 1966.

Matthias, Erich und Morsey, Rudolf (Hg.), Die Regierung des Prinzen Max von Baden, Düsseldorf 1962.

Matthias, Erich und Morsey, Rudolf (Hg.), Der Interfraktionelle Ausschuß 1917/1918, 2 Bände, Düsseldorf 1959.

Nationalversammlung, Untersuchungsausschuß über die Weltkriegsverantwortlichkeit. Stenographische Berichte über die öffentlichen Verhandlungen des 15. Untersuchungsausschusses, 2 Bände, Berlin 1920.

Protokoll der Reichskonferenz der Sozialdemokratie Deutschlands 1916 in Berlin, Glashütten 1974 (Nachdruck).

Protokoll über die Verhandlungen des Parteitages der Sozialdemokratischen Partei Deutschlands, abgehalten in Weimar von 10. bis 15. Juni 1919, Glashütten 1973.

Protokoll über die Verhandlungen des Parteitages der Sozialdemokratischen Partei Deutschlands, abgehalten in Würzburg vom 14. bis 20. Oktober 1917, Berlin 1917.

Reichstag, Untersuchungsausschuß über die Weltkriegsverantwortlichkeit, 4. Unterausschuß. Die Ursachen des deutschen Zusammenbruchs im Jahre 1918, 12 Bände, Berlin 1925–1929.

Reichstag, Verhandlungen des Reichstages. Stenographische Berichte. XIII. Legislaturperiode, Band 306–325, Berlin 1914–1918.

Reiss, Klaus-Peter (Hg.), Von Bassermann zu Stresemann. Die Sitzungen des nationalliberalen Zentralvorstandes 1912–1917, Düsseldorf 1967.

Rohrbach, Paul und Hobohm, Martin (Hg.), Die Alldeutschen, Berlin 1919.

Schiffers, Reinhard (Hg.), Der Hauptausschuß des Deutschen Reichstags 1915–1918, 4 Bände, Düsseldorf 1981–1983.

Schneider, Benno und Haacke, Ulrich (Hg.), Das Buch vom Kriege 1914–1918. Urkunden, Berichte, Briefe, Erinnerungen, Ebenhausen 1933.

Sozialdemokratische Partei Deutschlands, Parteivorstand (Hg.), Die deutsche Sozialdemokratie über Krieg und Frieden, Erste Folge, Berlin 1916.

Stern, Leo (Hg.), Archivalische Forschungen zur Geschichte der deutschen Arbeiterbewegung. Bd. 4: Die Auswirkungen der Großen Sozialistischen Oktoberrevolution auf Deutschland, Berlin 1959.

Thimme, Friedrich, Bethmann Hollwegs Kriegsreden, Stuttgart und Berlin 1919.

Zusammenstellungen von Zensurverfügungen des Kriegsministeriums, des stellv. Generalstabs und der Oberzensurstelle, Berlin 1916.

Literatur

Albertin, Lothar, Liberalismus und Demokratie am Anfang der Weimarer Republik. Eine vergleichende Analyse der Deutschen Demokratischen Partei und der Deutschen Volkspartei, Düsseldorf 1972.

Allen, William Sheridan, The Nazi Seizure of Power. The experience of a Single German Town, 1922–1945, 2. Auflage, New York 1984.

Alter, Junius (Fritz Sontag), Das deutsche Reich auf dem Wege zur geschichtlichen Episode. Eine Studie Bethmann Hollweg'scher Politik in Skizzen und Umrissen, 2. Auflage, München 1919.

Anschütz, Gerhard (Hg.), Handbuch der Presse, Berlin 1922.

Arbeiterwohlfahrt (Hg.), Marie Juchacz, Gründerin der Arbeiterwohlfahrt. Leben und Werk, Bonn 1979.

Aschheim, Steven E., The Nietzsche Legacy in Germany 1890–1990, Berkeley 1992.

Avenarius, Ferdinand. »Die neue Zeit«, Der Kunstwart 28, (Oktober 1914), S. 1.

Avenarius, Ferdinand (Hg.), Kriegsratgeber über deutsches Schrifttum, München 1915/16.

Ay, Karl-Dietrich, Die Entstehung einer Revolution. Die Volksstimmung in Bayern während des Ersten Weltkrieges, Berlin 1968.

Bauer, Max (Oberst), Konnten wir den Krieg vermeiden, gewinnen, abbrechen? Drei Fragen, Berlin 1918.

Bäumer, Gertrud, Der Krieg und die Frau, Stuttgart 1914.

Bäumer, Gertrud, Der Genius des Krieges, in: Die Hilfe, Nr. 41 (Oktober 1915), S. 656.

Bäumer, Gertrud, Frauenleben und Frauenarbeit, in: Max Schwarte (Hg.), Der Weltkrieg in seiner Einwirkung auf das deutsche Volk, Leipzig 1918.

Bäumer, Gertrud, Heimatchronik während des Weltkrieges, Berlin 1930.

Bäumer, Gertrud, Lebensweg durch eine Zeitwende, Tübingen 1933.

Bahr, Hermann, *Ideen von 1914*, in: Hochland 14 (1916/1917), S.431.

Bahr, Hermann, Kriegssegen, München 1915.

Bakhtin, Mikhail, Rabelais und seine Welt. Volkskultur als Gegenkultur, Frankfurt am Main 1995.

Baumgarten, Otto (Hg.), Die Schuld an Deutschlands Zusammenbruch. Tagebuchblätter eines höheren preußischen Verwaltungsbeamten, Tübingen 1919.

Baumgarten, Otto, *Der sittliche Zustand des deutschen Volkes unter dem Einfluß des Krieges*, in: Otto Baumgarten, Erich Foerster, Arnold Rademacher, Wilhelm Flitner, Geistliche und sittliche Wirkungen des Krieges in Deutschland, Stuttgart 1927, S.6.

Becker, Jean-Jacques, 1914. Comment les Français sont entrés dans la guerre, Paris 1977.

Beckmann, Max, Briefe. Band 1, 1899–1925, München 1993.

X Behrenbeck, Sabine, Der Kult um die toten Helden. Nationalsozialistische Mythen, Riten und Symbole, Vierow 1996.

Behrens, Franz, Was der deutsche Arbeiter vom Frieden erwartet, Berlin 1917.

Bendele, Ulrich, Krieg, Kopf und Körper. Lernen für das Leben – Erziehung zum Tod, Frankfurt am Main 1984.

Bergsträßer, Ludwig, Die preußische Wahlrechtsfrage im Kriege und die Entstehung der Osterbotschaft 1917, Tübingen 1929.

Bermbach, Udo, Vorformen parlamentarischer Kabinettsbildung in Deutschland. Der Interfraktionelle Ausschuß 1917/18 und die Parlamentarisierung der Reichsregierung, Köln und Opladen 1967.

Bers, Gunter (Hg.), Die Kölner Sozialdemokratie und der Kriegsausbruch, Hamburg 1974.

Bessel, Richard, *Kriegserfahrungen und Kriegserinnerungen: Nachwirkungen des Ersten Weltkrieges auf das politische und soziale Leben der Weimarer Republik*, in: Marcel van der Linden und Gottfried Mergner (Hg.), Kriegsbegeisterung und mentale Kriegsvorbereitung. Interdisziplinäre Studien, S.125.

Bessel, Richard, Germany after the First World War, Oxford 1993.

Bethmann Hollweg, Theobald von, Betrachtungen zum Weltkriege. 2. Teil: Während des Krieges, Berlin 1921.

Bieber, Hans-Joachim, Gewerkschaften in Krieg und Revolution. Arbeiterbewegung, Industrie, Staat und Militär in Deutschland 1914–1920, 2 Bände, Hamburg 1981.

Binder, Heinrich, Was wir als Kriegsberichterstatter nicht sagen durften, München 1919.

Binding, Rudolf G., *Deutsche Jugend vor den Toten des Krieges*, in: Werner Kindt (Hg.), Grundschriften der deutschen Jugendbewegung, Düsseldorf 1963.

Bittel, Kurt, *Lateinunterricht bei Oberpräzeptor Ölschlager*, in: Rudolf Pörtner, (Hg.), Kindheit im Kaiserreich. Erinnerungen an vergangene Zeiten, München 1989, S. 276.

Bloch, Ernst, *Gespräch über Ungleichzeitigkeit*, in: Kursbuch, 39 (April 1975), S. 3

Blumenberg, Hans, Arbeit am Mythos, Frankfurt am Main 1996.

Böhme, Margaret (Hg.), Kriegsbriefe der Familie Wimmer, Dresden 1915.

Bohse, Jörg, Inszenierte Kriegsbegeisterung und ohnmächtiger Friedenswille. Meinungslenkung und Propaganda im Nationalsozialismus, Stuttgart 1988.

Boll, Friedhelm, *Spontaneität der Basis und politische Funktion des Streiks 1914–1918. Das Beispiel Braunschweig*, in: Archiv für Sozialgeschichte, 17 (1977), S. 337.

Boll, Friedhelm, Massenbewegungen in Niedersachsen 1906–1920. Eine sozialgeschichtliche Untersuchung zu den unterschiedlichen Entwicklungstypen Braunschweig und Hannover, Bonn 1981.

Bolz, Norbert, Auszug aus der entzauberten Welt. Philosophischer Extremismus zwischen den Weltkriegen, München 1989.

Booms, Hans, Die Deutschkonservative Partei. Preußischer Charakter, Reichsauffassung, Nationalbegriff, Düsseldorf 1954.

Borchardt, Rudolf, Der Krieg und die deutsche Selbsteinkehr. Rede öffentlich gehalten am 5. Dez. 1914 zu Heidelberg, Heidelberg 1915.

Bottermann, Walther, Der Krieg als inneres Erlebnis. Festrede zu Kaisers Geburtstag 1915, Ratzeburg 1915.

Brackmann, August, *Aus der Fluchtbewegung*, in: ders. (Hg.), Ostpreußische Kriegshefte auf Grund amtlicher und privater Berichte. Heft 1. Die August-und Septembertage 1914, Berlin 1915.

Brandt, Karsten, Sturmumbraust. Stimmungsbilder vom Ausbruch des Weltkriegs 1914, Leipzig 1916.

Bredt, Johannes, Der deutsche Reichstag im Kriege, Berlin 1926.

Breuer, Stefan, Anatomie der konservativen Revolution, Darmstadt 1993.

Bröger, Karl, Bekenntnis – eine Auswahl der Gedichte, Nürnberg 1954.

Broszat, Martin, *Soziale Motivation und Führerbindung des National-sozialismus*, in: Vierteljahrshefte für Zeitgeschichte, 18 (1970), S. 392.

Broszat, Martin, *Zur Struktur der NS-Massenbewegung*, in: Vierteljahrshefte für Zeitgeschichte, 31 (1983), S. 59.

Bruch, Rüdiger vom, Wissenschaft, Politik und öffentliche Meinung. Gelehrtenpolitik im Wilhelminischen Deutschland (1890–1914), Husum 1980.

Bruch, Rüdiger vom, Weltpolitik als Kulturmission. Auswärtige Kulturpolitik und Bildungsbürgertum in Deutschland am Vorabend des Ersten Weltkrieges, Paderborn 1982.

Buber, Martin, Ekstatische Konfessionen, Jena 1909.

Buchholz, Gustav, Glaube ist Kraft!, Stuttgart 1917.

Bumann, Hans, Kriegstagebuch der Stadt Alzey, Alzey 1927.

Busse, Carl (Hg.), Deutsche Kriegslieder 1914/16, 3. Auflage, Bielefeld und Leipzig 1916.

Cassirer, Ernst. Der Mythus des Staates. Philosophische Grundlagen politischen Verhaltens, Frankfurt am Main 1994.

Chamberlain, Houston Stewart, Ideal und Macht, 2. Auflage, München 1916.

Chamberlain, Houston Stewart, *Kultur und Politik*, in: Deutschlands Erneuerung, Nr. 1 (1923), S. 2.

Chickering, Roger, We Men who feel most German. A Cultural Study of the Pan-German League 1886–1914, Boston 1984.

Christensen, Arthur, Politik und Massenmoral. Zum Verständnis psychologisch-historischer Grundfragen der modernen Politik, Leipzig und Berlin 1912.

Claß, Heinrich, Wider den Strom. Vom Werden und Wachsen der nationalen Opposition im alten Reich, Leipzig 1932.

Clausewitz, Carl von, Vom Kriege, Berlin 1867.

David, Eduard, Das Kriegstagebuch des Reichstagsabgeordneten Eduard David 1914 bis 1918, Düsseldorf 1966.

Daniel, Ute, Arbeiterfrauen in der Kriegsgesellschaft. Beruf, Familie und Politik im Ersten Weltkrieg, Göttingen 1989.

Deist, Wilhelm, *Der militärische Zusammenbruch des Kaiserreichs. Zur Realität der »Dolchstoßlegende«*, in: Ursula Büttner (Hg.), Das Unrechtsregime. Internationale Forschung über den Nationalsozialismus, Band I: Ideologie – Herrschaftssystem – Wirkung in Europa, Hamburg 1986, S. 101

Deist, Wilhelm, *Zur Institution des Militärbefehlshabers und Obermilitärbefehlshabers im Ersten Weltkrieg*, in: Jahrbuch für die Geschichte Mittel- und Ostdeutschlands, 12/14 (1965), S. 222.

Deist, Wilhelm, *Überlegungen zur »widerwilligen« Loyalität der Deutschen bei Kriegsbeginn*, in: Wolfgang Michalka (Hg.), Der zweite Weltkrieg. Analysen – Grundzüge – Forschungsbilanz, München 1989, S. 225.

Delbrück, Hans, *Über den kriegerischen Charakter des deutschen Volkes*, in: Zentralstelle für Volkswohlfahrt und den Verein für volkstümliche Kurse von Berliner Hochschullehrern (Hg.), Deutsche Reden in schwerer Zeit, Berlin 1914, S. 73.

Delbrück, Hans, Krieg und Politik 1914–1918, 3 Bände, Berlin 1918–1919.

Delbrück, Hans, Regierung und Volkswille, Charlottenburg 1920.

Deutsche Akademie der Wissenschaften zu Berlin (Hg.), Deutschland im Ersten Weltkrieg, 3 Bände, Berlin 1968.

Dietrich, Marlene, Nehmt mein Leben, Düsseldorf 1979.

Dithmar, Reinhard (Hg.), Der Langemarck-Mythos in Dichtung und Unterricht, Köln 1992.

Deutelmoser, Erhard, *Die amtliche Einwirkung auf die deutsche Öffentlichkeit im Kriege*, in: Die deutsche Nation, Nr. 10 (1919), S. 21.

Deutelmoser, Erhard, *Über Bethmann Hollweg*, in: Die Schaubühne, 3/1921, S. 62.

Dörner, Andreas, Politischer Mythos und symbolische Politik, Opladen 1995.

Dross, Friedrich (Hg.), Ernst Barlach. Briefe, Band 1, 1888–1924, München 1968.

Drüner, Hans, Im Schatten des Weltkrieges. Zehn Jahre Frankfurter Geschichte von 1914–1924, Frankfurt am Main 1934.

Düding, Dieter, Der nationalsoziale Verein, 1896–1903. Der gescheiterte Versuch einer parteipolitischen Synthese von Nationalismus, Sozialismus und Liberalismus, München 1972.

Duhr, Bernhard, Der Lügengeist im Volkskrieg, München und Regensburg 1915.

Edelman, Murray, Politik als Ritual: die symbolische Funktion staatlicher Institutionen und politischen Handelns, Frankfurt am Main und New York 1976.

Eksteins, Modris, Tanz über Gräben. Die Geburt der Moderne und der Erste Weltkrieg, Reinbek bei Hamburg 1990.

Eley, Geoff, Reshaping the German Right. Radical Nationalism and Political Change after Bismarck, New Haven 1980.

Epstein, Klaus, Matthias Erzberger and the Dilemma of German Democracy, Princeton 1959.

Erger, Johannes, Der Kapp-Lütwitz-Putsch. Ein Beitrag zur deutschen Innenpolitik, Düsseldorf 1967.

Erzberger, Matthias, Die Mobilmachung, Berlin 1914.

Erzberger, Matthias, Erlebnisse im Weltkrieg, Stuttgart und Berlin 1920.

Eucken, Rudolf, Die sittlichen Kräfte des Krieges, Leipzig 1914.

Eucken, Rudolf, Lebenserinnerungen. Ein Stück deutschen Lebens, Leipzig 1922.

Farrar, Louis L., The Short-War Illusion. German Policy, Strategy and Domestic Affairs, August–December 1914, Santa Barbara 1981.

Fausel, Heinrich, Im Jahre 1914, München 1965.

Feldman, Gerald D., Army, Industry, and Labor in Germany 1914–1918, Princeton 1966.

Fentress, James und Wickham, Chris, Social Memory, Oxford 1992.

Fiedler, Gudrun, Beruf und Leben. Die Wandervogel-Idee auf dem Prüfstand, in: Joachim H. Knoll und Julius H. Schoeps (Hg.), Typisch Deutsch: Die Jugendbewegung, Opladen 1988, S.71.

Fiedler, Gudrun, Jugend im Krieg. Bürgerliche Jugendbewegung, Erster Weltkrieg und sozialer Wandel 1914–1923, Köln 1989.

Fischer, Eugen, Die kritischen 39 Tage. Von Sarajewo bis zum Weltbrand, Berlin 1928.

Fischer, Fritz, Krieg der Illusionen. Die deutsche Politik von 1911–1914, Düsseldorf 1969.

Flitner, Wilhelm, *Der Krieg und die Jugend*, in: Otto Baumgarten u.a. (Hg.), Geistige und sittliche Wirkungen des Krieges in Deutschland, Stuttgart 1927, S.256.

Flood, Patrick J., France 1914–1918: Public Opinion and the War Effort, New York 1990.

Foerster, Friedrich Wilhelm, *Eine realpolitische Betrachtung*, in: Hugo Ball, Almanach der Freien Zeitung, Bern 1918, S. 281.

Frank, Ludwig, Aufsätze, Reden und Briefe, Berlin 1924.

Frank, Manfred, Der Kommende Gott. Vorlesungen über die Neue Mythologie, Frankfurt am Main 1982.

Frank, Manfred, Gott im Exil, Frankfurt am Main 1988.

Franz, Paul, *Der Bankerottfriede*, in: Deutschlands Erneuerung, Nr. 3 (März 1918).

Franz, Wilhelm, Kriegs-Chronik 1914–1916 Stadt Minden, Minden in Westfalen 1916.

Franzmathes, W., Tagebuch vom Weltkrieg. Erster Teil (1. August–1. Oktober 1914), Worms 1914.

Freyer, Hans, Der Staat, Leipzig 1925.

Fricke, Dieter (Hg.), Die bürgerlichen Parteien in Deutschland. Handbuch der Geschichte der bürgerlichen Parteien und anderer bürgerlicher Interessenorganisationen vom Vormärz bis zum Jahre 1945, 2 Bände, Leipzig und Berlin (West) 1968 und 1970.

Fritzsche, Klaus, Politische Romantik und Gegenrevolution. Fluchtwege in der Krise der bürgerlichen Gesellschaft: Das Beispiel des »Tat«-Kreises, Frankfurt am Main 1976.

Fritzsche, Peter, Rehearsals for Fascism. Populism and Political Mobilization in Weimar Germany, New York 1990.

Fritzsche, Peter, Germans into Nazis, Cambridge 1998.

Frye, Northorp, *The Noise of Myth: Myth as a Universally Intelligible Language*, in: Myth and Metaphore. Selected Essays 1974–1988, Charlottesville 1990, S. 4.

Fussell, Paul, The Great War and Modern Memory, Oxford 1975.

Gärtringen, Friedrich Freiherr Hiller von, *»Dolchstoß«-Diskussion und »Dolchstoßlegende« im Wandel von vier Jahrzehnten*, in: ders. und Waldemar Besson (Hg.), Geschichte und Gegenwartsbewußtsein, Göttingen 1963, S. 122.

Gatzke, Hans W., Germany's Drive to the West (Drang Nach Westen). A Study of Germany's Western War Aims during the first World War, Baltimore 1950.

Geinitz, Christian, Kriegsfurcht und Kampfbereitschaft. Das Augusterlebnis in Freiburg. Eine Studie zum Kriegsbeginn 1914, Essen 1998.

Gerlach, Hellmut von, Die deutsche Mentalität 1871–1921, Ludwigsburg 1921.

Gerlach, Hellmut von, Die große Zeit der Lüge, Berlin 1926.

Gerstenberger, Heide, Der revolutionäre Konservatismus, Berlin 1969.

Glazer, Dieter und Ruth (Hg.), Berliner Leben 1914–1918. Eine historische Reportage aus Erinnerungen und Berichten, Berlin 1983.

Goebel, Theo, Deutsche Pressestimme in der Julikrise 1914, Stuttgart 1939.

Goetz, Walter, Deutschlands geistiges Leben im Weltkrieg, Gotha 1916.

Gollbach, Michael, Die Wiederkehr des Weltkrieges in der Literatur. Zu den Frontromanen der späten Zwanziger Jahre, Kronberg/Ts. 1978.

Gothein, Georg, Warum verloren wir den Krieg?, 2. Auflage, Stuttgart 1920.

Groh, Dieter, Negative Integration und revolutionärer Attentismus. Die deutsche Sozialdemokratie am Vorabend des Ersten Weltkrieges, Frankfurt am Main 1973.

Grosser, Dieter, Vom monarchischen Konstitutionalismus zur parlamentarischen Demokratie. Die Verfassungspolitik der deutschen Parteien im letzten Jahrzehnt des Kaiserreiches, Den Haag 1970.

Grotjahn, Alfred, Erlebtes und Erstrebtes. Erinnerungen eines Sozialistischen Arztes, Berlin 1932.

Grunenberg, Antonia (Hg.), Die Massenstreikdebatte. Beiträge von Parvus, Rosa Luxemburg, Karl Kautsky und Anton Pannekoek, Frankfurt am Main 1970.

Gutsche, Willibald, *Bethmann Hollweg und die Politik der »Neuorientierung«. Zur innenpolitischen Strategie und Taktik der deutschen Reichsregierung während des ersten Weltkrieges*, in: Zeitschrift für Geschichtswissenschaft, 2/1965, S. 209.

Gutsche, Willibald, *Deutscher Nationalausschuß für einen ehrenvollen Frieden*, in: Dieter Fricke (Hg.), Die bürgerlichen Parteien in Deutschland, Leipzig und Berlin (West) 1968, S. 197.

Guttmann, Barbara, Weibliche Heimarmee. Frauen in Deutschland 1914–1918, Weinheim 1989.

Haenisch, Konrad, Die deutsche Sozialdemokratie in und nach dem Weltkriege, 4. Auflage, Berlin 1919.

Hafkebrink, Hanna, Unknown Germany. An Inner Chronicle of the First World War based on Letters and Diaries, New Haven 1948.

Hagenlücke, Hagen, Die deutsche Vaterlandspartei. Die nationale Rechte am Ende des Kaiserreichs, Düsseldorf 1996.

Halevy, Elié, The Era of Tyrannies, Garden City 1965.

Hammann, Otto, Um den Kaiser, Berlin 1919.

Hammer, Karl, Deutsche Kriegstheologie (1870–1918), München 1971.

Hanssen, Hans Peter, Diary of a Dying Empire, Bloomington 1955.

Hardin, Richard F., ›Ritual‹ in Recent Criticism: The Elusive Sense of Community, in: Papers of the Modern Language Association, 98 (1983), S. 846.

Haußmann, Conrad, Schlaglichter. Reichstagsbriefe und Aufzeichnungen, Frankfurt am Main 1924.

Heenemann, Horst, Die Auflagenhöhen der deutschen Zeitungen. Ihre Entwicklungen und ihre Probleme, Berlin 1929.

Heine, Wolfgang, Gegen die Quertreiber, Dessau 1916.

Heinemann, Hugo, Die sozialistischen Errungenschaften der Kriegszeit, Chemnitz 1914.

Heldmann, Karl, Kriegserlebnisse eines deutschen Geschichtsprofessors in der Heimat, Ludwigsburg 1922.

Helm, J., Plön. Geschichte der Stadt von der Gründung bis zur Gegenwart, Plön am See 1931.

Hess, Jürgen C., Das ganze Deutschland soll es sein. Demokratischer Nationalismus in der Weimarer Republik am Beispiel der Deutschen Demokratischen Partei, Stuttgart 1978.

Hettling, Manfred und Jeismann, Michael, Der Weltkrieg als Epos. Philipp Witkops »Kriegsbriefe gefallener Studenten«, in: Gerhard Hirschfeld und Gerd Krumeich (Hg.), Keiner fühlt sich hier mehr als Mensch, Essen 1993, S. 175.

Heuss, Theodor, Zwischen Gestern und Morgen, Stuttgart 1919.

Heuss, Theodor, Robert Bosch. Leben und Leistung, Stuttgart 1946.

Hildebrand, Karl, Ein starkes Volk. Eindrücke aus Deutschland und von der deutschen Westfront, Berlin 1915.

Hirsch, Paul, Kommunale Kriegsfürsorge, Berlin 1915.

Hitler, Adolf, Mein Kampf, München 1938.

Hitler, Adolf (Hg.), Adolf Hitler in Franken. Reden aus der Kampfzeit, Nürnberg 1938.

Hobohm, Martin, Soziale Heeresmißstände als Teilursache des deutschen Zusammenbruchs von 1918, Berlin 1931.

Hobsbawm, Eric J., Primitive Rebels: Studies in Archaic Forms of Social Movement in the 19th and 20th Centuries, New York 1963.

Holzbach, Heidrun, Das »System Hugenberg«. Die Organisation bürgerlicher Sammlungspolitik vor dem Aufstieg der NSDAP 1918–1928, Stuttgart 1980.

Horne, John, Introduction: Mobilizing for total war, 1914–1918, in: ders. (Hg.), State, Society, and Mobilization in Europe during the First world War, Cambridge 1997, S. 1.

Hotzel, Curt, Wege zum Mythos, in: Deutschlands Erneuerung, Nr. 5 (Mai 1920), S. 323.

Huber, Ernst Rudolf, Der Kampf um die Führung im Weltkrieg, Hamburg 1941.

Hummel, Gottlob Freiherr, Kriegs-Chronik der Stadtgemeinde Ebingen, Stuttgart 1919.

Hüppauf, Bernd, Langemarck, Verdun and the Myth of a New Man in Germany after the First World War, in: War & Society, Nr. 2 (September 1988), S. 70.

Hunt, Lynn, Politics, Culture, and Class in the French Revolution, Berkeley 1984.

Ihering, Herbert, Theaterbarbarei, in: Die Schaubühne, 2/1914, S. 229.

Jäckel, Eberhard, Hitlers Weltanschauung. Entwurf einer Herrschaft, Stuttgart 1991.

Jacobsohn, Siegfried, Kriegstagebuch III, in: Die Schaubühne, 2/1914, S. 183.

Jäger, Wolfgang, Historische Forschung und politische Kultur in Deutschland. Die Debatte 1914–1980 über den Ausbruch des Ersten Weltkrieges, Göttingen 1984.

Jastrow, Ignaz, Im Kriegszustand. Die Umformung des öffentlichen Lebens in den ersten Kriegswochen, Berlin 1914.

Jeismann, Michael, Das Vaterland der Feinde. Studien zum nationalen Feindbegriff und Selbstverständnis in Deutschland und Frankreich 1792–1918, Stuttgart 1992.

Jordan, Hermann, Wie kam es. Krieg und Zusammenbruch in ihren inneren Zusammenhängen, Berlin 1919.

Josczak, Detlef, Die Entwicklung der sozialistischen Arbeiterbewegung in Düsseldorf, Hamburg 1980.

Jung, Edgar J., Die Herrschaft der Minderwertigen, ihr Zerfall und ihre Ablösung durch ein Neues Reich, 2. Auflage, Berlin 1930.

Jünger, Ernst, Die totale Mobilmachung, Berlin 1931.

Jünger, Ernst, *Kriegsausbruch 1914*, in: ders., Gesammelte Werke, Band 1, Stuttgart 1978.

Kaeber, Ernst, Berlin im Weltkriege. Fünf Jahre städtische Kriegsarbeit, Berlin 1921.

Kahl, Wilhelm (Hg.), Die Freie Vaterländische Vereinigung. Urkunden ihrer Gründung und Entwicklung, Berlin 1915.

Kahler, Erich von, *Einleitung. Die Bedeutung des Expressionismus*, in: Wolfgang Rothe (Hg.), Expressionismus als Literatur. Gesammelte Studien, Bern und München 1969, S. 15.

Kapp, Wolfgang, Die nationalen Kreise und der Reichskanzler (Denkschrift), Königsberg i. Pr. 1916.

Kautsky, Karl (Hg.), Die deutschen Dokumente zum Kriegsausbruch, Band 2, Charlottenburg 1919.

Kershaw, Ian, The Nazi Dictatorship. Problems and Perspectives of Interpretation, 2. Auflage, Boston 1989.

Kessler, J., Unser Glaube ist Sieg, Dresden 1915.

Kjellen, Rudolf, Die Ideen von 1914 – eine weltgeschichtliche Perspektive, Leipzig 1915.

Kloss, Erhard (Hg.), Reden des Führers. Politik und Propaganda Adolf Hitlers 1922–1945, München 1967.

Kloß, Manfred, Die Arbeit des Alldeutschen Verbandes im Kriege. Rede, gehalten auf der Tagung des Alldeutschen Verbandes zu Kassel, am 7. Oktober 1917, München 1917.

Kluge, Ulrich, Die deutsche Revolution 1918/19, Frankfurt am Main 1985.

Koch, Manfred, Die Zentrumsfraktion des deutschen Reichstages im Ersten Weltkrieg, Mannheim 1984.

Kocka, Jürgen, Klassengesellschaft im Krieg. Deutsche Sozialgeschichte 1914–1918, Göttingen 1973.

Koester, Adolf, Fort mit der Dolchstoßlegende! Warum wir 1918 nicht weiterkämpfen konnten, Berlin 1922.

Kohlhaas, Wilhelm, Chronik der Stadt Stuttgart 1913–1918, Stuttgart 1967.

Kolakowski, Leszek, Die Gegenwärtigkeiit des Mythos, München 1973.

Kopetzky, Helmut, In den Tod – Hurra! Deutsche Jugendregimenter im I. Weltkrieg. Ein historischer Tatsachenbericht über Langemarck, Köln 1917.

Korsch, H., Kriegsstunden. Stoffe für Darbietungen in der Schule, Leipzig 1916.

Koszyk, Kurt, Deutsche Pressepolitik im ersten Weltkrieg, Düsseldorf 1969.

Kracauer, Siegfried, Vom Erleben des Krieges, in: Preußische Jahrbücher, Juli-September 1915, S. 410.

Kraft, Rolf, *Die jungdeutsche Bewegung*, in: Deutschlands Erneuerung, Nr. 4 (1921), S. 236.

Kramer, Alan, *Wackes at War: Alsace-Lorraine and the Failure of German National Mobilisation, 1914–1918*, in: John Horne (Hg.), State, Society, and Mobilisation in Europe during the First World War, Cambridge 1997.

Kraus, Karl, *In dieser großen Zeit*, in: ders., Weltgericht I, Frankfurt am Main 1988.

Kruse, Wolfgang, *Krieg, Neuorientierung und Spaltung. Die politische Entwicklung der deutschen Sozialdemokratie 1914–1918 im Lichte der Vorstellungen ihrer revisionistisch-reformistisch geprägten Kritiker*, in: Internationale Wissenschaftliche Korrespondenz, Nr. 1 (März 1987), S. 1.

Kruse, Wolfgang, Krieg und nationale Integration: eine Neuinterpretation des sozialdemokratischen Burgfriedensschlusses 1914/1915, Essen 1993.

Kruse, Wolfgang, *Krieg und Klassenheer. Zur Revolutionierung der deutschen Armee im Ersten Weltkrieg*, in: Geschichte und Gesellschaft, Nr. 4 (1996), S. 530.

Kuczynski, Jürgen, Der Ausbruch des Ersten Weltkrieges und die deutsche Sozialdemokratie. Chronik und Analyse, Berlin 1957.

Kuhl, Hans von, Ursachen des Zusammenbruchs, Berlin 1925.

Kuhn, Erich, *Bild der Lage*, in: Deutschlands Erneuerung, Nr. 1 (1921), S. 62.

Küppers, Paul, Die Kriegsarbeit der Stadt Bochum 1914–1918, Bochum 1926.

Lange, Karl, Marneschlacht und deutsche Öffentlichkeit 1914–1939. Eine verdrängte Niederlage und ihre Folgen, Düsseldorf 1974.

Laquer, Walter, Young Germany. A History of the German Youth Movement, New Brunswick 1984.

Lederer, Emil, *Zur Soziologie des Weltkrieges*, in: ders., Kapitalismus, Klassenstruktur und Probleme der Demokratie in Deutschland 1910–1940, Göttingen 1979.

Leed, Eric J., No Man's Land. Combat & Identity in World War I, Cambridge 1979.

Lehmann-Russbüldt, Warum erfolgte der Zusammenbruch an der Westfront?, 2. Auflage, Berlin 1919.

Lehnert, Detlef, Sozialdemokratie und Novemberrevolution. Die Neuordnungsdebatte 1918/19 in der politischen Publizistik von SPD und USPD, Frankfurt am Main 1983.

Lehnert, Detlef und Klaus Megerle (Hg.), Politische Identität und Nationale Gedenktage. Zur politischen Kultur in der Weimarer Republik, Opladen 1989.

Lemmermann, Heinz, Kriegserziehung im Kaiserreich. Studien zur politischen Funktion von Schule und Schulmusik 1890–1918, 2 Bände, Lilienthal 1984.

Lensch, Paul, Die Sozialdemokratie. Ihr Ende und ihr Glück, Leipzig 1916.

Leopold, John A., Alfred Hugenberg. The Radical Nationalist Campaign against the Weimar Republic, New Haven 1977.

Lidtke, Vernon L., The Alternative Culture. Socialist Labor in Imperial Germany, New York 1985.

Liebig, Hans von, Die Politik von Bethmann Hollweg. Eine Studie, 2 Bände, ohne Ort, 1915.

Lilienthal, Peter, *Deutschland, eine Willensfrage!*, in: Deutschlands Erneuerung, Nr. 12 (1924), S. 719.

Linden, Marcel van der und Gottfried Mergner (Hg.), Kriegsbegeisterung und mentale Kriegsvorbereitung. Interdisziplinäre Studien, Berlin 1991.

Lindenburger, Thomas, Straßenpolitik. Zur Sozialgeschichte der öffentlichen Ordnung in Berlin 1900 bis 1914, Bonn 1995.

Lippmann, Walter, Liberty and the News, New York 1920.

Lippmann, Walter, Die öffentliche Meinung, München 1964.

Löwith, Karl, Mein Leben in Deutschland vor und nach 1933. Ein Bericht, Frankfurt am Main 1976.

Lucas, Eberhard, Die Sozialdemokratie in Bremen während des Ersten Weltkrieges, Bremen 1969.

Ludendorff, Erich, Kriegführung und Politik, Berlin 1922.

Ludendorff, Erich, Der totale Krieg, München 1936.

Ludwig, Emil, Juli 14. Vorabend zweier Weltkriege, 2. Auflage, Hamburg 1961.

Lukacs, Georg, Die Zerstörung der Vernunft, Darmstadt 1974.

Lütgemeier-Davin, Reinhold, *Basismobilisierung gegen den Krieg. Die Nie-Wieder-Krieg-Bewegung in der Weimarer Republik*, in: Karl Holl und Wolfram Wette (Hg.), Pazifismus in der Weimarer Republik, Paderborn 1981, S. 47.

Magill, Stephen, *Defence and Introspection: German Jewry 1914*, in: David Bronsen (Hg.), Jews and Germans from 1860 to 1933, Heidelberg 1979, S. 209.

Mai, Günther, *»Aufklärung der Bevölkerung« und »vaterländischer Unterricht« in Württemberg 1914–1918. Struktur, Durchführung und Inhalte der deutschen Inlandspropaganda im Ersten Weltkrieg*, in: Zeitschrift für württembergische Landesgeschichte, 36 (1977–1979), S. 199.

Mai, Günther, *»Verteidigungskrieg« und »Volksgemeinschaft«. Staatliche Selbstbehauptung, nationale Solidarität und soziale Befreiung in Deutschland in der Zeit des Ersten Weltkrieges (1900–1925)*, in: Wolfgang Michalka (Hg.), Der Erste Weltkrieg, S. 583.

Mai, Günther, Das Ende des Kaiserreichs. Politik und Kriegführung im Ersten Weltkrieg, München 1987.

Maier, Hans, *Ideen von 1914 – Ideen von 1939?*, in: Vierteljahrshefte für Zeitgeschichte, 38 (1990), S. 531.

Mann, Klaus, Der Wendepunkt. Ein Lebensbericht, Hamburg 1981.

Mann, Thomas, *Gedanken im Krieg*, in: Die Neue Rundschau, 11/1914, S. 1473.

Mannheim, Karl, Ideologie und Utopie, Frankfurt am Main 1969.

Marquis, Alice Goldfarb, *Words as Weapons: Propaganda in Britain and Germany during the First World War*, in: Journal of Contemporary History, 3 (1978), S. 467.

Mason, Timothy, *The Legacy of 1918 for National Socialism*, in: A. J.

Nicholls (Hg.), German democracy and the Triumph of Hitler: Essays in recent German History, London 1971, S. 220.

Mason, Timothy W., Sozialpolitik im Dritten Reich. Arbeiterklasse und Volksgemeinschaft, 2. Auflage, Opladen 1978.

McNeil, William, *The Care and Repair of Public Myth*, in: ders., Mythistory and other Essays, Chicago 1986, S. 23.

McPhail, Clark, The Myth of the Madding Crowed, New York 1991.

Meinecke, Friedrich, Die deutsche Freiheit, in: Adolph von Harnack, Otto Hintze, Friedrich Meinecke, Max Sering, Ernst Troeltsch, Die deutsche Freiheit. Fünf Vorträge, gehalten am 25. Mai 1917 im Abgeordnetenhaus, Berlin und Gotha 1917, S. 14.

Meinecke, Friedrich, Autobiographische Schriften, Stuttgart 1969.

Meinecke, Friedrich, Die deutsche Erhebung von 1914. Vorträge und Aufsätze, Stuttgart und Berlin 1914.

Meinhoff, Carl, Deutschland und der preußische Geist, Hamburg 1915.

Michalka, Wolfgang (Hg.), Der erste Weltkrieg. Wirkung, Wahrnehmung, Analyse, München 1973.

Miller, Susanne, Burgfrieden und Klassenkampf. Die deutsche Sozialdemokratie im Ersten Weltkrieg, Düsseldorf 1974.

Missalla, Heinrich, »Gott mit uns«. Die deutsche katholische Kriegspredigt 1914–1918, München 1968.

Mommsen, Wolfgang J., *Bethmann Hollweg und die öffentliche Meinung in Deutschland 1914–1917*, in: Vierteljahreshefte für Zeitgeschichte, 2/1969, S. 117.

Mommsen, Wolfgang J., *Die deutsche Revolution 1918–1920. Politische Revolution und soziale Protestbewegung*, in: Geschichte und Gesellschaft, 1978, S. 362.

Mommsen, Wolfgang J., Bürgerliche Kultur und künstlerische Avantgarde. Kultur und Politik im deutschen Kaiserreich 1870 bis 1918, Frankfurt am Main 1994.

Montague, Charles E., Disenchantment, Westport 1978.

Mosse, George, Gefallen für das Vaterland: nationales Heldentum und namenloses Sterben, Stuttgart 1993.

Mosse, Werner (Hg.), Deutsches Judentum in Krieg und Revolution 1916–1923, Tübingen 1971.

Müller, Hans-Harald, Der Krieg und die Schriftsteller. Der Kriegsroman der Weimarer Republik, Stuttgart 1986.

Müller, Jakob, Die Jugendbewegung als deutsche Hauptströmung der neokonservativen Reform, Zürich 1971.

Müller, Johannes, Der Krieg als Schicksal und Erlebnis, München 1914.

Müller, Klaus-Peter, Politik und Gesellschaft im Krieg. Der Legitimitätsverlust des badischen Staates 1914–1918, Stuttgart 1988.

Müller, Richard, Vom Kaiserreich zur Republik. Ein Beitrag zur Geschichte der revolutionären Arbeiterbewegung während des Weltkrieges, Berlin 1974.

Münchmeyer, Alwin, *Es gab zwei Welten – die unsere und die andere*, in: Rudolf Pörtner (Hg.), Kindheit im Kaiserreich. Erinnerungen an vergangene Zeiten, München 1989.

Mussolini, Benito, Der Geist des Faschismus, München 1943.

Naumann, Friedrich und Gertrud Bäumer, Kriegs- und Heimatschronik, Berlin 1916.

Negt, Oskar und Kluge, Alexander, Öffentlichkeit und Erfahrung, Frankfurt am Main 1977.

Nicolai, Walter, Nachrichtendienst, Presse und Volksstimmung im Weltkrieg, Berlin 1920.

Nietzsche, Friedrich, Unzeitgemäße Betrachtungen, Leipzig 1917.

Nietzsche, Friedrich, Jenseits von Gut und Böse. Viertes Hauptstück, Sprüche und Zwischenspiele, Sämtliche Werke in Einzelausgaben: Kritische Studienausgabe, hrsg. v. Giorgio Colli und Mazzino Montinari, Bd. 5, München 1999.

Nippold, Otfried, Der deutsche Chauvinismus, Bern 1917.

Noakes, J. und Pridham, G. (Hg.), Nazism. A History in Documents and Eyewitness Accounts 1919–1945, New York 1983.

Ohorn, Anton, Vorwärts mit Gott! Vaterländisches Zeitbild in einem Aufzug, Leipzig 1914.

Patemann, Reinhard, Der Kampf um die preußische Wahlreform im Ersten Weltkrieg, Düsseldorf 1964.

Pauls, Volquart (Hg.), Aus eiserner Zeit. 1914. Briefe aus dem Felde, Elmshorn 1914.

Pazaurek, Gustav E., Patriotismus, Kunst und Kunsthandwerk, Stuttgart 1914.

Pfeiler, William K., War and the German Mind. The Testimony of Men of Fiction who fought at the Front, New York 1941.

Pfister, Otto von, Neues deutsches Leben und Streben, 2. Auflage, Berlin 1915.

Plenge, Johann, 1789 und 1914. Die symbolischen Jahre in der Geschichte des politischen Geistes, Berlin 1916.

Plenge, Johann, Der Krieg und die Volkswirtschaft, Münster 1915.

Plenge, Johann, Eine Kriegsvorlesung über die Volkswirtschaft. Das Zeitalter der Volksgenossen, Berlin 1915.

Pniower, Otto (Hg.), Briefe aus dem Felde 1914/15, Oldenburg 1916.

Poengsen, Wolfgang, Der deutsche Bühnen-Spielplan im Weltkriege, Berlin 1928.

Postina, A., Wenzenauer Kriegschronik. Ein Gedenkblatt aus dem Weltkrieg 1914–1918, Straßburg 1930.

Potthoff, Heinz, Volk oder Staat?, Bonn 1915.

Prellwitz, Gertrud, Durch welche Kräfte wird Deutschland siegen? Religiöse Vorträge, Jena 1914.

Pressel, Wilhelm, Die Kriegspredigt 1914–1918 in der evangelischen Kirche Deutschlands, Göttingen 1967.

Preuß, Hugo, Das deutsche Volk und die Politik, Jena 1915.

Preuß, Hugo, *Volksgemeinschaft?*, in: ders. (Hg.), Um die Reichsverfassung von Weimar, Berlin 1924, S. 19.

Pringsheim, Klaus, *Kriegsoperette*, in: Die Schaubühne, 2/1914, S. 250.

Pross, Harry, Jugend, Eros, Politik. Die Geschichte der deutschen Jugendverbände, Bern 1964.

Pross, Harry (Hg.), Die Zerstörung der deutschen Politik. Dokumente, 1871–1933, Frankfurt am Main 1983.

Prümm, Karl, Die Literatur des soldatischen Nationalismus der 20er Jahre (1918–1933). Gruppenideologie und Epochenproblematik, 2 Bände, Kronberg/Ts. 1974.

Prümm, Karl, *Das Erbe der Front. Der antidemokratische Kriegsroman der Weimarer Republik und seine nationalsozialistische Fortsetzung*, in: Horst Denkler und Karl Prümm (Hg.), Die deutsche Literatur im Dritten Reich. Themen – Traditionen – Wirkungen, Stuttgart 1976, S. 138.

Radbruch, Gustav, Verfassungsrede gehalten bei der Feier der Reichsregierung am 11. August 1928, Berlin 1928.

Raithel, Thomas, Das »Wunder« der inneren Einheit. Studien zur deut-

schen und französischen Öffentlichkeit bei Beginn des Ersten Weltkrieges, Bonn 1996.

Rathenau, Walter, Zur Mechanik des Geistes, Berlin 1913.

Reiniger, Max, Welche Verpflichtungen erwachsen der deutschen Schule aus dem Weltkriege? Mit einem Lehrplan für den Geschichtsunterricht in der Kriegszeit, einer Zeittafel 1914–1918 und Unterrichts-
entwürfen, Langensalza 1918.

Reink, J., Deutscher Geist. Rede zur Feier des Geburtstages seiner Majestät des deutschen Kaisers und Königs von Preußen Wilhelm II.
(27. Januar 1915), Kiel 1915.

Retallack, James, Notables of the Right. The Conservative Party and
Political Mobilization in Germany, 1876–1918, Boston 1988.

Retzlaw, Karl, Spartacus: Aufstieg und Niedergang. Erinnerungen
eines Parteiarbeiters, Frankfurt am Main 1971.

Reulecke, Jürgen, *Der erste Weltkrieg und die Arbeiterbewegung im
rheinisch-westfälischen Industriegebiet*, in: Arbeiterbewegung an
Rhein und Ruhr. Beiträge zur Geschichte der Arbeiterbewegung in
Rheinland-Westfalen, Wuppertal 1974, S. 205.

Riehl, Alois, *1813 – Fichte – 1914*, in: Zentralstelle für Volkswohlfahrt
und Verein für volkstümliche Kurse von Berliner Hochschullehrern
(Hg.), Deutsche Reden in schwerer Zeit, Berlin 1914, S. 107.

Riesmann-Grone, Theodor, Der Erdenkrieg der Alldeutschen, Mülheim 1919.

Ritter, Gerhard A., Staat, Arbeiterschaft und Arbeiterbewegung in
Deutschland. Vom Vormärz bis zum Ende der Weimarer Republik,
Berlin 1980.

Rohann, Jürgen, *Arbeiterbewegung und Kriegsbegeisterung. Die deutsche Sozialdemokratie 1870–1914*, in: Marcel van der Linden und
Gottfried Mergner (Hg.), Kriegsbegeisterung und mentale Kriegsvorbereitung. Interdisziplinäre Studien, Berlin 1991, S. 57.

Rohrbach, Paul, *Demokratie und Führung*, in: Deutsche Politik, Nr. 49
(12/1918), S. 1542.

Rohrbach, Paul, Politische Erziehung, Stuttgart 1919.

Rohrbach, Paul und Hobohm, Martin, Die Alldeutschen, Berlin 1919.

Rosen, Erwin (Hg.), Der Große Krieg. Ein Anekdotenbuch, Stuttgart
1914.

Roth, Guenther, The Social Democrats in Imperial Germany. A Study of working-class Isolation and National Integration, New Jersey 1963.

Rudé, George, Die Volksmassen in der Geschichte. Unruhen, Aufstände und Revolutionen in England und Frankreich 1730–1848, 2. Auflage, Frankfurt am Main 1979.

Rürup, Ingeborg, *»Es entspricht nicht dem Geiste der Zeit, daß die Jugend müßig gehe.« Kriegsbegeisterung, Schulalltag und Bürokratie in den höheren Lehranstalten Preußens 1914*, in: Berliner Geschichtswerkstatt (Hg.), August 1914, Berlin 1989, S. 191.

Rürup, Reinhard, *Der »Geist von 1914« in Deutschland. Kriegsbegeisterung und Ideologisierung des Krieges im Ersten Weltkrieg*, in: Bernd Hüppauf (Hg.), Ansichten vom Krieg, S. 3.

Rutherdale, Robert, *Canada's August Festival: Communitas, Liminality, and Social Memory*, in: Canadian Historical Review 77 (Juni 1996), S. 221.

Ryan, Mary, *The American Parade: Representations of the Nineteenth-Century Social Order*, in: Lynn Hunt (Hg.), The New Cultural History, Berkeley 1989.

Sachs, Hans, *Vom Hurrakitsch. Von Nagelungsstandbildern, Nagelungsplakaten und andren Schönheiten*, in: Das Plakat, 1/1917, S. 3.

Saget, P., Der Franktireur. Trauerspiel in 1 Akt, Recklinghausen 1915.

Samuel, Ralph H. und Thomas, Hinton R., Education and Society in Modern Germany, London 1949.

Saul, Klaus, *Der Kampf um die Jugend. Zwischen Volksschule und Kaserne. Ein Beitrag zur »Jugendpflege« im wilhelminischen Reich*, in: Militärgeschichtliche Mitteilungen, 1/1971, S. 97.

Saul, Klaus, *Jugend im Schatten des Krieges. Vormilitärische Ausbildung, kriegswirtschaftlicher Einsatz, Schulalltag in Deutschland 1914–1918*, in: Militärgeschichtliche Mitteilungen, 34 (1983), S. 91.

Schade, Franz, Kurt Eisner und die bayerische Sozialdemokratie, Hannover 1961.

Schäfer, Dietrich, Die Neuorientierung und des Vaterlandes Lage. Sonderdruck aus der Deutschen Monatsschrift für Politik und Volkstum »Der Panther«, Heft 5/6, 1917.

Scheidemann, Philipp, Memoiren eines Sozialdemokraten, Dresden 1928.

Scheler, Max, Der Genius des Krieges und der deutsche Krieg, Leipzig 1915.

Schellenberg, Johanna, *Die Herausbildung der Militärdiktatur in den ersten Jahren des Krieges*, in: Fritz Klein (Hg.), Politik im Krieg 1914–1918. Studien zur Politik der deutschen herrschenden Klassen im Ersten Weltkrieg, Berlin 1964, S. 22.

Schellenberg, Johanna, Probleme der Burgfriedenspolitik im ersten Weltkrieg. Zur innenpolitischen Strategie und Taktik der herrschenden Klassen von 1914 bis 1916, Berlin 1967.

Schenda, Rudolf, *Schundliteratur und Kriegsliteratur*, in: ders. (Hg.), Die Lesestoffe der kleinen Leute. Studien zur populären Literatur im 19. und 20. Jahrhundert, München 1976, S. 78.

Schiffer, Eugen, Ein Leben für den Liberalismus, Berlin 1951.

Schiffers, Reinhard, Der Hauptausschuß des deutschen Reichstags 1915–1918. Formen und Bereiche der Kooperation zwischen Parlament und Regierung, Düsseldorf 1979.

Schmitt, Carl, Die geistesgeschichtliche Lage des heutigen Parlamentarismus, München und Leipzig 1923.

Schmitt, Carl, *Totaler Feind, totaler Krieg, totaler Staat*, in: ders., Positionen und Begriffe im Kampf mit Weimar – Genf – Versailles, 1923–1939, Hamburg 1940.

Schmitt, Carl, Politische Romantik, 3. Auflage, Berlin 1968.

Schmitz, Oskar, Das wirkliche Deutschland. Die Wiedergeburt durch den Krieg, 5. Auflage, München 1915.

Schoen, Curt, Der »Vorwärts« und die Kriegserklärung. Vom Fürstenmord in Sarajewo bis zur Marneschlacht, Berlin 1929.

Schönhoven, Klaus (Hg.), Die Gewerkschaften in Weltkrieg und Revolution 1914–1919, Köln 1985.

Schopen, (Kaplan), Das wahre Gesicht der Vaterlandspartei, Bonn o. J.

Schöps-Potthoff, Martina, *Exkurs: Die veranstaltete Masse. Nürnberger Reichsparteitage der NSDAP*, in: Helge Pross und Eugen Buss (Hg.), Soziologie der Masse, Heidelberg 1984, S. 148.

Schreckenbach, Paul (Hg.), Der Weltbrand. Illustrierte Geschichte aus großer Zeit mit zusammenhängendem Text, Band 1, Leipzig 1920.

Schulte, Regina, *Käthe Kollwitz' Opfer*, in: Christian Jansen, Lutz Niethammer, Bernd Weisbrod (Hg.), Von der Aufgabe der Freiheit. Politische Verantwortung und bürgerliche Gesellschaft im 19. und

20. Jahrhundert. Festschrift für Hans Mommsen zum 5. November 1995, Berlin 1995, S. 647.

Schultheiß' europäischer Geschichtskalender 1917, 1918, München 1922.

Schulze, Siegmund (Hg.), Ver Sacrum. Was die im Kriege gefallenen Mitarbeiter der sozialen Arbeitsgemeinschaft dem deutschen Volk zu sagen haben. Mitteilungen und Aufzeichnungen, Berlin 1919/20.

Schumann, Henry, Deutschlands Erhebung 1914. Ein Stück Zeitgeschichte, Berlin und Leipzig 1914.

Schwabe, Klaus, Wissenschaft und Kriegsmoral. Die deutschen Hochschullehrer und die politische Grundfragen des Ersten Weltkrieges, Göttingen 1969.

Schwarte, Max (Hg.), Der Weltkrieg in seinen Einwirkungen auf das deutsche Volk, Leipzig 1918.

Schwartz, Eduard, Der Krieg als nationales Erlebnis. Rede gehalten im Saal der Aubette zu Straßburg am 24. Oktober 1914, Straßburg 1914.

Schwarz, Klaus, Weltkrieg und Revolution in Nürnberg. Ein Beitrag zur Geschichte der deutschen Arbeiterbewegung, Stuttgart 1971.

Schwertfeger, Bernhard, Die politischen und militärischen Verantwortlichkeiten im Verlaufe der Offensive von 1918, Berlin 1927.

Scott, Jonathan French, Five Weeks. The Surge of Public Opinion on the Eve of the Great War, New York 1927.

Seidlitz, Waldemar von, Das erste Jahr des Kulturkrieges, München 1915.

Sell, Friedrich C., Die Tragödie des deutschen Liberalismus, Stuttgart 1953.

Siemann, Wolfram, *Krieg und Frieden in historischen Gedenkfeiern des Jahres 1913*, in: Düding, Dieter, Friedemann, Peter, Münch, Paul (Hg.), Öffentliche Festkultur. Politische Feste in Deutschland von der Aufklärung bis zum Ersten Weltkrieg, Reinbek 1988, S. 311.

Sigel, Robert, Die Lensch-Cunow-Haenische Gruppe. Eine Studie zum rechten Flügel der SPD im Ersten Weltkrieg, Berlin 1976.

Simoneit, Max, Deutsches Soldatentum 1914 und 1939, Berlin 1940.

Solf, Wilhelm, Rede zur Gründung der deutschen Gesellschaft 1914, Berlin 1915.

Sombart, Werner, Händler und Helden. Patriotische Besinnungen, München 1915.

Sontheimer, Kurt, Antidemokratisches Denken in der Weimarer Republik. Die politischen Ideen des deutschen Nationalismus zwischen 1918 und 1933, München 1968.

Sösemann, Bernd, *Politische Kommunikation im »Reichsbelagerungszustand«. Programm, Struktur und Wirkungen des Klubs »Deutsche Gesellschaft 1914«*, in: M. Brobowsky und W.R. Langenbücher (Hg.), Wege zur Kommunikationsgeschichte, München 1987, S.636.

Spengler, Oswald, *Zum 4. August 1924*, in: Süddeutsche Monatshefte, Juli 1924, S.229.

Spengler, Oswald, Preußentum und Sozialismus, München 1932.

Stark, W. (Pastor), Die Kriegsarbeit des evangelischen Preßverbandes für Deutschland, Berlin o.J.

Stegmann, Dirk, *Die deutsche Inlandspropaganda 1917/1918. Zum innenpolitischen Machtkampf zwischen OHL und ziviler Reichsleitung in der Endphase des Kaiserreiches*, in: Militärgeschichtliche Mitteilungen, (2/1972), S.75.

Stegmann, Dirk, *Zwischen Repression und Manipulation. Konservative Machteliten und Arbeiter- und Angestelltenbewegung 1910–1918. Ein Beitrag zur Vorgeschichte der DAP/NSDAP*, in: Archiv für Sozialgeschichte, 12 (1972), S.351.

Stegmann, Dirk, Die Erben Bismarcks. Parteien und Verbände in der Spätphase des Wilhelminischen Deutschlands. Sammlungspolitik 1877–1918, Köln und Berlin 1970.

Steinert, Marlis G., Hitler's War and the Germans. Public Mood and Attitude« during the Second World War, Athens (Ohio) 1977.

Stern, Fritz, Kulturpessimismus als Gefahr. Eine Analyse nationaler Ideologie in Deutschland, Bern 1963.

Stern, Joseph P., Hitler. Der Führer und das Volk, München 1978.

Stickelberger-Eder, Margit, Aufbruch 1914. Kriegsromane der späten Weimarer Republik, Zürich 1983.

Stöcker, Michael, Augusterlebnis 1914 in Darmstadt. Legende und Wirklichkeit, Darmstadt 1994.

Stresemann, Gustav, Deutsche Gegenwart und Zukunft. Vortrag gehalten in Stuttgart am 18. November 1917, Stuttgart 1917.

Strunk, H., Mobilmachung und Aufmarsch der Heere auf dem westlichen Kriegsschauplatz. August 1914, Leipzig 1916.

Stümcke, Heinrich, Theater und Krieg, Oldenburg und Leipzig 1915.

Stüttgen, Dieter, Die preußische Verwaltung des Regierungsbezirks Gumbinnen 1871–1920, Köln und Berlin 1980.

Sywottek, Jutta, Mobilmachung fur den totalen Krieg. Die propagandistische Vorbereitung der deutschen Bevölkerung auf den Zweiten Weltkrieg, Opladen 1976.

Theiner, Peter, Sozialer Liberalismus und deutsche Weltpolitik. Friedrich Naumann im wilhelminischen Deutschland (1860–1919), Baden-Baden 1983.

Thieme, Hartwig, Nationaler Liberalismus in der Krise. Die nationalliberale Fraktion des Preußischen Abgeordnetenhauses 1914–1918, Hamburg 1963.

Thimme, Anneliese, Flucht in den Mythos. Die deutschkonservative Partei und die Niederlage von 1918, Göttingen 1969.

Thimme, Hans, Weltkrieg ohne Waffen. Die Propaganda der Westmächte gegen Deutschland, ihre Wirkung und ihre Abwehr, Stuttgart 1932.

Thomas, Hinton, Nietzsche in German Politics and Society 1890–1918, Manchester 1983.

Tillich, Paul (Hg.), Kairos. Zur Geisteslage und Geistesanwendung, Darmstadt 1926.

Tillich, Paul, The Protestant Era, Chicago 1949.

Tilly, Charles, From Mobilization to Revolution, Reading 1978.

Toller, Ernst, Eine Jugend in Deutschland, Reinbek 1963.

Toman, Jinrich, *Im Kriege regt sich das Urgewässer. Hugo Ball und der Kriegsausbruch 1914*, in: Hugo-Ball-Almanach. 1918, S. 1.

Tönnies, Ferdinand, Kritik der öffentlichen Meinung, Berlin 1922.

Troeltsch, Ernst, *Die deutsche Idee von der Freiheit*, in: Adolph von Harnack (Hg.), Die deutsche Freiheit. Fünf Vorträge, gehalten am 25. Mai 1917 in Berlin im Abgeordnetenhaus, Gotha 1917, S. 27.

Troeltsch, Ernst, Der Kulturkrieg, Berlin 1915.

Tucholsky, Kurt, *Der Geist von 1914*, in: Die Weltbühne, Nr. 3 (7. August 1924), S. 204.

Turner, Ralph H. und Killian, Lewis, Collective Behavior, Englewood Cliffs (N.J.) 1957.

Turner, Victor, *Variations on a Theme of Liminality*, in: Sally Moore und Barbara Myerhoff (Hg.), Secular Ritual, Assen 1977, S. 49.

Ullrich, Volker, Die Hamburger Arbeiterbewegung vom Vorabend des Ersten Weltkrieges bis zur Revolution 1918/1919, Hamburg 1976.

Ullrich, Volker, Kriegsalltag. Hamburg im Ersten Weltkrieg, Köln 1982.

Ulrich, Bernd, *Die Desillusionierung der Kriegsfreiwilligen von 1914*, in: Wolfram Wette (Hg.), Der Krieg des kleinen Mannes. Eine Militärgeschichte von unten, München 1992, S.110.

Ulrich, Bernd, *Feldpostbriefe im Ersten Weltkrieg. Bedeutung und Zensur*, in: Peter Knoch (Hg.), Kriegsalltag, Stuttgart 1989, S. 40.

Ulrich, Bernd, *Nerven und Krieg. Skizzierung einer Beziehung*, in: Bedrich Loewenstein (Hg.), Geschichte und Psychologie. Annäherungsversuche, Pfaffenweiler 1992, S.163.

Ulrich, Bernd, Die Augenzeugen. Deutsche Feldpostbriefe in Kriegs- und Nachkriegszeit, 1914–1933, Essen 1997.

Umbreit, Paul, Die deutschen Gewerkschaften im Weltkriege, Berlin 1917.

Unruh, Karl, Langemarck. Legende und Wirklichkeit, Koblenz 1986.

Verhey, Jeffrey, *Der Mythos des ›Geistes von 1914‹ in der Weimarer Republik*, in: Wolfgang Bialas und Bernhard Stenzel (Hg.), Die Weimarer Republik zwischen Metropole und Provinz. Intellektuellendiskurse zur politischen Kultur, Weimar 1996, S.85.

Verhey, Jeffrey, *Some Lessons of the War: The Discourse on Propaganda and Public Opinion in Germany in the 1920s*, in: Bernd Hüppauf (Hg.), War, Violence and the Structure of Modernity, New York 1997, S.99.

Verhey, Jeffrey, *»Helft uns siegen« – Die Bildersprache des Plakates im Ersten Weltkrieg*, in: Bernd Ulrich und Rolf Spilker (Hg.), Der Tod als Maschinist. Der industrialisierte Krieg 1914–1918, Osnabrück 1998.

Vogeler, Adolf, Kriegschronik der Stadt Hildesheim, Hildesheim 1929.

Vogelstein, Julie (Hg.), Otto Braun. Aus nachgelassenen Schriften eines Frühvollendeten, Berlin 1921.

Volkmann, Erich Otto, Der Marxismus und das deutsche Heer im Weltkrieg, Berlin 1925.

Vondung, Klaus, Die Apokalypse in Deutschland, München 1988.

Wachenheim, Hedwig (Hg.), Ludwig Frank. Ein Vorbild der deutschen Arbeiterjugend, Berlin o.J.

Wallbaum, Wilhelm, Warum müssen wir durchhalten? Ein Wort an die deutsche Arbeiterschaft, Hagen i. W. 1917.

Walter, Franz, Nationale Romantik und revolutionärer Mythos. Politik und Lebensweisen im frühen Weimarer Jungsozialismus, Berlin 1986.

Warneken, Bernd Jürgen, *Die friedliche Gewalt des Volkswillens. Muster und Deutungsmuster von Demonstrationen im deutschen Kaiserreich*, in: ders. (Hg.), Massenmedium Straße. Zur Kulturgeschichte der Demonstration, Frankfurt am Main 1991, S. 97.

Watson, Peter, War in the Mind. The military uses and abuses of psychology, New York 1978.

Weber, Marianne, *Der Krieg als ethisches Problem*, in: dies. (Hg.), Frauenfragen und Frauengedanken, Tübingen 1919, S. 158

Weber, Max, Gesammelte politische Schriften, Tübingen 1921.

Weigel, Hans, Lukan, Walter, Peyfuss, Max D., Jeder Schuss ein Russ. Jeder Stoss ein Franzos. Literarische und graphische Kriegspropaganda in Deutschland und Österreich 1914–1918, Wien 1983.

Wette, Wolfram, *Ideologien, Propaganda und Innenpolitik als Voraussetzungen der Kriegspolitik des Dritten Reiches*, in: Wilhelm Deist (Hg.), Ursachen und Voraussetzungen des Zweiten Weltkrieges, Stuttgart 1979, S. 101.

Wernecke, Klaus, Der Wille zur Weltgeltung. Außenpolitik und Öffentlichkeit im Kaiserreich am Vorabend des Ersten Weltkrieges, Düsseldorf 1970.

Werner, Lothar, Der Alldeutsche Verband 1890–1918. Ein Beitrag zur Geschichte der öffentlichen Meinung in Deutschland in den Jahren vor und während des Weltkrieges, Berlin 1935.

Westarp, Kuno Graf von, Konservative Politik im letzten Jahrzehnt des Kaiserreiches, 2 Bände, Berlin 1933.

Wieland, Lothar, Belgien 1914. Die Frage des belgischen »Franktireurkrieges« und die deutsche öffentliche Meinung von 1914 bis 1936, Frankfurt am Main 1984.

Wiese, Leopold von, Der Liberalismus in Vergangenheit und Zukunft, Berlin 1917.

Wiese, Leopold von, Gedanken über Menschlichkeit, München und Leipzig 1915.

Wiese, Leopold von, Politische Briefe über den Weltkrieg. Zwölf Skizzen, München und Leipzig 1914.

Winter, Jay M., *Catastrophe and Culture. Recent Trends in the Historiography of the First World War*, in: Journal of Modern History, 64 (1992), S. 525.

Winter, Jay M., Sites of Memory, Sites of Mourning, Cambridge 1995.

Winter, Jay M., The Experience of World War I, London 1988.

Witkop, Philipp, Kriegsbriefe gefallener Studenten, Berlin und Leipzig 1918.

Wolff, Theodor, Tagebücher 1914–1918, 2 Bände, Boppard am Rhein 1984.

Wolff, Theodor, Vollendete Tatsachen 1914–1917, Berlin 1918.

Wolff, Theodor, Der Krieg des Pontius Pilatus, Zürich 1934.

Wortmann, Karl, Geschichte der Deutschen Vaterlands-Partei 1917–1918, Halle 1926.

Zentralstelle für Heimatdienst (Hg.), Der Geist der neuen Volksgemeinschaft. Eine Denkschrift für das deutsche Volk, Berlin 1919.

Zentralstelle für Volkswohlfahrt und Verein für volkstümliche Kurse von Berliner Hochschullehrern (Hg.), Deutsche Reden in schwerer Zeit, Berlin 1914.

Ziegler, Theobald, Die geistigen und sozialen Strömungen Deutschlands, Berlin 1916.

Ziemann, Benjamin, Front und Heimat. Ländliche Kriegserfahrungen im südlichen Bayern 1914–1923, Essen 1997.

Zobelitz, Fedor von, Chronik der Gesellschaft unter dem letzten Kaiserreich. Zweiter Band: 1902–1914, Hamburg 1922.

Westbindungen

Was immer über die Bundesrepublik in der Rückschau auf ihre ersten 50 Jahre geschrieben wird, eine Beobachtung fehlt nie: daß sie – wie Bernd Greiner und Heinz Bude in ihren einleitenden Beiträgen ausführen – ohne den Einfluß der Vereinigten Staaten eine andere wäre. Klaus Harpprecht spricht über seine Generation als »Kinder einer amerikanischen Zivilisation«, Wim Wenders ist der Meinung, die »Amis« hätten »unser Unbewußtes kolonisiert«.

Um so erstaunlicher die Unsicherheit, die sich mit der Frage einstellt, was eigentlich anders gewesen wäre ohne die Amerikaner. In anderen Worten: wo der amerikanische Einfluß richtungweisend, wenn nicht prägend gewesen ist. Darüber gibt es kaum verläßliche Untersuchungen. Der vorliegende Band kann daher als Vermessung wissenschaftlichen Neulands verstanden werden. Er versammelt Beobachtungen, Hypothesen und weiterführende Fragestellungen – anhand von Ereignissen und Themen, die für die deutsche Nachkriegsentwicklung von besonderer Bedeutung waren.
Es schreiben:
Werner Bührer, Rainer Hank, Wolfgang Kraushaar, Hartmut Lehmann, Klaus Naumann, Waltraud Schelkle, Michael Schröter, Alfons Söllner, Edmund Spevack, Karin Wieland, Michael Wildt.

Heinz Bude und
Bernd Greiner (Hg.)
Westbindungen.
Amerika in der
Bundesrepublik
358 Seiten, gebunden
ISBN 3-930908-50-6

Von Benin nach Baltimore

Hierzulande ist wenig bekannt über die Geschichte der Versklavung von Afrikanern, die ihrer Familie entführt, ihrer Kultur und Umgebung entrissen, in die Kolonien der Karibik oder Nordamerikas verschleppt und dort verkauft wurden, um auf den Plantagen der Weißen ein Leben in Unfreiheit zu fristen. Norbert Finzsch, Lois und James Horton schildern die Geschichte der »African Americans« von den Anfängen des transatlantischen Sklavenhandels im 15. Jahrhundert bis in die neueste Zeit. Die Autoren schlagen einen weiten Bogen: ausgehend von den afrikanischen Hochkulturen über die wirtschaftliche und demographische Entwicklung in Britisch-Nordamerika, den Bürgerkrieg und die Abschaffung der Sklaverei bis hin zu Bürgerrechtsbewegung und Black Power.

Neben die Auswertung historischen Quellenmaterials und einer Fülle von Sekundärliteratur treten bewußt eingesetzte narrative Elemente: Auszüge aus Lebensbeschreibungen ehemaliger Sklaven, die die berüchtigte »Mittelpassage« und das Leben auf den Tabak- und Baumwollplantagen schildern, ermöglichen es dem Leser, die Sichtweise der »African Americans« einzunehmen. Diese werden hier nicht nur als wehrlose Opfer der Sklaverei, sondern als denkende Menschen und handelnde Subjekte dargestellt, die füreinander eintreten und auf unterschiedlichste Art für eine Verbesserung ihrer Lebensbedingungen kämpfen, mit dem bis heute unerreichten Ziel der Gleichstellung mit den Weißen in allen gesellschaftlichen Bereichen.

Erstmals seit einigen Jahrzehnten erscheint damit wieder ein Buch über die Geschichte der »African Americans«, das speziell für ein deutsches Lesepublikum konzipiert und geschrieben wurde.

Norbert Finzsch /
James O. Horton /
Lois E. Horton
Von Benin nach Baltimore.
Die Geschichte der
African Americans
677 Seiten mit zahlreichen
Abbildungen, gebunden
ISBN 3-930908-49-2

Hamburger Edition His Verlagsges. mbH, Mittelweg 36, 20148 Hamburg, www.his-online.de

Kalkulierte Morde

Wie kaum ein Gebiet unter deutscher Herrschaft ist Weißrußland im Zweiten Weltkrieg zerstört und die Zahl seiner Bevölkerung durch brutale Mordaktionen dezimiert worden.

Der Historiker Christian Gerlach hat sich dieser bisher nur bruchstückhaft aufgearbeiteten Besatzungsgeschichte in einer monumentalen Studie angenommen. Auf breiter Quellenbasis gibt seine Darstellung tiefe Einblicke in die Praxis der Vernichtung. Erstmals wird in dieser Arbeit für ein Territorium die Vernichtungspolitik gegenüber allen Bevölkerungsgruppen gleichermaßen untersucht und der Zusammenhang mit militärischen, wirtschaftlichen und politischen Zielen und Handlungen umfassend analysiert. Die praktische Zusammenarbeit von Organen und Akteuren verschiedener Ebenen, von Reichsministerien, SS, Wehrmacht, Zivilverwaltungen, Wirtschaftsgesellschaften und einheimischer Hilfspolizei wird eindrucksvoll belegt. Trotz Rivalitäten unter den beteiligten Institutionen blieb eine gemeinsame Strategie des Terrors bestimmend, die vor allem auf der untersten Handlungsebene effektiv und in einer für die Opfer unheilvollen Weise funktionierte. Sie ging aus von der Umsetzung des Plans, Millionen Zivilisten und Kriegsgefangene in der Sowjetunion verhungern zu lassen. Dabei zeigt sich: Zwischen Wirtschaftsinteressen und Massenmord bestanden bisher unbekannte Verbindungen.

Christian Gerlach
Kalkulierte Morde.
Die deutsche Wirtschafts-
und Vernichtungspolitik
in Weißrußland
1941 bis 1944
1234 Seiten, gebunden
ISBN 3-930908-54-9

Das System der nationalsozialistischen Konzentrationslager

Auschwitz, Majdanek, Buchenwald, Sachsenhausen und die anderen Konzentrationslager sind das Symbol des unmenschlichen NS-Regimes. Hier verknüpfte sich die terroristische Unterdrückung innenpolitischer Gegner mit der Vernichtungspolitik gegenüber den europäischen Juden sowie anderen ethnischen und sozialen Gruppen. Zahlreiche Publikationen, von Überlebenden und Historikern, haben das Grauen dokumentiert. Aber der Kenntnisstand über die Entwicklungsgeschichte und die Struktur der KZ blieb gering. Das änderte sich erst in den sechziger und siebziger Jahren, als im Zusammenhang mit beziehungsweise nach den großen Strafprozessen in Israel und Deutschland die ersten Gesamtdarstellungen des Lagersystems erschienen. Die Öffnung osteuropäischer Archive erschlossen Historikern nun neue Quellen – und ließen andere Fragestellungen in den Vordergrund rücken. Karin Orth sammelte Kriterien für den Begriff »KZ-System« und ordnet sie zu einem Gesamtbild. Wichtigstes Indiz ist die organisatorische Unterstellung der Lager unter die »Inspektion der Konzentrationslager«, die ab 1942 als Amtsgruppe D des SS-Witschaftsverwaltungshauptamtes fungierte. Sie findet darüber hinaus gemeinsame Charakteristika, identische Organisations- und Verwaltungsstrukturen. Schnell wird deutlich, daß die Entwicklung des nationalsozialistischen KZ-Systems alles andere als linear verlaufen ist.

Detailliert und übersichtlich zugleich schildert und analysiert Karin Orth die verschiedenen Perioden, die zu unterschiedlichen Ausrichtungen der Unterdrückungspolitik in den KZ führten.

Karin Orth
Das System der national-
sozialistischen Konzentrationslager.
Eine politische Organisa-
tionsanalyse
396 Seiten, gebunden
ISBN 3-930908-52-2

Hamburger Edition His Verlagsges. mbH, Mittelweg 36, 20148 Hamburg, www.his-online.de